Les conceptions de la propriété foncière à l'épreuve des revendications autochtones :
possession, propriété et leurs avatars

Sous la direction de
Céline Travési et Maïa Ponsonnet

Les conceptions de la propriété foncière à l'épreuve des revendications autochtones
possession, propriété et leurs avatars

**Sous la direction de
Céline Travési et Maïa Ponsonnet**

pacific-credo **Publications**

Remerciements

Nous remercions Laurent Dousset et Stéphane Nahrath, sans qui la rencontre autour des questions de propriété foncière n'aurait pas été possible. Nous sommes également extrêmement reconnaissantes envers Émilie Courel, dont la patience et l'intransigeance ont largement facilité le travail de production de ce volume.

Table des matières

Introduction

Céline Travési et Maïa Ponsonnet

La question des revendications foncières autochtones représente l'une des problématiques majeures de la recherche anthropologique sur l'Océanie et ailleurs dans le monde. Les différentes réponses, aussi bien scientifiques que politiques, à cette question toujours très sensible soulignent les tensions et les difficultés à penser des conceptions différentes de la propriété, et plus généralement à penser dans les termes et les catégories de l'autre, voire à penser l'autre. Ainsi les conceptions de — et les rapports à — la propriété foncière constituent d'excellents révélateurs et filtres d'analyse des fondements anthropologiques, culturels, économiques ou encore politiques des sociétés contemporaines, aussi bien autochtones qu'« occidentales ». L'organisation des « Journées d'études interdisciplinaires sur les régimes de propriété foncière » par le Centre de recherche et de documentation sur l'Océanie (CREDO, CNRS, Marseille) et l'Institut universitaire Kurt Bösch, (IUKB, Université de Lausanne), au printemps et à l'automne 2011, fut l'occasion de (re)poser et de (re)penser certaines questions relatives à cette problématique. Des questions d'ordre épistémologique se sont posées alors, qui ne pouvaient qu'interpeller les chercheurs, quelle que soit leur discipline. Ainsi, il convient de penser la diversité des conceptions des rapports de « propriété » ou de « possession » en dehors des catégories normatives occidentales. Bien que rien ne s'oppose fondamentalement à une telle démarche, elle est rarement complètement embrassée dans les faits. Soit que les « habitudes de pensée » du système dominant s'imposent comme si elles étaient transparentes, et voilent la perception de catégories alternatives. Soit que les acteurs n'aient pas intérêt à modifier leurs catégories, par exemple en raison d'intérêts politiques ou économiques. Toujours est-il que les systèmes juridiques censés « traduire » des systèmes fonciers autochtones dans les termes juridiques du système dominant, de manière à reconnaître les droits fonciers autochtones, reflètent rarement les catégories locales de manière satisfaisante. Quels sont, précisément, les ressorts, les enjeux, les conséquences de ce défaut de reconnaissance ? Ces questions intéressent la recherche d'aujourd'hui et celle de demain, interrogeant à la fois la construction de la compréhension (ou de l'incompréhension) interculturelle et les enjeux épistémologiques et éthiques de nos disciplines (les épistémologies étant inséparables de leur mise en pratique).

Ce livre présente quelques-unes des réflexions, des concepts et des conclusions ayant émergé à l'occasion de ces journées d'étude. Il réunit des contributions de chercheurs de différents horizons et de différentes formations disciplinaires. Certaines d'entre elles ont été présentées lors des deux séries de journées d'étude organisées à Sion

(Suisse) puis à Marseille (France) en 2011. Le premier et le neuvième chapitre ont été rédigés par des chercheurs n'ayant pas pu participer à ces journées, mais dont l'intérêt marqué pour les questions qu'elles posaient justifiaient la contribution.

Les questions posées lors de ces journées d'étude furent notamment les suivantes :

Comment se définit la conception occidentale de la propriété foncière et comment s'est-elle construite ? De quelle(s) manière(s) peut-on aborder, définir les concepts de propriété et de possession ? Quelles différences entre ces notions ?

Quelles sont les spécificités des « régimes fonciers » autochtones ? Quels sont les termes (conceptions, catégories) dans lesquels les populations indigènes pensent leurs rapports à la terre et leur organisation ? Conceptualisent-ils ces relations, et de quelle(s) manière(s) ?

Dans quelles conditions les politiques de reconnaissance des droits fonciers se sont-elles développées ? Quels étaient/sont les principaux acteurs, objectifs et instruments de cette politique ? Quelles sont les réponses autochtones apportées aux injonctions émanant de l'État et organisant le cadre légal des revendications foncières ? Quels sont les processus ou les stratégies d'adaptation ou d'expression autochtones ? Quelles conséquences ces réponses entraînent-elles en retour au niveau du système foncier local (par exemple quelles sont les conséquences d'une codification juridique des droits autochtones sur leurs rapports à la terre et/ou les rapports sociaux) ?

La littérature académique compte de nombreuses descriptions de systèmes « coutumiers » autochtones et de leurs rapports à la terre. De nombreuses études s'intéressent aussi à la question des revendications foncières autochtones et à celle de la reconnaissance de ces rapports à la terre par les cadres juridiques des sociétés qui les englobent. En Australie, les analyses du cadre législatif et juridique du *Native Title Act 1993* par exemple pointent les contradictions et les conséquences problématiques d'un tel dispositif de reconnaissance, et notamment les problèmes liés aux enjeux de la traduction et de la codification de rapports aborigènes à la terre par et dans un système culturel radicalement différent (Dousset et Glaskin 2007, 2011 ; Glaskin 2003, 2007 ; Merlan 2006 ; Smith et Morphy, 2007 ; Weiner et Glaskin 2006). Les droits reconnus par le Native Title sont partiels, et la plupart du temps, ne permettent pas aux autochtones de reprendre possession de leurs territoires comme ils l'entendent. Les analyses révèlent aussi les stratégies des différents acteurs en relation à ces traductions, acteurs politiques ou économiques, autochtones ou États. Il existe aussi un certain nombre de travaux d'économistes, de spécialistes du droit ou des sciences politiques proposant des réflexions théoriques sur les notions de « possession » et de « propriété », comme le montrent bien les contributions de Van Griethuysen et Steppacher, Aubin et Nahrath, Knoepfel et Schweizer.

L'intérêt du présent volume réside principalement dans le fait de réunir dans un même ouvrage des contributions nouvelles de chercheurs travaillant sur ces différentes questions, mais surtout avec différentes approches disciplinaires. C'est dans le dialogue et l'échange entre ces diverses disciplines que sont la science politique, l'anthropologie, la géographie ou l'économie, pour penser ensemble la question de la rencontre entre des conceptions différentes du « foncier », qu'il faut chercher le véritable objectif de cet ouvrage. Enfin, l'introduction d'une thématique supplémentaire à cette problématique des questions foncières, celle du développement touristique dans des contextes de revendications ou de conflits fonciers autochtones, enrichit et renouvelle la réflexion.

À l'heure où certains chercheurs critiquent les cadres juridiques et légaux mis en place pour répondre aux demandes de reconnaissance des droits fonciers autochtones, ainsi que les interprétations juridiques qu'ils proposent de ces systèmes fonciers, il paraît intéressant de se tourner vers les conceptions occidentales de la propriété qui ont informé ces interprétations et ont en partie produit ces entités hybrides (Altman 2004). La première partie de cet ouvrage présente donc des réflexions plus théoriques sur les différents avatars du rapport au foncier, en définissant et discutant deux notions : la « propriété » d'une part, qui a cours dans les systèmes juridiques des pays occidentaux, et la « possession », qui englobe ses alternatives. Ces concepts doivent être compris au sens de l'idéaltype wébérien qui n'ont pas la prétention d'épuiser la diversité du réel. Ils représentent toutefois des outils théoriques utiles, ouvrant sur des réflexions et des discussions qui dépassent les limites de la pure théorie. Les concepts de propriété ou de possession tels qu'ils sont définis dans cet ouvrage permettent ainsi de décrire les rapports, par ailleurs codifiés, que de nombreuses sociétés dites « occidentales » entretiennent aujourd'hui avec la terre, ainsi que de mieux comprendre les catégories dans lesquelles sont pensés leurs systèmes juridiques. Ces concepts aident ainsi à appréhender les relations, les problèmes et les enjeux de la rencontre entre deux systèmes organisant et pensant les rapports à la terre différemment.

L'objectif premier des journées d'étude fut donc de rassembler des chercheurs issus de différentes disciplines et adoptant face aux questions foncières des approches différentes. Les discussions ont ainsi principalement réuni des anthropologues, des politologues et des géographes, c'est-à-dire des chercheurs ne partageant pas les mêmes approches épistémologiques ni les mêmes méthodes. Des chercheurs défenseurs d'une démarche inductive et de la prise en compte des catégories émiques (Dousset, ce volume), comme le font les anthropologues, travaillent nécessairement différemment de ceux qui articulent leurs réflexions autour de la discussion ou de la construction de concepts théoriques, d'idéaltypes (van Griethuysen et Steppacher, ce volume). Par ailleurs, la plupart des anthropologues réunis lors de ces journées mènent leurs recherches dans des sociétés océaniennes où ils sont constamment amenés à questionner leurs propres catégories de pensée. Il ne s'agit pas d'opposer les anthropologues et les « autres », mais de tenter de dégager des clés de compréhension pour résoudre des malentendus qui peuvent parfois émerger lors des échanges entre disciplines. Les géographes ou les politologues adoptent par exemple parfois des démarches inductives ou des méthodes d'observation participante, et les anthropologues ne se contentent pas de produire des descriptions purement ethnographiques déconnectées de tout cadre de réflexion plus universel. Les journées qui sont à l'origine de cet ouvrage ont toutefois permis de souligner un certain nombre de malentendus qui entravent parfois la communication entre les disciplines. Ce qui ne peut que confirmer l'intérêt de ce genre de rencontre et d'un ouvrage récapitulant certains des axes de réflexion, concepts et conclusions qui ont pu en émerger. Car les échanges issus de ces journées se révélèrent résolument stimulants et productifs, confirmant la valeur heuristique du malentendu et du décloisonnement intellectuel.

Parmi les axes de réflexion issus de ces rencontres, la question de l'évolution de la (des) conception(s) occidentale(s) de la propriété et des enjeux qu'implique cette évolution, en termes de défis de codification du droit (voir Knoepfel et Schweizer sur les débats autour du Code civil suisse) ou encore en termes des conflits dont elle est porteuse et de ses conséquences sur la régulation des rapports sociaux (Aubin et Nahrath sur l'évolution historique de la propriété en suisse) est apparue comme particulièrement intéressante. En montrant que nos catégories foncières, loin d'être anhistoriques et évidentes, sont en fait récentes et construites, les contributions de Knoepfel et Schweizer, Aubin et Nahrath ou van Griethuysen et Steppacher donnent une profondeur historique stimulante aux débats plus contemporains sur les enjeux de l'importation du modèle foncier occidental dans d'autres sociétés. Elles apportent un éclairage important sur les origines des conceptions de la propriété et des problèmes qu'elles soulèvent actuellement. Ces contributions soulignent aussi que l'imposition de ce modèle en Europe même n'a pas été sans poser problème.

Un autre questionnement central dans cet ouvrage est celui de la définition du rapport au foncier. Qu'est-ce qu'un rapport de « propriété » ? Les contributions de van Griethuysen et Steppacher d'une part, et celle de Dousset d'autre part, proposent deux réponses différentes. La question de la rencontre entre des conceptions nécessairement différentes et celle de ses conséquences paraît centrale. Elle peut être décomposée en deux problématiques distinctes : celle de la reconnaissance, de ses termes et de ses enjeux (Fache, Bernard, Travési) ; et celle du métissage, ou de la cohabitation juridique (Blondet, Nayral).

Enfin la dimension des enjeux économiques, mais aussi sociaux, politiques et symboliques (Dellier et Guyot, Marie dit Chirot, Condevaux) des conflits fonciers a elle aussi marqué la réflexion de cet ouvrage.

Le volume présente un éventail de situations très variées. Situés sur divers continents (voir la carte en page 18), les cas renvoient à des histoires coloniales bien distinctes, certaines plus anciennes, d'autres plus récentes ; les problématiques relèvent parfois du légal ou de l'étatique, parfois du social, parfois de l'économique. Malgré cette diversité, un « air de famille » se dégage assez clairement, tissé de traits récurrents que l'on observe un peu partout au fil des cas, affleurant parfois sous des jours différents.

Dans tous les cas présentés, les autochtones adoptent des stratégies actives et réfléchies pour faire pencher la loi dans le sens qui les intéresse. Cela peut prendre la forme d'actions inscrites dans un cadre administratif lui-même prévu par la loi (Australie de l'Ouest, Bernard), de mouvements politiques ouvertement protestataires (Mexique, Marie dit Chirot), ou encore de manipulations des symboles visant à contourner des lois existantes (Kimberleys, Australie, Travesi). Dans toutes les situations décrites, les autochtones trouvent des moyens pour affronter, contourner ou surmonter la loi. Ainsi, les contributions de ce volume témoignent bien de l'« agencéité » marquée de très nombreuses communautés de par le monde au sujet du foncier. Toutefois, cela ne doit pas nécessairement nous conduire à conclure que ces attitudes sont partout systématiques.

D'autres traits, apparemment caractéristiques des questions foncières dans le cadre postcolonial, reviennent régulièrement. Partout, c'est la parenté qui vient fonder, organiser et justifier les revendications. Très souvent, les groupes humains acteurs des questions foncières se voient remodelés et réorganisés lorsqu'il faut passer d'une propriété collective à une propriété individuelle, ou l'inverse : ainsi, l'évolution du système foncier remet profondément en question l'organisation sociale. Par exemple, il faut s'organiser en « trusts », c'est-à-dire en groupes « légitimés » par le système dominant, pour accéder à la propriété légale. Dans de nombreux cas, les enjeux économiques viennent bouleverser les principes de l'organisation foncière. Les acteurs sont sommés ou contraints de s'engager dans certaines activités économiques pour maintenir leur patrimoine foncier, qu'ils utilisent alors très différemment en raison des contraintes économiques. Parmi les activités économiques, le tourisme revient très régulièrement, et semble jouer un rôle de pivot. Outre le fait que le tourisme est l'une des activités vers lesquelles se tournent le plus facilement les populations, sa fonction de « révélateur » des problématiques foncières tient peut-être à ce que la présence de visiteurs étrangers met les acteurs au pied du mur, les forçant à décider de qui a le droit d'accueillir ces visiteurs, c'est-à-dire, qui est propriétaire de la zone visitée ?

Au sein de cette constellation de cas détaillés au fil des chapitres, il est possible de repérer quelques aspects saillants et fondateurs, qui peuvent être proposés comme réponses à certaines des questions posées dans cette introduction. D'abord, le passage problématique à la propriété privative en Europe illustre que les difficultés résultant de la conciliation de deux systèmes fonciers ne sont pas nouvelles. Il faut retenir les problèmes posés par la volonté de calquer sur d'autres sociétés des schémas conceptuels qui leur sont étrangers. Par exemple, nous concevons *a priori* la propriété comme individuelle, et surtout orientée vers le pratique et le matériel, ce qui est loin d'être le cas dans toutes les sociétés humaines. En Australie par exemple, les droits de propriété sont répartis collectivement, et ils s'appliquent aussi bien à des terres qu'à des récits, des motifs picturaux. La reconnaissance d'un « système foncier » dans les termes d'un autre est donc problématique. Elle implique souvent des conflits, la codification de systèmes dont la nature était pourtant d'intégrer le changement et la négociation, la reproduction de rapports de pouvoir et de domination par l'imposition de catégories et de cadres exogènes, le caractère nécessairement inachevé d'une reconnaissance bridée par les intérêts politiques du groupe dominant, dont la recherche peut se poursuivre au-delà du contexte des revendications foncières (Travési).

Ces difficultés, comme celles rencontrées lors de la codification du droit foncier dans le code civil suisse, et comme les problèmes qui existent aussi dans des cas de métissage juridique (Blondet) ou de volonté politique de préservation de la coutume (Condevaux), témoignent des défis que doivent relever les législateurs pour concilier des intérêts divers dans des contextes de pluralisme mais aussi d'hybridation sociale et culturelle.

Par ailleurs, si la rencontre de conceptions différentes est problématique, elle ne les renvoie pas pour autant dos à dos. Il existe des influences et des prises en compte réciproques, de vraies tentatives de compréhension et de reconnaissance, mais aussi des stratégies de récupération ou de contournement des nouveaux systèmes juridiques mis en place (Blondet, Bernard). La dimension d'expansion capitaliste de l'économie de propriété, le modèle privatif décrit comme propre au régime de propriété (modèle occidental), la dimension économique monétaire du foncier, sont par ailleurs aujourd'hui des motivations majeures des revendications foncières autochtones. Très souvent, les populations autochtones cherchent à obtenir des terres pour créer des activités économiques — souvent, des activités touristiques (Dellier et Guyot, Condevaux,). L'association des droits fonciers avec le développement économique est parfois une condition de la reconnaissance de droits fonciers dans le système dominant (Bernard). Certains auteurs (Blondet, Condevaux) signalent aussi le développement d'un phénomène d'individualisation sociale, accompagnant souvent (mais pas systématiquement) le développement économique. Parfois l'introduction du modèle occidental de la propriété privative, même s'il n'a pas été imposé aux autochtones, les a influencés et les pousse à l'imiter. Les modalités collectives de la propriété sont alors progressivement remplacées par des modalités individuelles. Par ailleurs, lorsque les restitutions foncières s'inspirent du modèle coutumier et prennent la forme d'une restitution collective, cela peut également provoquer des tensions, dans un contexte où les autochtones défendent de plus en plus des intérêts individuels et cherchent à acquérir des terres individuelles plutôt que collectives (Condevaux, Blondet).

Enfin, si l'on devait encore dégager deux conclusions pour résumer les éclairages apportés par les contributions à cet ouvrage, il s'agirait de dire que pour les propriétaires, au niveau local, les rapports au foncier sont bien des relations entre des personnes (Dousset), et que l'espace est avant tout humanisé. À une échelle moins locale, en revanche, le foncier est souvent géré en fonction d'enjeux économiques et politiques, et ce hiatus crée justement de sérieuses difficultés (Marie dit Chirot, Dellier et Guyot).

Les premiers chapitres de cet ouvrage développent des réflexions essentiellement théoriques et historiques sur les conceptions occidentales de la « propriété ».

Dans le premier chapitre, Pascal van Griethuysen et Rolf Steppacher, économistes de l'IHEID de Genève, proposent une analyse économique théorique des concepts de possession et de propriété dont ils s'attachent à distinguer les rationalités économiques respectives (chapitre 1). La particularité du régime de propriété résiderait ainsi dans sa « capacité intrinsèque à initier de manière spontanée une dynamique d'expansion capitaliste, à travers la création d'un capital monétaire permettant de financer des activités économiques sans épargne préalable ». La démarche de ces économistes est une démarche analytique à portée conceptuelle. Les notions de possession et de propriété sont envisagées comme des « idéaltypes au sens wébérien du terme, des modèles conceptuels théoriques construits afin de mettre en exergue certaines caractéristiques idéal-typiques, [ici] les hiérarchies normatives qui caractérisent les modèles de rationalité capitaliste et de raison éco-sociale » et n'épuisent donc pas à elles seules des réalités qui intègrent des logiques complexes. Cette distinction conceptuelle ouvre cependant un certain nombre d'axes de réflexion théorique stimulants.

Le second chapitre prolonge cette réflexion conceptuelle sur les concepts de propriété et de possession d'un point de vue cette fois juridique et politologique (chapitre 2). Stéphane Nahrath et David Aubin, politologues, s'interrogent sur les conséquences du passage, en Suisse à la fin du XVIIIe siècle, d'un régime de possession à un régime de propriété en ce qui concerne les rapports sociaux au foncier et à l'environnement. C'est donc aussi dans une perspective historique qu'ils replacent l'émergence d'une conception occidentale de la propriété — conception privative — et son institutionnalisation dans le droit civil européen avant qu'elle n'influence les conceptions occidentales des régimes fonciers autochtones. Cette distinction entre possession et propriété permet alors d'appréhender certains des enjeux contemporains des revendications foncières autochtones sous un jour nouveau. L'étude de la genèse et des fondements du régime de la propriété privative permettrait ainsi de mieux comprendre les causes des rapports conflictuels entre conceptions occidentales et autochtones des rapports de propriété et la difficulté à faire cohabiter des formes diverses de régimes de « propriété ». Elle permettrait aussi de fournir des pistes pour atténuer ces contradictions. Les sources de l'incompatibilité entre propriété privative et possession commune sont, selon Aubin et Nahrath, à chercher dans le passage du régime de la possession par *plura dominia* vers le régime libéral de la propriété privative et sont : la suppression de la catégorie de la propriété commune ; l'incapacité à saisir juridiquement certaines ressources communes ; la multiplication et surtout la complexification et la technicisation des formes juridiques de régulation des formes contemporaines de la propriété simultanée ; l'intégration des ressources environnementales et foncières dans la sphère des relations marchandes.

Peter Knoepfel et Rémi Schweizer, juristes de formation et politologues, exposent les résultats de leur étude du Code civil suisse de 1907 dans le chapitre 3, consacré à la construction sociale, politique, et historique du concept de propriété foncière, à travers les défis auxquels ont dû faire face les législateurs. Les auteurs identifient ces défis comme un défi conceptuel impliquant la prise en compte du droit romain et/ou du droit germanique, un défi de reconnaissance du niveau local, un défi d'intégration économique ou de conciliation du code civil fédéral et des codes cantonaux, et le défi enfin du choix entre droit privé et droit public.

Cette première partie se clôt sur la contribution de Laurent Dousset, qui analyse, dans une perspective résolument anthropologique, le rapport au foncier d'un groupe aborigène du Désert de l'Ouest australien (chapitre 4). Il conclut de cette étude que « le système foncier des Ngaatjatjarra et le système législatif de l'Australie dominante sont diamétralement opposés et profondément incompatibles », et insiste sur la « difficulté de généraliser la notion à d'autres sociétés dont les systèmes de valeurs et les cosmogonies sont différents ». Au contraire de van Griethuysen et Steppacher (chapitre 1), ou au-delà de leurs conclusions, Dousset estime que le rapport au foncier ne se limite pas à des aspects matériels mais intègre aussi une mémoire sociale et individuelle, mythologique et ontologique, et se présente d'abord comme une cartographie d'un espace humanisé. Les rapports au foncier doivent donc d'abord être envisagés comme des relations sociales, des rapports entre des gens davantage que des relations entre les gens et des choses : « les conceptions et affiliations foncières sont des technologies sociales qui articulent les réseaux et relations sociales ».

La seconde partie de l'ouvrage réunit des contributions intéressées par la rencontre entre conceptions occidentales et autochtones du rapport à la terre, et en particulier par la question de la reconnaissance des droits autochtones par les juridictions occidentales. Ces chapitres traitent des enjeux et des problèmes posés par cette reconnaissance.

Dans le chapitre 5, Élodie Fache présente sous l'angle anthropologique les rapports au foncier des Aborigènes d'une communauté du nord de l'Australie, les « droits responsabilités » qu'ils définissent, et la manière dont ils sont reflétés dans la législation australienne qui garantit des droits fonciers à ces populations (ALRA). La confrontation de la conception aborigène avec les conditions de sa reconnaissance révèle certains problèmes. Fache pointe à son tour la double asymétrie du processus de « reconnaissance » des droits et responsabilités fonciers aborigènes décelée par Dousset et Glaskin (2011) dans le cadre législatif incarné par le *Native Title Act 1993*, créé pour reconnaître les droits autochtones. Cette asymétrie réside d'abord dans le fait que l'« appareillage juridique australien » détient le privilège d'exercer la reconnaissance, et impose les termes de cette reconnaissance, termes empreints des conceptions occidentales de la propriété. Mais dans cette rencontre entre deux conceptions du foncier radicalement opposées, Fache identifie encore une troisième asymétrie, établie cette fois non pas entre ceux qui reconnaissent et ceux qui demandent à être reconnus, mais, au sein de la population autochtone, entre ceux dont le statut et les droits fonciers sont effectivement reconnus dans le nouvel arsenal juridique, et les autres.

Le chapitre suivant (chapitre 6) approfondit la question de l'imposition par le cadre légal australien de la reconnaissance des droits fonciers autochtones de ses propres termes et conceptions. Virginie Bernard, anthropologue, s'intéresse aux discours et définitions véhiculées et imposées par les cadres légaux et juridiques australiens dans les processus de demande d'acquisition foncière dans le sud-ouest du pays. Elle examine les contraintes, enjeux et conséquences que ces processus impliquent pour les Aborigènes Noongar. Mais elle introduit aussi la question des réactions des acteurs aborigènes, leurs stratégies de contournement, de réappropriation, de négociations de ces logiques imposées de l'extérieur.

La contribution de Mélissa Nayral, anthropologue, s'appuie sur un autre exemple océanien, celui de la Nouvelle-Calédonie et plus précisément de l'île d'Ouvéa (chapitre 7). L'auteure propose un « état des lieux de la question foncière à Ouvéa », où le foncier représente à la fois un élément important de la « coutume » kanak et de l'histoire et de la vie politique du pays. Ce chapitre présente un cas intéressant, car bien que les autochtones n'aient pas été dépossédés de leurs terres, la question foncière n'en est pas moins problématique. Ouvéa offre l'exemple d'une gestion en apparence équilibrée des terres coutumières par les kanak, sous tutelle de l'État. Mais elle n'est pas pour autant exempte de conflits fonciers et de tensions politiques parfois au sein même des chefferies coutumières. Nayral signale aussi l'intérêt de la question des droits d'usage du territoire maritime et invite à étudier dans le détail le foncier maritime.

Marieke Blondet, anthropologue, propose pour sa part une description du métissage juridique caractéristique des Samoa américaines, qui possèdent un « système juridique teinté de coutume samoane et de droit commun américain ». L'exemple des Samoa américaines est particulièrement stimulant en ce qu'il représente un exemple de cohabitation inscrite dans la loi, de deux systèmes fonciers, où malgré l'introduction de la propriété privée les dispositions juridiques occidentales ont aussi été pensées pour prendre en compte et préserver le système foncier coutumier. Un tel dispositif a pourtant lui aussi ses limites, et c'est à leur présentation que s'attache ici l'auteure. Selon elle, la fixation légale de principes coutumiers souples et flexibles présente l'inconvénient d'institutionnaliser et de rigidifier un système qui peine de plus en plus à promouvoir la discussion et la conciliation dans la résolution des conflits. Par ailleurs ce dispositif n'empêche pas la montée de l'individualisme (et de l'individualisation des terres) qui menacerait à terme le mode de vie communautaire et le système des chefferies.

Les chapitres suivants (chapitres 9, 10, 11 et 12) intègrent à l'analyse des rencontres entre conceptions occidentales et coutumières du rapport à la terre une autre dimension, qui est celle du développement touristique.

Julien Dellier et Sylvain Guyot, géographes, s'interrogent sur les conséquences et les enjeux pour les populations d'Afrique du Sud du redécoupage territorial et de la réforme foncière initiés par les gouvernements post-apartheid confrontés à la gestion d'héritages fonciers multiformes (chapitre 9). À travers l'exemple des revendications des communautés Xhosa de l'ex-bantoustan du Transkei, les auteurs posent deux questions : « Quels sont les attendus et les contraintes des bouleversements territoriaux en cours en Afrique du Sud ? Et quelles sont alors les implications de ces changements dans l'accès des communautés des ex-bantoustans à de nouveaux droits fonciers ? » La perspective d'intérêts économiques associés à certaines terres pose par ailleurs la « question de la place accordée à la réparation des injustices passées face aux enjeux de développement ». L'analyse des auteurs révèle une situation paradoxale, dans laquelle malgré des politiques en faveur de la cogestion et de la redistribution des revenus financiers de certaines activités, notamment touristiques, les communautés demeurent exclues des projets de développement et de leurs retombées économiques.

Aurélie Condevaux, anthropologue, étudie le rôle historique du développement touristique dans les relations entre Maoris et colons britanniques et entre les Maoris eux-mêmes, mais aussi celui que le tourisme continue de jouer dans les revendications autochtones contemporaines en Nouvelle-Zélande (chapitre 10). Les Maoris demandent aujourd'hui des réparations matérielles pour les torts causés par la confiscation de certaines de leurs terres par les colons, terres dont la mise en valeur touristique en a augmenté l'intérêt économique. Or ces revendications et la réponse qui leur est apportée sous la forme notamment de restitutions foncières collectives sont sources de tensions et de conflits, dans une société autochtone où la propriété se trouve depuis longtemps déjà segmentée et individualisée et où le retour à une gestion collective de la terre n'est pas sans poser certains problèmes.

Le chapitre suivant (chapitre 11) offre un autre exemple de lutte et de conflits pour l'appropriation et le contrôle de l'espace touristique, cette fois au Mexique. Clément Marie dit Chirot, géographe, place la notion d'espace et de ses usages au centre de l'analyse. Il propose « d'interroger le rôle du tourisme dans la reproduction ou la transformation des rapports sociaux et d'appréhender les conséquences politiques et sociales de la valorisation du foncier sous l'effet d'un développement touristique », à travers l'étude comparée de deux situations où la mise en tourisme s'est accompagnée de conflits fonciers.

Dans le dernier chapitre (chapitre 12), Céline Travési, anthropologue, explore les dimensions politiques du tourisme aborigène bardi jawi dans les Kimberleys, une région du nord-ouest de l'Australie. L'auteure postule qu'une demande de reconnaissance de la part des Aborigènes se rejoue dans ce contexte, revendication relativement similaire à celle qu'ils poursuivaient il y a peu de temps encore dans leurs revendications foncières légales. Cette recherche de reconnaissance vise la compréhension et le respect du rapport local à la terre tel qu'il est vécu et pensé par les Aborigènes plutôt que la reconnaissance de droits, terminologie appartenant à un système dont les conceptions de la « propriété » sont nécessairement différentes — le système foncier australien. Le chapitre examine donc encore une fois la rencontre entre deux « systèmes fonciers » différents, les enjeux posés par la traduction d'un système dans un autre ; mais il place aussi la transposition de ces enjeux dans un autre contexte, celui du développement d'activités touristiques autochtones.

Bibliographie

Altman, Jon
2004   « Economic development and Indigenous Australia: Contestations over property, institutions and ideology ». *The Australian Journal of Agricultural and Resource Economics*, 48(3) : 513-534.

Dousset, Laurent et Glaskin, Katie
2007   « Western Desert and Native Title : How models become myths ». *Anthropological Forum*, 17(2) : 127-148.
2011   « The asymmetry of recognition: law, society, and customary land tenure in Australia ». *Pacific Studies*, 34(2-3): 142-156.

Glaskin, Katie
2003   « Native title and the 'bundle of rights' model: Implications for the recognition of Aboriginal relations to country ». *Anthropological forum*, 13 (1) : 67-88.
2007   « Claim, culture and effect: Property relations and the native title process ». In B. Smith and F. Morphy (eds), *The Social Effects of Native Title : Recognition, Translation, Coexistence*, Research Monograph 27. Canberra : Australian National University Press, p. 59-78.

Merlan, Francesca
2006   « Beyond tradition », *The Asia Pacific Journal of Anthropology*, 7 (1) : 85-104.

Smith, Benjamin and Frances Morphy, (eds)
2007   *The Social Effects of Native Title: Recognition, Translation, Coexistence*, Research Monograph 27. Canberra : Australian National University Press, p. 1-29.

Weiner, James and Glaskin, Katie
2006   « Introduction: The (re)invention of Indigenous Laws and Customs », *The Asia Pacific Journal of Anthropology*, 7 (1) : 1-13.

Localisation des études de cas traitées dans le volume

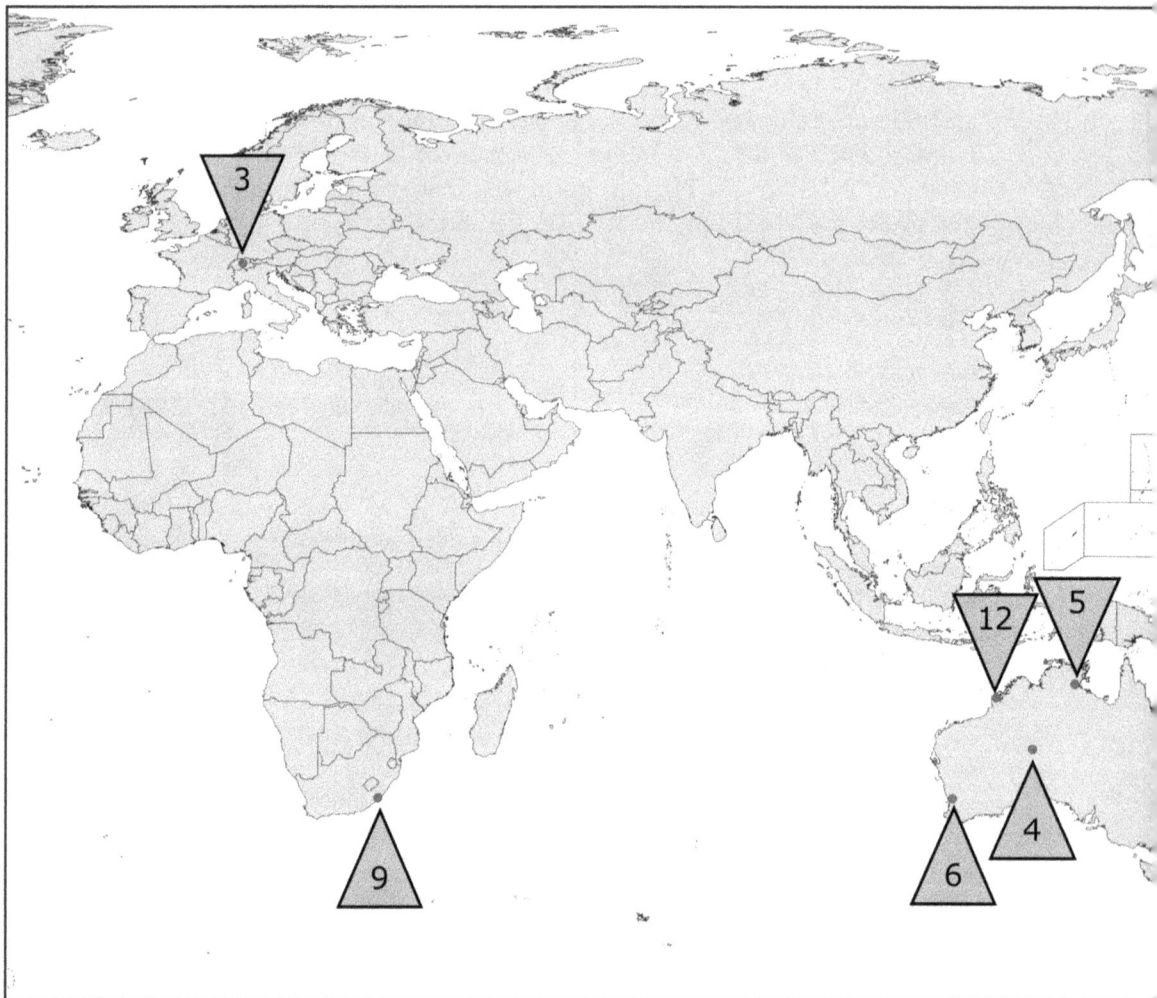

3. Suisse (Knoepfel et Schweizer)
4. Australie, Désert de l'Ouest (Dousset)
5. Australie, Terre d'Arnhem, Ngukurr (Fache)
6. Australie, Avon Valley (Bernard)
7. Nouvelle-Calédonie, îles Loyauté, Ouvéa (Nayral)
12. Australie, Kimberley, péninsule Dampier (Travési)

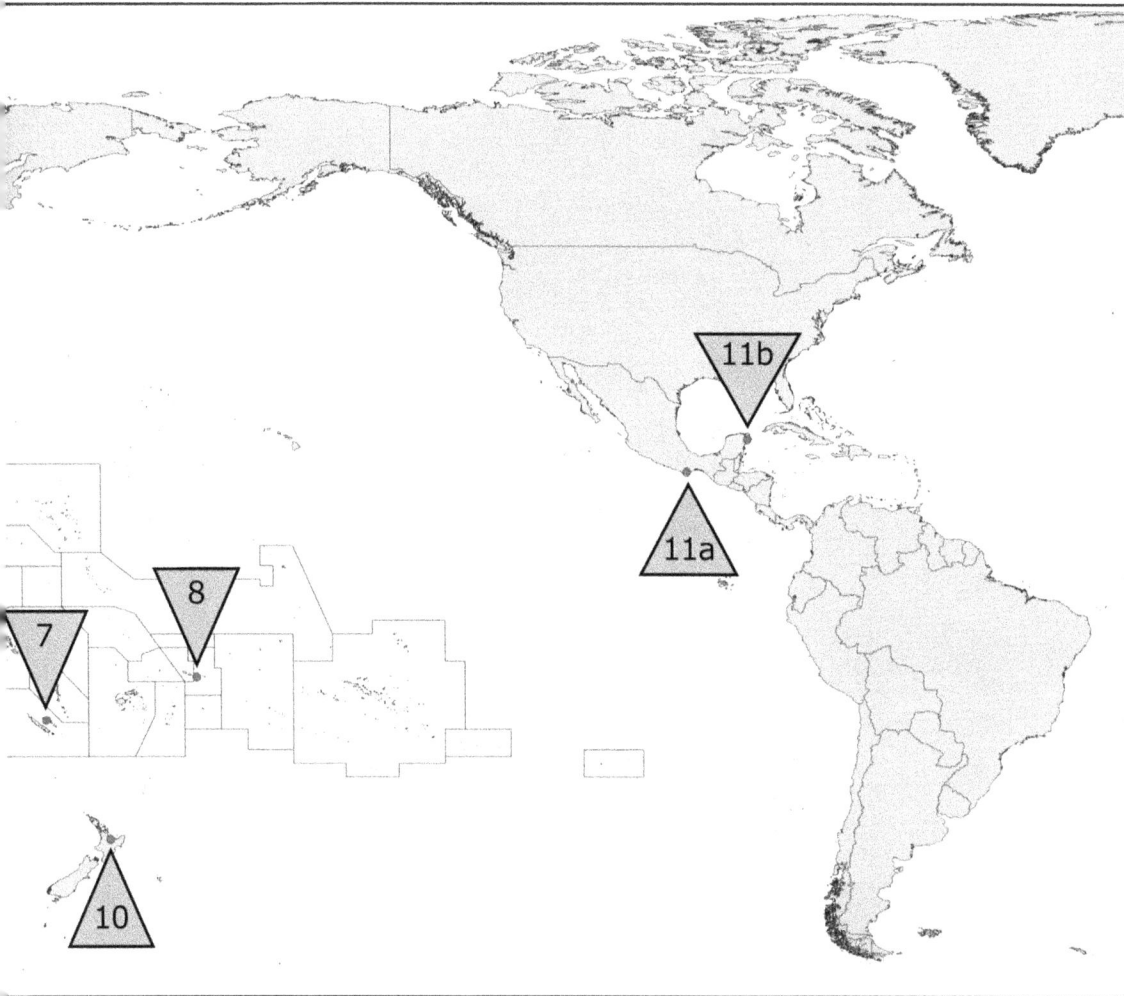

8. Samoa Américaines (Blondet)

9. Afrique du Sud, province du Cap oriental, ex-bantoustan du Transkei (Dellier et Guyot)

10. Nouvelle-Zélande, Rotorua (Condevaux)

11a. Mexique, État d'Oaxaca, Huatulco (Marie dit Chirot)

11b. Riviera Maya, Playa del Carmen (Marie dit Chirot)

Cadres juridiques et économiques du foncier : réflexions théoriques autour de notions occidentales

Possession et propriété : une approche économique

Pascal van Griethuysen et Rolf Steppacher

1. Introduction

Les arrangements institutionnels jouent un rôle crucial dans les relations homme-nature (Bromley 1989, 1991, 1992 ; Ostrom 1990 ; Schlager & Ostrom 1992 ; Hanna *et al.* 1996). D'une part, ils déterminent le type d'interactions que les membres de la société peuvent ou non entreprendre envers leur milieu naturel. D'autre part, ils constituent des facteurs essentiels de pouvoir et de statut social à travers le contrôle qu'ils concèdent envers les ressources naturelles. En dernière analyse, les arrangements institutionnels constituent le levier par lequel les sociétés humaines seront ou non capables de concrétiser un mode de développement soutenable (Arrow *et al.* 1995).

Pour prendre en compte l'ensemble des arrangements institutionnels relatifs à une ressource ou à un ensemble de ressources naturelles, Bromley (1991, 1992) utilise le concept de *régime institutionnel*[1]. Cette notion, fondamentale, met en évidence que ce ne sont pas les caractéristiques intrinsèques (biophysiques, matérielles) des ressources qui déterminent les modalités selon lesquelles les sociétés les exploitent ou non, mais l'ensemble des arrangements institutionnels (droits, devoirs, obligations, sanctions, etc.) qui leur est associé. Essentielle pour l'intelligibilité des interactions entre les sociétés humaines et leurs milieux naturels, la notion de régime institutionnel a souvent fait l'objet d'interprétations erronées, à commencer par les interprétations données à la notion de propriété.

Dans le cadre d'analyse de l'économie néoclassique, la propriété privée constitue la catégorie institutionnelle de référence. Les caractéristiques d'exclusion et de rivalité dans l'usage, qui définissent selon cette approche le bien privé, constituent les critères de base de l'économie environnementale en référence desquels tous les éléments du milieu naturel sont appréhendés. En témoignent les définitions traditionnelles du bien public (caractérisé par la non-exclusion et la non-rivalité) ou du bien commun (difficultés dans l'exclusion et rivalité dans l'usage) (Baumol & Oates 1975). Cet ancrage sur la propriété privée, comme l'orientation idéologique de l'économie conventionnelle visant à prouver les propriétés d'autorégulation du marché, ont conduit, dans les années 1960, à une réflexion biaisée sur les droits de propriété

---

1. *A natural resource regime is an explicit (or implicit) structure of rights and duties characterizing the relationship of individuals to one another with respect to that particular resource.* (Bromley 1992 : 9)

concluant à la supériorité intrinsèque du régime de propriété privée (Coase 1960 ; Demsetz 1967).

C'est dans ce contexte que Garrett Hardin formule sa célèbre *Tragedy of the Commons* (Hardin 1968). Dans cet article, Hardin (1968) confond les régimes communautaires avec le libre-accès, négligeant que les régimes communautaires imposent tous des limites à l'accès et l'exploitation des ressources naturelles (Ciriacy-Wantrup & Bishop 1975). Suite à cette confusion, d'importantes clarifications ont été proposées sur les types d'arrangements institutionnels que constituent les régimes dits de propriété privée, de propriété étatique, de propriété communautaire et de libre-accès (Bromley 1989, 1992)[2]. De même, d'importantes distinctions ont été faites entre divers droits inclus dans la notion de « propriété » : *droits d'accès* à une ressource ; *droits de prélèvement* et de consommation des éléments de la ressource ; *droits de gestion* déterminant comment, quand et où un prélèvement peut avoir lieu ; *droits d'exclusion* déterminant qui possède les droits d'accès, de prélèvement et de gestion et qui en est exclu ; et *droits d'aliénation* autorisant ou non le transfert d'une ressource ou d'un droit envers une ressource à un tiers (Schlager & Ostrom 1992).

La confusion de Hardin (1968) entre régime communautaire et libre-accès, reconnue par son auteur (Ecologist 1992), demeure encore trop souvent négligée. Or cette confusion en cache une autre, moins connue, plus courante et plus fondamentale encore, si l'on en croit la théorie développée par deux économistes allemands, Gunnar Heinsohn et Otto Steiger (Heinsohn & Steiger 1996, 2006). Selon ces auteurs, la grande majorité des courants économiques, lorsqu'ils traitent de l'institution de la propriété, ne considèrent que les aspects relatifs *à la disposition matérielle des biens et des ressources*, ce que les auteurs appellent la *possession*, et négligent les spécificités que confère à un système économique l'établissement de *titres juridiques de propriété*, à commencer par la possibilité d'engager ces titres dans des *relations de crédit*.

Le couple possession/propriété a fait l'objet de développements divers dans l'histoire de la pensée économique, notamment chez les économistes classiques. Elle est ainsi au cœur de la critique faite en 1848 par John Stuart Mill (1976) contre l'introduction de titres de propriété en Inde par l'Angleterre coloniale, dynamique ayant conduit à l'exclusion des paysans surendettés, puis au *Land Alienation Act* de 1901 qui interdit tout transfert de propriété foncière à des castes non agraires. Beaucoup plus récente, l'interprétation proposée par Heinsohn et Steiger apporte un éclairage nouveau sur des éléments essentiels de l'analyse économique des régimes de ressources

---

2. Les régimes étatiques, communautaires et privés ainsi que le libre accès constituent des catégories théoriques permettant de décrire certaines caractéristiques des cas réels, lesquels correspondent le plus souvent à des combinaisons de régimes, à l'instar de la *tree growing association* mise sur pied en Inde dans les années 1980, où des groupes de paysans sans terre se sont vus attribuer des droits d'accès et de prélèvement sur des portions de terres appartenant à l'État, les droits sur le produit des terres leur étant intégralement concédés (Cernea 1985). Voir également la présentation de la *plura dominia* dans les régimes féodaux par Aubin et Nahrath dans ce volume.

naturelles. Elle permet en effet de *mettre en relation les niveaux institutionnels, réels et financiers* des activités économiques, et de montrer à quel point ces niveaux répondent à des logiques différentes selon qu'ils reposent sur un régime de possession ou de propriété. Cette différenciation des niveaux réels et monétaires de l'économie paraît particulièrement importante dans un contexte où les questions foncières apparaissent indissociables des questions financières, comme l'ont montré la crise américaine des *subprimes* et les difficultés quotidiennes rencontrées dans des contextes toujours plus nombreux, aussi bien urbains que ruraux, au Nord comme au Sud.

La distinction entre les concepts de possession et de propriété constitue une étape de clarification essentielle pour l'économie théorique, une étape méthodologique de nature analytique dont l'objectif est de différencier des rationalités économiques fondamentalement différentes qui émergent de fondements institutionnels également différents. Mais cette distinction analytique ne doit pas masquer le fait que les situations réelles résultent le plus souvent d'une interaction complexe entre logique de possession et logique de propriété (Steppacher 2008)[3]. De telles situations résultent souvent de circonstances historiques, à l'instar des contextes où les systèmes coloniaux ont établi au sein de sociétés de possession des titres de propriété au bénéfice d'une minorité[4]. Mais elles résultent également de raisons culturelles, comme dans le cas où les agents d'une économie de propriété n'actualisent que l'aspect possession de leur propriété malgré le fait que des droits de propriétés soient formellement établis (Ensminger 1997), où lorsque des agents économiques des pays en développement suivent une logique de propriété sans pouvoir formellement la réaliser (de Soto 2000). Ainsi, les régimes de possession et de propriété ne correspondent pas à des réalités en soi, mais à des idéal-types au sens wébérien du terme, des modèles conceptuels théoriques construits afin de mettre en exergue certaines caractéristiques idéal-typiques, dans notre cas les hiérarchies normatives qui caractérisent les modèles de rationalité capitaliste et de raison éco-sociale. Le lecteur gardera ainsi à l'esprit que la complexité des situations réelles ne correspond jamais complètement à cette distinction conceptuelle.

---

3. Tous les régimes de propriété, qu'ils soient antiques (assyriens, grecs et romains) ou modernes (capitalisme industriel et financier occidental puis globalisé) cohabitent avec des arrangements de possession, y compris en Occident où les pratiques de possession communes sont à l'œuvre de nombreux contextes, notamment dans les pratiques agraires (vergers communautaires en Angleterre, forêts communales en Italie, pâturages communs en Suisse). En outre, ces régimes de propriété s'intègrent à un cadre institutionnel plus large contenant des éléments normatifs typiques des régimes de possession, à l'instar des législations socio-environnementales contemporaines visant à rendre compatibles logique de propriété et normes éco-sociales. De même, rares sont les sociétés demeurées immunes à la logique de propriété. Voir également Aubin et Narath dans ce volume.

4. Voir notamment les analyses, dans ce volume, sur l'introduction des *Natives Land Acts* en Nouvelle Zélande (Condevaux, ce volume) et sur l'incompatibilité entre le système législatif australien avec le système foncier des Ngaatjatjarra (Dousset, ce volume).

Élaborée dans cet esprit de clarification théorique, notre introduction du couple propriété/possession vise à identifier les relations différenciées entre le niveau réel et le niveau financier de l'économie, à mettre en exergue les logiques spécifiques qui les orientent, ainsi que les relations entre ces deux niveaux et leurs répercussions écologiques et sociales. Pour ce faire, nous allons développer une analyse différenciée des régimes de possession (première partie) et de propriété (deuxième partie) en présentant aussi bien les forces que les faiblesses de ces régimes, à la lumière de la rationalité économique qui leur est propre. Nous poursuivrons par une réflexion sur les enjeux associés à la transition d'un régime de possession à un régime de propriété et sur les possibilités de combiner les richesses de ces deux types de régimes (troisième partie) avant de proposer quelques remarques conclusives.

2. La possession, régulation du processus économique concret

Qui, dans une société, a le droit d'utiliser quel type de ressources, comment, où, pour combien de temps, sous quelles réserves, avec qui, etc., voilà des questions universelles auxquelles chaque société doit répondre et qui constituent le cœur de l'institution de la *possession*. La grande variété d'arrangements institutionnels qui régissent aussi bien les rapports avec le milieu naturel que les relations socio-économiques illustre la diversité historique et culturelle des réponses que les sociétés ont données à ces questions[5]. Mais cette diversité n'empêche pas d'identifier des éléments généraux, voire universels, au sein des régimes de possession. Dans cette section, nous allons proposer une interprétation économique de la possession, identifier la logique commune aux différents régimes de possession, décrire les critères d'organisation économique au sein du régime de possession communautaire et mentionner quelques limites auxquelles sont confrontées les sociétés basées sur ce régime.

La possession : enjeu universel, réponses spécifiques

Associée à la maîtrise de fait sur les choses, la possession est une notion proposée en économie par Heinsohn et Steiger (1996, 2006) pour rendre compte de manière générique de la grande diversité des arrangements institutionnels élaborés par les sociétés humaines en relation à la *disposition matérielle* des ressources naturelles : droits, obligations et devoirs relatifs à l'accès aux ressources, à leur usage et à leur gestion matérielle, ainsi que les arrangements régulant la distribution des produits

---

5. La diversité des arrangements institutionnels envers les ressources naturelles trouve sa source première dans la diversité et la complexité des écosystèmes naturels. Pourtant la diversité culturelle a sa source propre, à travers le besoin d'identification inhérent à toute société. L'identification repose en effet sur la double nécessité d'être à la fois différent et semblable, ce qui explique la variation des valeurs et des pratiques culturelles même dans des conditions écologiques similaires.

issus de l'exploitation des ressources, y compris la disposition des déchets et des pollutions, autant d'éléments permettant de relier la notion de possession au concept de régime institutionnel. La possession rassemble ainsi les règles qui régissent toutes les étapes du processus économique dans sa dimension concrète, matérielle, énergétique et humaine. Toute structure sociale se dote d'arrangements de ce type, révélant la nature universelle du régime de possession, mais les formes concrètes que prennent ces arrangements sont extrêmement diversifiées et varient en fonction des contextes historiques, écologiques et culturels dans lesquels ils sont élaborés (Steppacher 1996). Cette diversité des pratiques et des savoir-faire éco-sociaux constitue toute la richesse de la possession. Elle est à la base d'une organisation économique adaptée à la complexité écosystémique et reproduisant sa logique complexe.

Logique de reproduction et raison éco-sociale

Une société vivant dans un espace délimité par un écosystème particulier se maintient dans le temps en recourant aux ressources disponibles pour exprimer des valeurs culturelles spécifiques, mobilisant pour ce faire le savoir hérité et développé sur une longue période. Les usages alternatifs du sol, du travail, des équipements et des ressources naturelles, l'orientation des technologies, le choix des biens produits et des services rendus, la gestion des déchets et de la pollution ainsi que le partage du résultat de l'activité économique sont guidés par des règles culturellement sanctionnées tenant compte de la matrice des interactions économiques, écologiques et sociales (Georgescu-Roegen 1965b). Au sein de cette structuration complexe, l'ingéniosité et la créativité déployées dans la gestion de la complexité d'un jardin illustre la logique de base de la possession : *la gestion équilibrée, balancée, entre un ensemble de ressources et un ensemble de besoins.* L'ensemble des ressources spécifiques à un écosystème, le plus souvent renouvelables et toujours limitées, qui sont utilisées concrètement pour satisfaire l'ensemble des besoins matériels et immatériels non homogènes et non substituables d'une société dans un contexte culturel spécifique oriente ainsi la logique institutionnelle de la possession. La mise en relation à travers des arrangements institutionnels de l'ensemble des ressources disponibles dans un écosystème donné et l'ensemble des besoins spécifiques à une culture particulière aboutit à un savoir-faire contextuellement spécifique, conservé dans les traditions de la société. Adapté à des conditions écologiques locales et reflétant des valeurs culturelles particulières, ce savoir éco-social n'est ni universel, ni généralisable ou transférable en tant que tel.

La relation permanente entre le système économique et son contexte éco-social détermine la logique économique d'une société de possession. Reposant sur une adaptation réciproque entre les besoins d'une société et les moyens à sa disposition (ressources, techniques et savoir-faire), les décisions économiques (concernant les ressources à produire et/ou consommer, les modalités d'exploitation, l'orientation de la technologie, la transmission du savoir-faire, etc.) sont prises dans le cadre d'une *réflexion sociale élargie* (Sachs 1981), incluant des considérations sociales (identification des avantages et inconvénients attendus pour les uns et les autres), culturelles (répercussions sur le cadre institutionnel en vigueur, compatibilité avec les valeurs sociales et les règles collectives), écologiques (impact des différentes options sur le milieu naturel, répercussions sur l'approvisionnement en ressources) et temporelles (répercussions pour les générations futures). Ce mode de fonctionnement et d'évaluation sociale, où les choix économiques sont subordonnés à des objectifs écologiques et sociaux, caractérise ce que Steppacher (1996) a nommé la *raison éco-sociale*, ou raison socioécologique.

Subordonnant les choix économiques à des considérations écologiques et sociales, la raison éco-sociale des sociétés de possession ne garantit pas que des principes d'équité sociale ou de soutenabilité écologique soient respectés : à l'instar de tout mode d'organisation sociétale, la raison éco-sociale reflète les forces en présence et ne permet pas d'éviter que des asymétries de pouvoir se répercutent dans les choix économiques effectivement pris [6]. En revanche, la raison éco-sociale constitue un mode d'organisation sociétale compatible avec les principes d'équité sociale et de soutenabilité écologique, dans la mesure où ceux-ci correspondent à des objectifs ancrés dans les modes de pensée, les valeurs et les règles collectives de la société. De tels cas se présentent le plus souvent dans les régimes de possession communautaire, où les asymétries de pouvoir sont relativement limitées et où l'interdépendance qui caractérise non seulement les membres de la société entre eux, mais également entre la société et le milieu naturel est ancrée dans le cadre institutionnel (Georgescu Roegen 1965b).

L'organisation économique de la possession communautaire

Généralement présenté comme un régime de « propriété communautaire » dans la littérature sur les « régimes de propriété » [7], le régime de possession communautaire correspondant aux contextes sociaux où les droits et devoirs régulant la disposition matérielle des ressources naturelles relèvent d'une autorité assurée conjointement par les membres de la société, l'organisation sociétale reposant sur des relations de réciprocité, d'interdépendance et de coercition mutuelle (Bromley 1991 ; Ecologist 1992).

Dans les communautés basées sur la possession, il n'y a pas (ou il n'y avait pas jusqu'à peu) de logique marchande formelle. La vie économique se caractérise par un travail social, accessible à tous et mobilisant chacun. Le rendement économique, d'abord matériel, est distribué et consommé selon les valeurs culturelles. De tels

---

6. Les sociétés féodales, où les choix économiques sont articulés en fonction des intérêts d'une minorité sociale, ont montré que la raison éco-sociale s'accommode des inégalités sociales et de la dégradation du milieu naturel.

7. La littérature sur les « régimes de propriété » ignore le plus souvent la distinction proposée par Heinsohn & Steiger entre possession et propriété. Il s'ensuit une confusion systématique, dans cette littérature, entre les régimes de possession et de propriété.

produits constituent l'assise matérielle de rendements immatériels, comme la sécurité ou le prestige social. Les modes de gestion des ressources naturelles reposent le plus souvent sur des « technologies viables », permettant l'exploitation soutenable des ressources biotiques (Georgescu-Roegen 1984). Dans ce cadre, la productivité peut être plus ou moins grande et le développement est possible. Des innovations technologiques et/ou organisationnelles ouvrent occasionnellement de nouvelles opportunités socio-économiques. Cependant, quelles que soient les activités concernées, la logique économique repose sur une prise en compte, une mesure et une évaluation en termes matériels, énergétiques et humains, sans qu'une évaluation monétaire ne soit systématiquement effectuée. Les activités économiques n'apparaissent pas dissociées des activités sociales et de leurs dimensions culturelles, symboliques ou religieuses (Berkes 1999) : l'économique est et demeure profondément enchâssé dans l'ordre socioculturel (Polanyi 1983 ; Gudeman 2001).

Bien que les pratiques réelles soient toujours culturellement spécifiques, la structuration entre les différents aménagements que les sociétés de possession communautaire font des écosystèmes répond le plus souvent à un critère économique caractéristique des sociétés dites préindustrielles, n'ayant pas ou peu accès aux techniques industrielles mobilisant l'énergie fossile : la fréquence et le temps passé à effectuer la distance requise. C'est notamment le cas dans la structuration de l'espace foncier dans les sociétés préindustrielles sédentaires, où la proximité immédiate du jardin à la fois requiert (pour son entretien) et permet (pour l'accès aux légumes, fruits et plantes aromatiques/médicinales) une présence quotidienne, où le travail aux champs, plus éloignés, suit un rythme saisonnier, alors que l'accès aux pâturages, plus espacé dans le temps, est facilité par le fait que les animaux peuvent s'y rendre d'eux-mêmes, celui aux forêts — pour accéder à des ressources complémentaires — étant plus irrégulier [8]. Permettant d'obtenir un produit matériel (récolte, moisson), le travail constitue le facteur économique central dans l'organisation économique des sociétés de possession, et s'avère déterminant pour l'établissement des règles relatives à l'accès et l'usage des ressources. Ainsi, une fois les récoltes faites, l'accès aux champs pour un temps réservé aux travailleurs devient ouvert à d'autres activités, comme le glanage ou la vaine pâture. La possession est donc non seulement compatible avec la coexistence de droits d'usage multiples, mais elle en dépend, sa complexité particulière reposant sur une articulation fine entre les droits, les devoirs et les obligations accordés ou imposés aux différents membres de la société dans le but de satisfaire au mieux un ensemble de besoins avec un ensemble de ressources. La répartition du produit du travail dépend généralement de la quantité de travail fourni, mais assure également des parts de

---

8. Si la diversité des pratiques demeure la règle, aucune société, au-delà de ses spécificités culturelles, ne peut s'affranchir complètement de ces contraintes économiques dans son rapport avec son milieu naturel, à moins d'avoir recours aux technologies industrielles dont les possibilités comme les contraintes sont de nature différente.

produit aux membres de la société assurant d'autres tâches et responsabilités, selon des modalités culturellement spécifiques.

Contraintes et limites de la possession

La balance entre les ressources disponibles et les besoins à satisfaire constitue le mode organisationnel de base des sociétés de possession et la règle générale à la base de leur pérennité. De nombreuses variations sont possibles, et cela tant que la survie de la société n'est pas mise en danger par les pratiques sociales, ce qui arrive le plus souvent lorsque la balance entre les besoins et les ressources disponibles n'est pas respectée (Georgescu-Roegen 1960; Diamond 2005)[9]. Outre les perturbations extérieures sur lesquelles les sociétés n'ont pas directement prise (perturbations climatiques, guerres, pressions extérieures), plusieurs dynamiques internes à la société peuvent déstabiliser cette balance. Parmi celles-ci, mentionnons l'émergence d'une élite favorisant des besoins culturels dissociés des impératifs de renouvellement éco-social et la pression démographique exercée sur les ressources biotiques.

Le régime de possession est en mesure d'assurer un usage pérenne des ressources et, partant la perpétuation des activités et des sociétés qui en dépendent, dans la mesure où certaines conditions sont remplies. D'une part, la possession évoluant le plus souvent dans un contexte sans apport important en ressources minérales, elle doit respecter les limites étroites qu'impose la gestion à long terme des ressources biotiques. Les solutions institutionnelles doivent ainsi tenir compte de la rareté relative de ces ressources et des conditions de leur renouvellement au sein d'un aménagement de l'espace, du temps et des tâches ancrés dans une logique de reproduction de la temporalité différenciée selon les ressources concernées. D'autre part, la logique communautaire repose sur une distribution de pouvoir relativement équilibrée entre les membres de la structure sociale[10], permettant d'éviter des tensions trop fortes aussi bien entre les membres de la structure sociale qu'envers le milieu naturel.

---

9. Diamond (2005) propose un tour d'horizon des facteurs ayant conduit à l'effondrement de sociétés disparues du passé (les îles de Pâques, de Pitcairn et d'Henderson; les Indiens mimbres et anasazis du sud-ouest des États-Unis; les sociétés moche et inca; les colonies vikings du Groenland) et fragilisant certaines sociétés d'aujourd'hui (Rwanda, Haïti et Saint-Domingue, la Chine, le Montana et l'Australie), tout en s'intéressant à des sociétés qui surent, à un moment donné, enrayer leur effondrement (la Nouvelle-Guinée, Tikopia et le Japon de l'ère Tokugawa). Diamond en conclut qu'il n'existe aucun cas dans lequel l'effondrement d'une société ne serait attribuable qu'aux seuls dommages écologiques, et que des facteurs sociaux sont systématiquement en jeu.

10. *The equality which generally prevails in the commons [...] does not grow out of any ideal or romantic preconceived notion of communitas any more than out of allegiance to the modern notion that people have "equal rights". Rather, it emerges as a by-product of the inability of a small community's élite to eliminate entirely the bargaining power of any of its members...* (Ecologist 1992 : 129)

Or il est fréquent que les ressources naturelles soient surexploitées pour satisfaire aux besoins d'une classe dominante, capable d'imposer une organisation économique adaptée au maintien et renforcement de ses privilèges, dynamique souvent accompagnée de la diffusion de la consommation ostentatoire au sein de la société (Veblen 1899), où lorsque la consommation de ressources induite par les activités cérémonielles se fait sans égard aux conditions de renouvellement du milieu, deux dynamiques caractéristiques de l'effondrement de nombreuses civilisations (Diamond 2005), en plus des conflits, gros consommateurs de ressources et destructeurs des milieux naturels.

La thèse selon laquelle les faibles productivités de leur système économique condamnent les sociétés dites traditionnelles à l'appauvrissement et la surexploitation de leur milieu a été explicitée dès 1960 par Georgescu-Roegen. Analysant la croissance démographique d'une société agraire exploitant sur un espace limité des ressources biotiques dont le potentiel de croissance est également limité, l'économiste a montré qu'avec le temps, la productivité marginale des paysans devient si faible que la production totale ne suffit plus à satisfaire la consommation essentielle de la population (Georgescu-Roegen 1960). Une telle situation n'apparaît pourtant que lorsque deux conditions sont simultanément remplies : 1) la population est en surnombre en regard des possibilités d'exploitation soutenable des ressources biotiques[11] ; 2) il n'existe pas d'espace où migrer (Georgescu-Roegen 1960). Si ces conditions correspondent à de nombreux contextes réels, elles ne sont pas universelles. Surtout, elles dépendent avant tout du contexte institutionnel, à commencer par la distribution des droits et des devoirs envers la ressource foncière, qui détermine les conditions d'accès aux territoires et les possibilités de migration.

Relevons encore que la logique de possession communautaire est peu adaptée à la gestion des ressources minérales[12], en particulier des hydrocarbures, dont la consommation, à travers la perturbation des cycles naturels qu'elle entraîne, induit des décalages spatiaux et temporels tels que le principe de réciprocité entre agents devient inopérant, les victimes des dommages ne pouvant influencer les décisions relatives à l'exploitation de ces ressources. Finalement, la coexistence avec toute société aux visées

11. Georgescu-Roegen (1960) montre que la répartition du produit agricole entre les travailleurs (mode de distribution spécifique à la possession) incite les familles à avoir beaucoup d'enfants. Mais la rareté absolue des ressources a également conduit des sociétés à développer des pratiques limitant la croissance démographique, à l'instar de la polyandrie (Ecologist 1992).

12. Au contraire des ressources biotiques dont le potentiel de croissance est naturellement limité, les ressources minérales, en particulier les hydrocarbures, sont en mesure d'alimenter un processus de croissance économique exponentiel : l'énergie-matière stockée peut être utilisée pour développer des machines et des moteurs qui permettent en retour une exploitation plus rapide et intensive des stocks de ressources au sein d'un processus circulaire et cumulatif. Limités, les stocks de ressources minérales ne peuvent pourtant alimenter un processus de croissance économique exponentielle au-delà d'un temps historiquement limité, et au prix de graves conséquences environnementales (Georgescu-Roegen 1965a ; Steppacher & Griethuysen 2008).

31

expansionnistes est problématique pour les sociétés de possession communautaire, car la nature même de leur structure sociétale basée sur des asymétries sociales limitées ne permet pas l'accumulation de pouvoir requise pour contrer les invasions extérieures. Cela concerne tout particulièrement la coexistence avec les économies de propriété dont la tendance expansionniste, issue des processus de capitalisation, est intrinsèque.

3. La propriété : capitalisation et subordination des processus économiques concrets

Rarement une notion aussi essentielle que la propriété n'aura eu autant de peine à dévoiler sa nature profonde. Inventée dans l'Antiquité, développée par les civilisations assyrienne et gréco-romaine et reconnue depuis le milieu du XVIIIᵉ siècle comme pilier essentiel du système économique capitaliste, l'institution de la propriété constitue une *innovation institutionnelle* qui conduit à l'émergence de processus économiques inconnus des sociétés de possession, à l'instar des relations de crédit induisant une création monétaire et le paiement d'intérêts monétaires. Mais la propriété régule également la gestion matérielle des ressources, si bien qu'il existe une asymétrie entre le régime de propriété et le régime de possession : alors que le régime de propriété inclut les caractéristiques de la possession, les caractéristiques spécifiques de la propriété ne se retrouvent pas au sein d'un régime de possession. De fait, la propriété vient en quelque sorte s'ajouter à la possession (Heinsohn & Steiger 1996). Plus précisément, elle s'y superpose, en ce sens qu'à travers les activités financières qu'elle rend possible, la propriété induit une rationalité économique spécifique qui réévalue ce qui est ou était disponible dans la possession et l'oriente dans des actualisations différentes. S'inspirant des développements de l'économie de propriété (*property economics*) développée par Heinsohn & Steiger (1996, 2006 ; Steiger 2008), cette partie analyse la nature économique particulière du régime de propriété qui se caractérise par l'actualisation conjointe des potentialités matérielle et financière de la propriété, par l'expansion par capitalisation de la propriété et la rationalité économique capitaliste qui en émerge ; elle met également en évidence la subordination de l'économie réelle à laquelle conduit l'émergence de l'économie financière et identifie le processus d'enfermement techno-institutionnel dans lequel conduit l'expansion capitaliste.

Les deux potentialités économiques de la propriété

Comme tout régime de possession, le régime de propriété régit les droits d'accès, les droits d'usage et toutes les autres dispositions relatives à l'exploitation concrète des ressources, y compris la gestion des déchets et la distribution des produits économiques. Toutefois, le régime de propriété présente la particularité de rassembler tous les droits traditionnellement associés à la possession (accès, usage, gestion, exclusion et aliénation) sous l'égide de *titres de propriété*, titres juridiques formels qui définissent sans ambiguïté les droits de propriété entre les différents membres de la structure sociale, facilitant ainsi les relations économiques formelles (de Soto 2000).

L'établissement de titres de propriété envers les ressources consacre une *dissociation* entre les ressources elles-mêmes et les titres qui les représentent. Les titres de propriété acquièrent ainsi une existence autonome, relativement indépendante des ressources qu'ils représentent. Cette nouvelle réalité constitue une potentialité économique inédite dont l'actualisation aboutit à des relations économiques nouvelles, les relations financières, inconnues des sociétés de possession. Le régime de propriété présente ainsi deux aspects complémentaires, à la fois distincts et reliés, *l'aspect possession de la propriété*, relatif à l'exploitation concrète des ressources, et *l'aspect propriété de la propriété*, relatif à l'engagement des titres de propriété dans des activités financières. L'analyse différenciée de l'aspect possession de la propriété et de l'aspect propriété de la propriété permet de mieux expliciter les relations complexes qui relient les niveaux réels et monétaires des régimes institutionnels.

L'aspect possession de la propriété

Le titre de propriété assure à son détenteur la *possession exclusive et durable* sur les ressources concernées. Cette caractéristique confère aux propriétaires une position sociale particulièrement forte qui restreint le potentiel adaptatif du régime envers l'évolution de son contexte éco-social. L'exclusivité n'est cependant pas absolue, car divers arrangements institutionnels interviennent sur les conditions d'usage et d'exploitation des ressources et les modalités de redistribution des revenus issus de leur exploitation. Dès lors, l'objectif de tout propriétaire désireux d'accroître son statut social est de renforcer les privilèges d'exclusivité que lui confèrent les conditions institutionnelles, et donc de renforcer le poids relatif de la propriété au sein du cadre institutionnel en vigueur.

La propriété n'a de raison d'être que dans la mesure où les droits de propriété demeurent l'apanage des propriétaires, *i.e.* que la propriété est *privative*. Dès lors, ce n'est que lorsque des lois obligent les non-propriétaires à respecter les droits des propriétaires et que des sanctions sont appliquées aux contrevenants que le titre de propriété représente une valeur sociale particulière. Contrepartie fondamentale de la nature exclusive de la propriété, l'exclusion des non-propriétaires requiert l'existence d'un pouvoir de coercition capable d'imposer le respect des règles relatives à la propriété et de recourir à des sanctions envers les contrevenants. Dans les États régis par une Constitution, ce pouvoir est confié à l'autorité de l'État et réglementé à travers un complexe d'arrangements institutionnels *ad hoc*, qui, conjointement avec les titres de propriété, constituent le *régime de propriété*.

L'aspect propriété de la propriété

La garantie sociale que les droits de possession exclusifs sont assurés durablement et garantis par un titre juridique formel confère à son détenteur une sécurité économique inconnue des sociétés de possession, un rendement immatériel que Heinsohn et Steiger (1996) ont dénommé *prime de propriété*. Ainsi, en plus du rendement physique des ressources naturelles, *rendement matériel* lié à la possession des biens, les agents propriétaires bénéficient d'un *rendement immatériel*, conféré par l'assurance que les droits associés au titre de propriété sont socialement garantis. La possibilité d'exploiter ce rendement immatériel, intangible mais bien réel, constitue une potentialité économique spécifique au régime de propriété. Son actualisation permet des types de relations économiques inconnues dans un régime de possession.

Les titres étant *transmissibles*, la prime de propriété est elle-même transférable. Ce transfert peut être définitif, lorsque la propriété est vendue, ou provisoire, lorsque la propriété est engagée dans un contrat de crédit. Dès lors, les propriétaires peuvent engager leurs propriétés selon trois types de relations contractuelles : 1) la *location* : un contrat qui transfère les droits de possession sans affecter les droits de propriété ; 2) le *crédit* : un contrat financier qui transfère les droits de propriété sans affecter les droits de possession ; 3) la *vente* : un contrat qui transfère à la fois les droits de possession et les droits de propriété[13]. Ces transactions particulières confèrent toute sa spécificité à l'économie de propriété. Mais c'est le contrat de crédit qui apparaît le plus déterminant. À l'origine d'une création de capital monétaire endogène à la sphère économique, la relation de crédit révèle le rôle central que la propriété joue dans l'émergence et l'expansion de l'économie capitaliste.

Expansion par le crédit et rationalité capitaliste

Distinguant les « économies de propriété » des « sociétés de possession », Heinsohn et Steiger (1996) montrent que seules les premières ont suivi un itinéraire de développement économique de type capitaliste, basé sur la création endogène de capital monétaire. Cette création monétaire résulte des relations de crédit, lors desquelles des agents propriétaires engagent la sécurité que leur confère leur propriété[14].

---

13. Dans un régime de possession, seuls les droits de possession sont cessibles, mais non la ressource elle-même ; la mise en gage – qui suppose que la ressource puisse être aliénée – est également impossible.
14. Lors d'une relation de crédit, les deux parties engagent leur propriété : le créancier charge ou met en réserve sa propriété pour sécuriser l'émission monétaire tandis que le débiteur met en gage la sienne pour sécuriser sa dette ; ce double engagement sécurise la valeur de la monnaie émise (Heinsohn & Steiger 1996). Au niveau national, la banque centrale émet de l'argent en contrepartie du dépôt, par les banques commerciales, de titres de propriété (Heinsohn & Steiger, 2006 : 87-154). L'émission de monnaie nationale est aussi liée aux possibilités d'endettement de l'État, une thématique que nous n'abordons pas ici.

Émergeant des relations entre propriétaires, les relations de crédit créent, de façon endogène et auto organisée quatre phénomènes caractérisant un système économique de propriété : 1) la *monnaie* en tant que titre de propriété anonyme et transmissible ; 2) l'*intérêt* en tant que compensation de l'engagement de la propriété du créancier [15] ; 3) la *dette* et 4) le *standard d'évaluation* monétaire, défini par le créancier, selon lequel sont évaluées les fortunes et les transactions impliquées dans les activités économiques.

La création monétaire, qui concrétise et matérialise le transfert de sécurité entre propriétaires, rend possible le financement de nouvelles activités économiques. Au travers du crédit, un propriétaire — individuel ou collectif — peut ainsi accéder au capital monétaire lui permettant d'entreprendre des activités économiques supplémentaires (croissance), ou investir en vue de nouvelles activités (développement), et cela *sans épargne préalable* (Steiger 2006). Cette possibilité, ouverte par l'engagement du rendement immatériel de la propriété, n'affecte pas les rendements matériels de celle-ci. Ainsi, un propriétaire peut hypothéquer sa maison tout en continuant à l'habiter. Plus encore, les rendements immatériels de la propriété viennent *s'ajouter* aux rendements matériels. Cette *actualisation combinée* des deux potentialités de la propriété permet l'*enrichissement cumulatif* des propriétaires : s'ajoutant à la perception des rendements actuels, la perspective de rendements futurs issus de l'exploitation d'une propriété augmente sa valeur de capitalisation, et les fonds résultant de cette capitalisation peuvent être investis en vue d'améliorer encore les revenus d'exploitation ; le processus est circulaire et cumulatif (Veblen 1904 ; van Griethuysen 2010).

Pourtant, si la capitalisation de la propriété rend la croissance et le développement possibles, elle les rend également *nécessaires* (Binswanger 2006). En effet, l'engagement de la propriété en vue d'un financement extérieur impose au débiteur des conditions contractuelles spécifiques : rembourser la somme empruntée et payer un intérêt dans un intervalle de temps donné (Steppacher 2008). La capitalisation impose ainsi les contraintes suivantes : 1) la *solvabilité*, qui requiert une évaluation de toutes les activités économiques sous forme monétaire, selon le standard défini par le créancier ; 2) la *rentabilité*, qui impose l'analyse coûts-bénéfices comme routine de sélection des alternatives ; et 3) la *pression temporelle*, qui se répercute, à travers les activités du secteur productif, à l'ensemble du système économique. Ces contraintes capitalistes agissent comme autant de critères de sélection et d'orientation pour les activités économiques : elles déterminent le maintien ou non des agents au sein de l'économie de propriété, entraînant l'élimination (par saisie ou faillite) des agents insolvables, et orientent le processus de développement selon la hiérarchie normative définie par la rationalité économique capitaliste.

Au sein du régime de propriété, la rationalité économique est définie selon la perspective du propriétaire : la sécurité et l'évaluation de la propriété, le maintien de

---

15. En contrepartie de l'engagement en nantissement de sa propriété, le débiteur obtient ce que Keynes (1936) a nommé la *prime de liquidité*.

sa valeur et, si possible, son accroissement, constituent les critères de base de l'organisation du système économique, autour desquels sont organisés de manière hiérarchique
les autres niveaux d'évaluation socio-économiques. Cinq niveaux caractérisent ainsi
la *hiérarchie normative de la rationalité capitaliste* (Steppacher 2008) : 1) l'orientation
générale vers la valeur de la propriété engagée et de son accroissement (*logique de
propriété*) ; 2) le maintien de la solvabilité des acteurs comme condition existentielle
dans l'économie de propriété (*logique monétaire*) ; 3) l'évaluation des transactions en
termes de coûts-bénéfices tels que définis par les conditions institutionnelles en
vigueur (*logique marchande*) ; 4) l'évaluation de l'impact des changements et des
stratégies institutionnels sur la distribution des coûts (privés *vs* sociaux) et des
bénéfices (*logique institutionnelle*) ; 5) les considérations de nature écologique et
sociale (*logique éco-sociale*, à distinguer de la raison éco-sociale de la possession).

Au sein de la hiérarchie normative capitaliste, *les dimensions écologiques et sociales
sont reléguées à l'arrière-plan* : non que la prise en compte de considérations éco-
sociales soit en soi incompatible avec le régime de propriété, mais cette prise en
compte demeure subordonnée aux impératifs de la rationalité capitaliste. Limiter la
concurrence par l'institutionnalisation de normes écologiques et/ou sociales, mettre
en place un label qualité visant à augmenter le produit des ventes, établir des titres
de propriété garantissant l'exclusivité sur des ressources « libres » (à l'instar de
l'institutionnalisation d'un marché de permis d'émission reposant sur des droits
d'émission exclusifs) font partie des stratégies économiques capitalistes où les
considérations éco-sociales sont compatibles avec la hiérarchie normative de
la propriété.

Potentiel économique, actualisations concrètes et financières, et subordination des processus économiques concrets à la logique financière

Afin de mettre en exergue les enjeux éco-sociaux de la transition d'un régime de
possession vers un régime propriété, d'une part, l'urgence de soumettre la dynamique
expansive de la propriété à une raison éco-sociale, d'autre part, il est utile d'expliciter
comment la propriété subordonne les activités économiques à l'impératif capitaliste
de rendement monétaire. Pour cela, il convient de revenir sur le potentiel économique
particulier de la propriété, et la manière dont ce potentiel est actualisé à travers
l'exploitation concrète des ressources et dans les relations financières.

Titre de propriété, abstraction contextuelle, et potentiel économique

Toute utilisation concrète de ressources dans un contexte éco-social spécifique correspond à une forme actualisée du potentiel économique de ces ressources. Mais d'autres
actualisations sont possibles, qui correspondent à des combinaisons institutionnelles

et technologiques différentes. Ainsi, l'exploitation d'un champ sous forme de terrain à bâtir correspond à une actualisation différente de l'exploitation agricole du même champ. Or, les alternatives à l'exploitation en cours sont envisagées, sélectionnées et réalisées de manière très différente dans une économie de propriété et dans une société de possession.

Alors que la raison éco-sociale de la possession restreint le champ des actualisations possibles aux options préservant l'identité culturelle et le milieu naturel[16], le régime de propriété peut s'affranchir de telles limites et ouvrir le champ des actualisations alternatives à de multiples combinaisons institutionnelles et technologiques. Cette caractéristique vient de la nature du titre de propriété, formellement dissocié de la ressource elle-même. Elle permet au propriétaire de s'abstraire des restrictions technologiques et culturelles qui conditionnent l'exploitation concrète des ressources et d'envisager le *potentiel économique* qui se dissimule derrière la forme actualisée de l'exploitation en cours (de Soto 2000), ce que Veblen (1904) appelait la capacité de rendement futur. Pour l'appréhender, le propriétaire doit faire abstraction de tout élément contextuel qui pourrait le voiler « *by filtering out all the confusing lights and shadows of its physical aspects and its local surroundings* » (de Soto 2000 : 42), et se centrer sur les éléments susceptibles de générer du rendement monétaire. En réduisant l'hétérogénéité des phénomènes réels à leur dimension monétaire, critère d'évaluation de la valeur de la propriété, l'évaluation monétaire rend alors possible de comparer sur une même base les utilisations alternatives des ressources.

Les actualisations concrètes du potentiel économique

Centré sur les valeurs spécifiques de la propriété plutôt que sur les valeurs culturelles et les conditions écologiques locales, capable de mobiliser des ressources, des savoir-faire et des techniques extérieurs, un propriétaire peut envisager pour sa propriété un ensemble très large d'actualisations alternatives à l'exploitation en cours. Or, conformément aux critères de sélection de l'économie de propriété, c'est l'option conduisant au meilleur rendement monétaire qui est sélectionnée. C'est ainsi qu'une zone traditionnellement dédiée à la pêche peut être transformée en site touristique de luxe une fois soumise à la logique de propriété.

Guidé par l'impératif de rendement monétaire, ce type d'actualisation modifie son contexte de réalisation, et tout particulièrement les caractéristiques écologiques et les valeurs culturelles duquel s'est extrait le raisonnement monétaire du propriétaire. Les innovations technologiques et institutionnelles sont ainsi conçues et réalisées en déconnexion du contexte éco-social, sans que leurs répercussions écologiques, socio-

---

16. Le droit d'aliéner une ressource ou un droit au sein des régimes de possession communautaire illustre ce point : possible à l'intérieur du groupe (don, héritage), l'aliénation au bénéfice de quelqu'un d'extérieur à la communauté est en principe interdite (principe d'*exo-inaliénabilité*).

économiques ou culturelles ne soient appréhendées [17]. Plus encore, le régime de propriété, une fois confronté aux répercussions éco-sociales des innovations révolutionnaires qu'il stimule, n'apparaît pas en mesure de proposer d'autres réponses que celles qui renforcent encore l'expansion de la propriété, ainsi que l'illustre la nature capitaliste du régime climatique (Newell & Paterson 2010).

Les actualisations financières du potentiel économique

La subordination des décisions économiques aux impératifs monétaires de l'économie de propriété ne se limite pas à l'exploitation concrète des ressources, tant s'en faut. En effet, les usages économiques des titres de propriété permettent aux propriétaires de considérer les ressources, le processus de production, les déchets et même la pollution comme des phénomènes déconnectés des conditions écologiques et sociales concrètes, et de leur faire vivre une existence financière autonome, dissociée du contexte éco-social concret (de Soto 2000 : 60). L'établissement d'un titre de propriété consacre ainsi la transformation de toute ressource matérielle ou immatérielle en *marchandises*, ou *commodités* qui, au-delà de leur exploitation concrète, peuvent faire l'objet d'une exploitation financière en tant qu'*actif capitalisable*. Plus encore, toutes les commodités, une fois exprimées sous forme de potentiel économique, sont rapidement intégrées dans une logique capitaliste globale, grâce notamment à la nature fongible de la propriété (de Soto 2000 : 55). Cette fongibilité, rendue concrète par l'évaluation monétaire, facilite aussi bien la combinaison des actifs que leur division en parties distinctes, ainsi que la recombinaison de ces parties en nouvelles entités, autant de modalités typiques des pratiques financières (fonds de placement, produits financiers dérivés ou structurés). Rendue possible par l'homogénéisation de l'hétérogénéité des phénomènes réels à l'uni-dimension monétaire, cette caractéristique est à la base des pratiques ayant conduit à la crise des *subprimes*, où les actifs immobiliers ont été créés sans fondements institutionnels adéquats.

C'est la force de l'abstraction envers le contexte éco-social qui permet l'émergence du monde financier, ainsi que des conceptions très créatives sur des futurs alternatifs. Toutefois, cette abstraction implique en contrepartie un pacte faustien (Binswanger 1985), engageant le destin de l'humanité. En effet, si les développements financiers peuvent mécaniquement faire et défaire le monde monétaire à grand renfort de modèles, de scénarios et de simulations, l'utilisation concrète des ressources naturelles et humaines se réalise dans le monde réel où les ressources se dégradent, les déchets s'accumulent et les hommes se fatiguent. La non-prise en compte dans la mécanique monétaire de la nature évolutive du processus économique réel, et en particulier de

---

17. Ces répercussions, le plus souvent perçues par les populations locales comme une détérioration de leurs conditions de vie (même si certains voient leur situation s'améliorer), font ainsi partie des éléments éludés par le propriétaire lors de son analyse monétaire.

la dégradation entropique des flux d'énergie-matière a conduit le système capitalise à surexploiter sans discernement les ressources naturelles et humaines au point de mettre sérieusement en péril la viabilité du milieu naturel de l'homme.

L'itinéraire d'enfermement du régime de propriété

Dans le cadre de l'économie de propriété, les propriétaires, qui bénéficient d'un statut social privilégié leur permettant d'exercer une influence prépondérante sur l'évolution institutionnelle, sont en mesure d'instituer un ensemble de règles leur facilitant l'accès et le contrôle des ressources et des techniques. La propriété permettant l'enrichissement cumulatif des propriétaires, cette puissance cumulative se répercute sur le cadre institutionnel, toujours davantage façonné par les propriétaires en faveur de leurs intérêts spécifiques. Au sein de cet itinéraire particulier, caractérisé par un renforcement cumulatif des inégalités sociales, l'élite propriétaire, le régime institutionnel de propriété, ainsi que les ressources et les technologies les plus stratégiques sont reliés par une relation d'interdépendance circulaire et cumulative, toujours plus centrée sur le maintien et le renforcement des privilèges des propriétaires. La marginalisation croissante et cumulative des exclus de la propriété constitue la contrepartie sociale de cette dynamique de concentration des richesses et des pouvoirs (Myrdal 1957, 1968 ; Sachs 1993).

L'élimination des acteurs insolvables n'empêche pas l'expansion de l'économie de propriété. En revanche, elle conduit à une concentration des droits d'exclusivité, concentration qui favorise l'accumulation des richesses ainsi que la formation de capital, source potentielle d'une nouvelle dynamique d'expansion économique. C'est pourquoi l'expansion capitaliste se poursuit non seulement malgré les exclusions endogènes qu'elle génère, mais en partie grâce à celles-ci. En outre, cette dynamique ne peut s'arrêter d'elle-même, car l'avantage que constitue le recours au financement extérieur devient rapidement une condition de survie dans la course au profit mondial, où la compétitivité repose avant tout sur le pouvoir financier et son expansion par capitalisation (Veblen 1904). Dans cette dynamique circulaire et cumulative, où appropriation et capitalisation se renforcent mutuellement, la propriété est à la fois le moyen et la fin (van Griethuysen 2010).

Toutefois, seule une expansion des activités économiques concrètes peut conduire à un accroissement de la valeur réelle de la propriété. Dans le passé, les économies de propriété ont répondu à cette pression par l'expansion territoriale (au détriment des populations locales, le plus souvent dépossédées de leurs terres et de leurs ressources), le commerce et l'échange inégal (où les bénéfices de la partie dominante se font aux dépens de la partie dominée), la surexploitation des ressources renouvelables et la concentration de la propriété, autant de modalités qui se poursuivent de nos jours (Duchrow & Hinkelammert 2004). Avec l'invention des technologies industrielles permettant d'exploiter l'énergie fossile, l'industrialisation est devenue le moyen privilégié de répondre à la pression de l'économie de propriété, imposant en retour de nouvelles contraintes aux activités économiques (mécanisation, uniformisation, planification, etc.), renforçant encore la puissance des acteurs économiques et la concentration du pouvoir (Galbraith 1968).

Lieu de rencontre entre les pressions à l'expansion de l'économie de propriété et les réponses industrielles alimentées à l'énergie fossile, la civilisation occidentale a été le berceau d'un complexe techno-institutionnel qui s'est rapidement diffusé à l'échelle mondiale. Or, la globalisation du capitalisme industriel a rapidement montré sa dépendance envers ses fondements institutionnels — en renforçant constamment les modalités sécurisant la propriété et les transactions favorisant son expansion — et technologiques — en assurant par tous les moyens le contrôle envers les combustibles fossiles, y compris sous leur forme d'émissions de carbone. Cette dépendance d'itinéraire envers le noyau techno-institutionnel que constitue la combinaison propriété/ressources minérales contraint les agents économiques à exclure toute alternative institutionnelle ou techno-logique incompatible avec l'expansion capitaliste et industrielle de la propriété, à commencer par la prise en compte de ses répercussions éco-sociales.

4. Possession et propriété : entre incompatibilité et complémentarité

L'analyse différenciée des régimes de possession et de propriété permet d'intéressants développements sur les relations qu'entretiennent ces deux types de régimes institu-tionnels. Parmi ceux-ci, il nous semble important de poursuivre notre réflexion en mettant en exergue les enjeux éco-sociaux de la transition d'un régime de possession vers un régime propriété, d'une part, en envisageant la possibilité de réintroduire une logique de possession au sein d'une économie de propriété, d'autre part.

Les enjeux du passage de la possession à la propriété

Le passage d'un régime de possession à un régime de propriété n'a rien d'évident dans la mesure où la propriété a été perçue — et continue de l'être pour de nombreuses populations autochtones — comme une aberration, l'idée de pouvoir vendre des ressources naturelles ou de travailler contre un salaire étant vue comme une absurdité. En conséquence, l'implantation de la propriété s'est souvent faite sous la contrainte[18]. Bien que les conditions et les modalités de tels changements soient

---

18. Si les pouvoirs coloniaux ont souvent imposé à des sociétés de possession les modalités institu-tionnelles de la propriété étatique et privée (Mill 1976 ; Bromley 1991, 1992), les pays ayant acquis leur indépendance politique ont également imposé des réformes radicales aux structures institutionnelles des sociétés dites traditionnelles (Bromley 1991 ; Poffenberger 2006). Ainsi, les questions de reconnaissance des droits fonciers autochtones par les sociétés dominantes impliquent de traduire selon les termes réducteurs de la propriété les logiques beaucoup plus complexes de la possession, —

toujours spécifiques, certaines caractéristiques communes à cette transition institutionnelle peuvent être identifiées.

En premier lieu les systèmes de possession sont généralement supplantés parce qu'ils ne peuvent réaliser le potentiel financier de la propriété qui, lorsqu'il est actualisé, pousse à la croissance et aux innovations. C'est pourquoi la propriété est souvent présentée comme promoteur nécessaire à la croissance et au développement économique (de Soto 2000). Toutefois, avant de procurer richesse et prospérité pour certains, le passage à la propriété implique de nombreux changements dans l'organisation sociale et économique d'une société. Ainsi, la transition à l'économie de propriété implique une redistribution des rôles et des pouvoirs en place, une réorganisation économique conformément à la rationalité capitaliste et la subordination de l'exploitation des ressources à l'impératif de rendement monétaire.

L'introduction dans des contextes de possession de la propriété, privée ou étatique, conduit le plus souvent à la dépossession des populations locales au profit des propriétaires, locaux ou non, dynamique renforçant les asymétries sociales au détriment des agents les plus vulnérables (Myrdal 1968). Or l'élite propriétaire reproduit et diffuse des valeurs et des pratiques souvent incompatibles avec les modes de vie traditionnels (individualisme exacerbé par les possibilités d'accumulation de richesses, mimétisme envers les modes de consommation, etc.).

Le changement de rationalité économique associé au passage de la possession à la propriété implique un bouleversement dans l'organisation économique de la société, désormais articulée selon la rationalité économique capitaliste et sa hiérarchie normative particulière. Ce changement radical constitue une *inversion complète de la hiérarchie normative* de la possession, où les décisions économiques sont intégrées et subordonnées à des considérations écologiques et sociales, vers la hiérarchie normative capitaliste, où les considérations écologiques et sociales sont subordonnées à l'impératif de rendement monétaire. Ce bouleversement et cette re-hiérarchisation normative provoquent inéluctablement la destruction de l'équilibre finement maintenu entre les besoins sociaux et les ressources disponibles, élément central de la logique de reproduction économique de la possession. À l'origine de cet équilibre, les savoir-faire traditionnels, et tout particulièrement les connaissances impliquées dans la gestion des ressources, sont fortement dévalorisés [19].

— comme le relatent Dousset ou Travési dans ce volume. Mentionnons également les cas où le passage de la possession à la propriété est volontairement recherché par les membres d'une structure sociale, à l'instar des revendications foncières autochtones émanant d'acteurs cherchant à s'assurer des droits de possession pérennes envers les ressources concernées ou à accéder aux relations économiques rendues possibles par l'établissement de titres formels de propriété, comme la vente et le crédit.

19. Dans sa contribution à ce volume, Dousset souligne l'impact de l'adaptation forcée à la propriété (les règles formelles du régime juridique occidental pour l'auteur) sur les normes et valeurs sociales de la population Ngaatjatjarra, qu'il considère comme la transformation sociale la plus profonde vécue par cette population depuis des décennies.

Analysé par Georgescu-Roegen (1960), le passage d'une économie agraire (système de possession) à une économie capitaliste (économie de propriété) illustre en quoi le changement de rationalité économique est radical. L'économiste (Georgescu-Roegen 1960) montre que le changement du mode d'évaluation du travail implique une réduction souvent drastique du nombre de travailleurs employés par le système économique. En effet, dans le cadre de la raison éco-sociale de la possession, le travail est poursuivi tant que la dernière unité de travail produit un rendement matériel positif (tant que la productivité marginale est supérieure à zéro) ; dans le cadre de l'évaluation monétaire de l'économie de propriété, le travail est poursuivi tant qu'il demeure rentable (tant que la productivité marginale est supérieure ou égale au taux de salaire). Le nombre de personnes exclues suite au passage à l'évaluation monétaire dépend alors 1) de la taille de la population concernée et 2) de l'écart entre la productivité marginale réelle (souvent proche de zéro dans les économies de subsistance) et la rentabilité monétaire (définie par des facteurs toujours plus exogènes, comme l'évolution des marchés internationaux, notamment financiers). Par la suite, quel que soit le nombre de personnes employées par le système économique formel, une partie de la population, celle dont la productivité marginale est inférieure au taux de salaire, demeure exclue du marché du travail.

Des difficultés supplémentaires apparaissent avec l'engagement des titres de propriété dans des relations de crédits. Les contraintes capitalistes liées à l'endettement, comme la solvabilité ou la rentabilité, qui implique la marchandisation des ressources naturelles et des relations humaines sont souvent sources de tensions au sein de sociétés dont les valeurs de solidarité et de réciprocité reposaient traditionnellement sur l'échange de biens et de services non-monétaires. À cela s'ajoutent les situations de surendettement et d'insolvabilité conduisant souvent à des drames humains, le traditionnel filet social des sociétés de possession ayant été mis à mal, sinon détruit par l'organisation économique capitaliste de la société [20].

Réintroduire la logique de possession dans un régime de propriété

Est-il possible d'influencer la dynamique écologiquement et socialement destructrice de l'expansion mondiale du régime de propriété de manière à la rendre compatible avec des objectifs éco-sociaux, comme l'amélioration de la qualité de vie et la soutenabilité écologique, conditions à la pérennité des activités humaines dans leurs milieux naturels ? Est-il concevable de mobiliser la créativité capitaliste, caractéristique de l'économie de propriété, au sein d'une logique économique de reproduction

20. Les relations de crédit informelles (notamment conclues sans propriété sécurisant la dette), dans lesquels d'innombrables acteurs sont contraints d'entrer pour survivre au sein d'un système économique guidé par la rationalité capitaliste, aboutissent à des situations au moins aussi dramatiques.

éco-sociale, caractéristique de la logique de possession ? Notre analyse nous conduit à centrer les éléments de réponse à ces questions sur les modalités institutionnelles susceptibles de *rééquilibrer les relations entre les niveaux monétaire et réel* de l'économie à travers deux types de stratégies institutionnelles : 1) agir sur le régime de propriété, en ciblant aussi bien les activités économiques concrètes que les pratiques financières ; 2) élaborer des alternatives institutionnelles au régime de propriété.

Limiter l'accumulation des richesses, exclure des domaines de l'appropriation privative, réduire les modalités d'exploitation concrète des ressources, limiter les droits d'exclusivité des propriétaires et renforcer leurs obligations éco-sociales par le biais d'une législation adéquate sont autant de mesures permettant de circonscrire la sphère de réalisation et de diffusion de la propriété. Limitant le potentiel de la propriété à des actualisations concrètes compatibles avec les impératifs éco-sociaux, de telles mesures réduisent également la valeur de capitalisation de la propriété, permettant de réduire les dérives financières de manière préventive, avant qu'elles n'émergent des titres de propriété.

Réguler les processus de capitalisation pour réduire la pression au rendement monétaire exercée sur les activités économiques et limiter les actualisations financières de la propriété aux options compatibles avec les objectifs éco-sociaux sont deux éléments complémentaires d'une même stratégie. La régulation vise les processus de capitalisation primaires, comme les relations de crédit ou la création de capital-actions, afin qu'ils respectent les principes de *sound banking*, c'est-à-dire « émettre de l'argent non seulement en contrepartie d'un intérêt mais également sur la base de solides garanties et de réserves en capitaux suffisantes émanant de la banque émettrice » (Steiger 2006 : 188, notre traduction), ainsi que les pratiques financières mobilisant les actifs financiers (produits dérivés, effets de levier, etc.), dont les rendements artificiellement élevés sont incompatibles avec la reproduction éco-sociale. Elle concerne également l'orientation des investissements (publics, privés et institutionnels) à travers une discrimination positive des critères relatifs à la qualité de vie et l'amélioration des conditions environnementale auxquels seraient subordonnés les rendements monétaires. Finalement, des objectifs éco-sociaux peuvent être atteints à travers la redistribution des produits de la capitalisation financière, par l'affectation des produits à des activités, des programmes, des fonds ou des populations spécifiques.

Paradoxalement, c'est la dynamique involutive de la propriété, son enfermement cumulatif sur ses critères de sélection et sa capacité à éliminer tout critère d'orientation alternatif qui rendent impératifs l'élaboration et le développement d'alternatives institutionnelles au régime de propriété. Parmi les alternatives envisageables, mentionnons ici la *propriété étatique*, en mesure d'assurer que l'exploitation des ressources, qu'elle soit ou non déléguée sous forme de concessions, soit conforme à la législation éco-sociale, et la *propriété collective*, qui combine la logique privative de la propriété avec la nécessaire coopération entre copropriétaires dont les droits et obligations de possession s'articulent au sein d'un titre de propriété indivis [21]. Parmi les alternatives reposant sur la possession, mentionnons l'importance de soutenir les régimes de *possession communautaire* existants, notamment à travers la reconnaissance formelle, étatique ou internationale, de leurs droits de possession (Borrini-Feyerabend *et al.* 2010). Ce type de reconnaissance conduit non seulement à sécuriser des régimes de possession très vulnérables (puisque non défendus par des titres de propriété formels) ; il soutient également des savoirs collectifs et des rationalités économiques qui diffèrent de la rationalité capitaliste, alternatives concrètes aux modalités de propriété qui aboutissent le plus souvent à l'émiettement des territoires, à des opérations financières mal maîtrisées et à la péjoration des conditions éco-sociales.

Dans ce contexte, l'institutionnalisation de *titres de possession communautaire privative* pourrait constituer une innovation institutionnelle radicale, combinant les principes d'indivisibilité du territoire et d'exoinaliénabilité des ressources [22], typiques de la possession communautaire, et le principe d'exclusivité privative de la propriété, à travers la sécurité socialement garantie de disposer de droits d'accès et usage absolus, incluant les ressources souterraines (sans lesquels toute possession foncière est menacée) [23]. Les droits de possession communautaire privative pourraient être élaborés en tant qu'éléments constitutifs d'un *régime communautaire à niveaux multiples* (van Griethuysen 2002), ancré sur la maîtrise locale des droits de possession (notamment des droits de gestion des ressources communes) et organisé en fonction des principes de développement autonome (balance entre les besoins et les moyens locaux) et de subsidiarité (les situations problématiques n'étant adressées à un niveau d'organisation supérieur que lorsqu'elles ne peuvent être adéquatement réglées au niveau inférieur). Au sein d'un tel régime, diverses modalités reposant sur la *cogestion des ressources*, où la gestion des ressources est assurée conjointement par plusieurs acteurs (Borrini-Feyerabend *et al.* 2004), pourraient articuler les droits de possession au sein d'une rationalité économique élargie.

Finalement, il convient d'envisager les moyens d'élaborer des *systèmes monétaires alternatifs*, ne reposant pas sur l'expansion par capitalisation de la propriété, donc non

---

21. Voir Aubin et Nahrath, dans ce volume, sur la réinvention des formes de multipropriété.

22. L'exoinaliénabilité se réfère aux situations où l'exigence de préservation du patrimoine d'une communauté pour les générations futures implique que ni les parties ni, à plus forte raison, la totalité du patrimoine, ne puissent être aliénées à l'extérieur de la communauté (Rouland 1988).

23. Interdisant toute aliénation des terres en dehors de la communauté, les titres de possession communautaire envisagés ici doivent être clairement distingués des titres de propriété collective permettant la vente des terres, à l'instar des titres institués à cette fin par les *Native Land Acts* par les Européens en Nouvelle Zélande (Condevaux, dans ce volume). Ils doivent également être distingués des modalités instituant l'inaliénabilité des terres, comme les décrets déclarant inaliénables certains territoires du Grand Nord canadien, par leur nature privative qui exclurait l'existence simultanée d'autres droits d'usage, comme les droits de concessions minières, et par leur étendue temporelle de longue durée, qui contrasterait avec la validité de trois ans des décrets canadiens.

soumis aux contraintes capitalistes. Pour cela, il convient de rappeler que c'est le flux de sécurité conféré par les titres de propriété qui se matérialise sous forme monétaire dans des processus de capitalisation. Selon cette perspective, la possession, lorsque les droits sur les produits de l'exploitation concrète des ressources sont pérennes, constitue un type de sécurité pouvant être mobilisée dans des opérations financières, moyennant une logique et une pratique adaptées à l'absence de titres de propriété (qui rend la mise en gage et la saisie des biens impossibles). Dans ce cadre, le *partage des résultats* (où le créancier et le débiteur se partagent aussi bien les bénéfices que les pertes), modalité financière pratiquée dans les sociétés islamiques (El-Gamal 2006), permet de supplanter la dépendance financière du débiteur envers le créancier au profit de l'intérêt mutuel du créancier et débiteur à l'exploitation performante et durable des ressources. Relevons également le rôle des *caisses d'épargne mutuelle* qui, conformément à une logique de possession, constituent des fonds permettant de financer des projets de développement sans les soumettre à des contraintes de rentabilité excessive. Cette logique est proche de celle qui guide les pratiques d'*investissement responsable*, visant l'exploitation durable des ressources et/ou le respect des conditions de travail, pratiques que les investisseurs, notamment institutionnels (fonds de pension) pourraient être formellement appelés à développer. Ces dynamiques peuvent encore être complétées par la mise en place de systèmes monétaires alternatifs reposant non sur la capitalisation des primes de propriété, mais sur des éléments de valeur concrets (comme une heure de travail), à l'instar des monnaies créées dans les *systèmes d'échanges locaux*. Permettant de reconsidérer l'échange économique sur la base de la valeur du travail, ces systèmes monétaires alternatifs conduisent à une évaluation, une gestion et une organisation du travail ancrées dans leur contexte éco-social, utile complément à la logique de propriété.

À ces modalités institutionnelles existantes ou hypothétiques s'ajoutent encore divers types de *partenariats* permettant de mobiliser conjointement la rationalité capitaliste de la propriété et la raison éco-sociale de la possession, à l'instar du partenariat étatique-communautaire décrit par Hoffman (2005). Analysant le partenariat institué entre la communauté de Cochabamba et des communautés locales lors de la mise en œuvre d'un système de distribution d'eau, Hoffmann (2005 : 186-8) montre que ce partenariat organise un partage des tâches et des coûts reposant sur une rationalité économique qui répond aux contraintes de solvabilité et rentabilité monétaire issue du financement étatique tout en valorisant les contributions non-monétaires, les membres de la communauté pouvant s'acquitter de leur contribution en participant concrètement à la maintenance du réseau d'eau. Ce type de *rationalité économique hybride*, qui tout à la fois reconnaît les contraintes capitalistes, répond aux besoins des acteurs insolvables et renforce la participation sociale, pourrait inspirer d'autres partenariats, notamment entre les communautés locales, les ONG et/ou les agences de développement, et constituer un élément clé de la mise en œuvre d'un développement plus soutenable.

5. Conclusion

Toute catégorisation permet de mettre en lumière certains éléments d'une problématique; ce faisant, elle laisse inévitablement dans l'ombre d'autres éléments. C'est pourquoi il est important de disposer de plusieurs catégorisations pour appréhender au mieux la nature complexe des enjeux associés aux arrangements institutionnels envers les ressources naturelles. Dans cette perspective, nous avons ancré notre analyse dans la distinction conceptuelle proposée par Heinsohn et Steiger (Heinsohn & Steiger 1996, 2006) entre les régimes de possession et de propriété. Selon ces auteurs, la possession se réfère aux divers arrangements institutionnels relatifs à la disposition matérielle des ressources naturelles au sein des sociétés non capitalistes alors que la propriété constitue le fondement institutionnel de l'économie capitaliste à travers l'engagement des titres de propriété dans des processus de capitalisation.

Sur la base d'une analyse différenciée du couple possession/propriété, nous avons alors mis en évidence aussi bien les richesses et les faiblesses des régimes de possession et de propriété, et mis en exergue les hiérarchies normatives sous-jacentes aux rationalités économiques propres à chacun de ces régimes. Ainsi, si la rationalité économique de la possession relève d'un arbitrage complexe entre des objectifs sociaux et des moyens à disposition, la rationalité capitaliste émanant de l'engagement de la propriété dans des processus de capitalisation conduit à la primauté du niveau monétaire sur le niveau réel de l'économie, conduisant à la subordination des dimensions naturelles et humaines à leur potentiel de rendement monétaire.

Nous avons montré que la transition de la possession à la propriété, si elle rend la croissance et le développement accessibles, implique avant tout de nombreux changements dans les modes de vie locaux, changements qui provoquent à leur tour de nouveaux besoins et font surgir de nouvelles valeurs, qui à terme, peuvent entraîner la disparition des savoir-faire traditionnels et des croyances ancestrales, piliers de la cohésion sociale et de la continuité culturelle des communautés locales.

En retour, la distinction conceptuelle du couple propriété-possession nous a permis d'élaborer une réflexion sur les alternatives à l'expansion du régime de propriétés et de ses répercussions écologiques et sociales. Les modalités institutionnelles et organisationnelles identifiées dans ces lignes témoignent ainsi de la diversité et de la richesse des arrangements institutionnels qu'il est possible de mobiliser en subordonnant la dynamique capitaliste à la logique de reproduction de la possession, à travers la recherche d'une rationalité hybride combinant les forces et limitant les faiblesses de ces deux logiques économiques. Développées sur la base d'une analyse différenciée des régimes de possession et de propriété, ces modalités nous semblent témoigner de la valeur heuristique de la distinction entre possession et propriété pour l'analyse économique des régimes institutionnels.

Bibliographie

Arrow, Kenneth, Bert Bolin, Robert Costanza, Partha Dasgupta, Carl Folke, Crawford Stanley Holling, Bengt-Owe Jansson, Simon Levin, Karl-Goran Mäler, Charles Perrings & David Pimentel
1995   « Economic Growth, Carrying Capacity, and the Environment ». *Science*, 268 : 520-521.

Baumol, William J. & Wallace E. Oates
1975   *The Theory of Environmental Policy*. Cambridge : Cambridge University Press.

Berkes, Fikr
1999   *Sacred Ecology : Traditional Ecological Knowledge and Resource Management*. Philadelphia : Taylor & Francis.

Binswanger, Hans Christoph
1985   *Geld und Magie : Deutung und Kritik der modernen Wirtschaft anhand von Goethe Faust*. Stuttgart : Weitbrecht.
2006   *Die Wachstumsspirale : Geld, Energie und Imagination in der Dynamik des Marktprozesses*. Marburg : Metropolis-Verlag.

Borrini-Feyerabend, Grazia *et al.*
2010   *Bio-Cultural Diversity Conserved by Indigenous Peoples and Local Communities – Examples and Analysis*. Teheran : ICCA Consortium and Cenesta for GEF SGP, GTZ, IIED and IUCN/CEESP.

Borrini-Feyerabend, Grazia, Michel Pimbert, Taghi Farvar, Ashish Kothari & Yves Renard
2004   *Sharing Power – Learning-by-Doing in Co-Management of Natural Resources throughout the World*. Teheran : IIED and IUCN/CEESP/CMWG, Cenesta.

Bromley, Daniel W.
1989   *Economic Interests and Institutions. The Conceptual Foundations of Public Policy*. Oxford : Basic Blackwell.
1991   *Environment and Economy – Property rights and Public Policy*. Oxford : Blackwell.
1992   « The Commons, Common Property, and Environmental Policy ». *Environmental and Resource Economics*, 2: 1-17.

Cernea, Michael M. (éd.)
1985   *Putting People First : Sociological Variables in Rural Development*. Oxford : Oxford University Press.

Ciriacy-Wantrup, Siegfried von & Richard C. Bishop
1975   « 'Common Property' as a Concept in Natural Resources Policy ». *Natural Resources Journal*, 15(4): 713–27.

Coase, Ronald
1960   « The Problem of Social Cost ». *Journal of Law and Economics*, 3: 1-44.

Demsetz, Harold
1967   « Toward a Theory of Property Rights ». *The American Economic Review*, 57 : 347-359.

Diamond, Jared
2005   *Collapse : How Societies Choose to Fail or Succeed*. New York : Viking.

Duchrow, Ulrich & Franz J. Hinkelammert

2004   *Property for People, Not for Profit : Alternatives to the Global Tyranny of Capital*. London : Zed Books.

Ecologist The

1992   *Whose Common Future?* Special Issue, *The Ecologist*, 22(4): 121-210.

El-Gamal, Mahmoud A.

2006   *Islamic Finance : Law, Economics, and Practice*. Cambridge : Cambridge University Press.

Ensminger, Jean

1997   « Changing Property Rigths : Reconciling Formal and Informal Rights to Land in Africa ». In J. Drobak & J. Nye (eds), *The Frontiers of the New Institutional Economics*. New York : Academic Press, p. 165-196.

Galbraith, John Kenneth

1968   *Le Nouvel État industriel – Essai sur le système économique américain*. Traduit de l'anglais. Paris : Gallimard.

Georgescu-Roegen, Nicholas

1960   « Economic Theory and Agrarian Economics ». In N. Georgescu-Roegen 1976, *Energy and Economic Myths*. New York : Pergamon, p. 103-148.

1965a   « Process in Farming Versus Process in Manufacturing : A Problem of Balanced Development ». In N. Georgescu-Roegen 1976, *Energy and Economic Myths*. New York : Pergamon, p. 71-102.

1965b   « The Institutional Aspects of Peasant Communities : An Analytical View ». In N. Georgescu-Roegen 1976. *Energy and Economic Myths*. New York : Pergamon, p. 199-231.

1976   *Energy and Economic Myths : Institutional and Analytical Economic Essays*. New York : Pergamon.

1984   « Feasible recipes versus viable technologies ». *Atlantic Economic Journal*, 12: 21-30.

Gudeman, Stephen

2001   *The Anthropology of Economy : Community, Market, and Culture*. Oxford : Blackwell.

Hanna, Susan, Carl Folke & Karl-Goran Mäler (eds)

1996   *Rights to Nature : Ecological, Economic, Cultural, and Political Principles of Institutions for the Environment*. Washington, DC : Island Press.

Hardin, Garret

1968   « The Tragedy of Commons ». *Science*, 162 : 1243-1248.

Heinsohn, Gunnar & Otto Steiger

1996   *Eigentum, Zins und Geld : Ungelöste Rätsel des Wirtschaftswissenschaf*. Reinbek : Rowohlt.

2006   *Eigentumsökonomik*. Marburg : Metropolis.

Hoffmann, Sabine

2005   « La cogestion étatique-communautaire de l'eau à Cochabamba (Bolivie) ». In *Annuaire suisse de politique de développement*. Genève : Institut Universitaire d'Études du Développement, p. 179-190.

Keynes, John Maynard
1936   *The General Theory of Employment, Interest and Money*. London : Macmillan.

Mill, John Stuart
1976[1848]. *Principles of Political Economy with Some of Their Applications to Social Philosophy*.
          Fairfield, NJ : A.M. Kelley.

Myrdal, Gunnar
1957   *Economic Theory and Underdeveloped Regions*. London : Duckworth.
1968   *Asian Drama – An Inquiry Into the Poverty of Nations*. New York : Pantheon.

Newell, Peter & Matthew Paterson
2010   *Climate Capitalism : Global Warming and the Transformation of the Global Economy*.
          Cambridge, New York : Cambridge University Press.

Ostrom, Elinor
1990   *Governing the Commons : The Evolution of Institutions for Collective Action*. Cambridge :
          Cambridge University Press.

Poffenberger, Mark
2006   « People in the forest : community forestry experiences from Southeast Asia ».
          Environment and Sustainable Development, 5(1): 57-69.

Polanyi, Karl
1983[1944]. *La grande transformation – Aux origines politiques et économiques de notre temps*.
          Traduit de l'anglais. Paris : Gallimard.

Rouland, Norbert
1988   *Anthropologie juridique*. Paris : PUF.

Sachs, Ignacy
1981   *Initiation à l'écodéveloppement*. Toulouse : Privat.
1993   *L'écodéveloppement. Stratégies de transition vers le xxie siècle*. Paris : Syros.

Schlager, Edella & Elinor Ostrom
1992   « Property-Rights Regimes and Natural Resources : A Conceptual Analysis ». *Land
          Economics*, 68(3): 249-262.

de Soto, Hernando
2000   *The Mystery of Capital : Why Capitalism Triumphs in the West and Fails Everywhere Else*.
          London : Bentham Press.

Steiger, Otto
2006   « Property Economics versus New Institutional Economics : Alternative Foundations of
          How to Trigger Economic Development ». *Journal of Economic Issues*, 40(1): 183-208.

Steiger, Otto (éd.)
2008   *Property Economics. Property Rights, Creditor's Money and the Foundations of the Economy*.
          Marburg : Metropolis.

Steppacher, Rolf
1996   « La résistible imprécision des notions économiques ». *Nouveaux Cahiers de l'IUED*,
          5: 39-52.

2008   « Property, Mineral Resources and 'Sustainable Development'». In O. Steiger (éd.),
        Property Economics. Marburg : Metropolis, p. 323-354.

Steppacher, Rolf & Pascal van Griethuysen
2008   « The Differences Between Biotic and Mineral Resources and Their Implications For the
        Conservation-Climate Debate ». *Policy Matters*, 16: 30-37.

van Griethuysen, Pascal
2002   « Sustainable Development : An Evolutionary Economic Approach ». *Sustainable
        Development*, 10(1): 1-11.
2006   «A critical evolutionary economics perspective of socially responsible conservation ».
        In G. Oviedo & P. van Griethuysen (eds.), *Poverty, Equity and Rights in Conservation –
        Technical paper and case studies*. Gland et Geneva : IUCN et IUED, p. 11-59.
2010   « Why Are We Growth-Addicted? The Hard Way Towards Degrowth in the Involutionary
        Western Development Path ». *Journal of Cleaner Production*, 18(6): 590-595.

Veblen, Thorstein
1899   *The Theory of the Leisure Class : An Economic Study in the Evolution of Institutions*.
        New York : Macmillan.
1904   *The Theory of Business Enterprise*. New York : Charles Scriber's Sons.

De la *plura dominia* à la propriété privative :

L'émergence de la conception occidentale de la propriété et ses conséquences pour la régulation des rapports sociaux à l'égard de l'environnement et du foncier

David Aubin et Stéphane Nahrath

Cette contribution poursuit un triple objectif. Il s'agit, premièrement, de rendre compte, de manière vulgarisée et sans prétendre faire œuvre d'historien du droit, de l'émergence, dans le sillage des révolutions anglaise et française, d'une conception occidentale, et plus particulièrement européenne « continentale », de la propriété foncière. Ce bref survol historique nous permet de pointer les principales transformations des régimes de propriété foncière européens survenues entre le XVIIIe siècle (fin du régime féodal de la propriété simultanée) et aujourd'hui (régime libéral de la propriété privative). Nous présentons ainsi les principales caractéristiques de cette nouvelle conception de la propriété issue de la Révolution française, et qui s'est largement imposée en Europe continentale tout au long du XIXe siècle à travers la diffusion du code civil napoléonien. Ces caractéristiques sont principalement les suivantes : le passage de la « propriété-jouissance » ou *plura dominia* (qui s'apparente à un régime de *possession*) à la « propriété-appartenance » ou propriété privative (correspondant à une relation de *propriété* exclusive), l'individualisation de la propriété et la (quasi) disparition des formes de propriété commune, la généralisation du principe d'accession, ainsi que, plus récemment, l'émergence, sous la pression de la financiarisation du capitalisme, de phénomènes de titrisation de la propriété foncière et surtout immobilière.

Il s'agit, deuxièmement, de pointer un certain nombre de conséquences sociales, économiques et écologiques du passage du régime de la possession à celui de la propriété privative en ce qui concerne la régulation des rapports sociaux à l'égard de l'environnement et du foncier. En particulier, il s'agit de montrer comment la conception privative de la propriété se trouve dans l'incapacité de saisir juridiquement — et donc de réguler politiquement — certains usages des ressources foncières, de même que de certaines autres ressources (naturelles) communes (c'est-à-dire les *common pool resources* des économistes institutionnels) telles que l'air, le paysage, la biodiversité, les cycles hydrologiques ou encore la mer.

Les constats issus de cette présentation nous permettront, troisièmement, de brièvement éclairer, en conclusion du texte, certaines des causes profondes du caractère le plus souvent conflictuel des rapports entre conceptions occidentales et autochtones des rapports de propriété et/ou de possession à propos des ressources environnementales en général et foncières en particulier. Plus précisément, ces constats nous permettent de proposer quelques enseignements ou hypothèses concernant les enjeux contemporains des revendications foncières autochtones, que ce soit au sein de l'aire culturelle océanienne ou ailleurs dans le monde.

1. Survol historique des conceptions de la « propriété » en Europe occidentale continentale

L'histoire du concept européen de « propriété » peut être, très schématiquement, découpée en trois grandes périodes. En premier lieu, le droit romain consacre l'établissement de la propriété, et plus particulièrement de la propriété foncière. Il établit également une catégorisation des « choses » susceptibles ou non d'appropriation privative. Les ressources naturelles se voient ainsi attribuer le statut de choses communes (*res communes*). Dans un second temps, le droit médiéval consacre la coutume, ou plutôt, les coutumes. La conception romaine de la propriété foncière, définie comme l'octroi d'un droit absolu sur le sol et sur tout ce qui s'y attache, disparaît avec la féodalité, sous l'influence de l'Église. La terre appartient désormais à Dieu et les hommes n'en sont que les dépositaires. Les « droits de propriété » — soit, en réalité, différents types de droits de disposition et d'usage plus ou moins exclusifs [1] — sont attribués en fonction des usages et des titres des prétendants. Une diversité de droits et de devoirs se superpose ainsi sur une même parcelle. Finalement, le code civil issu des révolutions anglaise et française consacre l'avènement de la propriété privative, conçue comme un pouvoir absolu du propriétaire sur son bien, et qui régit aujourd'hui encore les rapports de propriété au sein de très nombreuses sociétés, occidentales ou non.

La « propriété » dans le droit romain

Bien que son sens et sa portée juridique aient fortement évolué au cours du temps, le concept de *propriété* se trouve déjà énoncé dans le droit romain. Premièrement, le droit romain catégorise les « choses » (*res, corpus*). Il n'existe pas de définition abstraite de la notion de choses, mais celle-ci sert implicitement de support à une catégorisation [2]. Gaius opère la distinction entre les choses susceptibles d'appropriation privée (*res in*

---

1. Pour une distinction entre droits de propriété formelle, droits de disposition et droits d'usage, voir *infra* la section intitulée « La Révolution française et l'institution de la propriété privative ».
2. La chose s'apparente à tout ce qui peut devenir objet d'une activité quelconque de l'homme (Schmidlin & Cannata 1984 : 121). La distinction entre les biens et les choses n'est pas d'une grande clarté, ni d'une grande importance du point de vue du droit : « La *res*, c'est l'objet qui existe dans la nature, objet matériel et concret, mais ce peut être aussi un droit idéal et abstrait (*causae et jura* : D. , 50, 16, 23). [...] Il y a des choses dont le droit ne s'occupe que pour les déclarer communes à tous les individus (l'air, l'atmosphère), mais la plupart des choses sont utiles ou désirables, elles ont une « valeur », et comme telles, elles sont qualifiées de *bona*. Si un bien est susceptible de gestion économique, alors il entre dans la sphère du droit en devenant « objet de droit » » (Ourliac & De Malafosse 1961 : 1).

patrimonio) et celles qui ne le sont pas (*res extra patrimonio*). Ces dernières sont constituées des choses sacrées, religieuses et saintes (*res divini iuris*) et des choses qui échappent au commerce privé (*res humani iuris*) dans lesquelles on retrouve les « biens des collectivités publiques (*res publicae*), [les] biens qui ne peuvent être appropriés et qui sont à l'usage de tous, comme l'air, la mer et ses rivages (*res communes*) [et les] choses non encore appropriées (*res nullius*), comme le gibier, ou abandonnées (*res derelictae*) » (Gaudemet 1974 : 68). Les *res communes* ne sont pas appropriables comme ensemble, « quoique des individus ou une nation puissent s'approprier des parcelles de l'air, de l'eau courante ou de la mer, comme, par exemple, pour en faire un port » (Serrigny 1862 : 418).

La propriété privée (*dominius, proprietas*) confère des droits d'usage (*usus*), de jouissance (*fructus*) et de disposition (*abusus*, destruction ou aliénation) sur les choses ou les biens, ainsi que le droit de priver les tiers de l'accès à ces choses ou ces biens (Born *et al.* 1999). Cette notion apparaît à l'époque classique (IIe siècle avant J.-C. à l'an 27 avant J.-C.) : « Le propriétaire a un pouvoir de maître (*dominus*) sur la chose, celle-ci appartient à un individu à l'exclusion de tout autre, elle est *propre* » (Ourliac et De Malafosse 1961 : 76-77). Elle consacre également le principe d'accession (Ourliac et De Malafosse 1961 : 254-255), c'est-à-dire que les biens liés à la parcelle — que ce soit les biens ancrés dans le sol même de la parcelle (bâtiments, arbres, cultures), présents dans le sous-sol (nappe phréatique, minerais) ou présents dans la colonne d'air se trouvant au-dessus de la parcelle (branche de pommier dépassant du jardin du voisin) — appartiennent au propriétaire de celle-ci. Il convient par ailleurs de noter que seul le chef de famille (*pater familias*) peut accéder à la propriété. Les Romains opéraient une distinction entre *propriété* et *possession*, la possession étant une situation de fait qui a progressivement basculé dans le champ du droit en garantissant la protection du possesseur. Dans le droit romain, la possession est une maîtrise de fait sur la chose et non un droit comme l'est la propriété (Gaudemet 1974 : 77).

Le droit romain sépare les choses susceptibles d'appropriation privative des choses publiques. « Les choses publiques (*res publicae*), sont celles qui correspondent aux États ou nations. Elles sont de deux espèces, selon qu'elles sont affectées naturellement ou civilement à l'usage du public, comme les grandes rivières ou les grandes routes, ou selon que les produits et la jouissance en sont réservés exclusivement au profit de la personne morale de l'État, comme les biens-fonds, tels que forêts, champs, prés, maisons qui appartiennent à une nation. Nous disons, chez nous, que les premières sont dans le *domaine public*, et que les autres sont dans le *domaine de l'État*, quoique les unes et les autres n'aient qu'un maître, l'État ou le corps moral de la nation. Seulement, le degré d'appropriation en faveur de l'État est moins parfait sur les premières, ou au moins sur certaines d'entre elles, comme les rivières navigables, que sur les secondes, qu'il possède, en tant que propriétaire, avec la même exclusion que les particuliers. Le droit romain, bien qu'il reconnût et consacrât cette distinction, n'adoptait pas notre terminologie » (Serrigny 1862 : 418-419). Ainsi, le droit romain esquisse la notion de propriété et réalise un travail conséquent de catégorisation juridique qui sera redécouverte à l'époque moderne et utilisée lors la rédaction du code civil (aux XIXᵉ et XXᵉ siècles).

Le régime féodal de la plura dominia

Le régime féodal organise les « droits de propriété » au Moyen-Âge et sous l'Ancien Régime. Ce régime ne constitue pas à proprement parler un système juridique cohérent et systématique, mais plutôt une juxtaposition de normes locales marquées par la prédominance de la coutume (Portalis cité par Collectif 1989 : 36). Il nous est toutefois possible de rendre à grands traits l'ossature de ce régime.

Le terme de « propriété » n'est pas adéquat pour qualifier ce qui relève ici en réalité plutôt de la *possession*[3], cette dernière prenant une diversité de formes de droit sur les choses ou les territoires. Dans le cadre du régime féodal, le partage des pouvoirs et des droits (différent du partage de la terre) s'opère entre plusieurs titulaires sur un ensemble *indivis* de biens. Plusieurs droits d'usage se juxtaposent sur le même terrain et aucun des titulaires de ces droits ne dispose pour lui-même du terrain à l'exclusion des autres. Ce régime se caractérise ainsi par une indistinction des terres et un pouvoir partagé. Il n'est pas à proprement parler de propriétaire de la terre et même, à l'origine dans le droit Franc, le chef de famille était considéré comme le simple dépositaire d'une terre qu'il devait faire fructifier au bénéfice de sa famille, et qui appartenait aux générations qui s'y succédaient (Ost 2003 : 48)[4].

Toutefois, la possession de la terre, si l'on en reste aux biens immobiliers, n'est pas simplement une affaire de famille. La « propriété » est inscrite dans des relations de dépendance plus larges, entre suzerain et vassal. Elle n'est généralement pas acquise par l'achat, non plus possédée, mais concédée par le seigneur à son vassal (et initialement par le prince à son seigneur dans une hiérarchie des relations de dépendance), ceci en contrepartie de services de diverses natures (par ex. en récompense de la levée d'une armée ou d'un acte de bravoure au cours d'une guerre). Le bien concédé à charge de services « nobles » ou militaires est la *tenure*; celui à charge de services non nobles à des roturiers est la *censive*. La tenure (qui constitue également la modalité et la condition de la possession d'un *fief*), porte non seulement sur la terre, mais aussi

---

3. Pour un approfondissement de cette distinction entre *propriété* et *possession*, voir la suite de ce chapitre, ainsi que les chapitres de van Griethuysen & Steppacher et Knoepfel & Schweizer, ce volume.

4. En matière de disposition de la chose ou du bien foncier, il existe une distinction entre *propres* et *acquêts*. Le détenteur des acquêts en dispose librement, tandis que les propres ne peuvent pas être librement cédés ou engagés (en d'autres termes, hypothéqués). La division entre les deux est fonction du temps écoulé. Les acquêts, d'acquisition récente, sont plus personnels, tandis que les propres qui ont par exemple déjà fait l'objet d'une succession, doivent être protégés contre la dilapidation afin de demeurer dans le même lignage de génération en génération. Tous les biens qui ne sont pas propres sont acquêts (Bart, 1998 : 245).

sur des fonctions très variées (de justice, d'administration ou de perception de taxes). La censive, en revanche, implique le paiement du cens, une redevance en argent ou en nature que le censitaire doit au seigneur censier (Bart 1998 : 244)[5]. Ainsi, la propriété foncière est morcelée au bénéfice de toute une série d'ayants droit liés les uns aux autres par des relations de dépendance personnelle qui vont au-delà du cercle familial[6].

Les différentes tenures et censives octroyées par les seigneurs se superposant ainsi sur un même territoire[7], la propriété est dite *simultanée*. Cette simultanéité vaut également pour la répartition des droits d'usage et de la jouissance des biens, c'est-à-dire la possibilité d'en exploiter les fruits à son propre profit.

D'abord, la *saisine* est la jouissance durable d'une chose, acceptée par la collectivité et protégée comme telle. Elle correspond au droit d'utiliser et de tirer profit de cet usage (par exemple lever des impôts, cultiver une terre, voire même brûler des hérétiques et saisir leurs meubles), sans nécessairement être (formellement) propriétaire de cette chose ou des terres sur lesquelles la saisine s'exerce. « L'essentiel pour celui à qui elle était reconnue était moins le principe abstrait de la maîtrise sur la chose, que son exercice concret et habituel aux yeux de tous, c'était plus l'usage ou la satisfaction qu'on en tire que le pouvoir d'en disposer » (Bart 1998 : 249). Le champ d'application de la saisine est beaucoup plus large que la simple possession, en ce qu'elle englobe, outre les biens corporels, tous les droits incorporels dont plusieurs peuvent porter sur une même chose. La saisine ne correspond cependant pas pour autant à la définition contemporaine de la propriété dans la mesure où elle ne porte que sur un ou plusieurs usages spécifiques (d'éléments) d'un bien-fonds, mais ne comprend pas la propriété formelle de ce dernier, ce qui implique qu'elle ne contient pas les droits de disposition et ne peut donc faire l'objet d'une mise en gage ou de l'engagement d'une relation de crédit (Steiger 2006). La saisine porte ainsi principalement sur la terre, les droits

---

5. Une troisième catégorie d'appropriation, *l'alleu*, fait figure d'exception. L'alleu, proche de l'actuelle propriété, porte sur un bien qui n'est pas démembré et qui est libre de toute emprise féodale, c'est-à-dire non concédé et non soumis aux charges du seigneur. On peut parler aussi de maîtrise foncière du lignage, soit une exploitation à laquelle collaborent plusieurs familles sur une terre indivise (soit une terre placée sous une réserve héréditaire qui empêche le testateur de disposer librement du bien) (Ost, 2003 : 50).

6. Et ici, nous ne parlons pas du *servage*, où les serfs (soit la majorité du peuple français sous l'Ancien Régime), étaient « incorporés » à la terre qu'ils exploitaient au profit du seigneur. Ils ne pouvaient quitter le lieu où ils résidaient sans être affranchis, c'est-à-dire sans racheter leur liberté au seigneur qui les possédait.

7. Les droits sont superposés, mais les prérogatives sont différentes : le tenancier a l'usage de la chose concédée, il en perçoit les fruits, et à certaines conditions la disposition de la chose (le suzerain a son mot à dire en raison du lien personnel qui lie les deux hommes). Le seigneur, pour sa part, perçoit des redevances en argent ou en nature et d'autres taxes de mutation ou de succession en cas de tenures roturières et serviles. Pour les fiefs, ces droits sont militaires ou politiques (le vassal doit le service des armes au suzerain). Le seigneur possède aussi des prérogatives judiciaires. Les droits attachés à la propriété éminente s'assouplissent entre le XVIe et le XVIIIe siècle pour prendre un caractère essentiellement fiscal (Bart, 1998 : 258).

seigneuriaux (c'est-à-dire les revenus liés à la possession d'une terre), les taxes seigneuriales (par exemple la redevance due pour l'utilisation d'un four) ou l'utilité du fonds (par exemple un droit de passage). « La notion de saisine, parce qu'elle est l'expression juridique uniforme de maîtrises variées, saisine d'une terre ou saisine de la justice sur cette terre, saisine d'un bois ou saisine de la récolte des glands de ce bois, implique la pluralité des propriétaires sur le même fonds » (Patault 1989 : 37). Ost parle à cet égard de « propriété-jouissance » qui porte sur la productivité de la chose, plutôt que d'une « propriété-appartenance » fondée sur la corporéité de la chose, cette propriété-jouissance correspondant plus à l'idée de possession dans le régime de propriété privative (Ost 2003 ; cf. tableau 1 *infra* pour une présentation synthétique de cette distinction).

Outre la saisine, les *communaux* et autres droits d'usage communs s'exercent, eux aussi, simultanément sur un même territoire. Les communaux sont des biens que les membres d'une communauté locale gèrent et exploitent en commun. Ce sont généralement les parties non cultivées du finage, tels que bois, landes, alpages, marais, etc. De plus, des droits d'usage sont également réservés à la communauté dans son ensemble sur les terres cultivées, une fois les récoltes faites. Ce sont notamment les droits de *glanage* (ramasser les épis laissés sur le sol après la moisson), de *grappillage* (idem dans les vignes), de *râtelage* (de l'herbe), ainsi que la *vaine pâture* (droits d'emmener paître les bestiaux entre la récolte et les semailles), octroyés dans le but, notamment, de prêter assistance aux pauvres (Bart 1998 : 261). Il convient de noter que ces droits seront progressivement grignotés dès le XIIe siècle, jusqu'à se voir quasiment abolis à la Révolution française.

Au-delà de la simultanéité, il y a également une juxtaposition temporelle de différents droits (d'usage) sur une même terre. « Deux propriétés, à jouissance successive, s'instaurent donc sur un même fonds : celle de l'exploitant qui dure tant que se poursuit son travail, puis celle de la communauté qui occupe les intervalles » (Ost 2003 : 50). Ainsi, le régime féodal distribue les droits d'appropriation et d'usage sur les produits de la chose et non pas sur la chose elle-même, laquelle est découpée selon une propriété simultanée et/ou séquentielle, à plusieurs niveaux hiérarchiques.

L'invention de la propriété privée

La Révolution française a bouleversé le régime juridique de la propriété en général et de la propriété foncière en particulier. Cette transformation fondamentale de l'institution de la propriété a ainsi eu des effets profonds sur la régulation politique des rapports sociaux à l'égard de l'environnement et du foncier. Le code civil consacre juridiquement ce basculement du régime féodal de la propriété simultanée (c'est-à-dire de la possession) vers le régime contemporain de la propriété privative. Dans le nouveau régime institué par la Révolution, l'individu devient l'unité de référence du système juridique et reçoit, avec la propriété privée, la libre-disposition des biens qu'il possède. Ceci lui confère un accès et surtout un usage *exclusif* du bien possédé (par exemple un objet ou une parcelle de terrain).

La Révolution française et l'émergence de la propriété privative

La mise en place de la propriété privative fait suite à la Révolution française. Les privilèges sont abolis le 4 août 1789, ce qui met fin au régime féodal, et la Déclaration des Droits de l'Homme et du Citoyen du 26 août reconnaît la propriété comme « droit inviolable et sacré » aux côtés de la liberté, de l'égalité des droits et de la sécurité. « [Trois] choses sont nécessaires et suffisent à l'homme en société : être maître de sa personne ; avoir des biens pour remplir ses besoins ; pouvoir disposer, pour son plus grand intérêt, de sa personne et de ses biens » (Cambacérès cité par Bart, 1998 : 436). Ces changements sont consacrés par la réforme du code civil mise en chantier le 5 juillet 1790. Il s'agit non seulement de promouvoir l'accroissement de la productivité de la terre, mais aussi de libérer l'individu en tant qu'unité de la société. « L'autonomie de l'individu, sujet de droits, suppose qu'il est pleinement maître non seulement de sa personne, mais aussi des choses qu'il possède » (Bart 1998 : 459).

Cambacérès présente un premier projet du « code général » le 9 août 1793 à la Convention. Le rôle des traditions sociales et culturelles est négligé au profit du droit écrit. Loin de remettre à plat le système juridique français, il réalise un compromis entre le droit romain, le droit coutumier et les innovations de la Révolution (Goy 1988 : 515)[8]. Achevé le 21 mars 1804 (30 ventôse an XII), le code civil (ou code Napoléon) détermine le pouvoir de l'État sur la propriété et règle l'étendue et les limites du droit de propriété en lui-même et dans ses rapports avec les autres droits.

Avec le code civil, la propriété devient un élément constitutif de l'individu. « Dans le domaine de la propriété, les rédacteurs se sont préoccupés, pour l'essentiel, de la propriété foncière sans s'intéresser à la propriété mobilière : l'abolition de la féodalité et l'affranchissement de la terre — mesures révolutionnaires — ont été réaffirmés, et la propriété, parce qu'' elle a fondé les sociétés humaines ' et n'est pas à l'origine de l'inégalité entre les hommes, devient ' un droit de jouir et de disposer des choses de la manière la plus absolue ' » (Goy 1988 : 516).

Le code civil se répand, au-delà même des territoires conquis par Napoléon, dans un grand nombre de pays d'Europe continentale, puis, par leur intermédiaire, au reste du monde (par exemple Allemagne, Belgique, Pays-Bas, Espagne, Portugal, Italie, Suisse, Pologne, Roumanie, Turquie, Québec, Argentine) (Hobsbawm 1969). En France, il traverse les régimes politiques sans modification fondamentale et constitue

---

8. Voir la contribution de Knoepfel & Schweizer dans cet ouvrage pour une analyse fine du même processus dans le cas de la rédaction du code civil suisse un siècle plus tard.

un héritage quasi intact de la Révolution, pour ce qui concerne la définition des droits de propriété.

Cependant, le code civil doit être considéré davantage comme l'aboutissement d'un long processus de démantèlement du régime féodal qui s'est étalé entre les XVe et XVIIIe siècles, plutôt que comme le produit d'une rupture brutale (Boyle 2003). En effet, le principe de l'autonomie juridique de l'individu n'attend pas la Révolution française pour émerger. Le phénomène débute en Angleterre avec le mouvement des *enclosures* qui se caractérise par la clôture, au moyen de haies, des communaux, soit d'anciennes terres communales ou de champs grevés de droits communaux saisonniers (Polanyi 1983 : 60). Avec le développement de l'industrie lainière britannique, ce mouvement s'accompagne de la conversion de terres arables en pâturages. La motivation de cette appropriation privative par les seigneurs (*Lords*) (appuyés par le Parlement), puis plus tard par les gentilshommes campagnards et les négociants, repose sur la possibilité de doubler, voire tripler, les loyers perçus (Polanyi 1983 : 61). Il s'agit donc, au travers de cette appropriation privative des terres, de dégager une rente supérieure sur le travail des paysans, avec comme corollaire le fait que les francs-tenanciers et les villageois sont chassés de ces terres. Durant toute cette période, la réponse politique à ce phénomène a oscillé entre des encouragements et des tentatives de blocage, assorties d'événements politiques parfois violents, sans pour autant parvenir à enrayer le phénomène.

Le Code Napoléon et l'institutionnalisation de la propriété privative

La propriété privative représente le pivot de l'organisation civile de la nouvelle société en voie d'émergence. La propriété sur une chose (dans le sens de « bien » du droit romain) devient *individuelle* et *exclusive*. Elle s'acquiert par les contrats (soit l'achat) et les successions (art. 711)[9]. Le code civil stipule que : « La propriété est le droit de jouir et disposer des choses de la manière la plus absolue, pourvu qu'on n'en fasse pas un usage prohibé par les lois ou par les règlements » (art. 544). Outre l'individualisation de la propriété, il introduit le principe de la libre-disposition des biens par le propriétaire (art. 537). Ce dernier est seul à décider de l'administration de son bien et à pouvoir l'aliéner.

La libre-disposition entraîne avec elle le droit *d'accession* : « La propriété d'une chose, soit mobilière, soit immobilière, donne droit sur tout ce qu'elle produit, et sur ce qui s'y unit accessoirement, soit naturellement, soit artificiellement » (art. 546). Tous les fruits de la terre appartiennent au propriétaire, tout comme les plantations et les constructions qui peuvent s'y trouver, sauf preuve du contraire (art. 547 et 553). En vertu du droit d'accession, le propriétaire conserve toujours la valeur ajoutée des

---

9. Les articles du code civil que nous citons dans cette partie sont extraits du code civil belge, initialement code Napoléon (1804), au même titre que le code civil français.

améliorations de la chose, bien qu'elle ait été travaillée par un tiers et à ses propres frais (par exemple le locataire d'un commerce qui conduit des améliorations dans sa boutique). De plus, le propriétaire d'une parcelle est également propriétaire « du dessus et du dessous » (art. 552). Il peut procéder à toutes les « plantations et constructions qu'il juge à propos », dans le respect toutefois des servitudes qui ont pu être établies (art. 552).

Les servitudes viennent régler certaines relations entre les parcelles (et leurs propriétaires respectifs) et, dans certains cas, peuvent servir à concilier l'intérêt public et l'intérêt du propriétaire (art. 637-710bis). Ce sont des obligations, des devoirs ou des services imposés à un propriétaire, soit au bénéfice d'un autre, afin d'assurer le respect des relations de bon voisinage [10], soit au bénéfice de la collectivité, le plus souvent représentée par l'État ou les collectivités locales [11]. En dépit de ces limitations marginales, la libre-disposition donne au propriétaire la liberté de décider de l'affectation donnée à sa chose.

La propriété est ainsi redéfinie en trois composants : le *droit de propriété formelle*, les *droits de disposition* et les *droits d'usage*. Le droit de propriété formelle renvoie à la détention du titre juridique de propriété, tel qu'inscrit par exemple au Registre foncier. Il garantit au propriétaire formel le droit de disposer librement — juridiquement et matériellement — de sa chose, y compris de la détruire (Ost 2003). Le droit de disposition renvoie à la capacité du propriétaire à transférer tout ou partie de son titre de propriété à un tiers, de manière temporaire ou définitive (c'est-à-dire vendre, concéder, hypothéquer, donner [par legs], etc.). Les droits d'usage correspondent à la capacité d'accéder à un bien et d'en faire un certain nombre d'usages matériels. Ces trois composants de la propriété privative recouvrent (en les reformulant un peu différemment) les catégories de l'ancien droit romain (*usus, fructus et abusus*). On remarquera par ailleurs le fait que le droit de disposition entretient un rapport novateur à la rente et à la cession qui n'avait pas été envisagé jusque-là.

La maîtrise absolue du propriétaire sur son bien ou sa chose est toutefois, dans certains cas, limitée par l'État. C'est ce que rappelle la seconde partie de phrase de l'article 544 : « […] pourvu qu'on n'en fasse pas un usage prohibé par les lois ou par les règlements ». L'État conserve ainsi une forme de souveraineté, mais il ne s'arroge pas une part de la propriété privée, au nom d'un soi-disant statut de propriétaire « supérieur et universel du territoire » (Portalis in Collectif 1989 : 278). Il se contente d'exercer ses prérogatives de puissance publique et d'administrer l'intérêt public. C'est dans le cadre de ces fonctions qu'il lève l'impôt ou règle l'usage des propriétés individuelles. « Quand le législateur publie des règlements sur les propriétés particulières,

---

10. Par exemple, les servitudes de vues (art. 688 et 689), de passage (art. 682) ou d'écoulement (art. 640).

11. Par exemple, les servitudes de passage (pour des infrastructures collectives liées à l'approvisionnement énergétique ou aux services urbains), de domaine public ou de passage le long des rives de lac (en Suisse), etc.

il n'intervient pas comme maître, mais uniquement comme arbitre, comme régulateur pour le maintien du bon ordre et de la paix » (Portalis cité par Collectif, 1989 : 279). En même temps, l'État protège la propriété ; il en est le garant. Les rédacteurs du code civil ont d'ailleurs tenu à protéger le propriétaire contre les troubles, à assurer sa propriété de la même manière qu'il assure le respect de la Constitution : « [Les] domaines des particuliers sont des propriétés sacrées qui doivent être respectées par le souverain lui-même » (Portalis cité par Collectif 1989 : 280). Le code civil limite l'emprise de l'État sur la propriété : « Nul ne peut être contraint de céder sa propriété si ce n'est pour cause d'utilité publique, et moyennant une juste et préalable indemnité » (art. 545). En matière d'expropriation, l'État agit en quelque sorte de particulier à particulier, à la réserve près — cependant non négligeable — que le propriétaire est, dans ce cas, obligé de vendre. Cependant, l'indemnisation complète pour cause d'expropriation ne doit souffrir aucune exception.

L'intervention de l'État dans la propriété ne se limite toutefois pas à l'expropriation. L'État a la faculté de réglementer les usages qui peuvent être faits de la propriété, afin de concilier l'intérêt général et les intérêts particuliers. L'exploitation des mines et des forêts a été l'un des premiers usages à être strictement réglementé par l'État. Aujourd'hui, la réglementation des droits à bâtir dans le cadre des politiques d'aménagement du territoire constitue l'un des domaines de régulation des droits d'usage du sol par l'État parmi les plus importants. C'est initialement par la régulation des droits d'usage que l'État entend soumettre les volontés individuelles à l'intérêt général.

De la plura dominia *à la propriété privative : les principales transformations de la conception de la propriété en Europe occidentale*

Les deux régimes, féodal et de propriété privative, se distinguent aussi bien sur le plan de la personne qui peut posséder les droits de propriété que sur le plan de ce que celle-ci peut faire de son bien (cf. tableau 1). Dans le régime féodal, le possesseur, suzerain ou vassal, n'a pas le droit de disposer librement de la chose (*jus abutendi*), mais seulement un droit sur les produits de la chose (*jus fruendi*). Nous n'assistons pas au partage des choses, en parcelles par exemple, mais à un ordonnancement et une hiérarchisation des droits d'usage (Fromageau 1989). C'est tout le contraire du régime de propriété privative dans lequel le propriétaire, un individu ou une organisation privée ou publique, dispose librement et de manière exclusive de son bien. En effet, dès lors qu'il possède un lopin de terre, le propriétaire détient la totalité des droits de disposition et d'usage sur ce lopin, et non plus seulement le droit de cultiver, le droit de passage ou de perception. Il décide lui-même de la façon dont il arrange son bien, à qui il donne accès, ou encore à qui il souhaite éventuellement transférer son titre de propriété.

Tableau 1 : Comparaison des deux régimes de propriété	
Régime « féodal » de la propriété simultanée Moyen-Âge et Ancien Régime	**Régime « libéral » de la propriété privative** Révolution française
Propriété simultanée	Propriété privative
Plura dominia, propriété commune	Partage des communaux, *enclosures*, propriété privée
Landschaft	Parcelle privée
Propriété-jouissance centrée sur la productivité de la chose	**Propriété-appartenance** centrée sur la corporéité de la chose
Possession/appropriation	Libre disposition des biens dont on est propriétaire
Saisine : existence d'une multitude de droits différents et spécifiques sur un même objet en fonction des différentes utilités que l'on en a	Concentration de l'ensemble des droits d'usage dans les mains du détenteur (unique) du titre de propriété (privée)

Source : Aubin, Nahrath, Varone (2004 : 17) adapté de Ost (2003 : 47-88).

Le changement profond de régime de propriété se perçoit relativement à l'économie politique des deux régimes. Le régime féodal, basé sur la possession, organise un rapport de domination identitaire et religieux entre les trois ordres (noblesse, clergé et tiers-état). La noblesse et le clergé se financent au moyen d'un prélèvement direct de la rente sur le produit de la terre ou le péage. Le régime libéral, quant à lui, opère en faveur du développement économique de type capitaliste. On crée la catégorie du *propriétaire* dont le patrimoine est clairement identifiable, délimité, et surtout libéré de toute emprise dans la perspective d'une transaction des titres de propriété. Celui-ci devient un interlocuteur crédible dans une logique marchande et financière. Ses biens peuvent être mis en garantie pour un prêt, ce qui rend opérant l'effet de levier du crédit, alors que la superposition des droits dans l'ancien régime compromettait une telle faculté d'hypothèque [12].

Notons encore ici que les principes fondamentaux de ce régime « libéral » de la propriété privative se retrouvent aussi bien dans les codes civils des pays d'Europe continentale, que dans les pays de tradition juridique anglo-saxonne connaissant le

---

12. Voir sur ce point les contributions de van Griethuysen & Steppacher et de Knoepfel & Schweizer, cette dernière montrant bien l'importance qu'a revêtue l'objectif de l'uniformisation à l'échelle fédérale du droit hypothécaire dans le processus de rédaction du code civil suisse.

régime de la *common law* (Royaume-Uni [à l'exception de l'Écosse], États-Unis, Canada [à l'exception du Québec], l'Australie, etc.).

2. Les conséquences de la conception privative de la propriété pour la régulation des ressources environnementales et foncières

L'institutionnalisation de la conception privative de la propriété a eu quatre conséquences majeures pour la régulation des ressources environnementales et foncières, ceci dans la plupart des régions du monde (y compris l'Océanie) : (a) la disparition de la propriété commune, (b) l'incapacité à saisir juridiquement certains systèmes de ressources naturelles communes, (c) la difficulté à réguler certains usages des ressources foncières et immobilières débouchant sur un processus de (ré)invention de formes de multipropriété, ainsi que (d) l'intégration des ressources environnementales et foncières dans la sphère des relations marchandes.

La disparition de la propriété commune

L'imposition de la conception privative de la propriété (foncière) a eu pour conséquence la quasi-disparition de la catégorie juridique de la « propriété commune » (*common-property*), remplacée par la distinction, souvent rigide, entre droit privé et droit public, situation qui a impliqué un difficile travail de « traduction » de ces formes antérieures de propriété commune dans les catégories du nouveau droit privé (code civil et code des obligations)[13]. Cette difficile reconnaissance juridique de la propriété commune dans les codes civils d'Europe continentale (de type napoléonien) a eu pour corolaire l'affaiblissement puis, dans de nombreux cas, la disparition des formes d'organisation communautaire de gestion des ressources communes héritées du régime féodal — ce que certains économistes institutionnels (cf. n. Ostrom 1990 ; Schlager, Blomquist, Tang 1994) proposent d'appeler des *Common pool resource institutions* — telles que *consortages* d'alpages (Allmende) (Mc Netting 1981) ou de systèmes d'irrigation (Nahrath, Papilloud, Reynard 2011), *bourgeoisies* gérant des forêts ou des biens-fonds immobiliers (Carlen 1988 ; Closuit 2004 ; Kaempfen 1965), *confréries* de distribution d'eau potable, *affermages* de chasse (Nahrath 2000), corporations forestières etc. En effet, l'affaiblissement substantiel, quand ce n'est pas la suppression pure et simple, de la catégorie de la « propriété commune » dans les codes civils européens au XIXᵉ siècle, donna lieu, soit à la privatisation, soit à l'étatisation (c'est-à-dire la municipalisation) de ces institutions de gestion communautaires[14]. Ce double mouvement les a ainsi souvent

---

13. Voir sur ce point la contribution de Knoepfel & Schweizer dans cet ouvrage analysant le processus de « romanisation » du droit germanique dans le cadre de la rédaction du Code civil suisse. Les auteurs mettent cependant en lumière quelques modalités limitées de reconnaissance de formes de propriété commune dans le droit civil helvétique.

14. Pour une analyse de ce type de processus dans le cas des bisses (systèmes communautaires d'irrigation de montagne en Suisse), voir E. Reynard (2000).

vidées de leur substance sociale, et notamment de leur capacité à fournir un cadre institutionnel favorisant, comme l'a bien montré Ostrom (1990), une gestion durable des ressources communes. Cependant, en dépit d'une volonté farouche, le régime libéral de la propriété privative n'est pas parvenu à les éliminer totalement. Au contraire, comme nous l'avons montré à plusieurs reprises (Gerber *et al.* 2008, 2011 ; Bréthaut & Nahrath 2011 ; Nahrath *et al.* 2012), certaines de ces institutions ont réussi à perdurer jusqu'à aujourd'hui, notamment lorsqu'elles sont parvenues à intégrer les arrangements politico-administratifs des politiques publiques d'aménagement du territoire et de protection de l'environnement.

L'incapacité à saisir juridiquement certaines ressources communes

Cet effacement plus ou moins complet de la catégorie juridique de la propriété commune a également eu comme conséquence une sorte « d'atomisation »[15] des rapports de propriété sur les différentes ressources naturelles, à travers le développement de droits de propriété exclusifs sur des portions ou des composants clairement délimités (c'est-à-dire des unités de ressources distinctes et spécifiques) des différents systèmes de ressource, composants désormais considérés comme appropriables (propriété privative dans la colonne de droite du tableau 2 *infra*). Cette « parcellisation » — au sens propre comme figuré — de la propriété a ainsi débouché sur une incapacité de ce nouveau régime de propriété (hormis au travers d'éventuelles régulations sous la forme de traités internationaux) à saisir juridiquement (c'est-à-dire à définir des droits de propriété sur) les grands systèmes de ressource *en tant que tels*, soit dans leur intégralité et leur complexité (*res communes* dans la colonne de gauche du tableau 2 *infra*). C'est la raison pour laquelle l'on ne peut qu'observer la très grande difficulté des politiques publiques environnementales et d'aménagement du territoire contemporaines à réguler les usages d'un certain nombre de ces grands systèmes de ressources communes telles que par exemple les cycles hydrologiques (bassins-versants, mers, océans), l'air, le paysage, les écosystèmes, la biodiversité ou encore les rapports de « propriété-possession » sur la mer des Aborigènes Bardi-Jawi d'Australie (voir sur ce point la contribution de C. Travési, ce volume), qui représentent autant de *res communes* insaisissables par le régime de la propriété privative. Tout au plus ces politiques arrivent-elles à limiter le rythme de destruction de ces ressources communes en limitant leur appropriation sous la forme d'usages polluants et/ou de prélèvement de certains de leurs composants, ces derniers se trouvant du coup sous le régime de *res nullius*, régime correspondant aux biens sans maître, soit des biens qui n'ont pas de propriétaire mais qui, dans la mesure où ils sont *physiquement séparables* du système de la ressource commune, peuvent faire l'objet d'appropriation (à titre individuel ou même collectif) à des fins d'usages ou de consommation privés (colonne du milieu du tableau 2 *infra*).

---

15. Au sens d'une séparation d'un objet, réel ou conceptuel, en une multitude de petites parties.

Le tableau 2 présente l'état du traitement juridique de différentes ressources communes, ainsi que de leurs composants, dans le cadre du régime de la propriété privative. Il permet de montrer les difficultés rencontrées par ce régime de propriété à réguler les usages de grands systèmes de ressources communes, tel que le permettait dans une certaine mesure le régime féodal grâce aux institutions de la *plura dominia* et de la propriété commune.

Tableau 2 : Classement des (composants de) ressources communes en fonction de leur traitement juridique dans le cadre du régime de la propriété privative		
Res communes *(non appropriable – absence de régulation)*	**Res nullius** *(appropriable – régulation essentiellement par des politiques publiques)*	**Propriété privative** *(privée ou publique)* *(approprié – régulation essentiellement par des droits de propriété)*
Mer	Surface de navigation (réglementation des voies maritimes, interdiction de dégazages en haute mer)	Sel marin, eaux territoriales (voire privées), concessions d'exploitation sous-marine
Air	Capacité de réceptacle pour les émissions polluantes (valeurs limites d'émission), air pour la respiration (valeurs limites d'immission)	Air comprimé (plongée), espace aérien national
Vent	Masses d'air en mouvement (planification urbaine ou éolienne)	Énergie éolienne (sous la forme de l'électricité)
Eaux douces (cycle hydrologique)	Eaux de pluie, de surface (rivières, lacs) et souterraines (planification de l'évacuation des eaux), eaux utilisées comme réceptacle pour les émissions polluantes, prélèvement d'eaux brutes pour l'irrigation (valeurs limites d'émission et d'immission)	Sources, eau potable (bouteille, services urbains), eaux turbinées (hydroélectricité)
Biodiversité (faune & flore)	Gibier, poissons, fleurs sauvages patrimoine génétique naturel (protection des espèces et des lignées génétiques)	Viande et poissons de consommation, animaux transgéniques, fleurs de culture, OGM, molécules
Paysage	Écosystèmes, ensembles bâtis (mise sous protection par inventaires)	Droits photographiques sur le paysage, droits de reproduction (peinture), infrastructures d'accès, droits d'entrée (parcs, grottes), servitudes paysagères ou de vue

Source : adapté de Aubin, Nahrath, Varone 2004 : 22.

La difficulté du régime privatif à saisir juridiquement et donc à réguler les rivalités d'usages de certaines ressources communes apparaît de manière particulièrement évidente dans le cas du *paysage* (Nahrath 2008). Il découle en effet des caractéristiques intrinsèques de ce régime juridique une impossibilité de définir des droits de propriété formelle sur le paysage, dans la mesure où ce dernier ne peut être considéré comme une « chose » au sens juridique du terme, c'est-à-dire physiquement saisissable et appropriable. En effet, sont susceptibles de faire l'objet de droits de propriété clairement définis dans le cadre d'un tel régime pour l'essentiel les biens mobiliers et immobiliers[16]. Le paysage n'étant ni l'un ni l'autre — mais au contraire une *relation* entre ces éléments (qui plus est telle que perçue par des observateurs externes) — personne ne peut se prévaloir d'être, au sens juridique du terme, « propriétaire » d'un paysage. Ce dernier appartient ainsi à la catégorie des « choses communes » (*res communes*), soit des choses non appropriables en tant que telles, c'est-à-dire dans leur intégralité (colonne de gauche du tableau 2 *supra*).

C'est là le résultat direct de la définition libérale de la propriété privative qui fonde désormais le rapport de propriété de manière exclusive sur la parcelle foncière et non plus sur la saisine (c'est-à-dire un droit d'usage spécifique et délimité sur un élément de l'environnement naturel ou construit). L'une des conséquences principales de cet ordre juridique est que les propriétaires fonciers sont en principe libres de façonner, de (sur) exploiter, voire de détruire le paysage, dans les limites de leur parcellaire (et de la loi). Seuls des lois et règlements publics peuvent, comme on l'a vu, venir limiter cette libre-disposition (colonne centrale du tableau 2 *supra*).

Ce statut de « chose commune », inappropriable dans sa totalité, n'empêche cependant pas l'existence de processus d'appropriation partielle. Si le paysage dans son ensemble ne connaît pas de propriétaire, des parties de celui-ci peuvent, cependant,

---

16. Pour qu'un élément du monde réel puisse être saisi par le droit de propriété privée au sens du code civil, il convient que celui-ci corresponde à la définition juridique d'une « chose » fondée sur les 3 critères suivants : (1) la *non-personnification* (les êtres humains, voire certains animaux sauvages, ne peuvent être l'objet d'un titre de propriété), (2) la possibilité de *délimiter clairement* (physiquement, spatialement) l'objet possédé, (3) la *corporéité* ou la *matérialité* de l'objet possédé (Leimbacher & Perler 2000).

être appropriées de manière exclusive (Jadot 1996)[17]. Des acteurs individuels ou collectifs sont ainsi susceptibles d'obtenir des droits de propriété (exclusifs) sur des fragments (ou composants) de la ressource qu'ils se sont octroyés ou qu'on leur a attribués ou cédés (par exemple l'exclusivité d'un point de vue sur — ou d'accès à — un paysage, la propriété sur des parcelles foncières comprenant des éléments paysagers significatifs ou encore un droit d'utilisation d'une image, etc.) (colonne de droite du tableau 2 *supra*).

Ces « morceaux » (ou composants) de ressources n'appartiennent à personne (*res nullius*) tant qu'ils ne sont pas appropriés par un individu ou un groupe (colonne centrale du tableau 2 *supra*). C'est le cas par exemple de l'eau salée ou des surfaces de navigation pour la mer, de la capacité de réceptacle pour les émissions polluantes, de la combinaison gazeuse nécessaire à la respiration et à la combustion dans le cas de l'air, des masses d'air en mouvement dans le cas de l'énergie éolienne, ou encore du gibier et du poisson pour la faune sauvage. Toutefois, chacun de ces éléments (composants), une fois (légalement) approprié, devient la propriété (privée) de celui qui l'a ramassé, extrait, capté, prélevé, attrapé ou tué. L'appropriateur-propriétaire peut en disposer à sa guise. L'eau salée devient du sel marin commercialisable et la surface de la mer, des eaux territoriales et des voies de navigation dont les conditions d'accès sont strictement réglementées. Le vent exploité dans des couloirs venteux devient de l'énergie éolienne dont l'exploitation est soumise à autorisation (voire à concession) ; de faibles quantités d'air sont même mises en bouteille pour être vendues (par exemple air comprimé pour les plongeurs). Il en va de même pour les molécules d'eau (de source) commercialisées comme eau potable (en bouteille) aux vertus plus ou moins curatives. Enfin le gibier et les poissons chassés et pêchés deviennent des produits autoconsommés ou vendus chez les bouchers, poissonniers et les restaurateurs. Ainsi, des parties (unités) de ressources naturelles, considérées dans leur ensemble comme des choses communes (*res communes*), peuvent être sujettes à appropriation collective non exclusive (*res nullius*), ou carrément privative (*propriété privée*).

On le voit, avec le régime de la propriété privative, les ressources communes n'appartiennent plus à personne — et certainement pas aux communautés locales/régionales qui pourraient en dépendre pour la fourniture de biens et de services nécessaires pour leur reproduction matérielle et symbolique — ; ceci alors même que les propriétaires (individuels) privés peuvent en (sur)exploiter les différents composants, soit en les utilisant directement pour satisfaire leurs besoins propres, soit en les commercialisant afin de pouvoir capitaliser les plus-values économiques qui peuvent en être extraites. Il ne fait ainsi que peu de doutes que cette incapacité de la conception

---

17. Le code civil établit en effet qu'« Il est des choses qui n'appartiennent à personne et dont l'usage est commun à tous. Des lois de police règlent la manière d'en jouir » (art. 714 CC). C'est notamment le cas des fleuves. B. Jadot milite en faveur de la réactivation de cet article qui consacre l'usage des choses communes en vue de garantir un régime effectif de protection de l'environnement (Jadot 1996).

privative de la propriété à saisir juridiquement les (systèmes de) ressources communes (par exemple en établissant des droits de propriété commune clairement définis) sur le système de ressource dans son intégralité et, en conséquence, cette incapacité à en réguler les usages communs, contribue à la surexploitation de ces dernières, comme l'ont maintes fois démontré les économistes institutionnels (par exemple Devlin & Grafton 1998) à propos de l'air, du paysage, de la biodiversité ou encore des « *global commons* » (Buck 1998); et ceci le plus souvent au détriment des membres des communautés locales qui les possédaient auparavant.

La réinvention de formes de propriété simultanée comme conséquence de la difficulté à réguler certains usages communs des ressources foncières et immobilières

Outre les limites résultant de son incapacité à réguler les usages communs des ressources communes suite à la quasi-suppression de la catégorie de la propriété commune, le régime de la propriété privative s'est également rapidement trouvé confronté à une seconde limite qui est celle de sa difficulté à réguler des situations — pourtant forts nombreuses dans la vie économique et sociale quotidienne — impliquant une super-position de droits d'usages détenus par des ayants droit différents sur une même parcelle ou un même bien-fonds. C'est ainsi que, afin de pallier la perte des avantages en termes de souplesse, de flexibilité et d'adaptabilité aux spécificités locales que procurait précisément le régime de la *plura dominia*, une importante ingénierie juridique a dû être développée à l'occasion de la rédaction des codes civils nationaux afin de recréer *a minima* des formes de propriété simultanée nécessaires aux besoins de régulation de ce type de situations qui n'avaient en réalité jamais disparues.

Ce travail de réinvention est passé par la création, au fil du temps, de nouvelles catégories et de nouveaux instruments juridiques, relevant essentiellement du droit privé (Code civil et Code des obligations), dont les principaux sont les suivants :

1. Les *servitudes* et les *droits de superficie (ou baux emphytéotiques)* : il s'agit là de deux manières, proches mais distinctes, de grever un bien-fonds par des droits d'usage accordés à d'autres usagers que le propriétaire formel dudit bien-fonds. Dans le cas des servitudes, il s'agit, comme déjà évoqué plus haut, de la création de droits actifs (par exemple droit de passage) ou passifs (par exemple servitudes de non constructibilité, servitudes de vue) accordés par un bien-fonds (appelé servant) au profit d'un ou de plusieurs autres biens-fonds (appelés dominants) généralement voisins. Ces droits sont perpétuels et cessibles, mais attachés au bien-fonds, et non à la personne du propriétaire. Le droit de superficie accorde, quant à lui, à un usager autre que le propriétaire formel du bien-fonds (généralement l'État), le droit d'implanter et d'utiliser un bâtiment (par exemple bâtiment industriel, centre commercial, immeuble de logement social) ou une installation (par exemple

transformateurs électriques, pylônes de ligne à haute tension, éoliennes) sur ce même bien-fonds, ceci pour une période de temps limitée mais de longue durée (généralement entre 50 et 99 ans), ce qui correspond en réalité à une suspension temporaire du principe d'accession, la propriété sur le bâtiment ou l'installation revenant cependant au propriétaire du terrain à l'extinction du droit de superficie.

2. *L'hoirie* et *l'entreprise agricole*: il s'agit là des deux principales formes de *propriété collective indivisible* encore reconnues par les codes civils européens. Elles sont cependant limitées à deux types de communautés particulières que sont, d'une part, l'ensemble des héritiers dans le cadre d'une succession et, d'autre part, le groupe familial exploitant en commun une entreprise agricole. Elles représentent ainsi les formes d'organisation les plus proches des formes de propriété commune qui existaient dans le Régime féodal (consortages, bourgeoisies, *almende*, etc.), à ceci près que, contrairement à ces dernières, l'hoirie et l'entreprise agricole ne sont pas divisibles [18]. C'est la raison pour laquelle, les anciennes formes de propriété commune n'ont pas été intégrées dans ce régime de la propriété collective indivisible, mais dans celui des associations ou des fondations, plus rarement celui des sociétés (simples, à responsabilité limitée ou anonyme) qui lui connaît par contre la divisibilité.

3. *La propriété par étage* (PPE): cette forme de *propriété collective divisible* a pour fonction de permettre la création de biens immobiliers privatifs (l'appartement) au sein d'un bien-fonds immobilier collectif (parcelle et immeuble) détenu en commun par les différents copropriétaires de ces mêmes biens immobiliers privatifs. Cette forme de « *plura dominia* immobilière » a par exemple été réintroduite dans le code civil suisse en 1963 à la demande des milieux immobiliers afin de faciliter l'accès à la propriété dans un contexte défavorable créé par le principe d'accession qui impliquait une impossibilité pour l'aspirant propriétaire d'acquérir un logement sans être en même temps propriétaire de la parcelle foncière ainsi que de l'ensemble de l'immeuble contenant ledit appartement.

4. *La titrisation de la propriété foncière et immobilière*: plus récemment, se sont développés, sous la pression de la financiarisation du capitalisme (Harribey 2001), des phénomènes de « titrisation » de certaines portions du secteur foncier et immobilier. D'un point de vue technique, la titrisation consiste en la conversion de valeurs immobilières (terrains, immeubles) en valeurs mobilières (actions, parts, etc.) par l'intermédiaire de véhicules de placements immobiliers tels que les sociétés immobilières, les fonds ou les fondations de placement. Une telle conversion implique un renoncement des propriétaires-investisseurs à rester les propriétaires directs de biens-fonds afin de se concentrer sur l'achat ou la vente de titres de propriété (actions) produits par d'autres acteurs économiques (sociétés immobilières et fonds

---

18. Les parts de copropriété ne correspondant pas à des droits d'usage exclusifs sur une portion de la chose possédée, elles ne sont donc pas transmissibles ou cessibles indépendamment de la vente de la copropriété.

de placements immobiliers) qui ont fait de l'achat et de la gestion de biens-fonds leur domaine de spécialisation. La titrisation (on parle ici d'« immobilier papier » par opposition à l'« immobilier-pierre ») a comme principal avantage pour les acteurs économiques de ne pas devoir se spécialiser dans la gestion foncière ou immobilière, tout en bénéficiant des avantages procurés par ce type d'investissements (ces derniers étant généralement considérés comme relativement sûrs et protecteurs contre les effets de l'inflation). De même, il devient plus aisé pour ces acteurs de se désinvestir du foncier dès lors qu'ils ne possèdent que des titres de sociétés immobilières aisément et rapidement négociables sur les marchés boursiers, ce qui leur permet d'éviter les démarches longues et coûteuses d'une vente immobilière (notamment coûts de transaction et frais de mutation).

Comme nous l'avons montré dans le cadre d'une recherche portant sur les grands propriétaires fonciers et immobiliers collectifs (Knoepfel *et al.* 2009 ; Nahrath *et al.* 2009 ; Gerber *et al.* 2011 ; Knoepfel *et al.* 2012)[19], les principales conséquences de la montée en puissance de cette catégorie de la propriété collective « hyperdivisible », et surtout « hyperfluide », sont notamment : une très forte fragmentation de la propriété, une montée en puissance des acteurs intermédiaires (investisseurs institutionnels, véhicules de placement, promoteurs, gérances, banques, cabinets de conseil, etc.) dans la gestion du patrimoine immobilier, l'allongement et la complexification de la chaîne décisionnelle en matière de gestion immobilière, l'anonymisation de la propriété, la dilution des responsabilités des « propriétaires », un affaiblissement de la capacité de régulation des politiques publiques de gestion des ressources foncières et immobilières et finalement une péjoration de l'équité de l'accès et de la durabilité des usages du sol en raison d'une captation massive des biens fonciers et immobiliers par les circuits financiers (internationaux).

Il est ainsi intéressant de constater que c'est l'extrême capitalisation du secteur immobilier et foncier qui a au total contribué à la création de toute une série de nouvelles formes de propriété collective (divisible).

L'intégration des ressources environnementales et foncières dans la sphère des relations marchandes

L'invention de la propriété privative, ainsi que la création d'un droit hypothécaire relativement sophistiqué selon les pays, s'expliquent en premier lieu par la volonté d'intégrer la propriété foncière dans « l'économie politique moderne » qui poursuit

---

19. Projet intitulé : « Propriété foncière et aménagement durable du territoire. Les stratégies politiques et foncières des grands propriétaires fonciers collectifs en Suisse et leurs effets sur la durabilité des usages du sol ». Requérant principal Peter Knoepfel (IDHEAP), co-requérant Stéphane Nahrath (IDHEAP/IUKB), financement : FNS Division I (projet n° 100012-107833), Pro Natura, Office fédéral de la statistique, (OFS), Office fédéral du développement territorial (ARE) et Armasuisse.

deux objectifs principaux, d'une part, offrir la possibilité aux propriétaires fonciers et immobiliers d'engager des relations de crédit avec des institutions bancaires afin de lever du capital permettant de développer des activités économiques et, d'autre part, d'offrir aux investisseurs (privés comme institutionnels) des supports de placement permettant des rendements corrects et relativement sûrs à long terme (Steiger 2006)[20]. Ce faisant, la conception privative de la propriété a favorisé l'intégration d'un nombre important de (composants de) systèmes de ressources environnementales et foncières au sein de la sphère des relations marchandes caractéristiques des économies capitalistes. Ce processus a eu pour conséquence de sortir ces (composants de) systèmes de ressources des anciennes formes communautaires de régulation et de les soumettre simultanément aux régulations de l'État et du marché. Ce faisant, on se trouve aux antipodes des conditions institutionnelles d'une gestion durable de ces ressources, telles qu'elles ont été identifiées — à partir de l'étude de très nombreux travaux d'historiens et d'anthropologues — par Ostrom et ses collègues dans le cadre de leurs travaux portant sur les institutions de gestion communautaires des ressources communes (cf. n. Ostrom 1990).

3. Conclusion : Quels enseignements pour la compréhension des enjeux des revendications foncières autochtones ?

Cette brève analyse des principales transformations de la conception de la propriété dans le droit civil européen durant ces deux derniers siècles permet de mettre en lumière les principales caractéristiques de la conception occidentale contemporaine de la propriété (privative), qui a émergé suite aux révolutions européennes des XVIIIe et XIXe siècles, de même que ses liens avec le développement du capitalisme occidental. Ce faisant, elle permet également de tirer quatre enseignements qui nous semblent pertinents pour la problématique des revendications foncières autochtones, telle qu'elle est traitée dans cet ouvrage.

Un *premier* enseignement est le constat que l'émergence de la propriété privative, si elle a certes constitué une condition absolument indispensable au développement du capitalisme occidental et notamment à l'avènement de la révolution industrielle (ce qui est loin d'être négligeable), a également constitué une radicale simplification (au nom précisément de la rationalisation économique) des conceptions de la « propriété ». Ce faisant, elle a mené à une réduction substantielle et à un appauvrissement — notamment par rapport à la propriété simultanée du régime féodal ou aux différentes formes de régimes de possession (commune) hérités du Moyen-Âge — de la diversité des manières d'organiser les rapports de propriété en société. Son incapacité à saisir juridiquement et donc à réguler les usages d'un grand nombre de systèmes de ressources

---

20. Pour une présentation approfondie de cette thèse, voir les contributions de van Griethuysen & Steppacher, ainsi que de Knoepfel & Schweizer dans cet ouvrage.

communes, telles que par exemple le paysage, la biodiversité, le climat ou l'air, constitue l'une des manifestations les plus visibles de cet appauvrissement, dont l'une des conséquences majeures a été (et est toujours) la destruction des grands systèmes de ressources communes.

Deuxièmement, ce bref survol historique souligne tout ce qui sépare cette conception de la *propriété privative* des conceptions de la « propriété » sous la forme de la *possession (individuelle ou commune)*, présentes dans de nombreuses régions du monde (y compris en Europe) [21]. Nous formulons à cet égard l'hypothèse que ce n'est qu'à condition de bien saisir la profondeur des divergences entre ces différents types de régimes de « propriété » que l'on pourra comprendre l'ampleur et la nature des enjeux résultant de la rencontre entre les régimes de propriété (privative) et les régimes de possession, enjeux qui se sont manifestés — à notre sens de manière relativement similaire — aussi bien dans le cadre des rapports de domination coloniaux et post-coloniaux (cf. la contribution de Dousset, ce volume, ainsi que les études de cas de Blondet, Condevaux, Dellier & Guyot et Fache), que dans celui de la rédaction des codes civils européens entre la fin du XVIIIᵉ et le début du XXᵉ siècle (cf. la contribution de Knoepfel & Schweizer, ce volume) ou encore dans celui plus spécifique des revendications foncières autochtones contemporaines (cf. les contributions de Bernard, Condevaux et Fache, ce volume).

Il nous semble à cet égard que l'étude de la genèse et des fondements du régime de la propriété privative, que nous n'avons pu ici qu'esquisser, pourrait ainsi contribuer à une compréhension plus approfondie des causes et des ressorts, non seulement juridiques, mais également sociaux, économiques et politiques, voire philosophiques et religieux, de son incompatibilité avec les régimes de possession, en Europe comme dans le reste du monde. Mais elle pourrait éventuellement également fournir des pistes juridiquement et politiquement pertinentes pour essayer d'atténuer, voire résorber, ces contradictions qui se trouvent à l'origine de nombreux conflits contemporains ; ceci selon l'idée que « ce que les hommes ont (mal) fait, ils peuvent toujours le défaire ».

Il nous semble donc, *troisièmement*, que les principales raisons de l'incompatibilité, observable dans la plupart des processus de revendications foncières autochtones, entre propriété privative et possession trouvent leur origine dans le passage du régime de la possession par *plura dominia* vers le régime libéral de la propriété privative. En effet, de la même manière que les formes historiques de propriété commune et simultanée de la *plura dominia* sont devenues, dans le monde occidental, incompatibles avec le nouveau régime de la propriété privative à vocation capitaliste émergeant dès la fin du XVIIIᵉ, certaines des conceptions autochtones contemporaines de la

---

21. Voir la contribution de Dousset, ce volume pour un rappel de la grande diversité des formes de conception des rapports de « propriété » et de « possession » hors du monde occidental (par exemple dans les sociétés nomades).

« propriété-possession » ont été également considérées par les administrations, comme le montrent de nombreux exemples étudiés dans cet ouvrage, comme difficilement compatibles avec le régime de propriété occidental qui a été, souvent brutalement, imposé dans le contexte colonial et post-colonial. Les principales sources de cette incompatibilité ont été présentées dans la section 2 de cette contribution et renvoient (pour rappel) plus particulièrement à :

- La suppression de la catégorie de la propriété commune, qui rend très difficile la reconnaissance[22], non seulement des formes autochtones plus ou moins anciennes de possession (individuelle ou commune), mais également de la légitimité des institutions auto-organisées de gestion communautaire qui les incarnent (et les revendiquent) ;
- L'incapacité à saisir juridiquement certaines ressources communes, ce qui rend du coup difficile la reconnaissance de certains types de revendications autochtones, notamment celles portant sur des ensembles combinés de systèmes de ressources (par exemple le rapport à la mer et à l'espace côtier des Aborigènes Bardi-Jawi étudié par C. Travési, ce volume) ;
- La multiplication et surtout la complexification et la technicisation des registres juridiques de régulation des formes contemporaines de la propriété simultanée (servitudes, baux emphytéotiques, PPE, etc.), de même que l'émergence de phénomènes de titrisation de la propriété foncière et immobilière, qui contribuent à accroître le décalage existant entre les conceptions occidentales (propriété) et autochtones (possession) de la « propriété foncière », ceci notamment dans les régions urbaines, mais pas seulement ;
- L'intégration des ressources environnementales et foncières dans la sphère des relations marchandes, qui, à travers l'attribution d'une valeur économique parfois très élevée aux différentes (portions de) ressources, contribue à re-hiérarchiser les différents types d'usages (privés et communs) et à délégitimer les usages non économiques (par exemple symboliques ou religieux) de ces dernières ;
- Enfin, il est important de noter les grandes difficultés de la conception contemporaine de la propriété privative à conceptualiser les spécificités et la complexité des conceptions alternatives de la propriété-possession (individuelle comme collective) telles qu'elles se manifestent dans la plupart des processus de revendications foncières analysés dans cet ouvrage. Les rapports autochtones à la terre ne se limitent pas seulement à de simples rapports d'usages et d'exploitation, mais impliquent, tout comme dans le cas de la saisine, également fréquemment des droits (ou des obligations) d'une autre nature, comme l'autorité de parler du — ou au nom du —

---

22. Sur cette question cruciale de la « re-connaissance », et notamment des relations de pouvoir asymétriques qui la caractérisent, voir Glaskin & Dousset (2011). On peut également faire un intéressant parallèle avec le texte de Knoepfel & Schweizer dans cet ouvrage.

« territoire », ou encore l'idée que les rapports de possession ne sont pas uni-latéraux, mais comprennent également la possession *de* l'individu *par* le foncier ou le territoire[23].

Quatrièmement, comme on peut le constater, l'un des principaux défis que les revendications foncières autochtones posent à l'ordre juridique occidental (et post-colonial) consiste dans la manière de (ré-)introduire, de traduire ou encore de faire cohabiter des formes autochtones très diverses et spécifiques de propriété-possession (individuelle et commune) au sein du régime de la propriété privative occidentale (la personnalisation des lois, c'est-à-dire l'introduction de nouveaux droits et devoirs sur une base ethno-culturelle qui vient se superposer au droit territorial, pouvant être une réponse, partielle, à ce défi, cf. Otis et Motard 2009). Ce défi, dont les versants politique et légistique sont inséparables, ressemble ainsi beaucoup, à notre sens, à celui qu'ont relevé les rédacteurs des codes civils européens, notamment dans les pays connaissant une forte tradition de droit germanique, lorsqu'ils ont essayé de faire cohabiter, dans un code unique et à vocation « universelle » (c'est-à-dire valable pour l'ensemble des citoyens/habitants d'un pays), d'une part, des règles de propriété (privative) destinées à servir les objectifs d'un développement économique national dans une perspective capitalistique de levée des crédits avec, d'autre part, des corpus, souvent très hétéroclites, de règles provenant des différents droits coutumiers régionaux. Il serait ainsi intéressant d'analyser dans quelle mesure la méthodologie proprement légistique développée à cette occasion pourrait être remobilisée pour la rédaction d'une nouvelle génération de codes civils permettant d'intégrer réellement les spécificités, la diversité, la richesse et la « sagesse pragmatique » des conceptions autochtones de la possession dans l'objectif unificateur, égalitaire et « économiquement efficient » du droit civil européen[24].

---

23. Cf. sur ce point par exemple les contributions de Dousset, Travési et Nayral, ce volume. On notera à cet égard que le rôle central pour le processus de reproduction sociale et identitaire du caractère réciproque des rapports de possession entre le possesseur et ses possessions est un constat que fait déjà K. Marx, comme nous le rappelle opportunément P. Bourdieu (1980 : 7) : « La relation originaire au monde social auquel on est fait, c'est-à-dire par et pour lequel on est fait, est un rapport de *possession*, qui implique la possession du possesseur par ses possessions. Lorsque l'héritage s'est approprié l'héritier, comme dit Marx, l'héritier peut s'approprier l'héritage. Et cette appropriation de l'héritier par l'héritage, de l'héritier à l'héritage, qui est la condition de l'appropriation de l'héritage par l'héritier (et qui n'a rien de mécanique ni de fatal), s'accomplit sous l'effet conjugué des conditionnements inscrits dans la condition de l'héritier et de l'action pédagogique des prédécesseurs, propriétaires appropriés ».
24. Une autre solution pourrait consister dans l'élaboration de codes civils « autochtones » (i.e. régissant les relations spécifiques entre les composants occidentaux et autochtones des sociétés civiles) toujours sur le modèle de la méthodologie légistique développée par les rédacteurs des codes civils européens du XIXe siècle ; ceci pour autant qu'une telle démarche ne soit pas envisagée comme une forme ultime de manifestation du (néo-)colonialisme juridique européen.

Au total, ce que montre ce bref survol historique du passage de la propriété-jouissance à la propriété-appartenance, c'est que l'un des enjeux fondamentaux des revendications foncières actuelles semble bien être la définition de *l'ampleur* des droits (propriété formelle, droits de disposition, droits d'usage) qui sont réellement reconnus et restitués aux populations autochtones dans le cadre des politiques publiques de « restitution foncière ». Il semble en effet que, dans de nombreux cas traités dans cet ouvrage, seules des formes de droits d'usage, par ailleurs pas toujours exclusifs, sur certaines portions de territoire (servant par exemple aux pratiques religieuses) aient été effectivement « restitués » aux populations autochtones (cf. l'exemple du « Native Title Act » australien abordé notamment dans les contributions de Bernard, Fache et Travési ce volume). Or, cette restitution de sortes de « saisines », très éloignée d'un transfert de la propriété formelle, ne permet généralement pas, comme on l'a vu, l'engagement de relations de crédit, pourtant souvent nécessaires au financement du développement économique, par exemple sous la forme de projets de développement touristique (cf. Blondet, Dellier & Guillot, ce volume) (sur les contradictions entre les exigences économiques et les pratiques « traditionnelles » de la propriété, voir Bernard, ce volume).

Il est cependant important de nuancer la thèse d'une relation de détermination entre droits de propriété et développement économique, telle qu'elle est soutenue par un certain nombre d'économistes (cf. n. De Soto 2000). En effet, il arrive que le développement social — voire même économique — de communautés autochtones (par exemple au Canada et en Nouvelle-Zélande) s'opère indépendamment d'un transfert des droits de propriété formelle. Malgré ce constat positif, il nous semble cependant difficile de ne pas considérer qu'il existe un risque important, inhérent précisément à cette confrontation entre régimes de propriété privative et régime de possession, d'assister en réalité à des simulacres de reconnaissance et de « restitution » des droits aux populations autochtones. De fait, le plus souvent, les revendications fondamentales des populations autochtones en termes de propriété-jouissance ne peuvent pas être traduites (ou « transcodées ») dans le langage de la propriété-appartenance sans un transfert effectif des titres de propriété formelle — transfert généralement impossible du fait que ces titres ont entre-temps été attribués à des propriétaires (publics comme privés) autres que les propriétaires autochtones.

Bibliographie

Aubin, David, Stéphane Nahrath et Frédéric Varone
2004   *Paysage et propriété : patrimonialisation, communautarisation ou pluri-domanialisation.* Chavannes-Renens : Cahier de l'IDHEAP 219.

Barraqué, Bernard
1991   « La source du Lizon, ou les limites historiques du droit de l'environnement en France ». *Revue juridique de l'environnement* (4) : 454-471.

Bart, Jean

1998   *Histoire du droit privé. De la chute de l'Empire romain au XIXe siècle*. Paris : Montchrétien.

Bourdieu, Pierre

1980   « Le mort saisit le vif. Les relations entre l'histoire réifiée et l'histoire incorporée ». *Actes de la recherche en sciences sociales* (32-33) : 3-14.

Born, Henri, Roger Vigneron et Stéphane Rieppi

1999   *Droit romain*. Liège : Université de Liège (http://vinitor.egss.ulg.ac.be, consulté le 3 juillet 2012).

Boyle, James

2003   « The second enclosure movement and the construction of the public domain ». *Law and Contemporary Problems, 66* : 33-74.

Bréthaut, Christian et Stéphane Nahrath

2011   « Entre imbrication, instrumentalisation et infusion : le rôle des consortages de bisses et des bourgeoisies dans les politiques de gestion de l'eau à Crans-Montana », In Nahrath S., Papilloud J.-H. et Reynard E. (eds), *Les bisses : économie, société, patrimoine. Annales valaisannes 2010-2011*. Martigny : Société d'Histoire du Valais Romand, p. 69-89.

Buck, Susan J.

1998   *The Global Commons : An Introduction*. Washington D.C., Island Press.

Carlen, Louis

1988   « Die Bürgergemeinde in der Schweiz gestern, heute, morgen ». Papier présenté à la 44. Generalversammlung des Schweizerischen Verbandes der Bürgergemeinden und Korporationen, 6 mai 1988, Liestal.

Closuit, Léonard Pierre

2004   *Communes bourgeoisiales valaisannes*. Sion : Fédération des Bourgeoisies Valaisannes.

Collectif

1989   *Naissance du Code civil*. Préface de François Ewald, Paris : Flammarion.

De Soto, H.

2000   *The mystery of capital : Why capitalism triumphs in the west and fails everywhere else*. New York : Basic Books.

Devlin, Rose Ann and Quentin R. Grafton

1998   *Economic Rights and Environmental Wrongs. Property Rights for the Common Goods*. Cheltenham : Edward Elgar.

Fromageau, Jérôme

1989   « L'histoire du droit. L'évolution des concepts juridiques qui servent de fondement au droit de l'environnement ». In A. Kiss (éd.), *L'écologie et la loi. Le statut juridique de l'environnement*. Paris : L'Harmattan, p. 27-49.

Gaudemet, Jean

1974   *Le droit privé romain*. Paris : Armand Colin.

Gerber, Jean-David, Stéphane Nahrath, Emmanuel Reynard and Luzius Thomi
2008   « The role of common pool resource institutions in the implementation of Swiss natural resource management policy ». *International Journal of the Commons*, 2(2): 222-247.

Gerber, Jean-David, Stéphane Nahrath, Patrick Csikos and Peter Knoepfel
2011   « The role of Swiss civic corporations in land-use planning ». *Environment and Planning A*, 43 : 185-204.

Glaskin, Katie and Laurent Dousset
2011   « Asymmetry of Recognition : Law, Society and Customary Land Tenure in Australia ». *Pacific Studies*, 34(2/3): 142-156.

Goy, Joseph
1988   « Code civil ». In François Furet (éd.), *Dictionnaire critique de la Révolution française*. Paris : Flammarion, p. 508-520.

Harribey, Jean-Marie
2001   « La financiarisation du capitalisme et la captation de la valeur ». In Jean-Claude Delaunay (éd.), *Le capitalisme contemporain. Questions de fond*. Paris : L'Harmattan, p. 67-111.

Hobsbawm, Éric, J.
1969   *L'ère des révolutions*. Paris : Fayard.

Jadot, Benoît
1996   « L'environnement n'appartient à personne et l'usage qui en est fait est commun à tous. Des lois de police règlent la manière d'en jouir ». In F. Ost, Gutwirth, S. (eds), *Quel avenir pour le droit de l'environnement ?* Actes du Colloque organisé par le CEDRE et le CIRT. Bruxelles : Publications des Facultés universitaires St-Louis, p. 93-143.

Kämpfen, Werner
1965   « Les Bourgeoisies du Valais ». *Annales Valaisannes*, 13 : 129-176.

Knoepfel, Peter, Stéphane Nahrath, Patrick Csikos, et Jean-David Gerber
2009   *Les stratégies politiques et foncières des grands propriétaires fonciers en action – études de cas*. Chavannes-Renens : Cahier de l'IDHEAP 247.

Knoepfel, Peter, Patrick Csikos, Jean-David Gerber and Stéphane Nahrath
2012   « Transformation der Rolle des Staates und der Grundeigentümer in städtischen Raumentwicklungsprozessen im Lichte der nachhaltigen Entwicklung ». *Politische Vierteljahresschrift (PVS). Zeitschrift der Deutschen Vereinigung für Politische Wissenschaft*, 53(3): 414-443.

Leimbacher, Jörg et Thomas Perler
2000   « Die Rolle des Eigentumbegriffs für die Ressourcennutzung ». In I. Kissling-Naef et F. Varone (eds), *Institutionen für eine nachhaltige Ressourcennutzung. Innovative Steuerungsansätze am Beispiel der Ressourcen Luft und Boden*. Chur, Zürich : Verlag Rüegger, p. 73-92.

Mc Netting, Robert
1981   *Balancing on an Alp. Ecological change and continuity in a Swiss mountain community*. Cambridge : Cambridge University Press.

Nahrath, Stéphane

2000   « ʻGoverning Wildlife Resources ?ʼ L'organisation de la chasse en Suisse comme exemple de régimes institutionnels de gestion d'une ressource naturelle ». *Revue Suisse de Science Politique*, 6(1): 123-158.

2008   « Propriété privative et régulation du paysage en Suisse ». *Études rurales* (181): 163-180.

Nahrath, Stéphane, Peter Knoepfel, Patrick Csikos et Jean-David Gerber

2009   *Les stratégies politiques et foncières des grands propriétaires fonciers suisses – étude comparée au niveau national*. Chavannes-Renens : Cahier de l'IDHEAP 246.

Nahrath, Stéphane, Jean-Henri Papilloud et Emmanuel Reynard (eds)

2011   *Les bisses : économie, société, patrimoine. Annales valaisannes 2010-2011*. Martigny : Société d'Histoire du Valais Romand.

Nahrath, Stéphane, Jean-David Gerber, Peter Knoepfel et Christian Bréthaut

2012   « Le rôle des institutions de gestion communautaire de ressources dans les politiques environnementales et d'aménagement du territoire en Suisse ». *Nature, Science, Société (NSS)*, 20(1): 39-51.

Ost, François

2003   *La nature hors la loi ? L'écologie à l'épreuve du droit*. Paris : La Découverte.

Ostrom, Elinor

1990   *Governing the Commons. The Evolution of Institutions for Collective Action*. Cambridge : Cambridge University Press.

Otis, Ghislain et Geneviève Motard

2009   « De Westphalie à Waswanipi : la personnalité des lois dans la nouvelle gouvernance crie ». *Les cahiers de droit*, 50 : 121-152.

Ourliac, Paul, et Jean De Malafosse

1961   *Droit romain et ancien droit. Tome II Les biens*. Paris : PUF.

Patault, Anne-Marie

1989   *Introduction historique au droit des biens*. Paris : PUF.

Polanyi, Karl

1983   *La grande transformation : aux origines politiques et économiques de notre temps*. Paris : Gallimard.

Reynard, Emmanuel

2000   « Cadre institutionnel et gestion des ressources en eau dans les Alpes : deux études de cas dans des stations touristiques valaisannes ». *Revue Suisse de Science Politique*, 6(1): 53-85.

Schlager, Edella, William Blomquist and Shui Yan, Tang

1994   « Mobile flows, storage and self-organized institutions for governing common-pool resources ». *Land Economics*, 70(3): 294-317.

Schmidlin, Bruno et Carlo Augusto Cannata

1984   *Droit privé romain I Sources, Famille, Biens*. Lausanne : Payot.

Serrigny, Denis
1862   *Droit public et administratif romain*. Paris : Durand.

Steiger, Otto
2006   « Property economics versus new institutional economics : alternative foundations of how to trigger economic development ». *Journal of Economic Issues*, XL(1): 183-208.

Le local et le global : quatre défis de la codification du droit foncier dans le cadre du processus de rédaction du code civil suisse de 1907

Peter Knoepfel
en collaboration avec *Rémi Schweizer*[1]

Quiconque s'intéresse aux régimes institutionnels des ressources[2] — naturelles (sols, eaux, mais aussi ressources vivantes : flore, faune), artificielles (réseaux) ou immatérielles (patrimoine) — est appelé à se pencher sur le concept de propriété foncière en vigueur au sein du pays étudié — les droits de propriété formant, avec les politiques publiques, l'une des deux composantes de ces régimes institutionnels. Ce concept et ses différentes déclinaisons sont ancrés, en Suisse comme dans le reste de l'Europe, d'une part dans le droit constitutionnel — art. 26 de la constitution fédérale du 18 avril 1999 (RS 101) — et, d'autre part, dans le droit civil — art. 641ss (propriété en général) et 655ss (droits réels) du code civil suisse du 10 décembre 1907 (RS 210). Ces normes ne concernent pas uniquement l'étendue de la propriété, notamment foncière, mais également toutes les dispositions ayant trait aux gages immobiliers (droit hypothécaire) et aux limitations que constituent les servitudes, les relations de voisinage, ou les limitations de droit public (prévues dans le droit cantonal ou, dans une moindre mesure, directement dans le code civil). Or, ni la définition de la propriété foncière, ni celle de ses limitations ne sont tombées du ciel ; elles sont au contraire, tout comme les politiques publiques, un construit social et politique matérialisé notamment par une série de décisions prises par le législateur depuis l'attribution à la Confédération de la compétence législative en matière de droit civil (limitée à certains domaines en 1874, totale à partir de 1898[3]).

Dans ce contexte, le présent article vise à retracer quatre défis que les rédacteurs du code civil ont dû relever durant ce processus de codification unificatrice (1896-1907),

---

1. Les auteurs remercient Johan Imesch (documentation) pour ses apports précieux à l'élaboration de cet article.

2. Cf. contribution de Stéphane Nahrath dans ce volume, ainsi que le texte de base relatif à cette approche Gerber, Knoepfel, Nahrath, Varone (2009).

3. Art. 64 al. 1 de l'ancienne constitution de 1874 ; art. 64 al. 2 constituant l'ancrage constitutionnel à l'unification intégrale du droit civil, accepté le 18 novembre 1898 (par une majorité populaire de 264'914 voix contre 101'762, et de 15 cantons, plus trois demi-cantons, contre 4 et 3 demis) ; art. 122 de la constitution de 1999.

défis qui demeurent d'une actualité certaine. Comme d'autres démarches d'harmonisation menées à l'époque, ces défis concernent : la dimension sociale de la définition de la propriété (opposition entre droit romain et germanique) ; la relation entre régulations locales (notamment sous l'angle des limitations de la propriété foncière) et normes globales, désormais harmonisées au niveau fédéral ; le processus d'intégration économique de la Suisse d'antan ; et, enfin, la question du choix entre droit privé et droit public.

Cette contribution se propose de documenter et de discuter quelques-unes des réflexions qui ont guidé le législateur face à ces quatre défis, ceci principalement à l'aide des deux documents que sont les messages du Conseil fédéral relatifs à la « révision de la constitution fédérale en vue d'introduire l'unification du droit » (28 novembre 1896, abrégé MCf 1896) et au « projet de code civil suisse » (28 mai 1904, abrégé MCf 1904). Seront également considérés un exposé très parlant « des motifs de l'avant-projet du Département fédéral de justice et police » sur les droits réels (daté de 1902, abrégé EM 1902), ainsi que deux extraits du bulletin sténographique officiel de l'Assemblée fédérale documentant les discussions parlementaires relatives aux articles sur le droit réel (de 1906, abrégé BS 1906 et de 1907, abrégé BS 1907). À noter que le présent article ne se propose nullement de discuter ces extraits dans le contexte historique de la genèse du code civil, d'en évaluer exhaustivement les impacts sur le contenu définitif du code, ou de porter un jugement de valeur juridique ou politique sur leurs contenus, mais uniquement de les mobiliser pour illustrer d'une part l'importance des quatre défis identifiés et, d'autre part, la direction prise par le législateur pour y répondre. Par ailleurs, comme le présent ouvrage ne s'intéresse pas en tant que tel aux spécificités juridiques liées à l'application du code civil, nous renonçons à recourir au corpus de commentaires[4] dédiés à l'abondante jurisprudence relative à la question.

I. Défi conceptuel : droit romain *versus* droit germanique[5]

Le premier défi qui a retenu notre attention, éminemment conceptuel, renvoie aux luttes d'influence entre les « romanistes » (Winiger 2011) de la doctrine dominante et les « germanistes » prônant un droit plus populaire. Pour des raisons historiques et doctrinales, on pourrait en première lecture s'attendre à ce que ce défi soit, dans une large mesure, tranché en faveur des premiers. Au début du XXe siècle, les cantons avaient en effet déjà subi une première vague de « romanisation » de leurs droits civils,

---

4. Par exemple : Egger (1948) ou Piotet (1998).

5. Ce défi entre deux conceptions juridiques opposées est, toutes proportions gardées, assimilable aux tensions décrites par Laurent Dousset (dans ce volume) entre le droit foncier coutumier du Désert de l'Ouest australien (conception aborigène) et le droit foncier de l'État central d'Australie (conception « occidentale »).

déclenchée par la Révolution française et le régime de la République helvétique instaurée par Napoléon (1789-1803) — cette transformation concernant au premier chef les cantons suisses alémaniques qui, avant la Révolution, étaient régis selon le modèle du droit germanique (Liver et Gutzwiller 1961 ; Caroni 1986). Dans ce contexte, un retour à l'ancien régime ou un maintien des quelques règles d'inspiration germanique ayant subsisté semblent peu probables, ce d'autant que le droit romain jouissait à l'époque, au sein de la doctrine dominante, d'une reconnaissance scientifique plus élevée que son homologue germanique. Ce dernier, moins codifié et basé sur un droit coutumier variant fortement d'une « contrée »[6] à l'autre, était en effet vu comme le droit de paysans incultes et incapables de saisir les finesses de la logique quasi universelle du droit romain (= droit dit « commun »). En raison de cette informalité, de ce localisme marqué et de cette apparente « simplicité », le droit germanique était donc considéré par les grands pontes de la doctrine comme dépassé (Hedemann 1930) et peu susceptible d'appuyer la mise en place d'un marché unique au sein de l'espace économique suisse.

Car l'objectif principal semble bien avoir été, à l'époque, d'harmoniser le droit civil conformément aux principes « d'une économie politique rationnelle », notion qui doit être ici interprétée comme une « économie de marché » et qui servira effectivement de justification à l'abandon de toute une série de normes d'inspiration « germanique ». L'établissement de cette gouvernance des échanges de biens et de services selon la libre rencontre de l'offre et de la demande fut ainsi considéré comme l'argument principal pour abandonner, par exemple, les quelques règles cantonales qui avaient survécu à la Révolution et contenaient des restes de l'ancienne *plura dominia*, considérée comme non compatible avec la propriété individuelle (exclusive) d'une personne sur l'ensemble des services fonciers d'une parcelle. Le Conseil fédéral, dans son message de 1904, se demanda ainsi « s'il convient de soumettre les plantations au même régime légal que les constructions. L'analyse s'impose en quelques mesures, lorsqu'un propriétaire a mis dans son fonds des plantes appartenant à autrui […]. Nombre de nos législations cantonales tolèrent, aujourd'hui encore, des droits réels sur des arbres. Cet état peut perdurer. […]. Mais doit-on permettre qu'il s'en crée de nouveau ? Il s'est produit, un peu partout, un mouvement contre le maintien d'une institution qui paraît surannée et qui n'est pas conforme au principe d'une économie politique rationnelle, aussi le projet interdit-il de constituer, sur des arbres ou des forêts, des droits analogues à celui de superficie. » (MCf 1904, p. 65). Ce passage est symptomatique des traces que la Révolution française et le droit romain ont laissées sur le code civil, écrasant notamment une institution aussi centrale que la *plura dominia* — laquelle sera, il est intéressant de le souligner, réintroduite une cinquantaine d'années

---

6. Ces « contrées », qui désignent une communauté de droit souvent plus petite, sont à distinguer des « cantons ».

plus tard dans le domaine de la propriété par étage sur des bâtiments d'habitations (art. 712ss CC introduit le 19 décembre 1963).

Cela étant, deux éléments viennent nuancer cette lecture romaniste et appellent malgré tout à s'interroger sur l'influence du droit germanique sur le code civil suisse : d'une part, malgré les changements intervenus pendant et après la République helvétique, les cantons suisses alémaniques possédaient à la fin du XIXᵉ siècle des codes encore fortement imprégnés par le droit germanique ; et, d'autre part, ce ne fut paradoxalement pas un romaniste mais bien, en la personne d'Eugen Huber, un germaniste qui fut chargé par le Conseil fédéral d'élaborer le projet de code. Ce dernier, professeur de droit civil à l'Université de Zürich et, d'une certaine manière, représentant de la majorité des codes préexistants, était un fin connaisseur du droit coutumier pour lequel il avait une haute estime. Son intention déclarée était d'ailleurs de rester le plus proche possible de ce droit vécu, considéré comme un « miroir » des règles très hétéroclites régissant la vie quotidienne dans les différents cantons suisses (les codes allemands portaient d'ailleurs, dans le langage d'antan, le nom de *Sachsenspiegel, Schwabenspiegel*, etc.).

Sur son impulsion, le Département fédéral de justice et police fut ainsi chargé de documenter ces règles coutumières, une démarche que l'on considérerait aujourd'hui comme un véritable travail de sociologie de droit. Le tableau comparatif qui en est issu montre, selon le message de 1904, l'« immense trésor d'expériences et de sagesses [...] amassé dans ces législations cantonales », par rapport auquel « le premier devoir de la Confédération était de prendre autant que faire se pouvait le droit cantonal en considération, d'en extraire le sang et la moelle [...] ». (MCf 1904, p. 8). Dans la continuité de cette approche, le message de 1904 confirme la volonté de demeurer « fidèle à notre passé juridique si riche en créations originales. » (MCf 1904, p. 9) et de ne procéder à l'unification du droit civil « qu'en tenant compte, avec une sorte de pieux respect, des lois actuellement en vigueur dans les cantons, et en évitant de rompre avec nos traditions nationales » (MCf 1904, p. 96).

Dès lors, au lieu de construire *ab ovo* un corpus législatif « logique » et guidé par les seules exigences de cohérence scientifique chères aux romanistes, le législateur a au contraire invariablement voulu privilégier des solutions « qui répondent le mieux aux circonstances actuelles » et reflètent « le tempérament de l'esprit de notre peuple ; car il faut que notre législation devienne une législation populaire » (MCf 1904, p. 97). Dans ce contexte, le passage suivant, en cherchant à relativiser l'influence du droit germanique, s'en excusant presque, en constitue bien plus une illustration sans équivoque : « divers faits, entre autres l'introduction de l'hypothèque mobilière, que le projet admet avec quelques restrictions [...], montreront que, pour ne pas sacrifier le libre développement de la législation, on ne s'en est pas tenu servilement au droit actuel, on n'a pas exclusivement sacrifié au droit privé germanique, mais que l'on n'a pas négligé de consulter le droit commun lorsque cela était nécessaire ou utile. [...] La codification fédérale devait [...] s'ouvrir à ce qu'il y a de sain dans notre vieux droit ; et ne se trouvât-elle plus en face que de débris, ces débris il fallait les recueillir, s'ils avaient quelques prix, et les restituer à notre époque. […]. Ceci d'autant plus, que nous avions le sentiment d'augmenter ainsi la popularité de la législation nouvelle » (EM 1902, p. 12-13).

L'influence du droit germanique ne fait donc aucun doute, se traduisant principalement sur un plan « social » : moins individualiste, il contenait en effet d'importantes composantes qui limitaient les droits de propriété exclusifs, voire agressifs, postulés par la Révolution française et mis en œuvre par le Code Napoléon. Malgré l'affirmation du Conseil fédéral dans son énoncé des motifs de 1902 que « la personnalité ne serait guère qu'une abstraction si on ne lui accordait pas le pouvoir d'acquérir » et qu'elle « n'existe au sens juridique du mot que par la faculté qu'elle a de prendre sa part des biens de la collectivité » (EM 1902, p. 25), le souci de ne pas détruire cette solidarité sociale au sein des communautés locales (« contrées ») se retrouve à divers endroits des textes analysés. Nous citons ci-dessous quatre extraits qui illustrent cette volonté et concernent des thèmes toujours d'actualité : la spéculation foncière ; la propriété commune du droit communautaire des consortages, toujours en fonction pour gérer des infrastructures telles que les bisses en Valais (Collectif 2011 ; Schweizer *et al.* 2014) ou les allmends en Suisse alémanique ; la limitation de l'objet des servitudes ; et le régime de libre accès aux pâturages et aux forêts.

- S'agissant du premier exemple, le Conseil fédéral fustige, dans l'exposé des motifs de 1902, les excès de la spéculation foncière dus à un droit de propriété foncière trop *romain*, qu'il s'agira de prévenir : « les spéculations immobilières auxquelles on se livre dans les grandes villes sont là pour nous prouver qu'elles ont déjà entraîné bien des ruines ; il y a, par surcroît, les trafiquants d'immeuble — les Güterschlächter — qui peuvent abuser de ces facilités pour exercer plus lucrativement leur fâcheux négoce » (EM 1902, p. 43).

- Le deuxième exemple concerne le maintien de la propriété commune issue du droit germanique (art. 652ss), fortement opposée à la notion individualiste de copropriété telle que la connaît le droit romain. Selon l'énoncé du Conseil fédéral, entre les lignes duquel on peut lire l'admiration d'Eugen Huber, le législateur n'aurait ainsi nullement eu l'intention d'obliger les cantons à abandonner ce régime ancestral ; celui-ci régira, au niveau fédéral, les rapports de propriété au sein des hoiries (art. 602) et, au niveau cantonal, ceux entre les membres des sociétés d'allmends et des consortages (délégation de l'art. 59 al. 3). Constatant en effet que l'institution romaine de la copropriété « ne fournit pas toujours des solutions satisfaisantes » et « que la propriété commune suppose un lien personnel entre les communistes, soit que ce lien dérive des successions, soit qu'il dérive de la famille ou du droit des obligations », le gouvernement souligne la nécessité « d'améliorer cette institution dans le futur code civil suisse, d'en définir le rôle et les effets, notamment en ce qui concerne son influence sur le régime de la propriété, ainsi que de marquer en quoi elle contraste avec la copropriété ordinaire » (MCf 1904, p. 62).

- Dans le même texte, on trouve pareil souci de politique sociale par rapport aux servitudes personnelles issues du droit romain, le Conseil fédéral voulant éviter la renaissance de dépendances quasi féodales frappant des paysans qui se retrouvent, à cause de problèmes financiers, sous le joug de personnes aisées se procurant grâce à l'achat de servitudes des prestations de « corvées » de la part de leurs confrères vassalisés. Pour cette raison, le projet limite leur contenu avec le raisonnement suivant : « afin de dissiper les craintes auxquelles cette institution s'est heurtée dans d'autres contrées, nous l'avons limitée en ce sens que la prestation qui forme l'objet de ce droit doit être en corrélation avec la nature même du fonds grevé ou se rattacher à l'exploitation du fonds dominant ([…] par exemple, bois à livrer de telle ou telle forêt, force électrique à fournir à telle fabrique) » (MCf 1904, p. 73).

- Le quatrième et dernier exemple de l'influence (et même du maintien) d'une ancienne règle de droit germanique est celui du droit de libre accès aux pâturages et aux forêts (actuel art. 699, art. 688 du projet), jugé fondamental par les défenseurs des « pauvres » (le droit d'accès s'accompagnant, dans la formulation de l'article, d'un droit de cueillette). Qui sait d'ailleurs si, sans cet article fort contesté (les débats à l'assemblée fédérale en témoignent, cf. BS, 1906, 539-552), les milieux socialistes n'auraient pas lancé un référendum contre le code civil ? Le Conseil fédéral, qui l'avait peut-être compris, le défendit en tout cas bec et ongles, comme cela ressort de ce long extrait : « les forêts et les pâturages non clos, auxquels on ne pourrait empêcher les habitants de la contrée d'accéder que par l'application des mesures de police les plus rigoureuses, sont généralement considérés comme des terrains ouverts à chacun. Quel préjudice le propriétaire éprouverait-il du fait qu'on les a traversés ou parcourus ? L'usage des lieux suffira pour établir une certaine règle et, parfois, le propriétaire sera intéressé à prohiber tout accès à son bien : de nouvelles plantations ont été faites dans la forêt, prés et pâturages ont été améliorés, etc. Et puis, il a toujours le droit de se clore. […] À l'ordinaire, on admettra que chacun a le droit de […] cueillir (les fruits sauvages). Ceci rentre, il est vrai, plutôt dans le domaine de la police forestière, mais n'en a pas moins quelque importance, en droit civil, attendu que celui qui accède à une forêt dans un but pareil ne cause pas de dommage à la propriété. En bien des endroits, une controverse s'est élevée déjà sur la question de savoir si le propriétaire de forêts ou pâturages, d'où l'on a de la vue, pouvait en interdire l'entrée à ceux auxquels il lui conviendrait de la refuser. Nous trancherions ce point négativement, du moins dans le sens de ce qui vient d'être exposé » (EM, 1902, p. 81).

  Par ailleurs, les extraits des débats au sein des chambres fédérales montrent à quel point l'aspect social de ce droit de libre accès, qui ne figure nullement dans le Code Napoléon, fut central. C'est ainsi que le conseiller national Hochstrasser relativisa son opposition en affirmant que sa proposition visant à le limiter ne se dirigeait pas « contre les pauvres »[7], alors que, à l'opposé, son collègue Baldinger justifia son soutien en appuyant qu'il fallait faire des concessions à ces « pauvres », même si les dégâts qu'ils pourraient causer aux cultures sont infiniment plus grands que les avantages économiques résidant dans la récolte des baies[8].

2. Défi de la reconnaissance du niveau local

À côté de ces questions conceptuelles, les dynamiques d'échelles sont également au cœur des processus d'unification, lesquels n'équivalent pas simplement à une transition du local au global mais peuvent également, dans une certaine mesure, se traduire par une reconnaissance du local au niveau du global. La recherche de l'équilibre entre ces deux tendances (transition vers le global *versus* reconnaissance de la diversité locale) constitue le deuxième défi que le législateur dut relever.

Ainsi, à une époque où la mobilité des personnes — quoique croissante — demeure faible, le Conseil fédéral juge d'un côté que « l'État n'a pas ou presque pas d'intérêt à intervenir » sur le régime foncier (EM 1902, p. 11), qui conserve dès lors à bien des égards un caractère éminemment local[9]. Cette approche est justifiée par le fait que le corpus des droits réels constitue un droit des biens *immobiles*, « issu des usages pratiqués par des collectivités groupées sur un territoire commun », et qu'il est donc logique que ce droit varie selon les « contrées ». D'un autre côté, le Conseil fédéral insiste néanmoins également, afin de garantir une cohabitation harmonieuse, sur la nécessité de mettre en place des régulations centralisées à chaque fois que le bien commun l'exige. Dans ces cas, il faut attribuer « au pouvoir central » la compétence réglementaire et laisser « aux membres de la Confédération (uniquement) la tâche qu'ils peuvent le mieux remplir » (MCf 1896, p. 607). Si d'importantes prérogatives sont laissées aux cantons — faculté d'utiliser les sources, fontaines et ruisseaux d'autrui, pour y puiser de l'eau ou abreuver le bétail (art. 709) ou maintien dans leur giron des sociétés d'allmends et des droits qu'elles détiennent (art. 59 al. 3) notamment —, c'est essentiellement dans le but d'arriver à « une législation qui concilie équitablement des conceptions anciennes avec le souci des besoins de notre société moderne » (MCf 1904, p. 66).

---

7. « *Damit* (avec des restrictions de l'accès aux forêts et aux pâturages) *will man ja nicht hart sein gegen die armen Leute* » (BS 1906, p. 549).

8. « *[...] Dass man diesen Leuten soweit als möglich entgegenkomme [...]. Im übrigens ist gewiss wahr [...], dass der Schaden, der durch das Zertreten der Anpflanzungen in den Kulturen veranlasst werden kann, sehr rasch ungemein viel grösser ist, als der volkswirtschaftliche Wert ausmacht, der darin liegt, dass man die Beeren den Armen ohne weiteres überlässt.* » (BS 1906, p. 550).

9. À noter que les législations cantonales renvoyaient déjà fréquemment « le règlement de ces points aux usages locaux » (EM 1902, p. 10-11).

Dès lors, la définition de ces « besoins de la société moderne », principalement fondée sur des considérations d'ordre économique, sera un élément clé pour expliquer le passage du local au global. C'est ainsi, à nouveau, l'arrivée d'une « économie politique rationnelle » (MCF 1904, p. 78) qui est invoquée pour justifier la nécessité d'« un système de mobilisation de la valeur du sol » qui « soit destiné tout à la fois à garantir une créance quelconque et à permettre la mobilisation de (cette) valeur » (MCF 1904, p. 74). À la lecture des textes, on a d'ailleurs presque l'impression que le motif unique justifiant l'unification des droits réels se situe au niveau des apports économiques de l'uniformisation du régime hypothécaire.

En 1896 déjà, le Conseil fédéral insiste pour défendre l'introduction d'une compétence fédérale en la matière, soulignant le rôle clé du droit hypothécaire pour l'économie suisse. Constatant que l'unification du droit civil a commencé par le code fédéral des obligations et la loi sur la poursuite pour dettes et faillites, il apparaît convaincu que c'est sur cette voie qu'il faut continuer, insistant sur la contribution d'un droit hypothécaire harmonisé au développement du pays : « économiquement, l'hypothèque a un double but : permettre aux propriétaires du sol de se procurer de l'argent, en échangeant son immeuble sans en aliéner la propriété, tandis que le prêteur doit trouver son placement en bonne valeur, d'une réalisation aussi facile que possible. Tel est le but que se sont proposé toutes les législations hypothécaires. Et pourtant, quelle variété dans les moyens employés et les résultats obtenus par les législations cantonales ! » (MCf 1896, p. 593). Or, poursuit le gouvernement un peu plus loin, « l'intérêt général plaide ici énergiquement pour l'unification du droit. Ainsi, il a été affirmé que, (dans quelques cantons) les capitaux se détournent des placements hypothécaires, donnant la préférence aux valeurs de chemins de fer et aux fonds publics qui ont une mobilité plus grande et/ou le débiteur hypothécaire est mis dans une position plus avantageuse » (MCf 1896, p. 594). Quelques années plus tard, il ira dans le même sens dans son message de 1904 : « les besoins mêmes de la vie moderne, besoins économiques et besoins sociaux, appelaient impérieusement la suppression des difficultés issues de l'extrême hétérogénéité des législations cantonales. » (MCf 1904, p. 7).

Les mêmes justifications économiques se cachent par ailleurs derrière l'unification du registre foncier, élément institutionnel central qui accompagne la régulation substantielle du crédit hypothécaire : « un intérêt économique se rattache, d'autre part, à l'introduction de la publicité des droits réels pour le moyen du registre foncier. [...] Il y a eu des périodes où, dans nos cantons, on considérait toutes les formalités solennelles comme une gêne, une tutelle incompatible avec la liberté des citoyens. Mais les intérêts des partis, créanciers et débiteurs, ont partout forcé le retour aux dispositions prescrivant de strictes formalités en matière immobilière ». (MCf 1896, p. 597).

En résumé donc, si le législateur accepte une importante variété au niveau de la formulation des droits sur les usages concrets du foncier, il est beaucoup plus catégorique quant à l'exigence d'une régulation centralisée s'agissant de ses usages abstraits[10], soit en particulier des gages immobiliers. Ceux-ci sont à la base du régime hypothécaire et du système financier du pays et sont, pour des motifs économiques, considérés comme centraux, justifiant leur uniformisation au niveau fédéral dans le but de « fortifier le crédit hypothécaire » et d'apporter « plus d'ordre et de clarté dans les droits réels, la délimitation des fonds, les droits sur les chemins et cours d'eau, ainsi que dans les servitudes, diminuant par là même le nombre des conflits » (MCf 1896, p. 599). En effet, la réglementation des gages immobiliers joue un rôle central sur ce point : « les règles que nous avons édictées sont établies dans l'intérêt du créancier comme du débiteur et, la plupart du temps, il serait difficile de dire si elles l'ont été en considération de l'un plutôt que de l'autre. Les capitalistes rechercheront d'autant plus volontiers les placements contre sûreté immobilière, que ces placements leur fourniront plus de garantie ; et plus l'on en offrira, plus aussi les débiteurs emprunteront à des conditions favorables. [...] Il importe avant tout de constituer une publicité très complète des charges grevant les biens-fonds et de créer des titres de gages susceptibles d'être négociés. De son côté, le débiteur ne pourra qu'accueillir avec satisfaction un système de mobilisation de la valeur du sol qui sauvegardera ses intérêts. Le bien du pays exige non seulement que la législation empêche l'endettement excessif de la propriété foncière, mais encore que les charges qui la frapperont entraînent le moins de déceptions et de pertes possibles » (MCf 1904, p. 74).

À noter en passant que le législateur d'antan ne pouvait pas se douter que cette réglementation, très libérale car favorisant une mobilisation élevée de la valeur foncière mènerait à un considérable risque du système financier en ce début du XXIe siècle[11] : avec ce système, beaucoup plus favorable à l'endettement que celui de l'Italie, de l'Allemagne ou de la France à cause, notamment, de l'absence d'une obligation d'amortissement, la Suisse figure parmi les pays avec une dette hypothécaire moyenne par habitant la plus élevée du monde (Knoepfel *et al.* 2012). Or, cet endettement est exactement ce que le Conseil fédéral voulait empêcher.

3. Défi de l'intégration économique : entre code civil fédéral et codes cantonaux[12]

La codification et l'unification du droit réel au niveau fédéral s'inscrit dans un mouvement de centralisation antérieur portant sur la propriété intellectuelle, les

---

10. Dans le sens de Karl Marx : valeurs d'usage (concret) et valeurs d'échange (abstrait). Cf. Knoepfel, (1977) ; Knoepfel, Csikos, Gerber et Nahrath (2012).

11. Cf. le rapport d'un groupe d'experts interne du département fédéral des finances (mars 2012).

12. Ce défi ressemble fortement aux tensions mises en évidence par Marieke Blondet (dans ce volume) aux Samoa américaines, entre la rationalité économique du droit commun états-uniens d'une part, et la rationalité communautaire du droit traditionnel des Samoans d'autre part.

marques de fabrique, les brevets d'innovation, le droit des obligations et le droit commercial, ainsi que sur les contrats des assurances. Le code civil lui-même portera des unifications fédérales dans d'autres domaines du droit civil, notamment le droit des personnes, de la famille et des successions, alors qu'en parallèle a lieu l'unification du droit pénal. Toutefois, le mouvement de centralisation ne sera, pour des raisons politiques, que rarement totalement abouti. À la lecture des documents mobilisés ici, il semble par exemple que l'unification du régime hypothécaire, dont il est largement question ci-dessus, eût pu être freinée par les cantons : ceux-ci, qui venaient de codifier leurs droits civils, notamment hypothécaires, insistèrent en effet sur la nécessité de garantir une certaine continuité afin d'assurer la stabilité et la prévisibilité du droit et d'éviter des ruptures trop radicales en cette matière sensible. Ce nécessaire équilibre à garantir entre code fédéral et codifications cantonales constitue le troisième défi que les législateurs ont dû résoudre et explique cette retenue dans la centralisation.

Ainsi, l'uniformisation du droit hypothécaire ne fut pas totale. Au contraire, Eugen Huber proposa de donner aux cantons et aux propriétaires fonciers le choix entre trois variétés de gages immobiliers — l'hypothèque, la cédule hypothécaire et la lettre de rentes (MCf 1904, p. 78) — forgées à partir de « l'immense trésor d'expériences et de sagesse » (MCf 1904, p. 8) mis en évidence par le travail de documentation du Département de justice et police. Si le motif invoqué en faveur de cette variété est, une fois de plus, le souhait de prendre « autant que faire se peut le droit cantonal en considération » (MCf 1904, p. 8) et de demeurer « fidèle à notre passé juridique si riche en créations originales » (MCf 1904, p. 9), il s'agit en fait surtout de s'assurer le soutien politique des entités confédérées.

Dans le même ordre d'idée, une fois le noyau dur de la propriété foncière et des gages immobiliers unifiés au niveau fédéral, il parut sage au législateur de faire de multiples réserves en faveur du droit public cantonal. Ces réserves, prévoyant une série de limitations sans pour autant imposer une obligation d'indemnisation telle que celle qui sera introduite lors de la réforme constitutionnelle de 1968[13], sont considérées comme centrales à l'époque (EM 1902, p. 10). Le texte précité en mentionne une centaine, parmi lesquels figurent notamment les restrictions cantonales à la propriété foncière, l'expropriation pour cause d'utilité publique, la régulation sur la dérivation des sources, les immeubles du domaine public, l'appropriation des choses sans maître ou les régales, ou l'octroi de concessions hydrauliques et minières. De plus, le code laisse aux cantons le droit de régler les détails techniques dans beaucoup de domaines dont il régit les principes, par exemple la tenue du cadastre hydrographique, la création de bureaux de registres fonciers, etc. (EM 1902, p. 10).

Cette stratégie concilie parfaitement les besoins économiques d'une unification fédérale des grands principes de l'économie de marché avec les compétences plus

---

13. Art. 22 ter et quater de l'ancienne constitution fédérale du 29 mai 1874, aujourd'hui : art. 26 (constitution fédérale du 18 avril 1999).

« policières » des cantons, qui nécessitent de porter atteinte à la propriété foncière dans l'intérêt du maintien de l'ordre public. Dans la mesure où, de manière à répondre aux exigences propres à chaque contexte, le maintien de l'ordre public se règle à un périmètre fonctionnel plus local, ces limitations étaient jugées centrales par les cantons. Probablement conscient que ces politiques cantonales mèneraient, le cas échéant, à des inégalités de traitement pour ce qui est des *usages concrets* du sol, le législateur a accepté ces dernières dans l'intérêt de l'équité, mais également pour assurer en parallèle une harmonisation des *usages abstraits* afin de favoriser la mise en place de cette « économie politique rationnelle » axée sur le libre-échange des biens et — surtout — des capitaux. L'histoire montrera par la suite le caractère artificiel de ce découpage, dans la mesure où la valeur (abstraite) des terrains sera affectée par les différences au niveau des usages concrets, menant à une harmonisation croissante de ces derniers.

4. Défi du choix entre droit privé et droit public

Malgré les nombreuses réserves en faveur du droit public cantonal, le souci du Conseil fédéral d'éviter que les réglementations d'introduction du code civil fédéral ou d'autres législations cantonales ne divergent trop se traduit à travers la régulation d'un certain nombre de questions de droit public au sein même du code civil. Le passage suivant du message de 1904 met bien en exergue la raison d'être de telles réglementations publiques au sein du droit privé : « c'est la connexité avec le droit public qui a motivé ces renvois ou ces réserves, ainsi pour tout ce qui concerne les associations d'allmends et les corporations de droit public » (MCf 1904, p. 11). Le Conseil fédéral explique donc le besoin d'inclure de telles matières par leur « connexité » : en effet, le droit civil « sert essentiellement des intérêts privés, alors même qu'à bien des égards il est soumis à l'influence du droit public ; c'est le cas pour la tutelle, pour le divorce, pour la puissance paternelle, pour le registre foncier, etc. Aussi bien nous n'avons pas hésité à nous occuper des concessions hydrauliques et des mines dans le futur code fédéral. À la vérité, les conditions de la naissance de droits privés découlent, dans ces deux espèces, du droit public » (MCf 1904, p. 12). Ces « incursions publiques » au sein du code civil fédéral se retrouvent par exemple dans les trois matières suivantes :

- Qu'elle soit considérée comme de droit public[14] ou privé[15], la garantie du libre accès aux forêts et aux pâturages démontre le souci du Conseil fédéral d'éviter les trop grandes divergences entre les législations cantonales : le libre accès à ces biens-fonds constitue une règle indérogeable qui ne peut être relativisée par le droit cantonal.

---

14. Interprétation « publiciste » proposée par l'exposé des motifs de 1902 (EM 1902, p. 81).
15. Interprétation « privatiste », dans le sens d'une définition particulière de la propriété foncière pour des biens-fonds particuliers dont la spécificité est constituée par leur couverture végétale.

- En matière d'exploitation des forces hydrauliques également, le Conseil fédéral a voulu mettre en place un encadrement minimum (art. 922 à 933 du projet), anticipant sur le droit public cantonal. Il est dans ce contexte intéressant de souligner le passage suivant, qui paraît étonnamment « moderne », en ce qu'il contient une véritable tentative de régulation des rivalités qui pourraient surgir entre usages de la ressource *eau* : « une exploitation rationnelle de la force hydraulique exige que les titulaires des concessions établies sur le même cours d'eau aient des égards les uns envers les autres. Ils constituent une sorte de communauté qui se manifeste de façon plus ou moins intense, notamment par l'usage des écluses, etc. même à défaut de conventions particulières. On peut prescrire, en conséquence, que chaque concessionnaire, en exerçant ses droits, prenne en considération les intérêts des autres dans la mesure compatible avec les siens propres. Ainsi, quant à l'établissement et à la manœuvre des ouvrages qui modifient le niveau et l'écoulement de l'eau, tous se doivent les égards commandés par l'équité. » (EM 1902, p. 281).
  Cet énoncé peut être vu comme une prémisse de la future réglementation sur les améliorations foncières qui, selon une logique similaire, prévoira la création d'un syndicat obligatoire pour tous les détenteurs de droits réels sur les parcelles situées dans le périmètre de l'ouvrage (syndicat au sein duquel les décisions sont prises à la majorité, et donc imposées à certains propriétaires). Cet outil s'avérera indispensable à la réussite des grands aménagements hydrauliques menés dans les années 1930 et 1940, par exemple dans la plaine de la Linth (Zürich, Schwyz et St-Gall) [16].
- Dans la même lignée, le Conseil fédéral propose de créer une servitude en faveur du public (art. 781 CC), qui ressemble à ce que nous assimilerions aujourd'hui à un ancrage dans le foncier de décisions administratives liées à la politique d'aménagement du territoire, « pourvoyant d'effets réels » ces décisions administratives ou « civilisant » (De Buren 2011) l'aménagement du territoire selon le modèle de la déclaration d'utilité publique pour les zones de captage d'eau en France, qui doit être inscrite dans le registre foncier [17]. À nouveau, ces premiers pas en direction d'un aménagement du territoire public sont motivés par une argumentation très novatrice : « nous rappellerons, entre autres, les très nombreuses et très modernes restrictions mises à l'usage des fonds, dans des quartiers occupés par des villas, et concernant l'interdiction d'y exploiter des auberges, d'y exercer des métiers bruyants, etc. Le critère de l'intérêt et d'un maigre secours, dans de pareils cas ; ce qui est décisif, c'est qu'il est nécessaire aujourd'hui d'autoriser la constitution de ces droits et de les pourvoir d'effet réel. Dans plusieurs cantons, soit

---

16. Cf. la loi fédérale du 3 février 1939 concernant l'amélioration de la plaine de la Linth dans les cantons de Schwyz et de St-Gall (RO 56 955).

17. Cette exigence n'existe normalement pas pour la protection des zones de captage d'eau potable en Suisse, où la restriction à la propriété foncière passe par une simple décision de droit public (« décision administrative »).

législativement, soit par l'intermédiaire de la jurisprudence, on est arrivé à cette extension de l'objet des servitudes foncières, sans qu'il en soit résulté d'inconvénients » (EM 1902, p. 104).

Commentaire conclusif

L'argumentaire de la Révolution française explique probablement le fait que la constitution fédérale de 1874 ne contenait pas de garantie explicite de la propriété (foncière ou autre), dans la mesure où celle-ci était considérée comme intrinsèque à la personnalité humaine — pour rappel, « la personnalité ne serait (en effet) qu'une abstraction si on ne lui accordait pas le pouvoir d'acquérir ; […] elle n'existe, au sens juridique du mot, que par la faculté qu'elle a de prendre sa part des biens de la collectivité » (EM 1902, p. 25). Cette reconnaissance implicite et le passage au niveau fédéral de la compétence législative en matière de droit civil (en deux temps, 1874 puis 1898) suffirent donc pour fabriquer le code civil et son droit réel. Dans ce contexte, il fallut près de soixante ans pour que la propriété soit explicitement garantie dans la constitution fédérale (1968), une reconnaissance formelle qui fut accompagnée et renforcée par la fameuse obligation d'indemniser de manière adéquate les propriétaires victimes d'expropriation (Nahrath 2003).

À l'époque de la rédaction du code civil, il semble en fait non seulement que le concept de propriété foncière retenu, calqué sur le droit romain, ne fut guère contesté, mais également que, de manière plus surprenante, personne ne songea à introduire une obligation d'indemnisation généralisée pour les limitations servant un intérêt public. Seuls les cas d'expropriations formelles déjà prévues par le droit fédéral pour certains ouvrages infrastructurels (chemins de fer fédéraux, installations de forces hydrauliques appartenant aux cantons ou aux communes) furent jugés comme justifiant une telle indemnisation, selon une logique qui veut que « la Confédération doit pouvoir revendiquer un droit […] pour l'accomplissement de certaines des tâches qu'elle a assumées. Que si (par exemple) elle n'a point la haute police des eaux, si elle ne peut les régaliser sans révision constitutionnelle, il n'en faut pas moins qu'elle ait un moyen légal de se procurer la force hydraulique nécessaire aux entreprises dont elle s'est chargée dans l'intérêt du pays. […] N'est-il (en effet) pas plus rationnel, pour les cantons et pour la Confédération, que cette dernière puisse immédiatement acquérir de l'eau ou de la force hydraulique non encore exploitée ou concessionnée […] ? ». Quant au caractère universel de la formulation du code civil et du concept de propriété foncière, il est mis en relief par les modifications intervenues ultérieurement. Le code civil ne prévoit en effet pas de limitation du droit d'accès à la propriété comme le fera plus tard la loi sur le droit foncier rural de 1951[18] (par rapport à certaines professions

---

18. Loi fédérale du 12 juin 1951 sur le maintien de la propriété foncière rurale (RO 1952 415).

particulières, en l'occurrence la paysannerie) ou la lex Furgler de 1961 [19] (par rapport aux personnes domiciliées à l'étranger). La seule véritable entorse à cette conception universelle est la réserve faite en faveur de la propriété commune, le législateur ne souhaitant pas interdire aux cantons le maintien de cette forme de propriété qui limite l'accès à la ressource à un groupe de personnes réunies au sein d'institutions spécifiques (par exemple les consortages et les allmends).

Ce maintien de formes de propriété commune n'est toutefois pas isolé et s'inscrit dans la reconnaissance généreuse, au sein du code civil, d'us et coutumes locaux souvent informels, démontrant bien l'influence qu'a pu avoir le germaniste Eugen Huber. Cette ouverture à l'égard de la « sociologie juridique du local » (des « contrées »), nettement plus importante que celle du Code Napoléon, traduit le souci de maintenir une certaine solidarité sociale et s'est généralement maintenue jusqu'à nos jours, notamment dans l'espace rural et périurbain. En renonçant à instaurer une réglementation stricte, rigoureuse et exhaustive au niveau fédéral, cette approche est surtout intéressante en ce qu'elle *institutionnalise la marge de manœuvre des acteurs*, favorisant la mise en place de solutions sur mesure pour résoudre les rivalités à travers la construction d'arrangements de régulation localisés (ARL, cf. Schweizer 2014 ; Knoepfel, Imesch, Bonnefond et Larrue 2011) à la marge du régime institutionnel, sans contournement ou détournement de celui-ci.

Bibliographie

Assemblée fédérale
1906   *Bulletin sténographique officiel de l'Assemblée fédérale*. Berne.
1907   *Bulletin sténographique officiel de l'Assemblée fédérale*. Berne.

Caroni, Pio
1986   *L'unification du droit privé suisse au XIXe siècle, méthodes et problèmes*. Lausanne : Éditions universitaires.

Collectif
2011   *Les Bisses, économie, société, patrimoine. Acte du colloque international*, 2-5 septembre 2010. Sion : Société d'Histoire du Valais Romand (SHVR).

Conseil fédéral
1896   *Message du Conseil fédéral à l'Assemblée fédérale relatif à la révision de la constitution fédérale en vue d'introduire l'unification du droit*. FF 1896 4(49) 574. Berne.
1902   *Exposé des motifs de l'avant-projet du Département fédéral de justice et police. Tome troisième. Droits réels*. Berne : Imprimerie Büchler & Co.
1904   *Message du Conseil fédéral à l'Assemblée fédérale concernant le projet de code civil suisse*. FF 1904 4(24) 1. Berne.

---

19. Arrêté fédéral du 23 mars 1961 sur l'acquisition d'immeubles par des personnes domiciliées à l'étranger (RO 1961 209).

De Buren, Guillaume

2011   *La régulation des interdépendances entre la forêt et l'eau potable en France, Étude de cas sur le site du Mont Forchat (projet Alpeau).* Working paper de l'IDHEAP 6/2011. Lausanne.

Egger, August

1948   *Zürcher Kommentar zum schweizerischen Zivilgesetzbuch.* 2ᵉ éd. Zürich : Schultheiss.

Gerber, Jean-David, Peter Knoepfel, Stéphane Nahrath et Frédéric Varone

2009   « Institutional Resource Regimes : Towards sustainability through the combination of property-rights theory and policy analysis ». *Ecological Economics,* 68 :798-809.

Hedemann, Justus Wilhelm

1930   *Die Fortschritte des Zivilrechts im XIX. Jahrhundert,* 2. Teil, 1. Halbband. Berlin.

Knoepfel, Peter

1977   *Demokratisierung der Raumplanung. Grundsätzliche Aspekte und Modell für die Organisation der kommunalen Nutzungsplanung unter besonderer Berücksichtigung der schweizerischen Verhältnisse.* Berlin : Duncker & Humblot.

Knoepfel, Peter, Johan Imesch, Mathieu Bonnefond, et Corinne Larrue

2011   *Conceptual framework for studies on local regulatory arrangements (LRA) for selected (new) activities in rural areas.* Lausanne : Working paper de l'IDHEAP 2/2011.

Knoepfel, Peter, Patrick Csikos, Jean-David Gerber et Stéphane Nahrath

2012   « Transformation der Rolle des Staates und der Grundeigentümer in städtischen Raumentwicklungsprozessen im Lichte der Nachhaltigen Entwicklun ». *Politische Vierteljahresschrift.* 2012/2013.

Liver, Peter, Max Gutzwiller et Walter Yung

1961   *Das schweizerische Zivilgesetzbuch, Kodifikation und Rechtswissenschaft.* Bâle : Helbing & Lichtenhahn

Nahrath, Stéphane

2003   *La mise en place du régime institutionnel de l'aménagement du territoire en Suisse entre 1960 et 1990.* Thèse de doctorat. Lausanne.

Piotet, Denis

1998   *Droit cantonal complémentaire.* Fribourg : Éditions universitaires.

Schweizer, Rémi

2014   Stratégies d'activation du droit dans les politiques environnementales – Cas autour des bisses valaisans. Thèse de doctorat. Lausanne.

Schweizer, Rémi, Raimund Rodewald, Karina Liechti et Peter Knoepfel

2014   *Des systèmes d'irrigation alpins entre gouvernance communautaire et étatique.* Zürich: Rüegger Verlag.

Winiger, Benedict

2011   « Droit romain ». *Dictionnaire historique de la Suisse.*
        http://hls-dhs-dss.ch/textes/f/F8933.php (consulté le : 26-06-2012)

De l'humanisation de la géographie : Conceptions et organisations foncières dans le Désert de l'Ouest australien

Laurent Dousset

Permettons-nous un postulat très général pour commencer — un postulat que l'on retrouve sous forme parfois explicite, mais plus souvent implicite, dans la grande majorité des travaux anthropologiques — et affirmons que tout ensemble social — quelle qu'en soit la définition, le contenu ou le contour — répond à trois déterminants de base qui le constituent et qui (lui) permettent de (s') l'identifier : des individus, de l'histoire, des lieux.

Des *individus* d'abord en ce que ces collectifs ou ensembles sociaux se donnent des *mécanismes de recrutement* de leurs membres : tout le monde n'en fait pas partie ; et pour en faire partie il est nécessaire de répondre à un certain nombre de conditions, d'exigences, de particularités. Il peut s'agir de la parenté, qui définit par exemple que tout membre doit se situer en ligne de descendance directe d'un ancêtre réel ou mythique. Il peut s'agir de l'acceptation des conditions générales pour rejoindre un forum de discussion sur internet. Ou encore, des critères d'obtention de la nationalité.

De *l'histoire* ensuite, car par l'interaction réelle ou reconstruite de ses membres anciens et actuels se fabrique une mémoire partagée qui illustre, explique et souvent même justifie les manières particulières de faire et de penser. Il s'agit des normes et valeurs et de leur ontogénèse dans les mythes, du style d'écriture et d'interaction et des valeurs particulières véhiculées dans le forum dont nous parlions, avec la commémoration de ses créateurs et l'acceptation de l'ingérence de ses modérateurs ; ou il s'agit encore des héros et événements nationaux qui appellent au respect et à l'adhésion.

Enfin, dernier déterminant élémentaire, le *lieu* ou le *territoire*. Il est nécessaire qu'un collectif puisse être situé, retrouvé, identifié, localisé dans un espace, que ce dernier soit géographique au sens cardinal du terme ou virtuel. Il faut au moins une boîte aux lettres, une adresse ou un nom de domaine sur la toile. Il doit exister un territoire ou une étendue géographique, un lieu de résidence, un lieu d'origine, un lieu d'action ; des frontières nationales, avec leurs douanes et leurs gardes. C'est la matérialisation plus ou moins explicite et la mise en pratique de ces trois conditions qui permettent de distinguer le « nous » des « autres », l'intérieur de l'extérieur, les membres, qu'ils soient familiers ou non, des étrangers. Aussi banales qu'elles puissent paraître, il s'agit de conditions qui semblent à première vue valables à toute échelle, que l'on se situe au niveau des États, de la tribu australienne ou de la communauté virtuelle.

Si nous pouvons raisonnablement accepter ce postulat général, nous observons en même temps que la réalité est souvent considérablement plus complexe lorsque l'on tente de comprendre et de penser non plus ces trois conditions en tant que « conditions », mais de pénétrer leurs contenus et leurs modalités particulières. Il nous faut alors faire face à deux types de problèmes, l'un intrinsèque, l'autre extrinsèque ou liminal.

Pour ce qui est du premier problème, disons simplement que les règles de recrutement, les critères particuliers retenus dans la construction d'une mémoire collective et la nature de l'appréhension de la géographie, sont loin d'être toujours comparables d'une société à une autre sans opérer de considérables réductions analytiques. Les termes de référence sont parfois si distants les uns des autres que les quelques généralités que nous venons d'évoquer deviennent difficilement perceptibles, ou même disparaissent. Ceci est particulièrement vrai dans certains cas, et particulièrement flagrant dans certains domaines. Ce chapitre illustre celui de ladite idée de propriété foncière dans le bloc culturel du Désert de l'Ouest australien. Nous verrons que les trois conditions évoquées s'y entremêlent à tel point que les discerner devient un exercice difficile. En outre, dans ce contexte particulier, les références de bases de ce que sont, dans leurs formes les plus neutres, un mode de recrutement, une mémoire partagée et un territoire, en deviennent difficilement identifiables.

Le second problème, plutôt liminal, ne fera pas l'objet de discussion dans ce chapitre mais mérite néanmoins d'être évoqué. Même dans les cas où les mécanismes de recrutement, ou encore l'identification des frontières géographiques et territoriales sont explicités, la réalité des pratiques nous fournit souvent une panoplie de cas pour lesquels le doute s'installe aux yeux des acteurs eux-mêmes, et où les règles semblent être inapplicables sans subir des interprétations et réinterprétations. Les « étrangers » qui vivent sur le territoire depuis des décennies sont-ils des citoyens et doivent-ils donc posséder le droit de vote et participer à la formulation du destin commun de la nation ? Il s'agit là de questions auxquelles les réponses ne peuvent être qu'idéologiques, politiques ou morales, car le propre des normes et valeurs sociales est de ne pas inclure le potentiel du cas particulier. Dans le Désert de l'Ouest australien, objet de notre discussion, il va sans dire que de tels cas liminaux existent également. Malgré l'intérêt méthodologique tout particulier qu'ils comportent, nous ne nous y attarderons guère et ne ferons qu'exposer les normes et valeurs telles qu'elles semblent reconnues par leurs membres ; même si, exprimées sous formes de règles ou même de lois emiques, nous le verrons, elles se caractérisent par une part considérable de potentiel d'agencement et de discussion.

1. Le Désert de l'Ouest australien

Posons d'abord le contexte de notre analyse. Région la plus aride occupée par l'humanité avant la révolution industrielle, nous disent les archéologues (Gould 1967 : 273), le Désert de l'Ouest, couvrant plus de 600 000 kilomètres carrés, est composé des déserts Sandy, Gibson et Great Victoria et s'étend de Yalata dans le sud-est à Jigalong dans le nord-ouest. La quarantaine de sociétés aborigènes qui l'habitent, et qui sont parmi les dernières à être entrées « en contact » avec les pouvoirs coloniaux — pour certaines seulement dans les années 1950 (Dousset 2011b) — sont identifiées comme des groupes dialectaux, dont la définition est davantage fondée sur une communauté du parler et de l'agir que sur des critères que l'on voudrait permanents et « objectifs » ; nous y reviendrons.

Certains de ces groupes ont fait histoire en anthropologie. On pensera tout particulièrement aux Pitjantjatjara avec les travaux quelque peu polémiques de Yengoyan (1968) sur les systèmes à sections, aux Pintupi avec les publications de Myers (1986) et leur art pointilliste à l'australienne, ou encore aux Mardu (ou Martutjarra), évoqués dans le film *Rabbit-Proof Fence* (2002) et les monographies de Tonkinson (1978). Ces sociétés sont également devenues célèbres en anthropologie par les conclusions trop rapides de certains de nos ancêtres anthropologues qui alors les appelaient communément la société « Aluridja ». On ne citera que Lévi-Strauss (1967 : 231, 251 et figure 56, p. 249) qui, faute d'avoir entrevu les mécanismes qui articulent leurs systèmes de parenté, se basant sur l'ethnographie d'Elkin (1938-1940), les rangea parmi les systèmes dits « aberrants » (Dousset 2003b).

Ces divers groupes du Désert de l'Ouest ne peuvent être identifiés comme des tribus au sens des définitions proposées jadis en anthropologie (cf. Berndt 1959, De Heusch 1997, Godelier 1973). En effet, elles ne se définissent pas comme de véritables unités politiques, ne sont pas obligatoirement à dominante endogame, et leurs territoires ou frontières ne sont pas identifiables sans contorsions conceptuelles considérables. Berndt (1959) suggérait ainsi d'utiliser le terme « société » à leur égard plutôt que « tribu ». Pour mieux comprendre ce paysage, il nous faut d'abord noter que, dans cette région, la langue, le parler, n'est pas le propre des humains mais fut placé par des êtres mythiques dans l'espace de sorte que chaque site et chaque région possèdent son dialecte particulier (Hamilton 1982, Rumsey 1989). Lorsque les individus migrent d'une région dialectale à une autre, ils n'emportent pas avec eux leur identité linguistique mais doivent s'adapter au parler de leur nouvelle résidence. Ce n'est que récemment, par le contact avec l'administration occidentale qui exigeait des appellations tribales dans leurs recensements, que les noms de ces dialectes se sont plus ou moins fixés (et pour certains ont été inventés) et ont été associés à des individus et familles pour constituer des quasi-tribus. Pourtant, même après cette fixation, ces nouvelles identités « tribales » sont restées sujettes à discussion. Ainsi, l'ensemble du Désert de l'Ouest doit être considéré comme une chaîne continue constituée de ces identités

« tribales », ou disons plutôt dialectales (par exemple Breen 1981 : 275), et non comme un ensemble d'entités socioterritoriales démarquées. Citons un exemple illustrant les confusions. Les Pitjantjatjara s'appellent eux-mêmes ainsi car ils utilisent *pitjantja* pour exprimer le verbe « aller » et marquent cette particularité comme étant la leur. Leurs voisins à l'est, les Yankunytjatjara, s'en distinguent en effet par l'utilisation de *yankunytja* pour ce même verbe. À l'ouest des Pitjantjatjara se situent les Ngaatjatjarra, qui se caractérisent par l'utilisation du pronom *ngaatja* pour « ceci ». Ces derniers se distinguent à leur tour des Ngaanyatjarra à l'ouest qui, comme le nom l'indique, emploient *ngaanya* pour ce même pronom. Toutefois, les Ngaatjatjarra tout comme les Ngaanyatjarra utilisent également *pitjantja* pour le verbe « aller » qui serait pourtant une particularité des Pitjantjatjara, de sorte que l'idiosyncrasie ne fonctionne pas envers leurs voisins immédiats à l'est ; et ainsi de suite. En outre, personne n'est capable de dire où commence le pitjantjatjara et où s'arrête le ngaatjatjarra, par exemple. Et personne, pas même les intéressés eux-mêmes, n'est capable d'identifier sans ambiguïté à quel groupe dialectal il appartient, surtout dans les zones limitrophes (Douglas 1971, Miller 1971). Au contraire d'autres régions australiennes, donc, la langue est, dans le Désert de l'Ouest, un marqueur identitaire faible et ambigu pour les acteurs eux-mêmes.

Les groupes dialectaux, identifiés aujourd'hui dans un contexte de revendications foncières et politiques fondées entre autres sur des démarcations exigées entre groupes socioculturels (cf. les chapitres de Fache, Travesi dans cet ouvrage) et linguistiques, n'étaient jadis pas les points d'ancrage de l'appartenance. D'un côté, les gens étaient membres de petits groupes régionaux composés de quelques familles qui avaient l'habitude de résider dans une région particulière et qui étaient largement exogames ; et de l'autre côté, ils s'identifiaient et s'identifient encore à l'ensemble du Désert de l'Ouest dont ils considèrent les habitants comme des semblables par leur système de croyance et, malgré les variations dialectales, par leur langage partagé. Une autre caractéristique qu'ils s'attribuent collectivement est leur mode de vie de chasseurs-cueilleurs particulièrement accentué dans cette région de l'Australie.

Autant la notion de chasseurs-cueilleurs ou de chasseurs-collecteurs, comme certains ont suggéré de les nommer, est discutable en leurs termes généraux car, comme l'expliquait déjà Arcand (1988 : 41 ; voir aussi Kelly 1995), elle « repose sur la thèse d'un déterminisme techno-économique qui regroupe les sociétés humaines selon leurs modes de subsistance en assumant que ceux-ci ont un effet déterminant sur l'ensemble de la vie sociale », que les critères qui sont utilisés à sa caractérisation s'expriment en degrés plus qu'en critères objectifiables, et que « la catégorie est maintenue, même si on ne sait plus très bien comment la définir » ; autant ces mêmes critères semblent pourtant adaptés dans le contexte particulier du Désert de l'Ouest, au contraire des sociétés qui occupent les zones plus tropicales. Steward (1972), Testart (1977 & 1979) et la majorité des auteurs qui ont contribué à la première conférence *Man the Hunter* (Lee & De Vore 1968) semblaient s'être mis d'accord sur le fait que les chasseurs-collecteurs sont des sociétés qui extraient leurs besoins directement de leur environnement sans se donner à l'horticulture ou à l'élevage. Ces sociétés sont caractéristiques d'une faible densité démographique et de l'absence de résidences durables, sont nomades et ne pratiquent pas ou peu le stockage, sont acéphales et ont une seule division sociale du travail ; fondée sur le genre.

Les sociétés ou groupes dialectaux du Désert de l'Ouest répondent en effet à ces critères. Prenons à ce sujet et pour l'analyse qui suivra dans ce chapitre le cas du groupe que nous connaissons le mieux, les Ngaatjatjarra, afin d'illustrer le propos. Au nombre de 500 individus sur une surface de 100 000 kilomètres carrés environ, les Ngaatjatjarra vivaient, il y a à peine 50 ans, dispersés sur leur territoire en petits groupes familiaux, nomadisant de point d'eau en point d'eau sur des distances qui comptaient souvent plus de 20 kilomètres journaliers, chassant du gibier en prédominance reptilien et collectant des graminées et autres légumes ou racines sauvages au passage, et ne construisant qu'exceptionnellement des abris plus ou moins durables sous la forme de huttes couvertes de branchages (Dousset 2011a).

Hormis le *ngangkari* ou *maparn*, appelés *medecine-man* ou *clever man* en anglais, personnages capables de soigner, de détruire la vie et de voyager sous forme d'esprit-animaux, aucune spécialisation ne caractérise leur division sociale du travail si ce n'est que chaque sexe possédait et possède encore de nos jours ses outils, ses compétences, ses droits et ses obligations. La spécialité des hommes était celle de chasser le gros gibier, tels les marsupiaux, plutôt rares ; alors que celle des femmes consistait en la récolte et préparation des aliments de nature végétale pour le groupe domestique tout en s'occupant de la progéniture en bas âge. En plus des savoirs et rites partagés et collectifs, chaque sexe possède ses propres rituels et sa propre mythologie.

Caractéristique commune des sociétés australiennes, le pouvoir politique se concentre essentiellement dans les savoirs religieux auxquels tout homme et toute femme peuvent, au moins en principe, accéder à force d'apprentissage et lorsqu'il gagne en maturité ; et les droits et obligations des uns et des autres sont véhiculés par le système de parenté qui, tout en étant classificatoire et sans limite d'extension d'applicabilité (Turner 1980, parmi d'autres), norme les comportements entre individus : obligations de redistribution et d'obéissance envers les frères de mère et les sœurs de père réels ou classificatoires, réciprocité entre cousins croisés, évitement des beaux-parents réels ou potentiels, etc.

Ce système de parenté et les règles de mariages fondent la capacité à distribuer les individus dans l'espace et à démultiplier et diversifier les droits d'accès aux ressources matérielles et immatérielles (Dousset 2012 ; voir aussi le concept de *shifting webs* dans Keen 2002). La majorité des groupes dialectaux du Désert de l'Ouest, dont les Ngaatjatjarra, connaissent également des systèmes à sections. Ces derniers sont des abstractions des catégories de parents regroupant l'ensemble des membres du groupe, et par extension en principe l'humanité entière, dans quatre grandes classes avec pour chacune des devoirs rituels spécifiques, et reliant l'ensemble par le biais d'un schéma d'interrelation typifié (voir Fache, ce volume, pour d'autres exemples de ces organisations sociales complexes relativement spécifiques à l'Australie). Dans le cas des Ngaatjatjarra, ces quatre classes nommées sont les mères, frères de mère et beaux-pères pour la première, les pères, sœurs de père et belles-mères pour la seconde, les sœurs et frères pour la troisième et les cousins croisés et épouses/époux pour la quatrième.

Le système de parenté et les sections, système que l'on englobe souvent sous l'appellation générale d'organisation sociale en Australie, incluant un véritable code de bonne conduite, constituent ainsi l'un des deux domaines qui articulent l'inter-relation humaine et la place de chaque individu dans la toile sociale ; l'autre étant l'affiliation ou, permettons-nous d'utiliser ce terme avant de le discuter plus en avant, la « propriété » foncière.

2. La « propriété » foncière : quelques considérations générales

La « propriété » appartient à cet ensemble de notions qui sont si couramment utilisées en anthropologie et dans d'autres disciplines qu'on en oublie l'une de leurs caractéristiques essentielles : elles ne sont que difficilement généralisables sans devoir les redéfinir et les réexpliquer pour chaque contexte, domaine et époque particuliers. Ceci est à tel point vrai que le mot « propriété » finit dans certains cas par devenir un contenant, un simple label ou marqueur approximatif de contenus qui y sont rangés soit par facilité, soit par approximation, soit par postulat. Rien qu'en nous limitant à l'histoire philosophique, juridique et idéologique occidentale qui ont informées l'anthropologie, de Hobbes à Locke, de Blackstone à Hume ou Ricardo, sans parler des philosophes Grecs et Romains, ou encore de Saint-Augustin et d'autres penseurs et théologiens, nous constatons rapidement à quel point la notion fit débat et polémique au sein même d'un ensemble socioculturel, l'Occident, qui a pourtant souvent tendance à se penser comme peuplé de semblables.

On pourra étudier le chapitre d'Aubin et Narath (ce volume) afin de saisir l'évolution juridique et politique de la notion de propriété (distinguée de celle de possession) dans la pensée occidentale. Dans le cas particulier étudié ici, toutefois, nous allons nous pencher sur les définitions et emplois proposés par William Blackstone dans son *Commentaries on the Laws of England* (1823), car c'est ce texte qui a défini le régime foncier accompagnant la colonisation australienne, et qui est encore présent de manière latente au sein même de la législation régissant les revendications foncières aborigènes (le *Native Title Act* de 1992). En effet, William Blackstone, autorité dans les questions juridiques du XVIIIe et XIXe siècles au Royaume Uni, fut une figure d'une importance incontestable car il définissait les conceptions informant les colons et leur mode d'occupation du sol australien fraîchement investi (cf. Reynolds 1992) ; mais aussi car il produit les bases de ce que nous allons entendre ci-dessous par le terme de « propriété forte », qui se rapproche de ce qu'Aubin et Narath (ce volume) décrivent comme « propriété privative ».

Blackstone estimait que la manière principale d'empêcher la tyrannie des puissants sur les communs était de définir et de respecter le droit de la propriété, en particulier foncière. Poussant l'argument jusqu'à ses extrêmes, il considérait qu'un propriétaire foncier devait avoir le droit de tuer tout intrus sur sa propriété entre le crépuscule et l'aurore, même s'il s'agissait d'un émissaire du roi. Il suggéra également que l'expropriation devait donner lieu à une compensation, et que la propriété foncière n'était pas identifiable par l'usage seulement, mais devait avoir subi des interventions humaines, des investissements en labeur répétés qui permettent, exprimons-le en des termes plus contemporains mais tout autant polémiques, de distinguer la « nature sauvage » de la « nature domestiquée ». Ainsi, pour ce qui est de Blackstone (1823) et de ses contemporains britanniques, nous pouvons conclure sur plusieurs points essentiels. D'abord l'idée, pas tout à fait nouvelle à son époque déjà, que la propriété foncière possède une valeur d'échange, en l'occurrence monétaire, qui peut donner lieu à des compensations. Ensuite, l'idée selon laquelle la propriété foncière est un droit exclusif autorisant le propriétaire d'en interdire l'usufruit et même l'accès (cf. Van Griethuysen & Steppacher, ce volume). Enfin, que la propriété est marquée par le travail répétitif qui la distingue de domaines dans lesquels l'intervention humaine ne serait pas reconnaissable. Exprimons-le en des termes négatifs : des Aborigènes pour qui le foncier n'a pas de valeur marchande, qui n'interdisent pas l'accès à des étrangers, qui ne transforment pas l'environnement en y marquant des champs et en y introduisant des barrières, et qui sont des chasseurs-cueilleurs nomades, tels que nous les avons décrits ci-dessus, sont selon Blackstone dans l'incapacité juridique et sociologique à se faire reconnaître comme des propriétaires ou même des ayants droit (Glaskin & Dousset 2011). Quelle est donc cette propriété ou « possession » foncière aborigène qui ne semble répondre à aucun des critères que l'Australie d'origine occidentale — au travers des paroles de Blackstone et d'autres — fait siennes ?

Avant de pouvoir interroger cette question plus avant, il nous faut rappeler un élément de base et proposer une distinction de principe. L'élément de base d'abord. Quelle que soit la définition anthropologique de la propriété, et quel que soit le contexte à partir duquel cette définition prend forme, il nous semble que la relation homme-espace, lorsqu'elle est disséquée en ses objets et acteurs constituants, se doit d'expliquer deux domaines. D'abord les modes d'identification, de classification et de cartographie de cet espace. Ensuite les obligations et droits particuliers ou génériques qui découlent de l'identification et de la classification sociale des individus ou groupes d'individus. Nous suggérons, comme il est coutume en anthropologie, d'entendre la rencontre entre classification ou organisation spatiale et classification ou organisation sociale comme étant celle qui produit un système nommé « organisation foncière ».

La distinction de principe, ensuite : nous avons déjà évoqué le système de parenté ci-dessus et nous évoquerons le système totémique ci-dessous. Il s'agit là de deux ensembles qui, de manière différente, contribuent à définir cette organisation foncière. Notons simplement au sujet de cette dernière qu'il s'agit d'identifier la logique de la reconnaissance sociocognitive de l'espace : s'agit-il de surfaces, de parcelles, de points ou sites seulement, d'aires d'influences etc., et, quelles sont les caractéristiques qui dans une culture spécifique permettent de briser le continuum spatial en des entités reconnues ? Parenté et totémisme jouent ici un rôle important.

Dans cette rencontre entre conceptions et classifications de l'espace et organisation sociale qui produit le système foncier, nous devons également nous rappeler que la notion de propriété en général, et non seulement la propriété foncière, est, comme l'expliquent de nombreux chercheurs (Goody 1962, Harrison 1992, Bloch 1975, Whitehead 1983 etc.), d'abord une question de gestion des relations entre les individus *par rapport à la chose*, plutôt qu'une gestion de la relation entre les individus *et la chose*. S'il n'y avait qu'un seul être humain, la notion de propriété n'aurait guère de sens.

Considérant donc que l'idée de propriété est en premier lieu un ensemble de normes et de valeurs — dont certaines deviennent des règles ou des lois aux yeux des acteurs — qui articulent l'interrelation humaine au sujet d'une chose ; et considérant la valeur d'exclusivité que nous avons retrouvée chez Blackstone au sujet de la propriété de type occidental qui deviendra en 1992 avec le *Native Title Act* la fondation du contexte juridique permettant aux groupes Aborigènes de revendiquer un titre foncier coutumier, nous pouvons suggérer une distinction de principe dont les termes ne font qu'indiquer les points d'opposition extrême. Le premier de ces termes serait celui de la « propriété forte », le second celui de la « propriété faible ». Le premier indiquerait une relation d'exclusivité entre individus ou groupes par rapport à la chose : le droit d'interdire l'accès à d'autres, le droit de pouvoir jouir en exclusivité de la chose au détriment d'autres, le droit de transformer la chose sans devoir prendre en considération les objectifs d'autres individus qui se trouvent dans des situations similaires, etc. Le second, la propriété faible, au contraire, définirait davantage un privilège ou une priorité qu'une exclusivité. Ne confondons pas ici la propriété faible avec la notion de copropriété ou celle de possession. La propriété faible inclut les droits d'usage, de jouissance et de disposition comme ils furent définis dans le droit romain (cf. Aubin & Nahrath, ce volume), mais exclut le potentiel de l'exclusivité, et donc ne permet pas au « propriétaire » ou titulaire de systématiquement et entièrement exclure l'accès des autres individus aux lieux ou aux ressources : la propriété est donc entière, mais la jouissance est partagée (voir aussi la notion de « possession » décrite par Van Griethuysen & Steppacher, ce volume). En outre, la propriété faible telle que nous la définissions à partir des Aborigènes du Désert de l'Ouest, est régie par des normes spécifiques de transmission des droits sur lesquels nous allons revenir. Illustrons cette propriété faible, particulièrement problématique lorsqu'elle est confrontée aux entendements et législations occidentaux, par un exemple ethnographique.

3. Système foncier dans le Désert de l'Ouest

En introduction à ce chapitre nous nous étions permis d'exprimer un certain nombre de généralités au sujet de la constitution d'un ensemble social, quels qu'en soient l'étendue, la définition ou le contour, fondée sur trois éléments essentiels que sont la mémoire collective, les modes de recrutements et l'ancrage spatial réel ou virtuel. Il fut également évoqué l'existence de situations dans lesquelles une mise en exergue de ces trois domaines paraissait particulièrement difficile, sinon purement analytique. Le système foncier des Aborigènes du Désert de l'Ouest illustre bien cette situation. Comme nous le verrons, histoire collective, histoire individuelle, mode de recrutement social et propriété ou affiliation territoriale évoquent des logiques à tel point imbriquées que les traiter les unes après les autres se révèle un exercice difficile, pour ne pas dire réducteur. L'écriture étant linéaire, il ne sera pas possible de procéder autrement. Tentons d'être à la fois aussi exhaustif et synthétique que possible.

Les principes qui règlent l'affiliation territoriale chez les Ngaatjatjarra sont très différents de ce que l'on connaît pour l'Occident ; ils ne sont pas exactement identiques non plus à ce que l'on peut trouver ailleurs en Australie, en particulier dans certaines contrées économiquement et écologiquement plus fortunées comme les tropiques. Loin d'être gérée par un principe de descendance et d'héritage, et donc de droits issus de la naissance et de la position d'un individu dans la toile sociale, cette affiliation est majoritairement assujettie chez les Aborigènes du Désert de l'Ouest à des événements particuliers de la vie des individus eux-mêmes. Certes, les lieux de naissance et de résidence des parents et des grands-parents jouent un rôle, mais d'autres facteurs occupent une place plus importante dans la détermination des lieux et sites pour lesquels un individu affirmera une responsabilité et donc des droits particuliers : celui de pouvoir et devoir y organiser et effectuer des rituels, par exemple.

Chez les Ngaatjatjarra, l'affiliation foncière est en premier lieu une question d'accumulation de critères qui se superposent comme les couches d'un millefeuille. Plus un individu est capable d'accumuler de telles couches au sujet d'un site géographique, plus sa parole sera écoutée et respectée, et donc plus il possédera du pouvoir à son sujet. Entendons ici le pouvoir comme une notion qui résume la capacité d'un individu à agir et à faire agir, et qui s'exprime dans cette région du monde comme l'autorité à pouvoir parler au sujet de la chose.

Ces divers critères qui, au fil de la vie vont construire de manière croissante ce pouvoir, sont le lieu de conception, le lieu de naissance, le lieu où le cordon ombilical sèche et finit par tomber, les lieux de résidence prolongée, les lieux pour lesquels un individu acquière des savoirs religieux et rituels, les lieux de naissance et de résidence prolongées des ascendants proches, les lieux d'affiliation foncière des affins réels, ou encore le lieu où, dans le cas d'un homme, il fut initié. Sans aucun doute, le site où la personne est pensée avoir été conçue, le lieu de naissance, et les lieux pour lesquels elle acquière des savoirs religieux importants sont parmi les plus significatifs, car ils touchent à des domaines importants de la vie sociale et individuelle des Ngaatjatjarra : la construction de la personne et son placement dans la cartographie de la narration mythologique. Il nous faut, pour mieux comprendre, développer ici la cosmologie des habitants du Désert de l'Ouest.

Le cosmos, tout et chaque chose qui existe, est constitué de deux réalités distinctes. D'un côté le *Tjukurrpa*, souvent traduit par le Temps du Rêve et pensé, de manière erronée d'ailleurs, comme un temps ancestral et primordial seulement. Certes, *Tjukurrpa* désigne ce temps mythique lorsque la terre était amorphe, sans contours ni contenus, sans montagnes ni rivières ni animaux ou plantes, sans règles ni même valeurs. Un temps ancestral lors duquel des héros ou figures mythiques construisirent et façonnèrent par leurs multiples aventures ce que nous observons aujourd'hui. Ils créèrent aussi les premiers humains, les règles sociales qui régissent leurs interactions, leurs émotions, leur organisation sociale. Il s'agit de mythes d'origine. Mais ce temps du *Tjukurrpa* continue également à exister ou à coexister aujourd'hui et de tout temps de sorte à ce que, comme l'exprimait Stanner (1979), « il n'est pas possible de 'fixer' le Temps du Rêve : il était et est encore partout-toujours », ce dernier terme étant un néologisme anglais, *the everywhen*, qui fut depuis adopté par les anthropologues.

À côté d'être ce temps primordial, le *Tjukurrpa* constitue surtout la dimension qui définit l'essence de la réalité, ce temps et ce lieu où les choses qui existent sont créées et définies, et où leurs schémas existentiels sont dessinés afin qu'elles puissent s'épanouir dans le monde tangible, le *hic et nunc*, le *Mularrpa*. *Tjukurrpa* et *Mularrpa* sont les deux faces de la même pièce de monnaie, l'une essentielle, l'autre existentielle. Tout ce qui peut être observé dans le *Mularrpa*, où vivent les hommes, doit être lié à sa contrepartie sous forme plus ou moins métaphorique dans le *Tjukurrpa* (Dousset 2004).

Les définitions du *Tjukurrpa* et leurs équivalents observables dans le *Mularrpa* doivent toutefois rester en connexion ; être lié les uns aux autres. Si ce lien venait à se défaire, le monde, le cosmos, l'ordre des choses serait en péril. Ce lien est assuré et perpétué par les êtres humains par divers moyens, et en particulier par le travail rituel, où périodiquement sont reproduites les aventures des héros mythiques afin de les relier à la réalité existentielle. C'est ainsi qu'expriment les Aborigènes le devoir de revisiter périodiquement leurs sites sacrés et d'y organiser les rites à l'honneur du *Tjukurrpa*, en particulier les rites dits de multiplication des espèces qui sont des rites dits totémiques (Elkin 1933, Hiatt 1971, Dousset 1996).

Chaque héros mythique incorpore en effet au moins un élément naturel, celui ou ceux pour lesquels il est l'instigateur originel : une espèce animale ou végétale, la pluie ou encore les étoiles. Ces éléments naturels ont besoin d'être nourris de la substance mythique qui les a créés afin de pouvoir perdurer. Or, cette substance alimentaire leur est fournie par le travail rituel et les fluides corporels des êtres humains qui portent en eux, nous allons le voir, leurs principes actifs. Notons ici un élément particulièrement important : tous les individus et groupes ne sont pas responsables de cette reproduction rituelle pour l'ensemble du vivant. Bien au contraire, un groupe a, selon sa résidence ou ses affiliations prédominantes à charge certaines espèces, alors que d'autres groupes effectuent ces mêmes rites pour d'autres. Tout comme les espèces et phénomènes naturels sont complémentaires et nécessitent leur coexistence (la *pluie* qui arrose *l'herbe* que mange le *kangourou*), les groupes humains sont ainsi complémentaires et s'intègrent dans un réseau d'échanges et de complémentarité distribué sur un espace vaste indispensable à la survie du cosmos tout entier (Morton 1987, Elkin 1967 : 214, Testart 1987 : 180-181).

Mais en quoi le rituel et les substances corporelles des humains pourraient-ils bien être efficaces dans la reproduction de la relation indispensable entre *Tjukurrpa* et *Mularrpa* ? C'est ici que vient jouer un rôle essentiel la conception et ce que les anthropologues appellent le totem de conception ; où ce que les Ngaatjatjarra appellent eux-mêmes le *tjuma*, notion qui est fondamentalement ancrée dans l'espace, et donc le foncier. Revenons quelque peu en arrière. Lorsque les héros mythiques, chacun représentant ou incorporant ce qui allait devenir une espèce ou un phénomène naturel, voyageaient sur ou sous terre, forgeant ainsi l'univers, ils laissèrent derrière eux des petits bouts d'eux-mêmes, des *tijitikuurti* ou enfants-esprits qui portent en eux les principes actifs à la fois des héros mythiques et des espèces naturelles ainsi créées (Tonkinson 1989). Ces enfants-esprits, véritables charnières entre les deux mondes, se sont installés le plus souvent dans des arbres où, sous la forme humanoïde minuscule, ils s'alimentent de nectar et attendent de pouvoir se réaliser pleinement, c'est-à-dire de pouvoir devenir des êtres humains. Pour ce faire, ils doivent pénétrer une femme par un orifice, par exemple le nombril, où ils animeront le fœtus en devenir et où ils deviendront une part constituante et essentielle de la personne tout en emportant avec eux l'essence du héros mythique dont ils sont issus. Cette essence est définie, entre autres, comme intégrant les particularités géographiques créées par le héros dont ils sont les restes mythiques. Leur assise spatiale est indiscernable de leur assise mythologique et ontologique. Toutes deux seront emportées dans le corps de la femme pour construire l'enfant.

Avant de pénétrer cette femme, ces enfants-esprits adopteront toutefois pendant un bref laps de temps la forme animale, végétale ou autre qu'ils représentent, tentant de communiquer à la future mère ou à un membre de sa famille leurs intentions. Cette communication se traduit par des rencontres étranges et inattendues ; et le lieu où cette rencontre est reconnue avoir eu lieu deviendra le site dit de conception. En voici un exemple dans lequel sont également illustrées les équivalences des signifiés que porte le terme *tjuma* :

> Je marchais avec mon premier fils près de la communauté de Docker River, dans la plaine de mulga (Acacia), lorsque j'ai vu un échidné [porc-épic australien]. L'échidné, c'est de la bonne viande et nous essayions de le prendre. Je pris un bâton afin de le retourner sur son dos pour pouvoir le ramasser, mais cela a pris beaucoup de temps. Je le poussais et le poussais encore avec le bâton mais il ne voulait se retourner et rester sur le dos pour que je puisse le ramasser.

C'était étrange, d'habitude j'arrive bien à ramasser les échidnés. Plus tard, mon second fils naissait. Il avait une marque de naissance [*tjuma*] sur le dos, juste à l'endroit où j'appuyais avec le bâton pour faire retourner l'animal. Son totem, son *tjuma*, c'est certain, c'est donc l'échidné, et son histoire mythique [*tjuma*], c'est celle de cet animal (femme Ngaatjatjarra, 1997).

Premier élément; marque corporelle, le totem de conception et l'histoire mythologique font partie du même complexe, le *tjuma*, qui construit et insère la personne à l'intérieur d'une mémoire collective, d'une histoire partagée. Mais reformulons tout cela en des termes fonciers afin de dégager le second élément. Les héros mythiques traversèrent l'espace et par leurs actions et aventures créèrent dans ce continuum des sites identifiés, souvent même des sites qui deviendront sacrés pour les humains. Ces héros représentent des espèces ou phénomènes naturels, par exemple un kangourou, la pluie, l'herbe. Ces sites créés par l'action mythique seront eux également associés à ces espèces et phénomènes, de sorte que toute personne qui réside de manière prolongée à proximité et qui connaît les mythes et les rites qui y sont associés, effectue le travail rituel au nom de ce héros mythique, et donc au nom de l'espèce ou du phénomène en question. Par ce savoir et savoir-faire, il peut revendiquer une responsabilité foncière particulière, une couche importante dans le millefeuille de l'accumulation du droit à la parole.

À cela s'ajoute une autre couche, celle du totem de conception, le *tjuma*. Lorsqu'une personne est pensée avoir été conçue par un héros particulier, l'espèce naturelle qui y est associée, tout comme l'ensemble des sites géographiques qu'il a produit lors de ses voyages, engendrent de facto des couches de droits fonciers, et ceci même si la personne n'a jamais vécu sur les lieux ou ne connaît rien des rituels en question. Nous en donnerons un exemple plus loin. Les affiliations foncières s'expriment ainsi comme une accumulation de responsabilités et de droits fondés sur divers critères, et le paysage de cette affiliation foncière est à la fois disloqué et décentré : une personne peut revendiquer des affiliations foncières plus ou moins fortes sur une série de sites géographiques distants les uns des autres, car le site de conception, le lieu de naissance et les lieux d'apprentissages religieux sont rarement identiques. À l'inverse, un site particulier peut être revendiqué par plusieurs personnes qui se mesurent entre elles en fonction du nombre de couches de ce mille-feuille qu'elles peuvent accumuler. L'affiliation, ou la propriété foncière, est d'abord une question de mise en relation d'individus et de leurs complémentarités hiérarchisées.

4. Humaniser la géographie

Dans les passages précédents, nous avons évoqué ou sous-entendu un certain nombre d'éléments qu'il nous paraît nécessaire de résumer avant de poursuivre. Nous avons en particulier souligné que la propriété foncière chez les habitants du Désert de l'Ouest, et plus particulièrement chez le groupe dialectal des Ngaatjatjarra, est du type « faible ». Si une personne peut accumuler davantage de critères d'affiliation territoriale que d'autres au sujet d'un site particulier, à aucun moment ne peut-elle jouir d'une relation d'exclusivité par rapport à la chose. À aucun moment ne peut-elle disposer des ressources matérielles (trou d'eau potable, gibier, végétaux, bois, silex) ou immatérielles (mythes, chants, rituels et objets sacrés) associées à ce site comme bon lui semble sans consulter d'autres personnes qui disposent d'affiliations même moindres. L'exclusion d'autrui ou l'accès exclusif aux sites n'est pas une valeur sociale dans le Désert de l'Ouest, bien au contraire. Comme l'explique Tonkinson (2003 : 98), les Aborigènes de cette région sont caractéristiques d'un :

> *ethos* d'inclusion puissant qui définit la « société » en des termes géographiques et sociaux extensifs (caractéristique qui se retrouve le plus clairement dans les interdépendances régionales établies au sujet de la reproduction des animaux et des plantes par le biais des « rites de multiplication »). (Notre traduction ; voir aussi Dousset 2013).

Ensuite, notons qu'à aucun moment, ni dans notre exposé ci-dessus, ni même dans les discours autochtones, il n'est fait référence à des surfaces, des parcelles, ou à des frontières. En effet, l'affiliation telle que nous l'avons décrite est celle à un site particulier, qui renvoie à un événement mythologique. Il s'agit d'un foncier sans extension en surface. Seuls les sites mythiques particuliers (un rocher, un trou d'eau, un arbre, une crevasse, un lac salé etc.) sont identifiés et nommés et deviennent les points de référence. Leurs alentours en sont des zones d'influences relativement vagues dont l'efficacité religieuse et identitaire diminue graduellement, mais de manière indéfinie, avec la distance croissante.

Enfin, nous avons souligné que la propriété ou l'affiliation est d'abord une question de relations entre personnes au sujet de la chose, plutôt qu'une relation entre personnes et la chose. Ici encore, qu'il s'agisse des rites de multiplication des espèces ou des totems de conceptions, l'affiliation foncière est d'abord un mode d'expression et d'articulation des complémentarités sociales et un placement de l'individu dans la cartographie mythologique partagée. La proposition selon laquelle l'espace et ses sites identifiés sont en premier lieu une question de relations humaines et sociales, et que la cartographie géographique est aussi une médiation mythologique de la cartographie sociale, est perceptible dans les deux exemples suivants : le premier démontre la dimension sociale de la pensée géographique, le second illustre l'accès au foncier par une référence à la mise en relation du corpus humain avec la mythologie.

Les carnets de terrain doivent, au cours des entretiens et des observations, permettre de fixer à l'écrit ce que nos interlocuteurs font et disent sans autre support que leur mémoire. Une partie considérable du travail sur le terrain, et ceci dès 1994, avait comme objectif celui de retracer les généalogies et les liens d'alliance afin de s'interroger sur la qualification « d'aberration » du système de parenté que Lévi-Strauss avait évoqué pour ces sociétés. Les interlocuteurs avaient vite compris les signes et abréviations de l'anthropologue : des cercles pour les femmes, des triangles pour les hommes, des lignes pour signifier la filiation et l'alliance, et donc les relations entre les gens. Ils commencèrent à dessiner eux-mêmes dans le sable, pendant les entretiens, les généalogies et histoires de vie qu'ils contaient. Mais ces dessins, précieux par l'information qu'ils véhiculaient, étaient souvent effacés avant même qu'ils puissent être analysés et compris. Face à l'insatisfaction de l'anthropologue et à l'impatience de ses interlocuteurs, ces derniers décidèrent presque aussi vite qu'ils acquirent les principes d'un dessin généalogique de s'emparer du carnet et de fixer eux-mêmes, une fois pour toutes, les relations telles qu'ils les concevaient par écrit, plutôt que de continuer à marquer le sable éphémère. Il en résulta toute une panoplie de petits dessins effectués par les Aborigènes eux-mêmes et qui, en plus de nous livrer des informations généalogiques, se révèlent être des représentations significatives des manières de penser ce qu'est une relation sociale et humaine. Le dessin suivant (figure 1) est un exemple particulièrement révélateur et utile pour ce qui nous occupe ici.

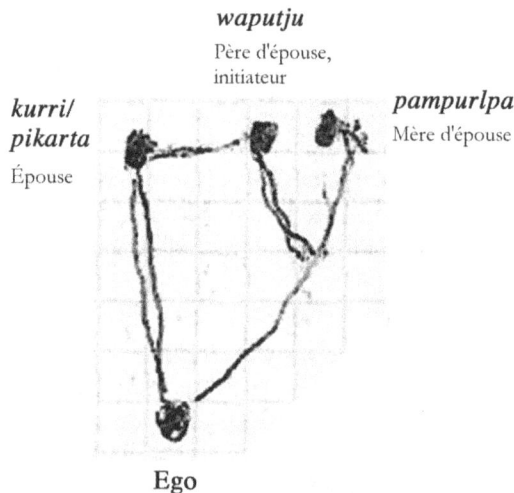

Figure 1 : Dessin « généalogique » représentant un homme, son épouse, son initiateur et l'épouse de ce dernier (homme Ngaatjatjarra-Pintupi, 1996).

Fidèle à nos propres représentations — même si l'homme qui dessinait n'y distingua pas graphiquement les hommes des femmes — cette généalogie autochtone représente les individus par des points et les liens qui les unissent par des lignes. Évidemment, le dessin fut accompagné d'explications orales que nous ne faisons que résumer ici.

Au bas de la généalogie l'homme se représenta lui-même (Ego). En haut à gauche il plaça son épouse (kurri); une épouse particulière car elle est pikarta, la femme qui lui fut promise lors de son initiation par son initiateur et beau-père potentiel, waputju, qui lui se trouve centré en haut du dessin. Sur la droite de ce dernier, le dessinateur

108

représenta *pampurlpa*. Il s'agit de l'épouse potentielle de *waputju*, une belle-mère qui occupe un rôle particulier pendant l'initiation également. Les diverses lignes lient ainsi *waputju* et *pampurlpa* par l'alliance (et leur rôle partagé dans l'initiation) ; *waputju* et *pikarta* par la filiation, la seconde étant la fille du premier ; *pikarta* (ou *kurri*) à Ego par l'alliance ; et Ego à *waputju* et *pampurlapa* par le lien d'affinité et celui qui les lie au travers de l'initiation, moment crucial pour un homme en devenir adulte.

Il nous faut avouer sans complexe que ce n'est qu'après plusieurs dessins et de nombreuses explications que le véritable sens de ces extraits généalogiques devint perceptible. Certes, les points dessinés étaient des individus identifiés et les lignes des liens généalogiques et sociaux décrits par l'interlocuteur, mais les premiers représentaient aussi des sites géographiques, en l'occurrence les sites d'affiliation premiers des personnages en question, et les seconds illustraient les chemins empruntés par le voyageur pour se rendre d'un lieu à l'autre, comme le montre la carte de la figure 2 où nous avons remplacé les rôles et positions des individus par leurs sites d'affiliation.

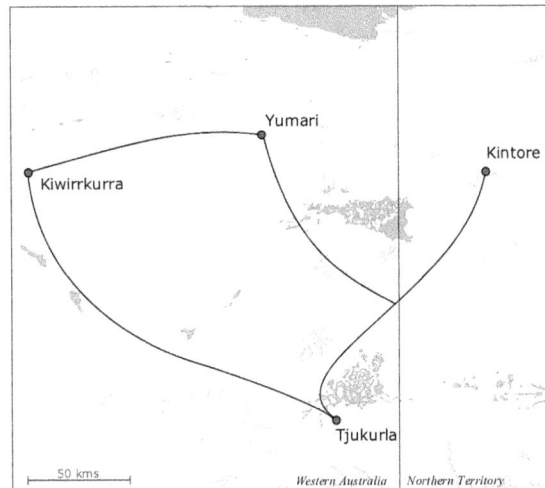

Figure 2 : Cartographie des relations exprimées dans la figure 1.

Le dessin généalogique, celui qui met en relation des individus selon des statuts et rôles sociaux spécifiques, est ainsi en même temps une cartographie précise de l'espace, nous entraînant à considérer que ce dernier ne peut être conçu sans les êtres humains, tout comme les relations entre les êtres humains sont de fait conçues comme des relations spatiales, et que les relations spatiales sont des relations sociales. Les généalogies dessinées, dont n'est reproduit ici qu'un seul exemple, soulignent cet aspect spatial, plutôt que l'aspect chronologique — d'usage dans les généalogies occidentales — qui dominent les représentations des relations de parenté (cf. aussi

Dousset 2003a). En appui à ce constat, il nous faut ajouter que si les sites particuliers sont connus par des noms qui leur proviennent des temps mythiques, ils peuvent aussi être désignés par les noms des personnes qui s'y associent. À l'inverse, les personnes peuvent également s'adresser ou faire référence à quelqu'un par le nom d'un site de sorte que, au cours de certaines conversations, ce n'est que le contenu et le contexte du discours qui permettent de discerner s'il est question d'un être humain ou d'un lieu géographique.

Le second exemple, quant à lui, illustre dans quelle mesure il est nécessaire d'interpréter l'affiliation territoriale par le biais de la médiation mythologique ; une affiliation qui est loin de ressembler à des mécanismes d'héritage ou de transfert des propriétés foncières automatiques, mais qui souligne encore le lien indissociable entre la personne et la géographie. Un mythe raconte comment un héros, pris de colère, pour diverses raisons qu'il n'est pas nécessaire de détailler ici (voir Dousset 2004), frappa, sur le sol avec son bâton à fouir. Il finit par creuser une crevasse qui est aujourd'hui un site d'une grande importance religieuse. Au cours de cet excès de colère, il se frappa également le pied, se blessa et son sang coula dans le trou qu'il entreprenait.

Loin de ce site important, à 300 kilomètres environ, naquit dans les années 1940 un garçon auquel il manquait un orteil. Interpellé par cette malformation de naissance, les vieux sages se mirent à parlementer, à interpréter et finirent par conclure que ce garçon ne pouvait être que la réincarnation du héros mythique qui s'était blessé le pied. Rappelons-nous ici que la notion de *tjuma*, qui signifie d'abord le totem de conception, identifie également les marques corporelles qui sont produites par les événements qui accompagnent la pénétration de l'enfant-esprit dans le corps de la mère pour y animer le fœtus. Sans avoir rendu visite à ce site, ni même avoir acquis de connaissances, il y fut pourtant immédiatement affilié ; et ce n'est que plus tard, adulte, qu'il apprit l'ensemble des chants et des rituels qui devaient s'effectuer en son honneur.

Conclusion

Le rapport au foncier et la régulation des droits et obligations qui s'y affairent dans le Désert de l'Ouest australien, qu'on les appelle « propriété » ou « possession », sont loin d'y être limités aux aspects matériels (économiques ou environnementaux). Certes, accéder au foncier c'est se procurer les ressources nécessaires à la subsistance. Mais encore, avec l'arrivée timide mais certaine des sociétés minières, être considéré « propriétaire » (ou affilié) c'est pouvoir espérer une part des royalties distribuées. Le foncier est pourtant d'abord et en premier lieu une cartographie, et de ce fait un lieu de mémoire sociale et individuelle, mais aussi mythologique et donc ontologique.

L'espace Ngaatjatjarra identifié est totalement humanisé. Les relations foncières sont des relations entre les personnes, les cartographies foncières sont des cartographies sociales, les sites sont des personnes ou personnages, réels et mythiques, et les routes de migration et de nomadisme sont des liens généalogiques (d'affinité et de consanguinité) et sociaux. Ce chapitre en a présenté deux exemples — qui doivent malheureusement suffire dans le contexte de cet ouvrage — pour illustrer ce qui est une constante discursive.

Cette humanisation est le produit d'une combinaison intégrée et cohérente des trois déterminants que nous évoquions en introduction comme étant constitutifs du collectif. Des déterminants que nous avions, de manière quelque peu rapide, identifiés comme le mode de recrutement, l'espace ou le territoire et la mémoire collective. Ils sont indissociables dans la construction d'une personne dans le Désert de l'Ouest, et ils contribuent ensemble à définir le système foncier et par ce biais ce que peut être ici compris comme la propriété foncière.

Nous avons tenté de dégager un certain nombre de critères qui semblent caractériser le système foncier du Désert de l'Ouest. D'abord la discontinuité et l'affiliation multiple. Il ne s'agit pas de surfaces dont on est propriétaire, mais de sites particuliers ; et il ne s'agit pas d'être propriétaire exclusif d'un ou plusieurs de ces sites, mais de s'insérer par l'accumulation de couches dans le réseau des complémentarités socio-territoriales. Les affiliations foncières sont discontinues car chaque personne diversifie par son vécu ses points de repère ; et elles sont multiples car elles distribuent les individus sur un espace dominé par des responsabilités rituelles qui s'expriment comme des complémentarités existentielles : maintenir la relation entre *Tjukurrpa* et *Mularrpa*. L'espace et sa gestion — par exemple les rites de multiplication des espèces qui comme nous l'avons vu sont complémentaires — sont un véhicule de la cohésion sociale car ils définissent le collectif et articulent les interrelations sociales. Nous voyons que ce qui fut appelé « propriété foncière » par les anthropologues eux-mêmes, et qui est aujourd'hui réifié dans la législation contemporaine gérant les revendications foncières autochtones, est une réduction (cf. Simard 2003) d'un complexe qui intègre à la fois le mode de recrutement (pouvoir revendiquer du vécu sur cet espace, par exemple y avoir été conçu), la mémoire collective (les mythes qui engendrent les enfants-esprits et le vivant), et le territoire (encore les mythes, qui définissent les sites identifiés dans le continuum spatial).

En effet, si nous avons tenté de déconstruire puis de reconstruire en des termes intelligibles des représentations locales complexes, cela ne signifie pas pour autant que nous les avons traduits de sorte qu'ils soient efficaces et compréhensibles dans le contexte d'une confrontation avec le système juridique occidental, qui, en Australie règle les questions de propriété légale. Le système foncier des Ngaatjatjarra et le système législatif de l'Australie dominante sont diamétralement opposés et profondément incompatibles pour de nombreuses raisons et tout particulièrement celles qui ont été exposées dans ce chapitre.

Pour que ces groupes puissent continuer à vivre sur des terres qu'ils appellent les leurs, il est pourtant nécessaire qu'ils puissent exprimer leurs normes et valeurs sociales en des concepts prévus par la loi. Il a donc fallu une adaptation aux procédures définies pour cette reconnaissance. En se soumettant à ces adaptations exigées qui se présentent comme la traduction d'un système culturel dans un autre, ils en ont également subi les conséquences majeures ; celles produits par la fixation d'un ensemble de critères pensés ouverts à négociation et interprétation en des règles immuables car légalement reconnues et écrites. C'est probablement cette ingérence, encore davantage que l'arrivée de la télévision ou des biens occidentaux, qui a produit la transformation sociale la plus profonde ces dernières deux décennies dans le Désert de l'Ouest australien.

Bibliographie

Arcand, Bernard
1988 « Il n'y a jamais eu de société de chasseurs-cueilleurs ». *Anthropologie et Sociétés*, 12(1): 34-58.

Berndt, Ronald Murray
1959 « The concept of 'The Tribe' in the Western Desert of Australia ». *Oceania*, 30(2): 81-107.

Blackstone, William
1823 *Commentaries on the Laws of England*. London [1766].

Bloch, Maurice
1975 « Property and the End of Affinity », in M. Bloch (ed.), *Marxist Analyses and Social Anthropology*. London : Malaby Press, p. 203-228.

Breen, Gavan
1981 « Margany and Gunya », in R. M. W. Dixon & B. J. Blake (eds), *Handbook of Australian Languages*, vol. 2 : Canberra : ANU, p. 274-393.

Douglas, Wilfrid Henry
1971 « Dialect Differentiation in the Western Desert – A Comment ». *Anthropological Forum*, 3 : 79-82.

Dousset, Laurent
1996 « Production et reproduction en Australie. Pour un tableau de l'unité des tribus aborigènes ». *Social Anthropology*, 4(3): 281-298.
2003a « Indigenous modes of representing social relationships : A short critique of the 'genealogical concept' ». *Aboriginal Studies*, 2003/1: 19-29.
2003b « On the misinterpretation of the Aluridja kinship system type (Australian Western Desert) ». *Social Anthropology*, 11(1): 43-61.
2004 « Ontogenèse d'un mythe événementiel en Australie ». *Technique & Culture*, 43-44 : 45-59.
2011a « Habitation fixe ou campement de fortune ». *Techniques & Culture*, 56 : 62-77.
2011b *Mythes, missiles et cannibales : Le récit d'un premier contact en Australie*. Paris : Société des Océanistes.
2012 « 'Horizontal' and 'vertical' skewing : similar objectives, two solutions? ». In T. R. Trautmann and P. M. Whiteley (eds), *Crow-Omaha : New Light on a Classic Problem of Kinship analysis*. Tucson : Arizona University Press, p. 261-277.

2013   « Inclusion-exclusion: Recasting the issue of boundaries for the Western Desert ». Anthropological Forum, 23(4) : 342-354.

Elkin, Adolphus Peter
1933   « Totemism in north-western Australia (The Kimberley Division) ». *Oceania*, 3(3): 256-296.
1938-40 « Kinship in South Australia ». *Oceania*, 8(4);9(1);10(2);10(3);10(4): 419-452; 41-78; 198-234; 295-349; 369-89.
1967   *Les Aborigènes d'Australie*. Paris : Gallimard [1938, 1954].

Glaskin, Katie & Laurent Dousset
2011   « Asymmetry of Recognition : Law, Society and Customary Land Tenure in Australia ». *Pacific Studies*, 34(2/3): 142-156.

Godelier, Maurice
1973   « Le concept de Tribu. Crise d'un concept ou crise des fondements empiriques de l'anthropologie? ». *Extrait de Diogène*, 81 : 28.

Goody, Jack
1962   *Death, property and the ancestors*. London : Tavistock.

Gould, Richard A.
1969   « Subsistence behavior among the Western desert Aborigines of Australia ». *Oceania*, 39(4): 253-274.

Hamilton, Annette
1982   « Descended from father, belonging to country : rights to land in the Australian Western Desert ». In E. B. Leacock & R. B. Lee (eds), *Politics and History in Band Societies*. Cambridge, Paris : Cambridge University Press, Éditions de la MSH, p. 85-108.

Harrison, Simon
1992   « Ritual as intellectual property ». *Man* 27(2): 225-244.

Heusch, Luc De
1997   « L'ethnie : les vicissitudes d'un concept ». *Archives européennes de sociologie*, 38(2): 185-206.

Hiatt, Lester Richard
1971   « Secret pseudo-procreation rites among the Australian Aborigines », in L.R. Hiatt & C. Jayawardena (eds), *Anthropology in Oceania : essays presented to Ian Hogbin*. Sydney : Angus and Robertson, p. 77-88.

Keen, Ian
2002   « Seven Aboriginal marriage systems and their corrélâtes ». *Anthropological Forum*, 12(2): 145-157.

Kelly, Robert
1995   *The Foraging Spectrum : Diversity in Hunter-Gatherer Lifeways*. Washington & London : Smithsonian Institution Press.

Lee, Richard B. and Irven De Vore (eds)
1968   *Man the Hunter*. New York : Aldine.

Levi-Strauss, Claude

1967   *Les structures élémentaires de la parenté*. Paris : Mouton [1947].

Miller, Wick R.

1971   « Dialect Differentiation in the Western Desert Language ». *Anthropological Forum*, 3(1): 61-78.

Morton, John

1987   « The Effectiveness of Totemism : 'increase ritual' and resource control in central Australia ». *Man* (N.S.), 22(3): 453-474.

Myers, Fred R.

1986   *Pintupi country, Pintupi self. Sentiment, Place and Politics among Western Desert Aborigines*. Washington & Londres, Canberra : Smithsonian Institution Press, AIAS.

Reynolds, Henry

1992   *The Law of the Land*. Ringwood (Vic) : Penguin Books, 2nd edition [1987].

Rumsey, Alan

1989   « Language Groups in Australian Aboriginal Land Claims ». *Anthropological Forum*, 6(1) : 69-79.

Simard, Jean-Jacques

2003   *La Réduction : l'autochtone inventé et les Amérindiens d'aujourd'hui*. Québec : Septentrion.

Stanner, William Edward Hanley

1979   *White man got no dreaming : Essays 1938 – 1973*. Canberra : Australian National University Press.

Steward, Julian H.

1972   *Theory of culture change. The methodology of multilinear evolution*. Urbana and Chicago : University of Illinois Press [1955].

Testart, Alain

1979   « Les sociétés de chasseurs-cueilleurs ». *Pour la Science*, 16 : 99-108.

1987   « Deux modèles du rapport entre l'homme et l'animal dans les systèmes de représentations », *Études rurales*, 107-108 : 171-193.

Tonkinson, Robert

1978   *The Madudjara. Case studies in cultural anthropology*. New York : Holt, Rinehart & Winston.

1989   « Semen Versus Spirit-child in a Western Desert Culture ». In M. Charlesworth, H. Morphy, D. Bell and K. Maddock (eds), *Religion in Aboriginal Australia. An Anthology*. St. Lucia, Queensland : Queensland University Press, p. 107-123 [1978].

2003   « Ambrymese dreams and the Mardu Dreaming ». In R. Lohmann (ed.), *Dream Travelers : sleep experiences and culture in the Western Pacific*. New York : Palgrave Macmillan, p. 87-105.

Turner, David H.

1980   *Australian Aboriginal Social Organisation*. Canberra, Atlantic Highlands : AIAS, Humanities Press.

Whitehead, Ann

1983   *Men and women, kinship and property : some general issues*. London : Croom Helm.

Yengoyan, Aaram A.

1968   « Demographic and Ecological Influences on Aboriginal Australian Marriage Sections ».
In R.B. Lee and I. De Vore (eds), *Man the Hunter*. Chicago : Aldine, p. 185-190.

Rencontres et métissages :

études de cas

Les droits et responsabilités aborigènes envers la terre à Ngukurr (Terre d'Arnhem, Australie du Nord) sont-ils 'reconnus' ?

Élodie Fache

1. Les droits fonciers aborigènes et la notion de « reconnaissance »

En Australie, depuis les années 1970, les processus de revendications et de restitutions foncières par et pour des groupes autochtones spécifiques ont progressivement permis aux Aborigènes de récupérer environ 1,7 million de km², soit plus de 20 % du territoire national (Altman 2011 : 2). Ce qui est parfois appelé le « domaine foncier autochtone » (*Indigenous estate*, Altman *et al.* 2007) correspond à un patchwork d'étendues discontinues, de tailles variées, associées à divers types de droits fonciers, et concentrées notamment dans le Territoire du Nord, l'Australie Occidentale et l'Australie Méridionale. À ce jour, de nombreux groupes aborigènes poursuivent leurs démarches pour obtenir des droits sur leurs territoires « traditionnels », face aux tribunaux ou au travers de divers programmes prévus pour les aider à acquérir des terres (tels que le *Land Acquisition Program* de l'organisation gouvernementale *Indigenous Land Corporation* (ILC) présenté par Bernard dans ce volume).

Le Territoire du Nord constitue une exception australienne en termes démographiques : les Aborigènes y représentent environ 30 % de la population totale, contre moins de 5 % dans les autres États et Territoires et environ 3 % à l'échelle nationale. Il est aussi remarquable en ce qui concerne les droits fonciers aborigènes. L'*Aboriginal Land Rights (Northern Territory) Act* de 1976 (ci-après l'ALRA), qui a constitué une première réponse légale aux revendications foncières autochtones en Australie, n'a été applicable que dans le Territoire du Nord comme le suggère son nom[1]. Cette législation a vu le jour suite aux poursuites engagées par les Yolngu de la Terre d'Arnhem en 1968 à l'encontre de la compagnie minière Nabalco, installée à Nhulunbuy dans la Péninsule de Gove. Dans le cadre de cette « toute première revendication foncière » aborigène (*Milirrpum vs Nabalco Pty Ltd* 1971 ou *Gove Land Rights Case*), le juge a admis pour la première fois l'existence d'un système de droit coutumier aborigène (Dousset et Glaskin 2009 : 79-80). L'ALRA a d'une part restitué automatiquement certaines terres aux Aborigènes dans le Territoire du Nord : les réserves établies au

---

1. Par la suite, l'*Anangu Pitjantjatjara Yankunytjatjara Land Rights Act 1981* a été déterminé pour l'Australie Méridionale ou encore l'*Aboriginal Land Rights Act 1983* pour la Nouvelle-Galles du Sud.

cours de la première moitié du XXᵉ siècle dans le cadre d'une politique de « protection » des Aborigènes par ségrégation. Cette législation a d'autre part introduit la possibilité pour des groupes aborigènes d'y revendiquer les terres inoccupées de la Couronne (le domaine public), à condition qu'ils en soient les « propriétaires traditionnels », définis comme un groupe de descendance local, ayant une responsabilité spirituelle primaire envers les sites et la terre revendiqués, et « traditionnellement » (c'est-à-dire depuis l'époque précoloniale) autorisé de droit à y collecter des ressources naturelles (par exemple Altman *et al.* 2007 : 16, Bern et Larbalestier 1985 : 56, Holcombe 2004 : 65).

Grâce à ce cadre légal, près de la moitié des terres et 85 % des zones côtières du Territoire du Nord ont à ce jour été restituées à divers groupes autochtones, sous la forme de titres fonciers collectifs (*inalienable freehold titles*) détenus par des *Aboriginal Land Trusts* au nom de tous les « propriétaires traditionnels » concernés. Il s'agit de l'une des extrémités du spectre des divers droits fonciers accordés aux Aborigènes en Australie, celle de la « propriété » la plus « forte » qui implique un droit d'exclusion (Altman *et al.* 2007 : 5 et 9, voir Dousset dans ce volume). Des « titres fonciers coutumiers » (*native titles*) ont également été accordés dans le Territoire du Nord dans le cadre du *Native Title Act* de 1993 (ci-après le NTA). Cette législation fédérale a été déterminée suite à la décision de la Haute Cour dans le cas Mabo contre l'État du Queensland (*Mabo & Ors vs Queensland*, n° 2, 1992) ; elle définit le contexte dans lequel les droits fonciers des Aborigènes, tels qu'ils seraient définis par leurs propres lois coutumières, peuvent être juridiquement reconnus (Dousset et Glaskin 2009 : 80). Les « titres fonciers coutumiers » sont accordés par un tribunal spécifique (le *National Native Title Tribunal*) et relèvent d'une « propriété faible » (voir Dousset dans ce volume), c'est-à-dire d'une simple reconnaissance de l'antériorité de la présence aborigène sur un territoire, qui ne donne pas lieu à des implications foncières générales mais à des droits spécifiques (tels que le droit de chasse) qui doivent être individuellement démontrés (Dousset et Glaskin 2009 : 81).

L'ALRA et le NTA, deux des principaux moments et législations de l'histoire des revendications foncières autochtones en Australie, ont suscité l'émergence du concept de « propriétaires traditionnels » aborigènes. Ce concept est issu de l'utilisation de modèles anthropologiques structuro-fonctionnalistes comme base des procédures et des textes législatifs, malgré le décalage souvent observé entre ces « modèles mythiques » et les « réalités ethnographiques » (Dousset et Glaskin 2009 : 83-84). Autrement dit, afin que les conceptions foncières aborigènes puissent être appréhendées et si possible reconnues par la loi australienne, elles ont été traduites dans les catégories génériques « propriété » et « propriétaires traditionnels » définies selon des cadres de pensée exogènes. Cette traduction invite à discuter l'idée même de « reconnaissance » par un appareillage légal occidental d'un système coutumier de tenure foncière.

En se basant sur l'analyse de Ricœur (2004) de la notion et des processus de « reconnaissance », Dousset et Glaskin (2011) affirment que tout processus de

« reconnaissance » est nécessairement basé sur une double asymétrie : d'une part une asymétrie des relations de pouvoir entre ceux qui « reconnaissent » et ceux qui sont « reconnus », et d'autre part une asymétrie entre le « réel » et les modèles préexistants à partir desquels on « reconnaît » le « réel ». En particulier, ils soulignent l'inégalité des relations de pouvoir, pour toute revendication foncière dans le cadre du NTA en Australie, entre les groupes aborigènes qui espèrent voir leurs droits fonciers « reconnus » et la loi australienne et ses acteurs qui ont la capacité de les « reconnaître » ou non. De plus, Dousset et Glaskin mettent en avant que c'est sur ses propres schémas (cognitifs, légaux, sociaux, culturels) ethnocentriques de ce que sont (ou doivent être) une « société » et ses « lois » que le système légal australien se fonde pour « reconnaître » ou non une « société » aborigène et son « titre foncier coutumier » (*native title*) (voir l'exemple des revendications foncières des Noongars d'Australie Occidentale présenté par Bernard dans ce volume). Cette analyse des processus de « reconnaissance » dans le cadre du *Native Title Act* peut-elle être étendue à la législation antérieure, l'*Aboriginal Land Rights (Northern Territory) Act* ?

La confrontation des conceptions des Aborigènes d'une communauté du Territoire du Nord, Ngukurr, relatives à leurs droits et responsabilités « traditionnels » envers les terres situées dans la région de cette communauté, aux modalités de leur « reconnaissance » dans le cadre de l'ALRA, va permettre de montrer que la double asymétrie mise en évidence par Dousset et Glaskin (2011) est aussi inhérente à ce cadre législatif. Elle se manifeste pour les terres qui ont été directement attribuées à des groupes aborigènes lorsque l'ALRA a été établi, aussi bien que pour les terres revendiquées devant les tribunaux dans le cadre de cette législation. De plus, une troisième asymétrie intrinsèque à tout processus de « reconnaissance », conséquence des deux autres, sera mise en évidence : une asymétrie parmi ceux qui peuvent potentiellement être « reconnus », entre ceux qui le sont effectivement et ceux qui ne le sont pas. En particulier, parmi ceux qui pourraient prétendre au statut de « propriétaires traditionnels » dans le cadre de l'ALRA ou du NTA du fait de leurs droits et responsabilités sur la terre dans un système foncier « traditionnel », certains sont « reconnus » comme tels et d'autres ne le sont pas.

2. De la Roper River Mission à Ngukurr, en Terre d'Arnhem

Le cas d'étude ethnographique qui va être exploré concerne la communauté aborigène de Ngukurr, située dans le nord du Territoire du Nord de l'Australie et plus précisément dans le sud-est de la Terre d'Arnhem, ainsi que sa région (voir cartes 1 et 2 ci-dessous). La communauté de Ngukurr est le résultat de l'entreprise de centralisation et de sédentarisation des populations de la vallée de la rivière Roper par des missionnaires anglicans de la Church Missionary Society, dès 1908. La Roper River Mission a constitué un point de convergence et un refuge pour les survivants aborigènes des conflits et des massacres liés à l'intrusion européenne dans cette vallée

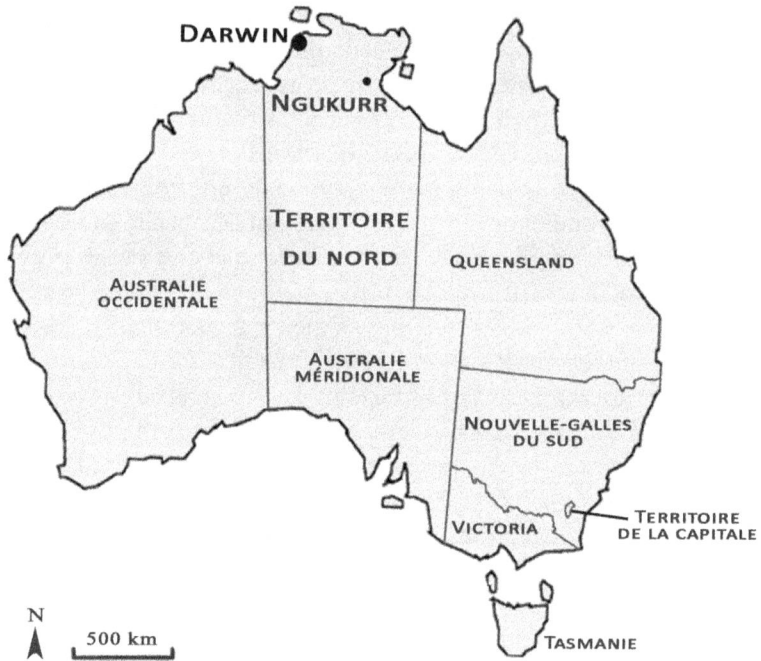

Carte 1 : Localisation de la communauté aborigène de Ngukurr en Australie.

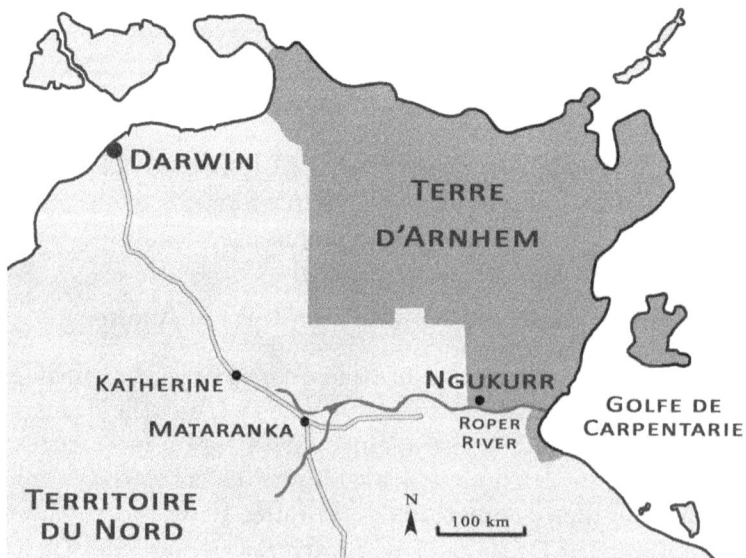

Carte 2 : Représentation schématique de l'inscription de la communauté de Ngukurr en Terre d'Arnhem, dans le Territoire du Nord.

(Seiffert 2008, Berthon *et al.* 2008). Les contacts intensifs et souvent très violents avec les Européens y ont commencé à partir de 1870, avec la construction de l'*Overland Telegraph* reliant Adélaïde à Darwin, les transferts de bétail du Queensland jusqu'au Territoire du Nord, la ruée vers l'or dans le Territoire du Nord et le nord de l'Australie Occidentale, ou encore l'établissement de propriétés pastorales (voir Powell 1996, Roberts 2005). À partir de 1903, la compagnie pastorale qui exploitait l'essentiel de cette région (l'*Eastern and African Cold Storage Company*) engagea même une campagne d'extermination systématique de tous les Aborigènes (Bern 1974 : 78-79, Harris 1990 : 694, Seiffert 2008 : 33-34). En 1968, la Church Missionary Society renonça à sa responsabilité envers la Roper River Mission, qui devint alors un *government settlement* (un village sous administration gouvernementale) puis la « communauté » de Ngukurr (une entité créée dans le cadre de la politique d'auto-détermination des Aborigènes dans les années 1970).

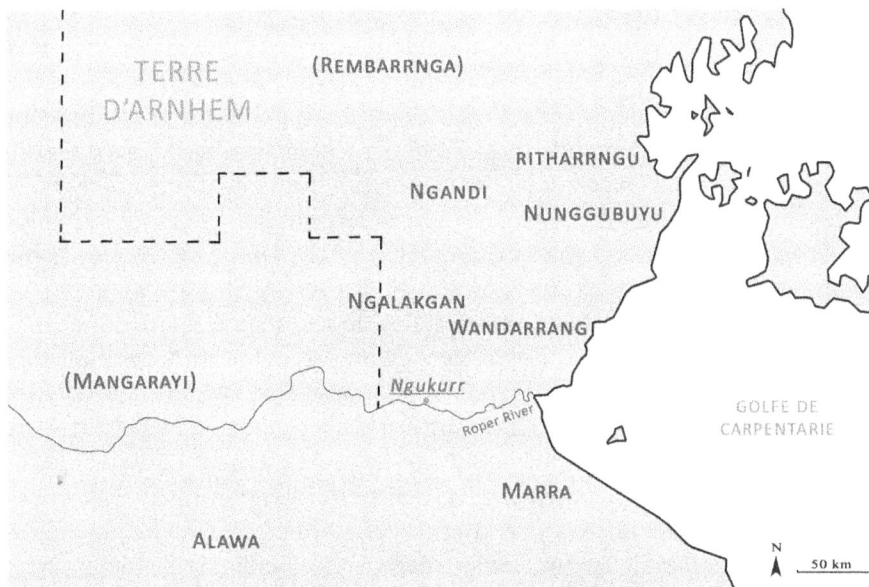

Carte 3 : Les sept principaux groupes linguistiques de la région de l'actuelle communauté aborigène de Ngukurr.

Sept groupes linguistiques ont principalement été associés à la Roper River Mission qui est à l'origine de la communauté aborigène de Ngukurr : Alawa, Ngalakgan, Ngandi, Nunggubuyu, Marra, Ritharrngu et Wandarrang (voir carte 3). Ces différents groupes linguistiques, dont les limites étaient floues, ne disposaient pas d'un système commun d'organisation sociale (Bern 1979 : 50, Heath 1981 : 1, Edmunds 2001 : 3). Aujourd'hui, seuls certains habitants de cette communauté, souvent d'âge mûr, parlent toujours une ou plusieurs de ces sept langues plus ou moins couramment. La langue maternelle la plus courante est désormais le *Kriol*, un créole qui s'est constitué au début du XXᵉ siècle à partir du *pidgin English*, une langue véhiculaire développée dans le cadre du contact avec les Européens et de la multiplication corrélative des contextes multilingues (Sandefur 1985). La seconde langue la plus parlée dans la communauté semble être l'anglais, plus ou moins bien maîtrisé. Autrefois inculqué aux enfants à la Roper River Mission, l'anglais est également de nos jours la langue d'enseignement à l'école locale tout comme la langue utilisée par les médias (la télévision notamment) auxquels l'accès est quotidien[2]. Pourtant, tous à Ngukurr continuent à s'affilier, dans divers contextes, aux sept groupes linguistiques mentionnés, qui sont utilisés comme base de la représentativité communautaire.

L'établissement de la Roper River Mission au début du XXᵉ siècle fut rendu possible grâce à l'octroi d'un bail correspondant à une zone d'environ 300 km² à la Church Missionary Society par le gouvernement d'Australie Méridionale, alors responsable du Territoire du Nord (Harris 1998 : 215). Lors du transfert de la responsabilité de la Roper River Mission au gouvernement fédéral en 1968, la Church Missionary Society souhaitait céder le bail relatif aux terres occupées par la mission à ses habitants aborigènes eux-mêmes. Cependant, le gouvernement préféra récupérer ce bail plutôt que d'en donner le contrôle à la population aborigène locale. Ce contexte donna lieu en 1970 à une demande explicite d'une reconnaissance légale de ses droits fonciers autochtones sur les terres de l'ancienne mission, lors d'une grève d'environ un mois revendiquant plus généralement l'autodétermination et l'autogestion locales ainsi que l'égalité entre Aborigènes et non-Aborigènes (Bern 1976). Les habitants de Ngukurr s'opposaient au contrôle et à l'utilisation par le gouvernement de ces terres qu'ils considéraient de fait comme celles de leurs ancêtres et donc les leurs. Cette revendication n'eut pas les conséquences escomptées en termes de droits fonciers aborigènes. Elle aboutit à l'obtention par la population de Ngukurr, en 1972, d'un bail pastoral d'environ 5 500 km² dans le sud-est de la réserve de la Terre d'Arnhem, une première dans le Territoire du Nord. Mais le gouvernement conserva des droits importants sur les terres concernées par ce bail pastoral, notamment le contrôle de leur gestion et de leur développement (Bern 1976 : 224).

La Terre d'Arnhem avait été proclamée réserve aborigène en 1931 sous le *Crown Land Ordinance*, dans le cadre de la politique nationale de « protection » des Aborigènes par leur ségrégation (Berndt et Berndt 1954 : 177). Ce n'est que quelques années après la grève de Ngukurr de 1970 y revendiquant un petit lopin de terre que cette réserve fut restituée collectivement à sa population autochtone dans le cadre de

---

2. Lors de mon enquête de terrain à Ngukurr en 2009-2010, les entretiens et les discussions avec les habitants aborigènes de la communauté ont été menés en anglais pour ma part, et en anglais ou dans un *Kriol* proche de l'anglais (*light Kriol* par opposition à *heavy Kriol*) pour leur part. Ainsi, lorsque des extraits de ces entretiens ou discussions seront cités ci-après, ils seront retranscrits en anglais par souci d'unification, même si certains termes *Kriol* seront parfois conservés.

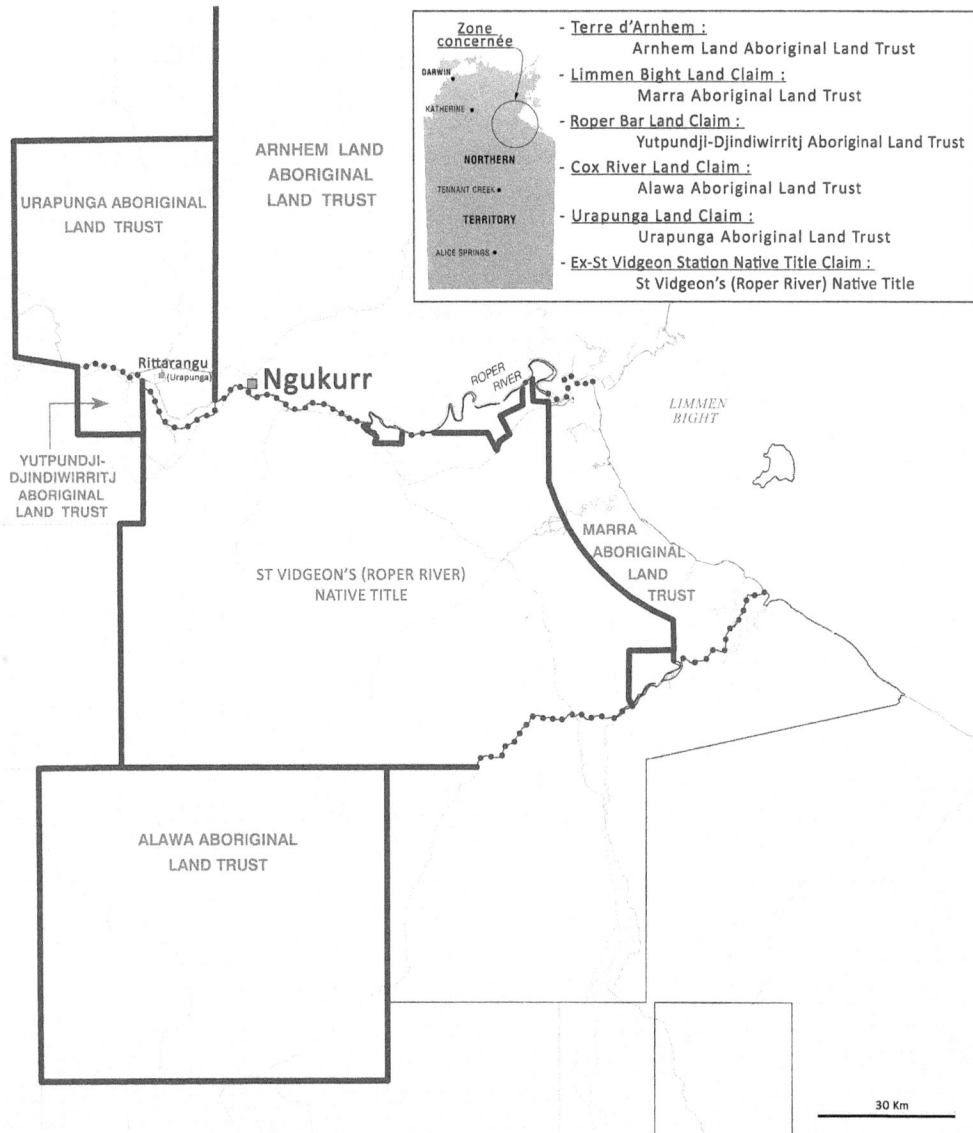

Carte 4 : Restitutions foncières aux alentours de la communauté de Ngukurr, située en Terre d'Arnhem mais à proximité de sa limite sud-ouest.

l'*Aboriginal Land Rights (Northern Territory) Act* de 1976, au travers de la création de l'*Arnhem Land Aboriginal Land Trust*. Bien qu'appartenant à la Terre d'Arnhem qui s'étend sur plus de 90 000 km², Ngukurr se trouve à proximité de l'une de ses limites sud marquée par la Roper River et de l'une de ses limites ouest (voir cartes 2, 3 et 4). La région dont sont originaires les différents groupes linguistiques qui ont été associés à la Roper River Mission et auxquels s'affilient les habitants de l'actuelle communauté de Ngukurr dépasse alors les limites de ce territoire aborigène : une partie de la région de Ngukurr se situe en Terre d'Arnhem, l'autre à l'extérieur (voir carte 3). C'est la raison pour laquelle des Aborigènes de Ngukurr ont été impliqués à partir des années 1980 dans des revendications foncières concernant des terres situées aux alentours de leur communauté mais en dehors de la Terre d'Arnhem, dans le cadre de l'ALRA et du NTA (voir carte 4).

3. Droits et responsabilités « traditionnels » envers la terre

Dans le cas d'étude considéré qui se concentre sur la communauté de Ngukurr et sa région, les droits et responsabilités « traditionnels » des individus et des groupes aborigènes envers la terre sont indissociables de leurs droits et responsabilités rituels et religieux. Le territoire d'un groupe donné (une notion qui ne renvoie ni à celle de frontières ni à celle de surfaces bien délimitées) comporte en effet des « sites sacrés » qui ont été créés par des héros ou figures mythiques du Temps du Rêve, dont le pouvoir réside toujours sur place et est célébré et réactualisé lors de cérémonies (voir Dousset dans ce volume concernant le *Tjukurrpa* dans le Désert de l'Ouest). Territoires, sites sacrés, êtres mythiques et cérémonies font système. Les personnes qui ont des droits et responsabilités envers la terre les tiennent alors de leurs rôles dans le domaine religieux. Les termes *mingirringgi* (ou « propriétaire »), *junggayi* (ou « manager ») et *darlnyin* (ou « soutien » et « superviseur ») font référence à trois statuts interdépendants relatifs au patrimoine rituel et foncier de la région de Ngukurr, que peuvent endosser simultanément les hommes et femmes aborigènes des différents groupes linguistiques qui lui sont associés (voir carte 3) vis-à-vis de territoires, de sites sacrés, de cérémonies et de groupes de personnes différents. Ces trois termes vernaculaires ont une distribution assez générale dans un large rayon autour de Ngukurr ; la ou les langues dont ils proviennent et leur étymologie sont indéterminées (Aboriginal Land Commissioner 1982). Il n'existe pas d'équivalents directs ou systématiques à ces termes en *Kriol*, en anglais ou en français. J'en donne néanmoins ici une traduction inspirée de celle qui m'a été proposée par les habitants de Ngukurr, par souci de facilitation de la lecture de cette présentation par ceux qui ne sont pas familiers des questions foncières autochtones en Australie du Nord. Cette traduction généralement acceptée et couramment utilisée dans les processus de revendication foncière dans lesquels émergent les termes *mingirringgi*, *junggayi* et *darlnyin* peut être problématique, comme cela apparaîtra ci-après.

Dans un premier temps sera présentée la correspondance de chacun des trois statuts mentionnés — *mingirringgi* (ou propriétaire), *junggayi* (ou manager) et *darlnyin* (ou soutien et superviseur), généralement cumulés par une même personne pour différents territoires, sites sacrés et cérémonies — à un rôle, des droits et des responsabilités relatifs au religieux et au foncier complémentaires de ceux correspondant aux deux autres statuts. Puis les modalités de transmission de ces rôles, droits et responsabilités seront abordées, ainsi que les relations entre ces trois statuts et l'organisation sociale locale. À cette fin, j'utiliserai à la fois les données que j'ai collectées sur le terrain à Ngukurr en 2009 et 2010 et la littérature qui fait référence à ces sujets (par exemple Aboriginal Land Commissioner 1981, 1982, 1984, 2001 ; Bern 1979, Bern et Larbalestier 1985, Corn 2001 : 10, De Largy Healy 2008, Edmunds 2001, Hiatt 1984, Williams 1986).

Mingirringgi, junggayi, darlnyin : *trois rôles complémentaires*

Les *mingirringgi* (ou propriétaires) doivent s'assurer que leurs cérémonies ont bien lieu et que leur territoire et ses sites sacrés sont entretenus et préservés. Pour qu'une de leurs cérémonies puisse avoir lieu, il faut toutefois aux *mingirringgi* la permission et la présence active de leurs *junggayi* (ou managers) et *darlnyin* (ou soutiens et superviseurs). Lors de cette cérémonie, les *mingirringgi* interprètent les chants et les danses : ils sont les « *performers* » (Entretien, femme, Ngukurr, octobre 2009). Par ailleurs, les hommes *mingirringgi* ne sont pas supposés se rendre sur les sites sacrés qui leur sont associés sans les *junggayi* ou les *darlnyin* de ces sites. On précise les hommes, car dans cette région les femmes ne peuvent se rendre sur aucun site sacré quel qu'il soit[3]. Ceux qui ne respectent pas cette règle risqueraient la mort par magie noire, ou ont simplement à payer aux *junggayi* et aux *darlnyin* une dette en nourritures du *bush* particulièrement prisées, en argent, ou encore en tabac. Si un site ou un arbre considéré comme sacré est endommagé, leurs *mingirringgi* doivent également payer une compensation financière aux *junggayi* et aux *darlnyin*, dans la mesure où ils ont échoué à s'en occuper correctement.

Le terme *junggayi* est souvent traduit en *Kriol* ou en anglais par les Aborigènes de Ngukurr par « manager », « policier », « personne responsable », « gardien », ou encore « maître des cérémonies »[4]. Chacun de ces termes semble mettre en avant différentes

---

3. Si ce n'est pas le cas partout dans l'Australie aborigène, dans la région de Ngukurr, l'accès aux sites sacrés est exclusivement réservé aux hommes, ou plus précisément à certains hommes leur étant associés de façon spécifique et possédant une connaissance étendue et reconnue des affaires cérémonielles. Ce que les habitants de la communauté appellent la « culture » et la « loi » aborigènes sont mobilisées pour justifier cet état de fait, par exemple : « *Women can't go there [to sacred sites]. It's too important for them to look at [these sites]. That's the Law.* » (Entretien, homme, Ngukurr, juillet 2010). Dans les discours, l'accent est porté sur le « danger » majeur que les femmes représentent en ce qui concerne les sites sacrés, mais surtout que les femmes risquent si elles ne respectent pas l'interdit. En tant que femme, je n'ai eu accès ni à de tels sites ni à des informations plus détaillées sur les représentations, savoirs et pratiques leur étant associés.

4. La littérature mentionne aussi comme termes anglais associés au terme *junggayi* : *mailman, helper, worker, traditional trustee, head stockman, offside, for security.*

facettes du rôle de contrôle du *junggayi*, fortement associé aux cérémonies et aux sites sacrés. Lors d'une cérémonie, ses *junggayi* dont la présence est indispensable « travaillent » pour les *mingirringgi* (ou propriétaires) : les hommes *junggayi* ont la responsabilité de la préparation du terrain et des objets cérémoniels, ainsi que des peintures corporelles des *mingirringgi* ; les femmes *junggayi* ont la responsabilité de préparer et cuire la nourriture des *mingirringgi*. Les *mingirringgi* dédommagent (de nos jours notamment en argent) leurs *junggayi* pour le « travail » qu'ils ont fourni pour eux. Les *junggayi* s'assurent que la cérémonie est conduite de façon appropriée et agissent en cas de perturbations ou d'intrusion de personnes qui n'y ont pas été invitées. Ils ont aussi la responsabilité de transmettre les connaissances relatives à cette cérémonie aux prochaines générations à la fois de *junggayi* (managers) et de *mingirringgi* (propriétaires). Par ailleurs, les hommes *junggayi* ont le droit de se rendre sur les sites sacrés de leurs *mingirringgi* et le devoir de protéger ces sites : « *The junggayi make sure people don't go to sacred sites and ruin those sacred sites.* » ; « Les *junggayi* s'assurent que les gens ne vont pas sur les sites sacrés et ne détruisent pas ces sites sacrés. » (Entretien, homme, Ngukurr, septembre 2009 ; ma traduction). Enfin, les *junggayi* ont un rôle très important lors des funérailles : ce sont eux qui prennent les décisions relatives à la personne décédée et à l'organisation de ses funérailles ; qui purifient par la fumée les parents, la maison et la terre du défunt ; ou encore qui encadrent ce que font les *mingirringgi* lors des rituels de funérailles (par exemple disent aux femmes *mingirringgi* quand se lever et danser).

Le rôle des *darlnyin* (ou soutiens et superviseurs) est de façon générale de soutenir et d'épauler les *mingirringgi* et *junggayi* (propriétaires et managers), et si nécessaire de jouer le rôle de médiateurs entre eux. Ils surveillent, conseillent et font en sorte que tout se passe bien et de la bonne façon lors des cérémonies (« *make sure everything is going smoothly* », « *make sure the things are done the right way* », « *back you up* ») ; ils aident les *junggayi* à s'occuper du territoire et des sites sacrés du *mingirringgi*, à les protéger. Tantôt les *darlnyin* sont présentés comme des sortes de *junggayi* de second rang, des aides-*junggayi*. Tantôt ils sont présentés comme situés hiérarchiquement au-dessus des *junggayi* et comme ayant plus de pouvoir qu'eux. On peut supposer que la deuxième perspective vient de ce que la relation *mingirringgi-darlnyin* peut être décomposée en deux relations *mingirringgi-junggayi* articulées l'une à l'autre : le *darlnyin* est le *junggayi* du *junggayi*.

Ainsi, pour qu'une cérémonie ait lieu, la présence active de ses *mingirringgi* (propriétaires), *junggayi* (managers) et *darlnyin* (soutiens et superviseurs), féminins et masculins, est nécessaire (mais en pratique la présence des *mingirringgi* et des *junggayi* ou alors des *mingirringgi* et des *darlnyin* pourrait éventuellement suffire). Les *mingirringgi*, *junggayi* et *darlnyin* doivent veiller ensemble à ce que les connaissances relatives à cette cérémonie soient transmises aux générations suivantes. Les hommes *mingirringgi* ne peuvent pas se rendre seuls sur leurs sites sacrés, qui sont gérés par les hommes *junggayi* et *darlnyin*. Le *mingirringgi* a des droits et responsabilités spécifiques sur « sa » terre, mais ce sont ses *junggayi* et *darlnyin* qui ont le droit de « parler pour » cette dernière. Toute prise de décision relative à cette terre est censée être le résultat d'une négociation entre *mingirringgi*, *junggayi* et *darlnyin*. Toute personne souhaitant se rendre sur un territoire et y accéder aux ressources disponibles est supposée demander préalablement l'autorisation des *mingirringgi*, des *junggayi* et des *darlnyin* de ce territoire, par politesse, courtoisie et respect. Comment se transmettent les statuts interdépendants et cumulables de *mingirringgi*, *junggayi* et *darlnyin* entre lesquels les droits et responsabilités rituels et fonciers sont divisés au sein de la communauté et de la région de Ngukurr ?

Modalités de transmission de ces trois statuts

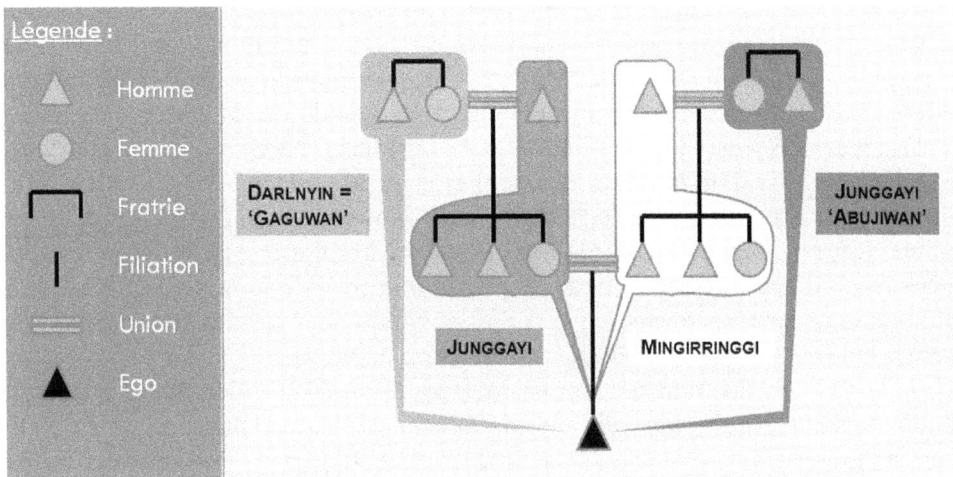

Figure 1 : Transmission des statuts de mingirringgi, junggayi et darlnyin.

À Ngukurr, chaque personne — homme ou femme — affiliée aux groupes linguistiques historiquement associés à cette communauté est *mingirringgi* (ou propriétaire) pour les mêmes terres et sites sacrés situés au sein de la région, ainsi que les mêmes êtres mythiques et cérémonies, que son père et son grand père paternel (voir figure 1). Un individu qui n'est pas relié par patrifiliation à un patrimoine rituel et foncier peut aussi en devenir *mingirringgi* par adoption. C'est notamment le cas des garçons dont le père biologique n'est pas aborigène, qui sont adoptés par le mari aborigène de leur mère ou quelqu'un qui aurait pu l'être selon les règles matrimoniales, puis sont initiés aux cérémonies de ce père d'adoption (Aboriginal Land Commissioner 2001 : 17, 2003 : 10).

Chaque personne — homme ou femme — est aussi *junggayi* (ou manager) pour les terres et sites sacrés situés au sein de la région de Ngukurr, ainsi que les êtres mythiques et cérémonies, pour lesquels sont *mingirringgi* sa mère, ses oncles maternels et son grand-père maternel d'une part[5], et sa grand-mère paternelle d'autre part[6] (voir figure 1). Pour faire une distinction entre les deux cas, les habitants de Ngukurr parlent plutôt du rôle relatif au patrimoine rituel et foncier des grands-mères paternelles en utilisant le terme *Kriol abujiwan* (*abuji* + *-wan* < terme anglais « *one* »), *abuji* étant le terme local réciproque de référence et d'adresse entre un individu et ses grands-mères paternelles réelles (avec lesquelles il a des liens généalogiques) ou classificatoires (avec lesquelles il n'a pas de liens généalogiques mais un rapport considéré comme équivalent) ainsi que leurs frères.

Enfin, chaque personne — homme ou femme — est également *darlnyin* (ou soutien et superviseur) pour les terres et sites sacrés situés au sein de la région de Ngukurr, ainsi que les êtres mythiques et cérémonies, pour lesquels sa grand-mère maternelle est *mingirringgi* (voir figure 1). Le *darlnyin* est aussi couramment appelé en *Kriol gaguwan* (*gagu* + *-wan* < terme anglais « *one* »), *gagu* étant le terme local réciproque de référence et d'adresse entre un individu et ses grands-mères maternelles réelles ou classificatoires ainsi que leurs frères. De Largy Healy (2008) montre l'importance des relations entre grands-mères maternelles et petits-enfants (Märi-Gutharra) au sein de la société Yolngu en Terre d'Arnhem, dans tous les domaines de la vie. Il semble qu'à Ngukurr tout comme dans la société Yolngu et d'autres sociétés abo-rigènes de la Terre d'Arnhem, de telles relations entre grands-mères maternelles et petits-enfants sont très intimes et s'expriment notamment par des attentions quoti-diennes, une coopération rituelle, la transmission de savoirs.

On l'aura compris, tant les femmes que les hommes acquièrent les statuts de *mingirringgi*, *junggayi* et *darlnyin* automatiquement à leur naissance, en fonction de leur position généalogique. Mais les prérogatives et obligations relatives à ces statuts complémentaires diffèrent sur la base du genre, tout comme elles varient en fonction des connaissances religieuses et de l'expérience cérémonielle acquises (voir aussi Edmunds 2001 : 10-11). Les *mingirringgi*, *junggayi* et *darlnyin* d'un territoire ou d'un site ne s'équivalent pas tous. Par exemple, les *senior junggayi* ou les *junggayi* les plus âgés ont une autorité et un pouvoir décisionnaire plus importants que les *junggayi* moins expérimentés ou les plus jeunes.

---

5. Certes, les femmes disent que leurs *junggayi* sont leurs enfants et les hommes que leurs *junggayi* sont les enfants de leurs sœurs, mais ils affirment aussi fréquemment que leurs *junggayi* sont leurs cousins croisés (voir aussi Corn 2001 : 10).

6. Les fils d'un *junggayi* senior peuvent en effet hériter du statut de leur père grâce à l'acquisition des connaissances nécessaires pour être *junggayi* : ils assurent alors ce rôle jusqu'à ce que les enfants des femmes *mingirringgi* auxquels ils l'enseignent soient assez âgés et aient assez de connaissances pour prendre la relève.

Mingirringgi, junggayi, darlnyin *et les divisions structurelles de* l'organisation sociale

Moitiés	Semi-moitiés	Sous-sections : noms masculins/noms féminins	
Duwa → **Junggayi d'Ego**	Mambali	Wamut	Wamutjan
		Gela	Galijan
	Murrungurn	Balang	Birlinjan
		Gamarrang	Gamany
Yirritja	Guyal → **Darlnyin d'Ego**	Gojok	Gotjjan
		Burlany	Burlanyjan
	Burdal → **Ego, Mingirringgi**	Ngarritj	Ngarritjjan
		Bangardi	Bangardijan

Figure 2 : Moitiés, semi-moitiés et sous-sections à Ngukurr. (Dans cette figure, Ego est une personne de référence par rapport à laquelle sont considérées les relations entre mingirringgi, junggayi, darlnyin. *Ego a été placé dans la semi-moitié Burdal, mais il aurait pu être placé dans n'importe laquelle des quatre semi-moitiés.)*

Ces trois figures — *mingirringgi* (ou propriétaire), *junggayi* (ou manager) et *darlnyin* (ou soutien et superviseur) — reflètent les divisions structurelles de l'organisation sociale des habitants de la communauté de Ngukurr et leur complémentarité religieuse et foncière. Ce système d'organisation sociale semble être le résultat original de la rencontre puis de la superposition des structures sociales des différents groupes linguistiques de la région de Ngukurr, notamment au sein de la Roper River Mission où ils ont été rassemblés à partir du début du XXe siècle (Edmunds 2001 : 3-4).

Les relations sociales y sont codifiées par l'existence de deux patrimoitiés exogames, qui se subdivisent en quatre semi-moitiés patrilinéaires, regroupant elles-mêmes huit sous-sections dont les noms sont distingués en fonction du genre de la personne considérée (voir figure 2 ; voir aussi Dousset dans ce volume concernant les systèmes à sections des Ngaatjatjarra et d'autres groupes dialectaux du Désert de l'Ouest). Les moitiés et semi-moitiés divisent l'univers respectivement en deux parties et en quatre parties : toute chose — individus, êtres mythiques, espèces animales et végétales, lieux, astres, etc. — est catégorisée dans une moitié et une semi-moitié.

Dans ce système, un individu, quel que soit son genre, appartient à la même moitié et à la même semi-moitié que son père. Il est *mingirringgi* (ou propriétaire) pour un territoire et des sites sacrés, êtres mythiques et cérémonies associés à sa moitié et à sa semi-moitié. Ses *junggayi* (ou managers) appartiennent à la moitié opposée à la sienne, c'est-à-dire à celle de sa mère puisque les moitiés sont exogames. C'est la raison pour laquelle les Aborigènes de Ngukurr insistent sur le caractère réciproque des statuts de *mingirringgi* et de *junggayi* : je suis *junggayi* pour telle et telle personnes et ils sont *junggayi* pour moi. D'ailleurs, dans le cadre des cérémonies régionales majeures Gunabibi et Yabuduruwa qui appartiennent à une moitié tout entière (Gunabibi = Duwa et Yabuduruwa = Yirritja), l'ensemble des membres d'une moitié est dans une relation *mingirringgi/junggayi* avec l'ensemble des membres de l'autre moitié (Morphy et Morphy 1984 : 49). Enfin, les *darlnyin* (ou soutiens et superviseurs) de cet individu appartiennent à la même moitié que lui mais à la semi-moitié opposée à la sienne. Par exemple (voir figure 2), si un individu appartient à la moitié Yirritja et à la semi-moitié Burdal, il est *mingirringgi* au sein de celles-ci ; ses *junggayi* appartiennent à la moitié Duwa ; et ses *darlnyin* à la moitié Yirritja mais à la semi-moitié Guyal.

Les conceptions « traditionnelles » relatives aux droits et responsabilités envers la terre au sein de la communauté et de la région de Ngukurr s'articulent donc autour de trois figures complémentaires : *mingirringgi* (ou propriétaire), *junggayi* (ou manager) et *darlnyin* (ou soutien et superviseur), ancrées dans le système d'organisation sociale qui vient d'être présenté. Confrontons maintenant ces conceptions — qui sont bien différentes des principes d'affiliation territoriale des Ngaatjatjarra du Désert de l'Ouest présentés par Dousset dans ce volume — aux modalités de leur « reconnaissance » dans le cadre de l'ALRA.

4. La catégorie « propriétaires traditionnels » ou « *T.O.* »

Les habitants de la communauté de Ngukurr appellent aussi couramment les *mingirringgi* d'un territoire ses « propriétaires traditionnels » ou ses « *T.O.* », un acronyme qui est l'abréviation de « *traditional owners* ». Il s'agit d'une expression légale de l'*Aboriginal Land Rights (Northern Territory) Act 1976* (ALRA) qui est entrée dans le langage local. Comme précédemment mentionné, cette législation a d'une part accordé « automatiquement » des terres aux Aborigènes dans le Territoire du Nord, comme dans le cas de la Terre d'Arnhem. D'autre part, elle a ouvert la possibilité pour les groupes aborigènes du Territoire de revendiquer les terres du domaine public, à condition qu'ils puissent prouver qu'ils en sont les « propriétaires traditionnels ». De nos jours, les expressions « propriétaires traditionnels aborigènes » ou « *T.O.* » sont sur toutes les lèvres et utilisées dans des contextes très variés : vie quotidienne, tourisme, domaine politique, négociations avec les compagnies minières, consultations avec les Conseils des Terres, ou encore domaine artistique.

D'après mes observations et mes entretiens sur le terrain, il semble que dans la région de Ngukurr qui est incluse en Terre d'Arnhem (y compris la communauté de Ngukurr elle-même) et qui est donc devenue territoire aborigène sans en passer par des revendications foncières devant les tribunaux, les *mingirringgi* (ou propriétaires) et eux seuls sont reconnus comme « propriétaires traditionnels aborigènes » dans le cadre de l'ALRA (je n'ai néanmoins pas pu obtenir de confirmation officielle de ceci). Les statuts de *junggayi* et *darlnyin* (manager et soutien/superviseur) sont quant à eux exclus de cette catégorie. C'est aussi le cas des terres situées aux alentours de Roper Bar à environ 40 km de Ngukurr, dont la revendication a abouti en 1982 et a donné lieu à la création du *Yutpundji-Djindiwirritj Aboriginal Land Trust* (Aboriginal Land Commissioner 1982, voir carte 4). Roper Bar fut le plus large centre de population européenne de tout le Territoire du Nord lors de la construction de l'*Overland Telegraph* reliant Adélaïde à Darwin, mais il s'agit de nos jours d'un modeste complexe comprenant un magasin, une station-service, un motel et un camping-caravaning utilisés par quelques Aborigènes et surtout des touristes non-aborigènes de passage. Dans le cadre de cette revendication, le juge tendait à considérer qu'à la fois les *mingirringgi* et les *junggayi* devraient être reconnus comme « propriétaires traditionnels » de la terre revendiquée. Il a toutefois été persuadé de ne reconnaître que les *mingirringgi* comme « propriétaires traditionnels » par les requérants et leurs *junggayi* eux-mêmes : ceux-ci soulignaient les différences entre les rôles correspondant aux deux catégories (Aboriginal Land Commissioner 1982 : 13-14). De même, dans le cas de la revendication foncière relative à la zone côtière de Limmen Bight (Aboriginal Land Commissioner 1981, Bern et Larbalestier 1985, voir carte 4), à la fois *mingirringgi* et *junggayi* ont été considérés par le juge comme formant ensemble un groupe de descendance local et comme possédant des affiliations spirituelles communes avec la terre. Pourtant, se fondant sur une distinction entre dimensions rituelles et séculières de la terre, les requérants eux-mêmes et leurs *junggayi* ne souhaitaient pas que les *junggayi* soient inclus dans la catégorie « propriétaires traditionnels ». Seuls les *mingirringgi* ont alors été reconnus comme « propriétaires traditionnels » de la terre revendiquée.

Cependant en 1984, lors d'un procès concernant un territoire situé dans le sud de la région de Ngukurr appelé le *Cox River Land Claim* (Aboriginal Land Commissioner 1984, voir carte 4), le juge a conclu qu'à la fois les *mingirringgi*, les *junggayi* et les *darlnyin* étaient « propriétaires traditionnels » de la terre revendiquée. Les revendications foncières relatives à la région de Ngukurr postérieures au cas de Cox River ont ensuite abouti à cette même conclusion, dans le cadre de l'ALRA comme dans celui du *Native Title Act 1993* (Aboriginal Land Commissioner 2001 : 15-16). Cela a notamment été le cas des terres situées aux alentours d'Urapunga (ou Rittarangu), une petite communauté aborigène située à quelques kilomètres de Roper Bar et à une trentaine de kilomètres de la communauté de Ngukurr avec laquelle elle entretient des liens étroits. L'*Urapunga Land Claim* a abouti en 2001 et l'*Urapunga Aboriginal Land Trust* a été établi : à la fois *mingirringgi*, *junggayi* et *darlnyin* ont été collectivement reconnus comme « propriétaires traditionnels » du territoire accordé (Aboriginal Land Commissioner 2001, voir carte 4).

Il est à noter que les requérants des quatre revendications foncières mentionnées ci-dessus s'identifiaient notamment aux groupes linguistiques Ngalakgan (*Yutpundji-Djindiwirritj (Roper Bar) Land Claim* et *Urapunga Land Claim*), Marra (*Limmen Bight Land Claim* et *Cox River Land Claim*) et Alawa (*Cox River Land Claim*), associés à la région et à la communauté de Ngukurr. Le *St Vidgeon's (Roper River) Native Title*, qui concerne un territoire situé au sud de la Roper River sur la rive nord de laquelle se situe Ngukurr (voir carte 4), a également été concédé en 2000 suite à une revendication de représentants des groupes linguistiques Alawa, Ngalakgan, Marra et Wandarrang[7].

À la fin des années 1990, un comité régional (présidé par un leader de Ngukurr) a demandé que les affaires foncières de la région de Ngukurr soient gérées *in situ*, en dotant le sud-est de la Terre d'Arnhem d'un Conseil des Terres séparé du *Northern Land Council* qui représente les intérêts fonciers et culturels des Aborigènes de l'essentiel de la moitié nord du Territoire du Nord. Il a également demandé que les décisions relatives au foncier puissent être prises conformément aux usages « traditionnels » (SEALC [1997-1999]). Ce comité a donc souligné la nécessité d'amender l'ALRA de façon à ce que cette législation prenne en compte les spécificités régionales ; dans le cas de la région de Ngukurr, l'interdépendance des *mingirringgi*, *junggayi* et *darlnyin*. Néanmoins, la demande d'inclure les *junggayi* et les *darlnyin* aux côtés des *mingirringgi* dans la catégorie des « propriétaires traditionnels » de la région de Ngukurr située en Terre d'Arnhem, toujours formulée explicitement par certains habitants de cette communauté, ne semble pas avoir abouti.

5. Problèmes liés à la catégorie « propriétaires traditionnels »

Les « propriétaires traditionnels » ou « *T.O.* » sont perçus et traités par nombre d'organisations extérieures et d'instances gouvernementales australiennes comme ayant le droit de s'exprimer et de prendre des décisions au nom des autres Aborigènes (voir aussi Smith 1984 : 95). Holcombe (2004 : 64), qui a travaillé dans le Désert du Centre et le Désert de l'Ouest, souligne d'ailleurs que dans le cadre des relations avec ces organisations et instances, l'expression « propriétaires traditionnels » est généralement étendue de sa définition statutaire selon l'ALRA (un groupe de descendance local, ayant une responsabilité spirituelle primaire envers les sites et la terre revendiqués, et « traditionnellement » autorisé de droit à y collecter des ressources naturelles) à une catégorie sociopolitique plus large. Les « propriétaires traditionnels » deviennent les Aborigènes qui sont réputés savoir, vers lesquels on envoie les « Blancs » en premier et que les « Blancs » recherchent, et qui souvent n'hésitent pas à se mettre en avant en

---

7. Voir le site internet du *National Native Title Tribunal*, « Native title determination summary — St Vidgeon's (Roper River) », http://www.nntt.gov.au/Applications-And-Determinations/Search-Determinations/Pages/St_Vidgeons_Roper_River_DC943.aspx (Consulté le 20 octobre 2012).

tant que représentants des leurs. Cette tendance qui consiste à attribuer un statut et un rôle décisionnaires privilégiés aux « propriétaires traditionnels », que cette catégorie soit entendue en son sens statutaire ou élargi, s'exprime nettement à Ngukurr.

Comme souligné précédemment, selon les conceptions endogènes prépondérantes à Ngukurr, le *mingirringgi* (ou propriétaire) a des droits et responsabilités sur « sa » terre, mais ce sont ses *junggayi* (ou managers) et ses *darlnyin* (ou soutiens/super-viseurs) qui ont le droit de « parler pour » cette terre. Pourtant, la section 42 de l'ALRA prévoit que les Conseils des Terres consultent les « propriétaires tradi-tionnels » des terres affectées par des projets de développement sur lesquels ils ont un droit au consentement éclairé ou au veto (Holcombe 2004 : 65). Dans le cas de la région de Ngukurr incluse en Terre d'Arnhem et de certaines zones de la région de Ngukurr extérieures à la Terre d'Arnhem, le *Northern Land Council* semble alors tenu de consulter les *mingirringgi*, et non les *junggayi* et les *darlnyin*, des sites et des terres affectés dans la mesure où ils sont respectivement inclus et exclus de la catégorie « propriétaires traditionnels ». Des résidents aborigènes de Ngukurr se plaignent qu'à cause de l'ALRA, ce sont désormais généralement les *mingirringgi* et eux seuls, en tant que « propriétaires traditionnels », qui prennent les décisions concernant les terres situées au sein et aux alentours de la communauté, par exemple à propos d'activités minières, et qui reçoivent des compensations financières le cas échéant. Par exemple :

> *The NLC [the Northern Land Council] they come here, they meet with the T.Os. and that's it, finished [...] no matter what the junggayi or darlnyin or abujiwan [junggayi dans la ligne des grands-mères paternelles], no matter what they say.* (Entretien, homme, Ngukurr, juillet 2010)
> *Our Law has been broken by the NLC [the Northern Land Council] [...] They don't recognize the three other groups [junggayi, junggayi abujiwan, darlnyin] [...] and it's wrong. [...] T.Os. [should have] nothing to say really [...] But the Land Rights Act, people at the Land Council made it wrong. They don't know what they are talking about [...] I told them many times to change the Land Rights Act.* (Entretien, homme, Ngukurr, septembre 2010) [8]

Une telle situation est considérée par certains Aborigènes de Ngukurr comme la conséquence d'une imposition de la loi occidentale — notamment ici au travers de l'ALRA — qui ne respecte pas les rôles, droits et responsabilités rituels et fonciers locaux et qui s'oppose au système d'organisation sociale construit sur des divisions complémentaires.

---

8. Traduction : « Le *Northern Land Council* ils viennent ici, ils rencontrent les *T.O.* et ça y est, fini [...] peu importe ce que les *junggayi* ou *darlnyin* ou *abujiwan* [*junggayi* dans la ligne des grands-mères paternelles], peu importe ce qu'ils disent. » ; « Notre Loi a été brisée par le *Northern Land Council* [...] Ils ne reconnaissent pas les trois autres groupes [*junggayi, junggayi abujiwan, darlnyin*] [...] et ils ont tort. [...] Les *T.O.* ne devraient avoir rien à dire en fait [...] Mais le *Land Rights Act*, les gens du *Northern Land Council* l'ont fait erroné. Ils ne savent pas de quoi ils parlent [...] Je leur ai dit plein de fois de changer le *Land Rights Act*. »

Ceci se traduit par des désaccords et conflits fréquents à propos de qui possède la terre, et donc de qui va toucher de l'argent en compensation d'activités économiques sur cette terre (par exemple, compensations financières pour exploration et exploitation minières, pour exploitation commerciale de buffles, de bétail ou encore d'œufs de crocodiles sur cette terre, etc.). On peut cependant se demander dans quelle mesure ces désaccords et conflits s'appuient sur des rivalités internes à la communauté antérieures à l'introduction de l'ALRA et du concept de « propriétaires traditionnels ». L'existence d'intérêts divergents ainsi que l'expression d'associations ou de compétitions entre différentes familles et entre divers groupes sociaux étaient déjà des réalités à Ngukurr avant le milieu des années 1970 et les premières restitutions foncières (voir par exemple Bern 1974 et 1976, Edmunds 2001 : 5-6). L'ALRA et l'émergence de la catégorie « *T.O.* » ont-ils cristallisé ou transformé, donné de l'importance ou une nouvelle dimension à des tensions les préexistant et dépassant le seul domaine du foncier (voir Edmunds : 6) ? Une étude centrée sur cette question reste à réaliser.

Certains à Ngukurr expliquent que désormais, les plus jeunes n'écoutent plus les anciens de la communauté qui ont une connaissance détaillée des affaires rituelles et foncières, mais revisiteraient les associations entre groupes, territoires, sites sacrés, cérémonies et êtres mythiques (par exemple, ils changeraient la semi-moitié associée à un site), de façon à pouvoir affirmer qu'ils sont « propriétaires traditionnels » ou « *T.O.* » des sites concernés par les activités économiques sur « leur » terre. Car être « propriétaires traditionnels » leur assure d'être ceux qui prendront les décisions concernant cette terre et toucheront de l'argent le cas échéant. D'ailleurs, il est parfois souligné par des habitants de Ngukurr qu'auparavant (c'est-à-dire dans le contexte d'une période antérieure au présent mais non datée et quelque peu idéalisée), lorsque les *mingirringgi* touchaient des royalties du fait des dispositions mises en place dans le cadre de l'ALRA, ils partageaient cet argent avec leurs *junggayi* et *darlnyin*. Tandis qu'à présent, les *mingirringgi* garderaient toutes les royalties reçues pour eux seuls, car ils seraient devenus cupides et ne craindraient plus autant le courroux de leurs *junggayi* et *darlnyin*, dont le statut a été affaibli localement par l'ALRA (et sans doute également par d'autres facteurs de changements sociaux). L'une des personnes se plaignant de ce constat affirmait elle-même que si elle touchait des royalties en tant que *mingirringgi*, elle n'en redistribuerait pas une partie à ses *junggayi* et à ses *darlnyin*. Malgré ce discours, ceux qui reçoivent des royalties sont l'objet de demandes de dons qu'ils ne peuvent pas facilement refuser. Les royalties, comme tout autre type de ressources, sont de fait redistribuées (y compris éventuellement aux personnes qui sont *junggayi* et *darlnyin*, mais pas nécessairement du fait de leur statut). Par exemple, McRae-Williams (2008 : 198) relate l'expérience d'une habitante de Ngukurr qui, en tant que « propriétaire traditionnelle », s'apprêtait à recevoir une somme d'argent conséquente. Pendant au moins deux semaines, des parents vinrent plaider auprès d'elle leur légitimité à recevoir une part des royalties ; cet argent et les modalités de sa distribution furent un sujet de conservation majeur au sein du foyer concerné.

Cette « *T.O.* » était particulièrement anxieuse et incertaine quant à la décision à prendre. Finalement, elle décida d'acheter un véhicule en utilisant l'essentiel de l'argent reçu et de distribuer la somme restante. L'utilisation du véhicule suscita également des demandes et des négociations, auxquelles sa destruction lors d'un accident mit un terme, au soulagement de la femme concernée.

À Ngukurr, les acteurs locaux mettent donc en avant l'existence de relations de pouvoir inégales et de conflits d'intérêts entre ceux qui, pour des sites ou des zones donnés au sein de la région, sont reconnus comme « propriétaires traditionnels » ou « *T.O.* » par l'ALRA et ceux — notamment les *junggayi* et les *darlnyin* — qui ne le sont pas. Ceci fait écho à la mise en avant par Smith (1984) de l'importance des pouvoirs des « *T.O.* » reconnus par l'ALRA en matière de médiation entre la bureaucratie occidentale et les groupes aborigènes locaux, de prise de décisions, ainsi que de contrôle de l'accès à des ressources valorisées et des aides (économiques et autres) difficilement accessibles à ceux qui ne possèdent pas un tel statut. Ces derniers tendent conséquemment à se trouver dans une relation de subordination, de désavantage et de dépendance vis-à-vis des « propriétaires traditionnels ». Les Aborigènes identifiés comme « propriétaires traditionnels » non seulement bénéficient d'avantages non négligeables, mais peuvent aussi tenter de contrôler — restreindre ou faciliter — l'accès à ce statut par autrui. Smith affirme alors que la catégorie « propriétaires traditionnels » créée par l'ALRA (puis reprise notamment par le *Native Title Act*) a tendance à prendre la forme d'une classe sociale dominante, qui contrôle les conditions de sa propre reproduction, au sein des communautés aborigènes concernées.

6. Conclusion : la triple asymétrie du processus de « reconnaissance »

Une question importante a été soulevée lors des revendications foncières dans le cadre de l'*Aboriginal Land Rights (Northern Territory) Act* de 1976 concernant la région de Ngukurr située en dehors de la Terre d'Arnhem, qui n'a pas été concernée par le processus de restitution automatique de certaines terres du Territoire du Nord lors de l'établissement de cette législation (rappelons que la communauté de Ngukurr se trouve en Terre d'Arnhem mais à proximité de sa limite sud-ouest). La catégorie des « propriétaires traditionnels aborigènes » doit-elle être restreinte aux *mingirringgi* auxquels on réfère couramment par le terme « propriétaires » en anglais et en *Kriol* ? Ou bien doit-elle inclure à la fois les *mingirringgi*, les *junggayi* (ou managers), et s'ils existent les *darlnyin* (ou soutiens/superviseurs) ? Une autre question se pose dans le cas de la seconde option : si les *mingirringgi*, les *junggayi* et les *darlnyin* sont tous reconnus légalement comme « propriétaires traditionnels aborigènes », n'y a-t-il pas un risque de gommer les différences entre ces trois rôles complémentaires et leurs spécificités ? Howard et Frances Morphy (1984 : 64) affirmaient déjà dans les années 1980 que la seule façon de reconnaître la diversité des droits et responsabilités aborigènes envers la terre serait d'abolir le concept légal de « propriétaires traditionnels aborigènes » lui-même et d'établir les droits fonciers autochtones sur une autre base. Ces questions révèlent la difficulté de traduire des concepts locaux relatifs aux droits et responsabilités envers la terre en un concept légal occidental ; une difficulté qui a des enjeux fonciers mais aussi politiques et économiques. Dans le cas de la région de Ngukurr, le système légal occidental ne reconnaît pas la complémentarité des divisions sociales, ni le lien intrinsèque entre le domaine du foncier et le domaine religieux, sur lesquels sont basés les droits et responsabilités « traditionnels » envers la terre. En effet, l'ALRA n'y reconnaît que le groupe des *mingirringgi* comme « propriétaires traditionnels » ou « *T.O.* », ou alors elle reconnaît les trois groupes (*mingirringgi, junggayi* et *darlnyin*) sous la forme d'un seul et même statut, celui de « propriétaires traditionnels », comme si à chacun correspondaient les mêmes rôles et attributs.

Ce cas d'étude ethnographique met ainsi en évidence et illustre la double asymétrie du processus de « reconnaissance » des droits et responsabilités aborigènes envers la terre, déjà soulignée par Dousset et Glaskin (2011) dans le cadre du *Native Title Act*, cette fois dans le cadre de l'ALRA. Dans le cas de la communauté de Ngukurr et de la partie de sa région incluse en Terre d'Arnhem, les « propriétaires traditionnels » ont été passivement « reconnus » par l'ALRA, et les demandes ultérieures de modification des modalités d'inclusion dans une telle catégorie n'ont pas abouti, la capacité de « reconnaître » restant le privilège de l'appareillage juridique australien. D'autre part, les droits et responsabilités aborigènes envers la terre ne peuvent là encore être « reconnus » que selon la perspective de leur correspondance avec les concepts légaux occidentaux de « propriété » et de « propriétaires traditionnels ».

Cette double asymétrie crée une nouvelle asymétrie au sein de la communauté de Ngukurr, entre ceux qui ont le statut de « propriétaires traditionnels » de l'espace communautaire (au sens statutaire défini par l'ALRA ou au sens élargi), et ceux qui sont exclus de cette catégorie alors même qu'ils pourraient légitimement y prétendre (notamment les *junggayi* et les *darlnyin*) ou qu'ils estiment devoir y être inclus. Par exemple, lors d'une entrevue en août 2010, une habitante de Ngukurr d'une cinquantaine d'années qui n'était pas « reconnue » comme « propriétaire traditionnelle » de cette communauté par l'ALRA affirmait qu'elle devrait tout de même l'être (« *I can class myself as a T.O. too* »). Car d'une part, elle était née et avait toujours vécu à Ngukurr. Et d'autre part, elle faisait partie comme tous les habitants de Ngukurr du « *Yugul Mangi* », une entité créée dans les années 1970-1980 pour englober les différents groupes linguistiques qui ont été historiquement associés à la communauté et pour signifier leur appartenance à un seul et même peuple (Taylor *et al.* 2000 : 12). Selon cette femme, dans la mesure où ces différents groupes linguistiques se sont fédérés en tant que « *Yugul Mangi* », tous les habitants de Ngukurr — plutôt que certains seulement — devraient être considérés comme « propriétaires traditionnels » de l'espace communautaire (« *Yugul Mangi coming together that makes everybody T.O.* »). Cette perspective illustre que la catégorie « propriétaires traditionnels », qui a pour implication la création d'une distinction entre les « *T.O.* » et les autres, ainsi que ses limites, ne sont pas nécessairement considérées comme légitimes par la population de Ngukurr ; elles sont alors remises en cause. Notamment, des stratégies sont mises en œuvre par certains pour acquérir le statut de « propriétaires traditionnels » qui, au-delà des enjeux fonciers considérés, est la clé d'accès à un pouvoir local et à des avantages économiques non négligeables.

Bibliographie

Aboriginal Land Commissioner
1981   *Limmen Bight Land Claim*. Canberra : Australian Government Publishing Service.
1982   *Yutpundji-Djindiwirritj (Roper Bar) Land Claim*. Canberra : Australian Government Publishing Service.
1984   *Cox River (Alawa/Ngandji) Land Claim*. Canberra : Australian Government Publishing Service.
2001   *Urapunga Land Claim (Claim N°159)*. Darwin : Office of the Aboriginal Land Commissioner.
2003   *Lower Roper River Land Claim (Claim N°70)*. Darwin : Office of the Aboriginal Land Commissioner.

Altman, Jon C.
2011   *Alternate development for Indigenous territories of difference*. Canberra : Australian National University, CAEPR (Topical Issue N°5/2011).

Altman, Jon C., Geoff Buchanan et Libby Larsen
2007.   *The environmental significance of the indigenous estate : natural resource management as economic development in remote Australia*. Canberra : Australian National University, CAEPR (Discussion Paper N°286/2007).

Bern, John
1974   Blackfella business whitefella law : political struggle and competition in a south-east Arnhem Land Aboriginal community. Thèse non publiée. NSW : Macquarie University.
1976   « Reaction to attrition : the Ngukurr strike of 1970 ». *Mankind*, 10(4): 213-224.
1979   « Politics in the conduct of a secret male ceremony ». *Journal of Anthropological Research*, 35(1): 47-60.

Bern, John et Jan Larbalestier
1985   « Rival constructions of traditional aboriginal ownership in the Limmen Bight Land Claim ». *Oceania*, 56(1): 56-76.

Berndt, Catherine H. et Ronald M. Berndt
1954   *Arnhem Land. Its history and its people*. Melbourne : F.W. Cheshire.

Berthon, Peter, Marjorie Hall, William Hall, John Harris, Andrew Robertson et Carol Robertson
2008   *We are Aboriginal. Our 100 years : from Arnhem Land's first mission to Ngukurr today*. Ngukurr : St Matthew's Anglican Church.

Corn, Aaron
2001   *Ngukurr crying : male youth in a remote indigenous community*. Wollongong : University of Wollongong, South East Arnhem Land Collaborative Research Project (Working Paper Series N°2).

De Largy Healy, Jessica
2008   « 'Ma grand-mère, ma Colonne Vertébrale' : la relation Märi-Gutharra en Terre d'Arnhem (Australie) ». In F. Douaire-Marsaudon (dir.), *Grand-mère, grand-père. La grand-parentalité en Asie et dans le Pacifique. Figures, pratiques, parcours*. Marseille : Publications de l'Université de Provence, p. 123-147.

Dousset, Laurent et Katie Glaskin
2009   « L'anthropologie au tribunal. Les revendications foncières des Aborigènes en Australie ». *Genèses*, 74(1): 74-93.
2011   « The asymmetry of recognition : law, society, and customary land tenure in Australia ». *Pacific Studies*, 34(2-3): 142-156.

Edmunds, Mary
2001   *Separation of powers. Sources of authority and frameworks for decision-making in a South-East Arnhem Land Community*. Wollongong : University of Wollongong, South East Arnhem Land Collaborative Research Project (Working Paper Series N°4).

Harris, John W.
1990   *One blood. 200 years of aboriginal encounter with Christianity : a story of hope*. Sutherland, Claremont : Albatross Books.
1998   *We wish we'd done more : ninety years of CMS and aboriginal issues in North Australia*. Adelaide : Openbook.

Heath, Jeffrey
1981   *Basic materials in Mara : grammar, texts, and dictionary*. Canberra : Dept. of Linguistics, Research School of Pacific Studies, Australian National University.

Hiatt, Lester Richard (éd.)
1984   *Aboriginal landowners. Contemporary issues in the determination of traditional Aboriginal land ownership* (Oceania monograph 27). Sydney : University of Sydney.

Holcombe, Sarah
2004   « Traditional owners and 'community-country' anangu : distinctions and dilemmas ». *Australian Aboriginal Studies*, 2 : 66-71.

McRae-Williams, Eva
2008   Understanding « work » in Ngukurr, a remote Australian Aboriginal community. Thèse non publiée. Darwin : Charles Darwin University.

Morphy, Howard et Frances Morphy
1984   « Owners, managers, and ideology : a comparative analysis ». In L.R. Hiatt (éd.), *Aboriginal landowners. Contemporary issues in the determination of traditional Aboriginal land ownership* (Oceania monograph 27). Sydney : University of Sydney, p. 46-66.

Powell, Alan
1996   *Far country : a short history of the Northern Territory*. Carlton : Melbourne University Press.

Ricœur, Paul
2004   *Parcours de la reconnaissance : Trois études*. Paris : Gallimard.

Roberts, Tony
2005   *Frontier justice : a history of the Gulf country to 1900*. St Lucia : University of Queensland Press.

Sandefur, John
1985   « Aspects of the socio-political history of Ngukurr (Roper River) and its effect on language change ». *Aboriginal History*, 9(2): 205-219.

Seiffert, Murray
2008   *Refuge on the Roper : the origins of Roper River Mission – Ngukurr*. Brunswick East : Acorn Press.

Smith, Diane
1984   « 'That register business': the role of the Land Councils in determining traditional Aboriginal owners ». In L.R. Hiatt (éd.), *Aboriginal landowners. Contemporary issues in the determination of traditional Aboriginal land ownership* (Oceania monograph 27). Sydney : University of Sydney, p. 84-103.

South East Arnhemland Land Council Steering Committee (SEALC).
[1997 ou 1999]. Standing Committee on Aboriginal Land and Torres Strait Islander Affairs, Inquiry into the Reeves Report on the Aboriginal Land Rights (Northern Territory) Act, Submission by the South East Arnhemland Land Council Steering Committee.

Taylor, John, John Bern et Kate Senior
2000   *Ngukurr at the millennium : a baseline profile for social impact planning in south-east Arnhem land*. Canberra : Australian National University, CAEPR.

Williams, Nancy
1986   *The Yolngu and their land : a system of land tenure and the fight for its recognition*. Stanford, California : Stanford University Press.

Entre discours « traditionnalisants » et discours conformistes : Les Noongar de l'Avon Valley (Australie Occidentale) et l'accès au foncier

Virginie Bernard

Les droits fonciers coutumiers des Aborigènes d'Australie furent reconnus suite au verdict du jugement *Mabo v Queensland* en 1992 et traduits et inscrits dans le système législatif australien par le *Native Title Act 1993*. Ces droits fonciers sont reconnus sur les terres du domaine public lorsque les « propriétaires traditionnels » parviennent à démontrer la continuité du rattachement à leur territoire et de la pratique de leurs coutumes et lois « traditionnelles ». En 1998, le *Native Title Amendment Act* imposa de nombreuses restrictions sur les revendications foncières. Dans certaines régions, les droits fonciers autochtones sont considérés comme quasiment éteints car la terre est détenue en propriété privée, ce qui, d'après le *Native Title Act*, annule d'emblée toute possibilité de revendication. C'est le cas du sud-ouest de l'Australie Occidentale, territoire « traditionnel » des Aborigènes Noongar, où ces derniers furent dépossédés de leurs terres.

Les conséquences de la colonisation oppressive dont ils ont été victimes et des diverses lois visant à les contrôler sont toujours perceptibles à l'heure actuelle, et les Noongar restent largement marginalisés (Biskup 1973 ; Haebich 1998). Contrairement aux croyances des défenseurs de la *doomed race theory* selon laquelle les Aborigènes étaient destinés à disparaître devant la supériorité de la race blanche (McGregor 1997), les Noongar ont néanmoins survécu. Ils se définissent en tant que « société » — terme sur lequel nous reviendrons — et ont entrepris de faire reconnaître leurs droits fonciers depuis le passage du *Native Title Act*.

Ce chapitre fait état de ces longues et complexes démarches de revendications foncières et illustre la manière dont les Noongar tentent de tirer parti de ce processus afin de s'imposer comme acteurs de leur mise en œuvre. Néanmoins, l'aboutissement de ces revendications reste incertain. Nous verrons comment, pour faire face à cette situation, certains Noongar se sont tournés vers l'Indigenous Land Corporation (ILC), une organisation gouvernementale créée en 1995 dans le but de permettre aux Aborigènes ne pouvant accéder aux processus légaux des revendications foncières autochtones d'acquérir des terres en propriété privée. À travers le discours de trois corporations[1] noongars possédant chacune une propriété dans la région historique de l'Avon Valley, nous étudierons le programme d'acquisition foncier d'ILC. Le mode de fonctionnement et les concepts occidentaux imposés par ILC génèrent de nombreuses tensions et frustrations au sein de ces corporations. Ces dernières se voient contraintes de se plier à certains impératifs afin de passer avec succès les différentes étapes menant à l'acquisition de la propriété qu'elles désirent mais dont elles ne sont pas complètement propriétaires. Ce faisant, elles internalisent, négocient, rejettent ou se réapproprient certaines notions développées par ILC.

1. Les revendications foncières dans le sud ouest de l'Australie Occidentale

Après la mise en place du *Native Title Act* en 1993, les Noongar entreprirent de faire reconnaître leur société et leurs droits fonciers (cf. Fache dans cet ouvrage pour les problèmes soulevés par la notion de « reconnaissance »; Glaskin & Dousset 2011). En 2002, le South West Aboriginal Land and Sea Council (SWALSC) fut créé et devint l'organisme officiel chargé de représenter les Noongar dans la reconnaissance de leur *native title*, titre foncier coutumier défini par la législation australienne (Barcham 2008). En septembre 2003, SWALSC déposa le *Single Noongar Claim (SNC)*, une revendication foncière unique couvrant l'ensemble du territoire noongar, c'est-à-dire une zone de 185 000 km² et une population noongar estimée à 27 000 personnes. Malgré quelques oppositions au sein de la communauté noongar, le *SNC* fit consensus grâce à la croyance partagée en l'existence d'une société noongar.

La notion de « société » fut définie dans le cadre des revendications foncières autochtones suite à la jurisprudence du cas *Yorta Yorta (Yorta Yorta Aboriginal Community v State of Victoria [2002] HCA 58)*. Les demandeurs doivent démontrer qu'ils forment une « société », une communauté identifiable régie par des lois et des coutumes qui lui sont propres, mais également prouver leur continuité culturelle avec la société de leurs ancêtres au moment de l'acquisition de la souveraineté britannique. Dans ce contexte particulier, « traditionnel » devint synonyme d'« authentique ». Cette définition impose une conception des groupes aborigènes figée dans le temps qui est très éloignée de la réalité sociale et les prive de leur capacité d'adaptation, de leur fluidité et de leur flexibilité (Dousset & Glaskin 2007, 2009; Wolfe 1999).

Dans le cadre du *Single Noongar Claim*, les Noongar se réapproprièrent le terme de « société », au sens de « communauté » régie par des manières de faire et de penser, plutôt que par des lois et des coutumes comme l'impose la législation des revendications foncières autochtones (Glaskin & Dousset 2011). Ils placèrent leurs divisions internes (ils

---

1. *Corporation* se traduirait en français par « société à responsabilité limitée » (SARL). Cette traduction n'est pas satisfaisante car elle ne reflète pas le concept australien (cf. *Corporations Act 2001* pour une définition détaillée). Le terme « corporation » sera donc conservé et utilisé dans le texte sans guillemets.

représentent en fait quatorze groupes linguistiques) au second plan pour mettre en avant une forme collective de tenure foncière. Les membres de cette « société » parlent la même langue, respectent les mêmes lois et coutumes et partagent la même culture, les mêmes croyances et un territoire qui leur est propre. En se définissant comme d'« authentiques » Aborigènes, ils redéfinirent et élargirent ce concept (Wolfe 1999). Il s'agit là d'une reconstruction aux enjeux multiples : économiques, sociaux, politiques mais surtout identitaires car les Noongar se définissent avant tout par leur attachement à leur terre.

L'État refusa de négocier et souhaita que le *Metro case (Bennell v Western Australia [2006] FCA 1243)*, la zone urbaine de Perth, soit traitée séparément et dans les plus brefs délais. Le procès présidé par le juge Wilcox débuta le 11 octobre 2005. Il s'agissait de déterminer si, pour la région concernée, il existait une société noongar au moment de la prise de possession du territoire par les colons en 1829 et si la société noongar contemporaine était issue de cette société « traditionnelle » et faisait preuve d'une continuité culturelle. Le 19 septembre 2006, le verdict du juge Wilcox répondait favorablement à ces questions préliminaires, pour la région de Perth mais également pour l'ensemble du Sud-Ouest, et rendait ainsi possible le principe de l'existence de droits coutumiers noongars, dont les modalités devaient être déterminées par la suite.

L'État d'Australie Occidentale et l'État fédéral firent appel de cette décision devant la Cour fédérale plénière. Cette dernière ne remit pas en question les faits établis par le juge Wilcox concernant l'existence d'une société noongar au moment de la colonisation, contrairement à ce que le gouvernement d'Australie Occidentale et le gouvernement fédéral souhaitaient. Néanmoins, elle fit état d'erreurs dans l'interprétation de la loi ainsi que du manque de preuves fournies par SWALSC afin de prouver la continuité du rattachement des Noongar à la région concernée par la revendication et décida que le *Metro case* devait donc être rejugé.

Pour l'actuel directeur de SWALSC, Glen Kelly[2] (Entretien 08/05/2012) :

> la stratégie juridique de l'État se résumait à « […] On engage la procédure judiciaire sur la partie plus fragile et après ça, le reste tombera comme des dominos ». En fait, malheureusement pour l'État, ils étaient très très mal préparés car ils pensaient que ce serait du gâteau et ils avaient sérieusement sous-estimé la force de l'attachement des Noongar à leur terre. Indépendamment du degré d'extinction de leurs droits fonciers, la force de l'attachement des Noongar à leur terre reste assez intense et l'État a vraiment sous-estimé ça, vraiment sérieusement, massivement[3].

---

2. L'identité de Glen Kelly est conservée car il s'agit d'une personne publique. Par soucis d'anonymat, les noms des autres personnes aborigènes mentionnées ont été changés. Il en va de même pour les trois corporations étudiées.

3. Toutes les citations de ce chapitre ont été traduites par l'auteur. Les extraits d'entretiens utilisés ont également été menés, enregistrés, retranscrits et traduits par l'auteur. Pour une meilleure lisibilité, seules les hésitations et les répétitions significatives ont été conservées. Les registres de langues employés par les personnes interrogées ont été respectés.

Ne voulant pas faire appel de la décision et ne souhaitant pas que le *Metro Case* soit rejugé, SWALSC exerça certaines pressions sur l'État d'Australie Occidentale afin de résoudre le *Single Noongar Claim* par des négociations. Outre le coût financier et la lenteur de la procédure, les Noongar avaient plus à gagner en abandonnant leur demande de reconnaissance de leur *native title* et en négociant une solution alternative. Car comme l'explique Glen Kelly (Entretien 08/05/2012) : « le *native title*, ce n'est pas de la terre, avec le *native title*, on va au tribunal, on n'obtient pas de terre. On choisit une solution alternative, on a des terres mais ça, c'est parce qu'on a réussi à obtenir de l'État qu'il reconnaisse qu'il fallait faire plus que simplement résoudre les revendications foncières ». En effet, le *native title* ne représente qu'un ensemble de droits et cette reconnaissance des droits fonciers autochtones est en réalité symbolique car elle n'accorde ni de titres de propriété aux demandeurs, ni la possibilité de développer de manière non « traditionnelle » les parcelles sur lesquelles leurs droits peuvent s'exercer. Seul l'accès à ces parcelles et leur utilisation pour la pratique de l'ensemble des coutumes et croyances « traditionnelles » reconnues sont octroyés. Étant donné que leurs droits fonciers sont quasiment éteints dans le sud-ouest de l'Australie, les Noongar, forts d'avoir été reconnus en tant que société, préférèrent négocier une alternative à la reconnaissance légale de leur titre coutumier dont la procédure longue et compliquée a finalement peu de chance d'aboutir. Cette solution alternative leur permettrait d'accéder à la propriété privée et de se voir attribuer un fonds financier, ce qui n'aurait pas été possible dans le cadre des processus légaux des revendications foncières autochtones.

Un accord fut signé entre SWALSC et l'État d'Australie Occidentale en décembre 2009 et des négociations furent menées en 2010 et 2011. En décembre 2011, le gouvernement fit une offre officielle qui fut rendue publique en février 2012. Cette offre consistait notamment en une reconnaissance officielle des Noongar comme « propriétaires traditionnels » du Sud-Ouest par une loi du Parlement (cf. Fache dans cet ouvrage), la reconnaissance de leurs droits coutumiers sur l'ensemble des terres de la Couronne sans tenir compte de leur extinction, le transfert des titres de propriété d'un nombre important de parcelles pour des raisons culturelles, sociales et économiques et la cogestion des parcs nationaux et réserves naturelles se trouvant sur ce territoire. L'État proposait également la création d'un fonds monétaire bloqué que les Noongar utiliseraient à leur gré pour financer leur système de gouvernance et leurs projets. En attendant que ce fonds fructifie et soit accessible, l'État verserait une rente annuelle qui permettrait la création de six organismes régionaux et le financement de programmes sociaux, culturels et économiques. Le Noongar Boodja Trust, géré par les Noongar mais dont les modalités sont toujours en pourparlers, serait en charge de la gestion de ces fonds et des titres de propriété.

À l'heure actuelle (décembre 2014), SWALSC étudie une offre officielle que le gouvernement d'Australie Occidentale a faite en novembre 2014 et tient des réunions afin d'informer les Noongar des détails de cette offre. Si les Noongar décident de la rejeter, le *SNC* sera renvoyé devant la justice pour être traité dans le cadre du *Native Title Act*.

2. L'Indigenous Land Corporation (ILC)

Devant la difficulté à faire reconnaître leurs droits fonciers, les Noongar qui désirent acquérir des terres ont la possibilité de se tourner vers l'Indigenous Land Corporation (ILC). ILC est une autorité indépendante créée en 1995 dont la mission était à l'origine de redresser la dépossession des Aborigènes en aidant ceux qui ne pouvaient accéder aux processus légaux des revendications foncières autochtones à acquérir des terres privées et à les gérer (Altman & Pollack 1998 ; Sullivan 2009). Pour ce faire, ces derniers devaient se constituer en corporation pour soumettre une demande d'acquisition et lorsque cette demande était approuvée, la propriété leur était octroyée l'année suivant l'acquisition. Cette mission et ses modalités ont néanmoins évolué et le processus d'acquisition est devenu très complexe.

En 2002, ILC établit un bilan des propriétés dont les conclusions se révélèrent décevantes. Les propriétés avaient été majoritairement acquises pour des projets culturels et sociaux (création d'un centre culturel, pratique de la chasse et de la cueillette etc.) mais ne connaissaient pratiquement aucun développement. 146 propriétés sur les 151 acquises depuis 1995 furent inspectées. 108 d'entre elles avaient été attribuées et 38 étaient toujours sous tutelle d'ILC. Lors de l'acquisition des propriétés, ILC estimait que 60 000 personnes en tireraient des bénéfices. Le bilan révéla que seulement 1 014 personnes recevaient des bénéfices « directs », c'est-à-dire des bénéfices commerciaux ou des bénéfices découlant du fait qu'elles résidaient ou étaient employées sur ces propriétés. Les bénéfices étaient surtout « indirects », c'est-à-dire spirituels et culturels mais là encore, toutes les propriétés n'étaient pas occupées et utilisées (Sullivan, 2009 : 18). Les propriétés ne présentaient pas suffisamment de potentiel économique et/ou les groupes pour lesquels elles avaient été acquises n'avaient pas les moyens financiers et matériels, ni la capacité ou les compétences nécessaires à leur essor.

ILC commença alors à changer de politique et à se transformer en une organisation de services axée sur la rentabilité à travers ses activités commerciales. Toujours en 2002, ILC procéda à une révision du National Indigenous Land Strategy (NILS) 2001-2006, qui établit sa politique nationale en matière d'acquisitions foncières et de gestion de ses propriétés. Quatre types d'acquisitions — sociale, culturelle, environnementale et économique — furent introduits et la viabilité économique à long terme des projets devint un objectif essentiel. Ceci marqua le début de l'orientation économique d'ILC, position qui fut renforcée avec le NILS 2007-2012 (Sullivan, 2009 : 18-19). Depuis ce changement, la soumission d'une demande d'acquisition est devenue beaucoup plus complexe. Les demandeurs doivent élaborer un plan d'exploitation très détaillé et une prévision budgétaire précise de la propriété qu'ils souhaitent acquérir. Ce plan d'exploitation doit couvrir les trois années pendant lesquelles ILC observera et supervisera leur gestion de la propriété et doit prouver que le projet est viable dans le cadre de l'un des quatre types d'acquisition mentionnés précédemment.

Comme l'explique une employée d'ILC (Entretien 11/04/2012) :

> soumettre une demande est un processus assez rigoureux et ardu pour un groupe donc ce n'est pas comme rédiger une simple lettre. […] Ils doivent avoir tout un échantillon de compétences pour arriver à l'étape de la demande d'acquisition. Donc le niveau d'aptitude est assez élevé à ce point, ils ont un plan d'exploitation qui supporte leur projet […], ils doivent avoir démontré leur capacité à gérer leurs finances en tant que corporations, ils doivent posséder une certaine capacité de gestion, ils ne doivent pas avoir seulement recours à des consultants externes. Nous encourageons les partenariats, ce n'est pas essentiel mais si un groupe vient nous voir avec un partenariat en place avec un autre organisme gouvernemental ou une société ou une université ou peu importe, alors cette demande sera beaucoup plus solide.

Les demandes d'acquisitions sont mises en compétition chaque année et seules les plus viables sont approuvées. Pendant la période de supervision, les familles aborigènes doivent respecter le plan d'exploitation établi et fournir des rapports à ILC. Au terme de ces trois années, elles doivent établir un dernier rapport dans lequel elles doivent démontrer l'exécution du plan d'exploitation et la viabilité économique de la propriété. Si ILC n'est pas convaincue des résultats, les titres de propriété ne sont pas accordés et la période de supervision est prolongée.

3. Trois exemples d'acquisitions dans l'Avon Valley

Riverton Corporation

Quatre Noongar dont le territoire « traditionnel » se situe autour de la ville de Brookton décidèrent de soumettre une demande d'acquisition pour une propriété agricole de 1 756 hectares au nord de la ville. ILC leur fit savoir que l'acquisition de plusieurs propriétés dans la même région ne serait pas possible et que la propriété envisagée devait profiter à un maximum de Noongar de Brookton, il fallait donc qu'ils se rassemblent en une seule corporation. Afin d'éviter d'en créer une nouvelle et de perdre du temps en démarches administratives, en août 1998, la demande d'acquisition fut déposée au nom d'une corporation qui existait déjà et organisait des programmes sociaux, éducatifs et de prévention de la santé pour la population noongar de Brookton. L'acquisition fut approuvée en mars 1999, finalisée en juillet de la même année et la propriété fut octroyée à Riverton le 29 mars 2000 lors d'une cérémonie officielle. Les titres de propriété furent accordés avant le changement de politique d'ILC, lorsque l'organisation se concentrait sur l'acquisition de propriétés sans prendre en compte le potentiel économique ni le développement futur de ces propriétés. Ces titres étaient alors attribués très rapidement, en général au cours de l'année suivant l'acquisition.

Riverton est composée de six familles, soit environ cent cinquante personnes en comptant les enfants. Avec cinquante-quatre membres officiellement déclarés, elle est considérée comme une structure moyenne par l'Office of the Registrar of Indigenous

Corporations (ORIC)[4]. De nombreux désaccords émergèrent entre les différentes familles et il fut très difficile pour la corporation de satisfaire tous ses membres et de prendre des décisions concernant la ferme. De plus, les idées ne manquaient pas mais la corporation ne possédait pas les moyens financiers et les connaissances administratives et techniques nécessaires pour les mettre en œuvre. Elle souhaitait développer une activité agricole sur la ferme et, grâce aux revenus que cela générerait, organiser des activités culturelles pour ses membres et poursuivre ses programmes communautaires. Bien que de nombreux membres de la corporation aient travaillé comme ouvriers agricoles, ils n'avaient jamais administré une ferme et aucun n'était formé à ce type d'exercice. La corporation décida de louer la quasi-totalité de la propriété à des fermiers des environs et de ne conserver que le bâtiment et une parcelle de terrain pour ses membres. Il fut aussi décidé que chaque famille aurait la possibilité d'y résider une année entière à tour de rôle, ce qui suscita de nouvelles disputes et jalousies.

Les membres de la corporation sont toujours dans l'incapacité de développer et d'exploiter la ferme selon leurs propres désirs. À l'heure actuelle, la propriété est louée à une compagnie japonaise pour une période de trois ans au terme de laquelle ils essaieront à nouveau de mettre en place leur projet agricole mais ils ne sont pas certains que les revenus de cette location suffiront. Pour l'instant, le revenu de la location est employé par la corporation pour la mise en place de programmes sociaux, éducatifs et de prévention de la santé.

Hillward Corporation

Hillward se trouve dans une situation similaire. Par l'intermédiaire d'ILC, elle fit l'acquisition d'une propriété de 643 hectares près de Bakers Hill qui lui fut attribuée le 14 juin 2001, également avant le changement de politique d'ILC. Contrairement à la propriété de la corporation Riverton, celle d'Hillward ne consistait pas en une acquisition communautaire mais familiale. Hillward comporte actuellement neuf membres officiels. En tant que petite structure, il lui fut donc plus aisé de prendre des décisions mais, tout comme les membres de Riverton, ses membres ne possédaient ni les moyens financiers ni l'expérience nécessaire au développement de la propriété.

Une fois la propriété acquise, elle fut cédée le 16 janvier 2002 à Hillward qui décida de la louer à des fermiers des environs tout en conservant le bâtiment et une parcelle de terrain où la famille séjourne régulièrement et mène des activités « traditionnelles » telles que la chasse et la cueillette. Elle tente également d'y développer des activités

---

4. Office of the Registrar of Indigenous Corporations (ORIC) : organisme statutaire indépendant en charge de l'administration des associations aborigènes déclarées sous le *Corporations (Aboriginal and Torres Strait Islander) Act 2006* qui remplace l'*Aboriginal Councils and Associations Act 1976*.

culturelles et grâce à une subvention de Wheatbelt NRM[5], la famille a pu construire deux hangars et des dortoirs pour accueillir des groupes scolaires et des groupes de touristes qui viendraient y découvrir la culture noongar et exposer des artefacts noongars. Certains membres de la famille ont aussi bénéficié d'une formation pour apprendre à récolter et conserver des graines et à replanter des arbres.

Hillward a récemment été contactée par une compagnie minière cherchant à exploiter des réserves de bauxite présentes sur la propriété. Des pourparlers sont en cours et si la proposition de la compagnie minière est acceptée, cette dernière devra restaurer l'environnement sur les sites de forage qui ne seront plus exploités et replanter des bois de santal et des arbres à thé, qui pourront être utilisés par la famille pour la commercialisation des noix et de l'huile. La corporation envisage sérieusement cette solution car les revenus tirés de la location de la propriété ne suffisent pas au développement de celle-ci.

Guiyara Corporation

Afin de pouvoir acquérir une propriété par l'intermédiaire d'ILC, Steve, avec l'aide de onze autres membres de sa famille, créa Guiyara. Les membres de cette corporation doivent être des descendants directs des parents de Steve, ce qui représente un potentiel de soixante-quinze personnes réparties en deux clans dont la combinaison des noms a donné le nom réel de la corporation. En 2006, Steve soumit à ILC un plan d'exploitation placé sous l'étiquette environnementale (l'un des quatre types d'acquisition défini par ILC) pour une propriété de 837 hectares en vente à huit kilomètres à l'ouest de la ville de Beverley. ILC approuva le plan et acheta la propriété pour Guiyara. Cette acquisition eut lieu après le changement de politique d'ILC, celle-ci étant depuis orientée en direction du potentiel économique des propriétés acquises ainsi que de la capacité et de la motivation des demandeurs. Guiyara dut respecter un cahier des charges et soumettre un plan d'exploitation très précis faisant notamment état des ressources de la propriété (surface, sols, relief, végétation, bâtiments et cours d'eau) et de l'organisation de la corporation ainsi que du rôle et des qualifications de chaque membre. Le plan d'exploitation devait également inclure un planning financier détaillé pour les trois années où ILC superviserait la gestion de la corporation afin de démontrer la viabilité de l'entreprise.

Guiyara est parvenue à remplir ces conditions et à convaincre ILC au terme de quatre demandes d'acquisition grâce à la détermination et à l'expérience de Steve. Après avoir passé son enfance dans l'Avon Valley où il est né, ce dernier a obtenu une bourse d'étude grâce à ses performances sportives pour aller étudier dans un prestigieux

---

5. Wheatbelt Natural Resource Management Incorporated (Wheatbelt NRM) : organisation associative qui coordonne et promeut la gestion des ressources naturelles du bassin de la rivière Avon. L'association était précédemment déclarée sous le nom d'Avon Catchment Council Incorporated.

établissement scolaire de Perth. Resté à Perth, il s'est engagé dans le domaine de la formation et de l'insertion professionnelle des Aborigènes. Ce parcours lui a procuré une bonne compréhension de la bureaucratie et de l'administration australiennes ainsi que les compétences nécessaires pour satisfaire aux exigences d'ILC lorsqu'il a décidé de les solliciter pour acquérir une propriété afin de retourner *on country* et renouer avec sa culture.

Guiyara a ainsi pour but de « guérir le *country* », c'est-à-dire développer un programme de revégétation et de conservation pour régénérer la propriété et y rétablir un environnement naturel. Selon la corporation, cela permettra également une régénération de la famille et de la culture noongar [6]. Pour assurer la viabilité financière initiale de la propriété, Guiyara loue une partie de la propriété à un voisin fermier pour la culture de céréales et l'élevage de moutons. Une autre partie est louée à une entreprise, la Forest Product Commission, qui a planté des santals australiens, dont le bois, l'huile et les noix seront commercialisés, et des *York Jam*, une espèce d'acacia qui leur sert d'arbre-hôte. Ces deux espèces d'arbres ont été sélectionnées car elles sont endémiques à l'Avon Valley et ont une importance culturelle pour les Noongar de la région. En partenariat avec Greening Australia Western Australia [7] et Wheatbelt NRM qui fournissent une aide financière et un support technique, la corporation a commencé à replanter des espèces natives sur le reste de la propriété et souhaite parvenir à une revégétation totale afin de développer des activités culturelles, touristiques et commerciales. Steve envisage notamment de produire et commercialiser de la *bush food*, des graines et de la viande issues d'espèces natives de la région, et d'accueillir des groupes de touristes pour leur faire découvrir ces espèces et la culture noongar mais aussi des groupes de Noongar pour les aider à renouer avec leurs coutumes et croyances.

4. Des titres de propriété sous conditions

Avant 2002, les titres de propriété étaient accordés dans l'année suivant l'acquisition. Depuis le changement de politique d'ILC, ils le sont au terme d'une période de trois ans de supervision qui peut être prolongée si ILC estime que les corporations n'ont pas suffisamment démontré la viabilité des propriétés. Dans tous les cas, ces attributions sont soumises à certaines conditions. Les corporations reçoivent des intérêts fonciers et non un titre de propriété privée. Afin de les conserver, elles ne peuvent

---

6. *Country* représente le monde physique mais également le monde métaphysique. Lors du temps du rêve, des êtres mythiques ancestraux ont produit un cadre culturel et ont mis en forme le monde physique. Les éléments topographiques sont leurs traces physiques et incarnent leur puissance. Grâce à leurs rituels, les êtres humains réactivent le pouvoir de ces êtres mythiques pour assurer le renouveau ou le maintien des espèces naturelles. Les humains, leur environnement naturel et le monde des esprits sont ainsi indissociables et interdépendants.

7. Greening Australia Western Australia (GAWA) : branche régionale pour l'état d'Australie Occidentale de Greening Australia, organisation associative dédiée à la protection de l'environnement australien.

les vendre ou contracter de prêts : « *Dans la mesure où* ILC procéderait à l'attribution de la terre, l'organisation qui a été proposée pour recevoir le titre devra signer le *Deed of Grant* standard d'ILC. La loi [l'*ATSI Act 2005*] autorise l'ajout de *conditions* à cet acte, et ILC utilise ce mécanisme afin de s'assurer que le but des acquisitions est respecté, que des bénéfices sont réalisés et que la terre reste propriété aborigène ». (Indigenous Land Corporation 2007 : 12 ; mon emphase).

Les corporations Riverton et Hillward se sont vues attribuer leur propriété dans l'année suivant leur demande d'acquisition contrairement à la corporation Guiyara qui, ayant soumis sa demande en 2006, doit toujours faire ses preuves. Le fait que ces familles ne se considèrent pas entièrement propriétaires de leurs terrains, de par les restrictions systématiquement imposées par ILC, suscite un sentiment d'injustice parmi leurs membres qui dénoncent le contrôle paternaliste du gouvernement australien. Si elles ne souhaitent plus bénéficier de leur propriété ou se trouvent dans l'incapacité de la gérer, elles se voient dans l'obligation de la céder à ILC et perdent le fruit de leur investissement personnel ainsi que leurs espoirs. Bien entendu, ILC considère cela comme une solution de dernier ressort mais ces familles évoluent néanmoins dans un climat de méfiance et d'insécurité :

Riverton, membre 1 : Le gouvernement en est en fait toujours propriétaire [de leur propriété].
Riverton, membre 2 : On ne possède jamais vraiment rien.
Riverton, membre 1 : Ils ont imposé une condition, on n'est pas autorisé à vendre la moindre acre (rire). (Entretien 30/06/2011)

Membre d'Hillward : *Freehold* veut dire que l'on possède… le tout. La seule chose qu'ils [ILC] ont, et parce que c'est quelque chose de gouvernemental, du gouvernement d'État ou du gouvernement fédéral, ils achètent des propriétés pour les Aborigènes […], ils y mettent une condition pour qu'on ne puisse pas les vendre. Ça a été acheté avec de l'argent du gouvernement, la propriété nous revient mais ils mettent une condition pour qu'on ne puisse pas la vendre. Donc le gouvernement ne perd pas les 1,5 millions, ou quelque chose comme ça, qu'il a payés pour ça. (Entretien 29/06/2011)

Les propos des membres de Riverton sont explicites. Ceux des membres d'Hillward sont plus réservés, ils reprennent le discours officiel affirmant que les restrictions servent à garder les terres acquises pour des Aborigènes dans le domaine foncier aborigène, sinon les gens obtiendraient des terres dans le seul but de les vendre et détourneraient l'objectif d'ILC. Néanmoins, leur frustration apparaît en filigrane : la restriction imposée ne sert pas à protéger les terres acquises pour les Aborigènes mais plutôt à protéger l'investissement du gouvernement et à le justifier auprès du public.

Lors de l'attribution de la propriété de Riverton, John Herron, alors ministre des Affaires Aborigènes, déclara au *Narrogin Observer* : « Fournir des terres permet aux communautés aborigènes de s'aider elles-mêmes. » (Holland, 2000 : 1). Avant le changement de politique d'ILC, acquérir des terres semblait être la solution à tous les problèmes des Aborigènes. ILC s'adressait alors aux Aborigènes « authentiques », c'est-à-dire ceux qui avaient un intérêt culturel pour la propriété acquise, le but principal étant d'accroître les possessions foncières aborigènes. Comme l'explique un membre de Riverton (Entretien 30/06/2011), cela posait des problèmes car les familles étaient ensuite censées développer leur propriété mais n'en avaient pas la capacité : « Ils nous ont donné une propriété, 4 500 acres et pas de machine, pas de véhicule, pas de grain, rien et on a dû partir de zéro et comme on devait faire face aux frais, on a dû la louer. »

Depuis 2002, pour remédier à ces défaillances, les demandeurs doivent développer leur plan d'exploitation sous une étiquette culturelle, sociale, touristique ou environnementale. Désormais, ILC s'adresse aux Aborigènes « économiquement compétents » car quel que soit l'axe sous lequel la demande est déposée, les demandeurs doivent tout de même démontrer la viabilité de la propriété et leurs compétences en tant que gérants, la propriété doit pouvoir devenir rentable pour être acquise. Ainsi, le but d'ILC est d'orienter les corporations aborigènes vers certains buts précis afin qu'elles concentrent leurs efforts sur ces derniers et deviennent économiquement indépendantes. Pour ILC (Entretien 11/04/2012) :

> C'est comme pour n'importe quel business, ils doivent avoir des objectifs d'entreprise et de temps en temps, lors des réunions des dirigeants, tout le monde doit se dire : 'Attendez une minute, quel est le but de notre business ?' C'est le même genre de chose, ça permet une meilleure réussite et si des décisions doivent être prises pour changer cette optique alors qu'elles le soient, mais ça doit être reporté dans le compte rendu des assemblées générales.

Néanmoins, ces familles sont généralement motivées par le désir d'avoir accès à leur *country* : « On voulait être sur nos terres [*country*], on voulait avoir quelque chose qui nous appartienne et qui nous a été pris avant, on ne dit pas avant la colonisation, avant l'invasion, […] donc l'idée était, est, de ramener la famille sur la terre, sur notre *country*. » (Membre de Riverton, entretien 29/06/2011). Il leur est difficile de faire sens de l'approche compartimentée d'ILC car elles conçoivent tous ces domaines — culturel, social, économique et environnemental — comme liés et indissociables. Elles se plient au système en choisissant un axe — l'axe culturel étant le plus populaire — et tentent de développer un projet qui tende vers cette optique. Ben, un ancien membre de Riverton, a créé une corporation avec sa famille pour acquérir une propriété. Sa demande d'acquisition sous l'étiquette sociale n'a pas été approuvée par ILC et la propriété a depuis été vendue. Le projet visait à faire venir des groupes de jeunes délinquants aborigènes sur la propriété pour les sortir du système judiciaire en leur offrant une formation agricole et les reconnectant à leur *country* et leur culture. Ben (Entretien 30/04/2012) décrit le projet ainsi :

> Développer d'une part des programmes pour ces jeunes qui étaient incarcérés, donc ça aurait été de l'argent dépensé pour le système de délinquance juvénile. Et il y avait trois aspects,

principalement des choses culturelles et touristiques parce que la ferme avait tant d'histoire, il y a beaucoup d'histoire là-bas, il y avait encore une histoire basée sur des faits réels là-bas, les Noongar vivaient là-bas. Les touristes seraient venus d'autres régions, du Great Eastern Highway qui se trouvait à seulement 20 bornes. Ça aurait été magnifique.

Peu de familles parviennent à se soumettre à cet exercice imposé par ILC car pour elles, un projet ne peut être complet et équilibré que si ces domaines sont envisagés comme un tout. ILC représente la seule opportunité à l'heure actuelle d'acquérir des terres, certaines tentent donc de jouer le jeu mais comme peu d'entre elles passent l'étape de l'acquisition, elles se sentent à nouveau dépossédées :

Ben (corporation Riverton) : Trop de jargon, trop de jargon, trop de jargon… Un plan financier pour trois ans, établir un plan financier pour trois ans ! C'est ce qu'ils [ILC] voulaient !

Sa sœur : Mais c'est ce que le gouvernement pense, ils veulent toujours garder les Aborigènes sous leur coupe. On a des connaissances, on peut avancer et réaliser des choses vous savez, on arrivera au sommet mais ils ne voient pas les choses de cette manière. Les Aborigènes ont toujours été sous le contrôle du gouvernement blanc, c'est tout ce que je vois. On doit leur montrer que l'on peut aller au-delà de ça. Nous avons essayé… (Entretien 30/04/2012)

Autre membre de Riverton : (Rire) Ils [le gouvernement] veulent garder la terre, ils veulent nous en tenir écartés, ils ont pris notre terre et ils la gardent encore. (Entretien 30/06/2011)

Steve (corporation Guiyara) : C'est ce que nous devions faire, on a dû jouer le jeu, c'est leur jeu, mais ce que j'ai fait depuis qu'on l'a eu [la propriété], c'est jouer le jeu et ils nous permettent de gagner en nous donnant la propriété. Ce que j'essaie de dire c'est que je suis maintenant le maître du jeu. (Entretien 10/04/2012)

Malgré leur méfiance, ce processus auquel les Aborigènes doivent se soumettre les pousse à intégrer certaines notions développées par ILC et à revêtir le rôle de managers cherchant des partenaires et des solutions pour développer leur propriété et réaliser des bénéfices. Steve a étudié dans une école prestigieuse de Perth et est devenu entrepreneur. Il connaît le vocabulaire employé par ILC et les attentes de l'organisation, c'est la raison pour laquelle il a passé l'étape de l'acquisition, au prix de trois années de travail et de sacrifices personnels. Guiyara est ainsi la seule corporation à avoir acquis une propriété sous l'étiquette environnementale. Son plan de développement stipule que : « en développant un plan environnemental pour la propriété ayant pour but de régénérer et redonner vie à la terre, le projet vise à développer et promouvoir une terre et des gens en bonne santé ['*healthy country*', '*healthy people*'] ». Steve envisage également son projet comme un tout, la régénération environnementale de la propriété aura des bénéfices sociaux, culturels et économiques. Pourtant, dans un même temps, il considère sa propriété comme un business :

J'ai poussé ma famille à comprendre que c'est un business, qu'ils peuvent avoir des intérêts dans ce business, on fait du business. Quand on croit qu'on peut quitter le foutu boulot confortable de fonctionnaire que l'on pouvait avoir toute sa vie pour une entreprise privée… et monter au créneau et continuer à diriger cet endroit comme je l'ai fait pour notre business ici, on se met le doigt dans l'œil parce que personne n'a été capable de faire ça. J'ai créé un cadre sûr pour que les gens prennent des responsabilités, se lancent dans le management. (Steve, entretien 10/04/2012)

Bien que rejetant certaines conditions imposées par ILC en les contournant, Steve a endossé le rôle du manager compétent plébiscité par l'organisation. Ceci lui a permis de mener à bien le projet de la corporation Guiyara et d'acquérir sa propriété. Il a néanmoins totalement intégré ces notions et se dresse désormais contre ILC. Il refuse de rédiger le rapport définitif qui permettrait à ILC de céder la propriété à Guiyara car l'organisation n'a pas dépensé la totalité du budget qu'elle avait attribué au projet de revégétation de la propriété. Steve veut amener ILC à tenir ses engagements avant de se voir accorder la propriété car la corporation devrait alors personnellement assumer ce financement et ILC conserverait son budget.

Ces familles regrettent que leurs propriétés ne leur soient pas cédées sans conditions. Elles n'y associent pas de valeur marchande et n'envisagent pas de les vendre mais elles considèrent cela comme un moyen de contrôle de l'État paternaliste (cf. Dousset dans cet ouvrage pour les concepts de « propriété forte » et « propriété faible »). Elles souhaitent être *on country* pour y développer leurs propres projets mais pour se faire, elles doivent se soumettre aux pratiques d'ILC et se trouvent prises dans un mode de fonctionnement capitaliste.

5. Des familles aborigènes devant se constituer en corporations

Pour soumettre une demande d'acquisition à ILC, les familles aborigènes doivent au préalable se constituer en *corporation*, initialement selon l'*Aboriginal Councils and Associations Act 1976 (ACA Act)*, remplacé depuis le 1er juillet 2007 par le *Corporations (Aboriginal and Torres Strait Islander) Act 2006 (CATSI Act)*. Ces lois encadrent la formation de groupes aborigènes en corporation. Le *CATSI Act* est plus adapté que l'*ACA Act*, néanmoins certains des problèmes posés par la loi initiale subsistent. Certains membres de ces corporations voient dans cette obligation une ingérence et une nouvelle manifestation de l'attitude paternaliste du gouvernement australien. Ils déplorent leur manque d'autonomie et le contrôle auquel ils doivent se soumettre alors qu'ILC déclare vouloir les aider à devenir indépendants. Cette structure s'oppose également à leur mode de fonctionnement « traditionnel ».

P. Batty (2005) explique que depuis l'abandon de la politique d'assimilation par l'État australien pour celle de l'autodétermination dans les années 1970, une multitude de techniques gouvernementales ont vu le jour afin de développer un sentiment d'auto-détermination et d'indépendance chez les Aborigènes. Selon lui, la plus efficace de ces techniques est l'*Aboriginal corporate body*, la corporation aborigène, officialisée par l'*ACA Act* et désormais par le *CATSI Act*. Il affirme que :

[…] de telles structures accordaient non seulement aux Aborigènes un certain degré d'« auto-gestion » mais offraient également au gouvernement un moyen de réguler et d'élaborer une subjectivité ou un organisme aborigène capable de remplir les exigences de la politique gouvernementale. Ces structures englobaient de plus amples technologies administratives, notamment des pratiques administratives précises, certaines règles de responsabilisation, des stratégies spécifiques de représentation et une spécialisation professionnelle. (Batty 2005 : 211)

Batty démontre que ce procédé est d'autant plus efficace que l'aspect coercitif en est dissimulé. Le contrôle de l'État n'est pas directement contraignant, il s'exerce à travers différentes stratégies qui procurent une illusion d'indépendance. Les corporations aborigènes ne sont ainsi pas remises en question par le public car l'État semble donner une plus grande liberté aux Aborigènes. Il leur laisse la possibilité de s'auto-gérer et de se définir alors qu'il s'agit en réalité d'un processus de manipulation de leur subjectivité totalement encadré et imposé. Les corporations aborigènes sont des entités légales dont l'État peut contrôler l'administration. Ces dernières doivent en effet rendre compte des moindres détails de leur activité et de l'utilisation des financements dont elles bénéficient. Ben (Riverton, entretien du 30/04/2012) explique qu'un système de contrôle fut mis en place par ILC dès l'acquisition de la propriété de Riverton : « Cette femme est immédiatement venue voir ce qu'on faisait et la corporation avait ses réunions toutes les trois semaines ou tous les mois, il fallait organiser une réunion de grande envergure au sujet de la ferme parce que c'était leur [ILC] gagne-pain ou leur intérêt, je pense qu'ILC a fini par payer 3,5 millions pour ça. ». En tant que corporation, Riverton doit régulièrement organiser des réunions et rendre des comptes à ILC. Elle ne s'autogère finalement pas et ne décide pas librement du développement agricole de sa propriété. Au travers du *CATSI Act*, ILC impose un cadre administratif strict grâce auquel les dépenses financières réalisées et les décisions prises sont contrôlées.

Selon le *CATSI Act*, « [le] règlement qui régit le fonctionnement de la corporation peut prendre en considération les coutumes et traditions des Aborigènes et Indigènes du Détroit de Torres. » (ORIC 2008, p. 4). Néanmoins, cette concession à priori avantageuse reste limitée dans ses effets. Comme le souligne P. Sullivan à propos de l'*ACA Act*, « [bien] que les règles puissent être basées sur les coutumes aborigènes […], elles doivent traiter un certain nombre de points tels que les critères d'adhésion, les procédures de résolution de conflits, la constitution d'un comité de direction, le règlement des réunions, et la gestion du budget […], qui peuvent ne pas avoir leurs équivalents dans les coutumes aborigènes ou peuvent même s'y opposer. » (Sullivan 1997 : 19) Le *CATSI Act* impose les mêmes conditions, ce qui laisse une place très restreinte aux coutumes aborigènes qui servent finalement de toile de fond à la mise en place de règles occidentales.

Riverton regroupe des familles différentes, auxquelles ILC a imposé de former une corporation pour une seule propriété, ce qui entraîne de nombreux conflits.

D'après plusieurs membres de la corporation, chaque famille tentait de faire prévaloir ses avantages lors des réunions et les discussions n'aboutissaient jamais, suscitant d'incessantes disputes. Pour pouvoir fonctionner, les familles se virent contraintes de délaisser ce mode de prise de décision « traditionnel », que les intérêts personnels divergents rendaient impossible, et de se plier au fonctionnement officiel d'une corporation. Ceci n'est pas anodin car selon le *CATSI Act*, une corporation aborigène peut choisir dans son règlement d'inclure ou non des personnes non-aborigènes parmi ses membres mais doit conserver une majorité de membres aborigènes afin qu'ils en gardent le contrôle. Néanmoins, lorsqu'une corporation se trouve dans l'incapacité de fonctionner, ORIC peut nommer un administrateur, une personne extérieure qui prendra le contrôle de la corporation gérera son capital et ses biens, propriétés foncières y compris. De plus, comme expliqué précédemment, ILC est en droit de récupérer une propriété mal gérée. Les membres de Riverton se virent donc contraints de trouver une solution à leurs conflits pour conserver leur propriété.

Pourtant, le système de gouvernance d'une corporation ne respecte pas les coutumes aborigènes et permet à certaines personnes de profiter du système pour s'imposer et en évincer d'autres. Pour Sullivan, le vote peut être contraire au mode de décision « traditionnel ». Dans la loi, le vote : « est compris comme la méthode préférée du Registrar [ORIC] pour déterminer au sein d'une corporation si les règles proposées sont appropriées. Cela peut être contraire à la loi traditionnelle aborigène » (Sullivan 1997 : 21). Cette structure peut imposer une hiérarchie artificielle ne correspondant pas avec la pratique décisionnelle de ces groupes et peut être à l'origine de conflits. Ce fut le cas pour Riverton où certains membres s'imposèrent à la tête de la corporation grâce au vote et d'autres en furent évincés. Par exemple, suite à des jalousies, une demande de Ben (Entretien 30/04/2012) fut rejetée lors d'un vote auquel il était absent. Se sentant trahi, il décida de quitter la corporation :

> Ce conflit-là a surgi alors que, le président avait changé à la corporation. Et parce qu'à cette seule réunion, la seule réunion à laquelle je n'ai pas assisté, ils ont discuté ce soir-là de ces foutues acres qui devaient être attribuées aux familles qui voulaient en faire quelque chose. Et ce président-là a mis le sujet sur le tapis, et parce que des mains se sont levées et ont voté contre moi, m'ont mis de côté, les vingt acres ne m'ont pas été accordées. Donc les choses se sont un peu envenimées.

De surcroît, les membres nommés aux postes de direction doivent l'être en accord avec leurs qualifications et capacités à en remplir, du moins officiellement, les fonctions. Ils doivent posséder les compétences techniques exigées par leur position. Au sein de leur famille et de leur communauté, ce ne sont pas forcément les personnes les plus culturellement à même d'intervenir et de prendre des décisions.

Les membres d'Hillward parviennent à s'adapter à certains de ces problèmes. Le cadre rigide de la corporation n'est pas toujours respecté dans leur pratique quotidienne et les décisions sont prises par l'ensemble de la famille selon un mode « traditionnel ».

La corporation compte une seule famille composée de peu de membres, les conflits sont donc limités et la discussion reste le mode privilégié de prise de décisions. Ils ne semblent pas se soucier de l'obligation de se constituer en corporation, ils se sont soumis à cette condition sans réellement la remettre en question. Ils n'en connaissent pas les modalités exactes et ne savent pas quel organisme gère cela mais ont tout de même conscience du fait qu'il s'agisse d'une stratégie politique : « Oui, on était constitué en corporation, on l'est toujours car on doit être enregistré sous euh, sous ATSI qui est le... l'Aboriginal Islander ou une quelconque constitution politique. » (Entretien 29/06/2011). Malgré ce contournement, les membres d'Hillward restent soumis aux règles du *CATSI Act* et doivent se réunir régulièrement, rédiger des comptes rendus de leurs réunions et établir des bilans financiers. Ils restent également soumis aux pénalités administratives et financières applicables en cas de non-respect de ces règles, à la nomination d'un expert chargé de vérifier leurs registres et à celle d'un administrateur en cas d'endettement ou de problèmes de gouvernance.

Guiyara a refusé de se soumettre à certaines de ces règles. Afin de limiter le nombre de rapports à soumettre et d'être moins justifiable, Steve (Entretien 10/04/2012) s'est battu afin de pouvoir enregistrer la corporation sous le *West Australian State Associations Act 1987* :

> ORIC est très paternaliste et restrictif... Pour moi, c'est un moyen de nous contrôler [...]. Je suis passé par le *State Associations Act* qui est plus privé, c'est moins gouvernemental et bureaucratique et c'est plus entrepreneurial, c'est plus commercial. [...] Toutes les autres organisations enregistrées sous ORIC reçoivent des notifications à l'avance : quand leurs taxes sont dues, quand leurs assurances sont dues, quand leurs acquittements sont dus et leurs rapports mensuels et annuels sont dus. Nous ne sommes pas concernés par tout ça car tout est sous notre responsabilité. On ne rend de comptes à personne d'autre qu'ILC.

Sous le *CATSI Act*, les corporations doivent rédiger un rapport général annuel, ainsi qu'un rapport du comité de direction et un rapport financier vérifié par une société d'audit. Des rapports complémentaires peuvent également leur être demandés. Le tout doit être déposé auprès d'ORIC sous peine de sanctions. Sous le *West Australian State Associations Act*, les corporations doivent simplement soumettre un bilan financier à ses membres lors de l'assemblée générale annuelle. Cette législation offre donc des avantages et une plus grande liberté mais reste une obligation et un moyen de contrôle.

Steve est tout à fait conscient des problèmes engendrés par le fait de devoir se constituer en corporation. Pour lui, le budget dont dispose ILC devrait être considéré, non comme l'argent des contribuables australiens, mais comme de l'argent appartenant aux Aborigènes et destiné à redresser les injustices dont ils ont été victimes ; ces derniers ne devraient donc pas avoir à en justifier l'utilisation et devraient pouvoir gérer leur budget librement. Ce n'est pas le point de vue d'ILC pour qui les demandeurs doivent justement se constituer en corporations afin de devenir des entités légales redevables et justifiables : « C'est une question de gouvernance, on utilise l'argent du contribuable pour acheter des terres pour les Aborigènes, pour investir sur des terres détenues par des Aborigènes, et si nous devions investir dans une famille, je suppose qu'il n'y a pas de structure formelle pour que nous puissions... » (ILC, entretien 11/04/2012). Steve (Entretien 10/04/2012) considère cela comme une forme de contrôle inadéquate :

> Pour moi, c'est un moyen de nous contrôler. Le système démocratique n'est pas approprié pour les Aborigènes car ce n'est pas lié à la majorité. Le consensus est important mais le consensus doit être... vous voyez, la meilleure pratique est de manière traditionnelle essentielle pour la gouvernance aborigène. [...] Et en termes de lois et de qui étaient les gardiens de la loi, en termes d'anciens, les hommes et les femmes âgés œuvraient à être sélectionnés, ils devaient absolument être sélectionnés. [...] Et le *Corporation Act* et les processus démocratiques sont simplement basés sur le vote. Si on n'obtient pas de vote, on est exclu.

Les débuts de Guiyara furent difficiles car Steve était à l'origine du projet. Les autres membres de la famille ne s'y impliquaient pas mais voulaient profiter de la propriété. Ils lui reprochaient de prendre le contrôle de la famille sans en avoir la légitimité. Il a finalement su fédérer sa famille au-delà des conflits : « Je suis allé voir ma mère et je lui ai dit : "Écoute, j'ai vraiment besoin que tu m'appuies, que tu me donnes l'autorité de prendre des décisions, des décisions culturelles, sociales, familiales, communautaires, ou l'autorité de prendre des décisions pour tout ça", et c'est ce qu'elle a fait. Étant donné que je suis le deuxième fils, je devais faire ça, ça ne me serait pas revenu de droit. » (Steve, entretien 10/04/2012). Les anciens sont en effet toujours censés prendre des décisions concernant leur territoire « traditionnel » et leur famille et superviser les disputes. L'âge n'est pas le seul critère pour que leur autorité soit reconnue, à cela s'ajoutent expérience et connaissances. Steve respecte cela et considère que les adultes compétents doivent pouvoir prendre des décisions mais ils doivent être approuvés et soutenus par les anciens afin de rassembler l'ensemble de la famille. Il a tout juste atteint la cinquantaine, l'âge auquel il peut commencer à être considéré comme un ancien, mais il lui fallait l'appui de sa mère qui est la matriarche de la famille. Steve est ainsi parvenu à concilier les deux systèmes en établissant un comité de direction afin de satisfaire aux exigences d'ILC tout en conservant un mode de décision « traditionnel ». Pour le moment, seuls ses parents proches sont membres de Guiyara. Lorsque la propriété leur sera attribuée, que leur projet sera viable et que les autres descendants de ses parents seront prêts à s'investir, ils pourront devenir membres de la corporation.

Le fait de devoir se constituer en corporation impose donc des contraintes à ces familles auxquelles il revient de trouver des solutions pour s'adapter et gérer les conflits dans la mesure du possible. Elles rejettent ainsi certaines règles qui leur sont imposées mais se voient néanmoins dans l'obligation d'en respecter un grand nombre. Cependant, certaines personnes utilisent la législation à leur avantage pour s'imposer.

La corporation reste un moyen de contrôle aux mains d'ILC au même titre que le mode d'attribution des titres de propriété.

Conclusion

Des négociations sont en cours dans le sud-ouest de l'Australie Occidentale entre les Noongar, représentés par SWALSC, et l'État d'Australie Occidentale pour trouver un compromis concernant les revendications foncières, mais leur aboutissement est incertain. ILC représente donc à l'heure actuelle la seule opportunité pour les Noongar d'acquérir une propriété privée et l'organisation devrait de ce fait les soutenir dans leurs démarches d'accès au foncier. Pourtant, le changement de politique d'ILC ne s'accorde plus avec les termes de sa création. En effet, il ne s'agit plus simplement d'acquérir des terres pour les Aborigènes ne bénéficiant pas de droits fonciers.

Le processus de demande d'acquisition est devenu depuis 2002 très complexe. Les demandeurs doivent se constituer en corporation, élaborer un plan d'exploitation de la propriété et en démontrer la viabilité économique, trouver des partenaires et prouver leur capacité à mener leur projet à bien. Cette bureaucratisation des procédures est dominée par une éthique capitaliste. Cela représente une épreuve pour les familles qui décident de se lancer dans l'aventure. Après qu'ILC leur a attribué les titres de propriété, elles restent sous tutelle de l'organisation qui demeure le véritable propriétaire des acquisitions foncières. Le processus auquel les familles doivent se soumettre les conduit à devoir officiellement accepter certaines des notions développées par ILC et elles finissent parfois par les intégrer dans leur propre discours. Cela génère souvent des tensions voire des conflits au sein de ces familles. En révisant sa politique d'acquisition pour aider les communautés aborigènes à établir des projets économiquement viables, ILC s'est éloigné de sa mission première. Il était nécessaire d'aider ces communautés à développer leurs propriétés une fois acquises mais les demandes d'acquisitions sont devenues beaucoup trop complexes. Les familles noongars considèrent que l'organisation ne s'attaque plus aux injustices et à la dépossession dont sont victimes les Aborigènes, en les aidant à accéder au foncier, mais contribue à rendre la situation dans laquelle ils se trouvent encore plus compliquée. Ces familles sont devenues des lieux de fabrication ou de reproduction d'inégalités par le biais d'un obscurantisme procédurier explicite.

Selon le contexte dans lequel ils se situent, les Noongar doivent ainsi revêtir des identités différentes parfois difficilement conciliables. Dans le cadre des processus légaux de revendications foncières autochtones, ils devaient se soumettre à la vision « traditionnalisante » qui leur était imposée et prouver leur « authenticité », dans le programme d'acquisitions foncières d'ILC, ils doivent démontrer les mêmes compétences que les non-Aborigènes à développer un projet rentable et durable, et finalement, dans les négociations avec l'État, ils doivent jouer sur les deux tableaux simultanément en conciliant une « authenticité aborigène » et des compétences managériales. Ils se trouvent ainsi pris entre des discours « traditionnalisants » lorsqu'ils tentent de contourner les lois qui leurs sont imposées et des discours conformistes lorsqu'ils les intègrent.

Bibliographie

Altman, Jon & David Pollack
1998   « The Indigenous Land Corporation: a new approach to land acquisition and land management? ». *CAEPR Discussion Papers*, 169.
         [Online http://caepr.anu.edu.au/system/files/Publications/DP/1998_DP169.pdf, last consulted 25/02/11].

Barcham, Manuhuia
2008   « Noongar Nation ». In J. Hunt *et al.* (eds.), *Contested governance : culture, power and institutions in Indigenous Australia*. Canberra : ANU E Press, p. 265-282.
         [Online http://epress.anu.edu.au/wp-content/uploads/2011/06/whole_book6.pdf, last consulted 09/05/2012]

Batty, Philip
2005   « Private Politics, Public Strategies: White Advisers and Their Aboriginal Source ». *Oceania*, 75(3): 209-221.
         [Online http://www.jstor.org/stable/40332080, last consulted 04/04/2012].

Biskup, Peter
1973   *Not Slaves, Not Citizens : the Aboriginal Problem in Western Australia*, 1898-1954. St Lucia, Queensland : University of Queensland Press.

Dousset, Laurent & Katie Glaskin
2007   « Western Desert and Native Title: How Models Become Myths ». *Anthropological Forum*, 17:2 : 127-148.
         [Online http://dx.doi.org/10.1080/00664670701438399, last consulted 21/11/2012].
2009   « L'anthropologie au tribunal. Les revendications foncières des Aborigènes en Australie ». *Genèses*, 74 : 74-93. [Online http://www.cairn.info/revue-geneses-2009-1-page-74.htm, last consulted 21/11/2012].

Haebich, Anna
1998 [1988]. *For Their Own Good : Aborigines and Government in the South West of Western Australia, 1900 – 1940*. Nedlands, WA : University of Australia Press.

Holland, Kerren
2000   « Dream realised with Noongar farm buy ». *Narrogin Observer*, Wednesday, April 5, 2000 : 1&14.

Indigenous Land Corporation
2007   « National Indigenous Land Strategy 2007-2012 ».
         [Online http://www.ilc.gov.au/webdata/resources/files/NILS_2007-2012web.pdf, last consulted 14/03/2011].

McGregor, Russell

1997   *Imagined Destinies: Aboriginal Australians and the doomed race theory, 1880-1939.*
        Carlton, Victoria : Melbourne University Press.

Office of the Registar of Indigenous Corporations (ORIC)

2008   *Comparative table of Commonwealth, state and territory incorporation legislation.*
        Australian Government.
        [Online http://www.oric.gov.au/Content.aspx?content=CATSI-Act/default.htm#1,
        last consulted 21/11/2012]

Sullivan, Patrick

1997   « A Sacred Land, A Sovereign People, An Aboriginal Corporation. Prescribed Bodies and
        the Native Title Act ». *North Australia Research Unit Reports,* 3.
        [Online http://www.aiatsis.gov.au/research/docs/publications_researchers/Sullivan
        SovereignPeople1997.pdf, last consulted 25/02/2011]

2009   « Policy Change and the Indigenous Land Corporation ». *AIATSIS Research Discussion
        Papers,* 25.
        [Online http://www.aiatsis.gov.au/research/docs/dp/DP25.pdf,
        last consulted 25/02/2011].

Wolfe, Patrick

1999   *Settler Colonialism and the Transformation of Anthropology. The Politics and Poetics of
        an Ethnographic Event.* London : Cassel.

Délimiter, occuper ou transmettre un terrain en pays kanak : l'exemple d'Ouvéa, ancienne « réserve indigène »

Mélissa Nayral

1. Introduction

Deux ans après la prise de possession de la Nouvelle-Calédonie par l'État français en 1853, celui-ci s'approprie l'intégralité de ce territoire sur lequel vivaient jusque-là les Kanaks[1]. Leurs terres deviennent ainsi « propriété de l'État français », lequel les destine à une population européenne nouvellement arrivée (militaires, bagnards ou colons). Le système foncier constituant un aspect central de « la coutume » kanake, les spoliations foncières ont alors des répercussions sociales considérables. En 1855, Ouvéa n'est pas encore rattachée administrativement à la Nouvelle-Calédonie et ne le sera que douze ans plus tard, suite à quoi elle sera déclarée « réserve indigène » dans son intégralité. Les Kanaks d'Ouvéa, seront donc colonisés sans toutefois être spoliés de leurs terres.

Ce chapitre vise à rendre compte de ce qui se passe à Ouvéa au niveau de l'organisation du système foncier, dans cette situation originale où les autochtones pourtant colonisés n'ont jamais été spoliés de leur terre. Les usages de la terre en pays kanak étant fortement liés à l'organisation sociale kanake, ce texte constitue une base pour des analyses ultérieures de l'organisation du système foncier sur cette île. Une telle étude scientifique n'a en effet jamais été réalisée.

Afin de décrire les différentes catégories de terres qui comptent parmi les « terres coutumières » à Ouvéa, nous reviendrons dans un premier temps sur l'histoire coloniale de cette île qui diffère quelque peu de celle de la Grande Terre. Celle-ci sera développée dans la partie 2. Nous décrirons ensuite les terres qui sont gérées selon « la coutume » (partie 3) puis celles que les Kanaks décrivent comme ayant été « cédées » (partie 4).

---

1. Les premiers occidentaux arrivés en Nouvelle-Calédonie désignèrent les 'indigènes' par le terme de « Canaques », un mot dérivé d'un terme polynésien signifiant « homme ». Devenu extrêmement péjoratif lors de l'époque coloniale, les indépendantistes se réapproprièrent ensuite ce terme en en restaurant l'orthographe initiale (anglicisée). « Kanak », devint alors un symbole fort de la revendication politique indépendantiste. En 1998, l'Accord de Nouméa officialisa cette graphie : Kanak est désormais un nom commun, invariable. J'ai toutefois choisi de l'accorder en genre et en nombre, tout comme le font D. Gorodéé (poétesse kanake), H. Nicolas, C. Hamelin et C. Salomon (anthropologues) afin de ne pas invisibiliser le genre et la diversité des Kanaks. Lorsqu'il s'agit de citations, c'est en revanche l'orthographe de l'auteur qui sera reprise.

2. À Ouvéa : des Kanaks colonisés mais pas privés de leurs terres

La question du foncier se situant au cœur de la vie politique de la Nouvelle-Calédonie et de son histoire, il convient de revenir sur cette histoire dans un premier temps avant de détailler la situation d'Ouvéa dans un second.

La Nouvelle-Calédonie était vouée à être une colonie de « peuplement blanc » (Dauphiné 1989 : 16), projet qui impliquait « l'appropriation de vastes espaces pour le domaine pénitentiaire et des […] terres cultivables pour les colons libres (Naepels, 1997 : 6). C'est ainsi qu'une large partie de sa politique coloniale fut élaborée pour permettre la mise en œuvre de spoliations foncières. Dès le 24 septembre 1853, date à laquelle la France prit officiellement possession de la Nouvelle-Calédonie, les Kanaks, alors seuls habitants du territoire, commencèrent à être privés de leurs terres, celles-ci étant redistribuées ou vendues à des militaires et des bagnards puis à des colons français. Le 20 janvier 1855 [2], toutes les terres considérées par l'administration comme « non occupées » par les Kanaks, devinrent ainsi propriété de l'État français. Ce découpage du territoire en « terres apparemment vacantes » (Dauphiné 1989 : 18) et terres occupées, totalement arbitraire, ne tint pas compte de l'occupation du sol par les Kanaks (Leblic, 1993 : 24).

Au fur et à mesure des spoliations foncières, les Kanaks perdirent le contrôle d'environ 90 % des terres. À partir de 1867 [3], le gouverneur Guillain organisa, au nom de l'administration coloniale, une politique de cantonnement qui imposait aux Kanaks, de la Grande Terre dans un premier temps et ceux des Îles Loyauté dans un second [4], de demeurer au sein de « réserves indigènes ». Ces dernières étaient en fait des espaces sur lesquels s'exerçaient les droits fonciers d'une ou plusieurs tribus et dont les surfaces avaient été calculées « en proportion de la qualité du sol et du nombre de membres composant la tribu [5] » (Christnacht 1987 : 15 ; cité dans Leblic 1993 : 25, note 12). Les Kanaks ne pouvaient en sortir sans une autorisation ponctuelle délivrée par un interlocuteur de l'administration coloniale [6]. Cette

---

2. Déclaration du 20 janvier 1855 de l'amiral du Bouzet.

3. Avec l'arrêté du gouverneur Guillain du 24 décembre 1867 dans un premier temps et celui du 22 janvier 1868 dans un second.

4. Les Îles Loyauté avaient été intégralement déclarées comme étant des réserves.

5. En Nouvelle-Calédonie, « tribu » désigne un village kanak. Initialement imposé par l'administration coloniale, le terme n'a pas de réelle pertinence sociologique et c'est sans doute ce qui explique que certains préfèrent parler de « village kanak » ou de « hameau kanak ». Il s'agit toutefois du mot français utilisé par les Kanak pour parler du lieu où ils vivent, c'est pourquoi il est utilisé dans ce texte. À ce sujet, voir par exemple Saussol, 1985 ; Leblic, 1993 ; Merle, 1995 ; Lafargue et Nicolau, 2003 ; Naepels, 2010b.

6. Il s'agissait du grand-chef de district (unique interlocuteur kanak du Service des affaires indigènes), lui-même nommé par l'administration coloniale en vigueur. En contrepartie de leur fonction, ces chefs (qui n'avaient pas toujours de légitimité coutumière) percevaient une indemnisation et étaient dotés des pouvoirs de police (Trépied 2010 : 64).

dernière statua en outre sur le caractère non-individuel des terres de réserves qui devenaient inaliénables, incommutables et insaisissables au plan juridique[7].

Les revendications indépendantistes pour la restitution des terres spoliées, qui prirent une importance considérable à partir des années 1970, auront pour conséquence vingt ans de réformes foncières[8]. Celles-ci impliquèrent notamment un agrandissement progressif des « réserves indigènes » (Dauphiné 1989 : 274) et la fondation d'un office foncier destiné à gérer les quelques premières restitutions de terres. La signature de l'Accord de Nouméa mit un terme à cette période en reconnaissant l'existence de terres dites « coutumières » (voir en particulier le paragraphe 3 du préambule de l'accord). Cet accord sera en ce sens prolongé un an plus tard par l'article 18 de la loi organique de 1999 qui définit les terres coutumières comme appartenant aux personnes de statut coutumier kanak.

Depuis 1999, l'État a donc officialisé la responsabilité des Kanaks à définir, à partir des usages oraux (discussions intra-claniques ou palabres), des règles de gestion et d'attribution du foncier pour toutes les terres dites « coutumières » (Demmer 2010 : 381). Ces derniers gèrent donc aujourd'hui, sous tutelle de l'État, une partie des terres de la Nouvelle-Calédonie : les « terres coutumières ».

L'histoire coloniale d'Ouvéa diffère quelque peu de celle de la Grande Terre. En effet, au moment de la colonisation française en 1853, elle ne fait pas partie de la Nouvelle-Calédonie. En matière de privation de terres, cette île, tout comme Lifou et Maré, les deux autres îles principales de l'archipel, ne subit donc pas de manière frontale les politiques de l'administration coloniale et Ouvéa ne fut rattachée à la Grande Terre qu'en 1865 soit douze ans après la prise de possession de la Nouvelle-Calédonie par la France. Les administrateurs coloniaux estimèrent alors qu'une exploitation économique importante n'était pas envisageable et il n'y eut donc pas à Ouvéa (pas plus qu'à Lifou ni à Maré), d'implantation européenne massive, ni même d'exploitation agricole ou minière (Howe 1977).

Ainsi « préservés » de certains abus coloniaux, les Kanaks des Îles Loyauté subirent toutefois les politiques coloniales relatives à l'*administration* des territoires. L'arrêté de prise de possession de juin 1865 par exemple, stipule très clairement que l'île sera dorénavant divisée en trois districts administratifs (qui existent toujours aujourd'hui

---

7. Précisons par ailleurs que ce sont les textes de l'administration coloniale qui furent à l'origine de l'idée de la propriété kanake collective et non pas les pratiques alors à l'œuvre, puisque certains particuliers possédaient aussi des terres à titre individuel. Dans un article récent le géographe A. Saussol considère qu'il s'agissait alors d'« un non-sens pour des paysan Kanak » (Saussol 2011 : 78).

8. « En 1995, [...] les Kanaks possédaient 16 % de la Grande Terre au lieu des 7 à 8 % après la fin du cantonnement. Deux tiers de ces terres ont été restitués durant les accords de Matignon-Oudinot [signés en 1988]. » (Demmer 2010 : 376). Ces différentes réformes mises en place ont été également responsables de problèmes entre Kanak comme le montre M. Naepels dans son ouvrage sur les conflits fonciers à Houailou (Naepels 1998). Au sujet des réformes foncières, voir par exemple Lafargue 1978 ; Leblic 1993 ; Naepels 1998 ; Demmer 2010 ; Saussol 2011.

mais sous une forme un peu différente) et que certains mouvements de populations entre chaque district seront désormais interdits :

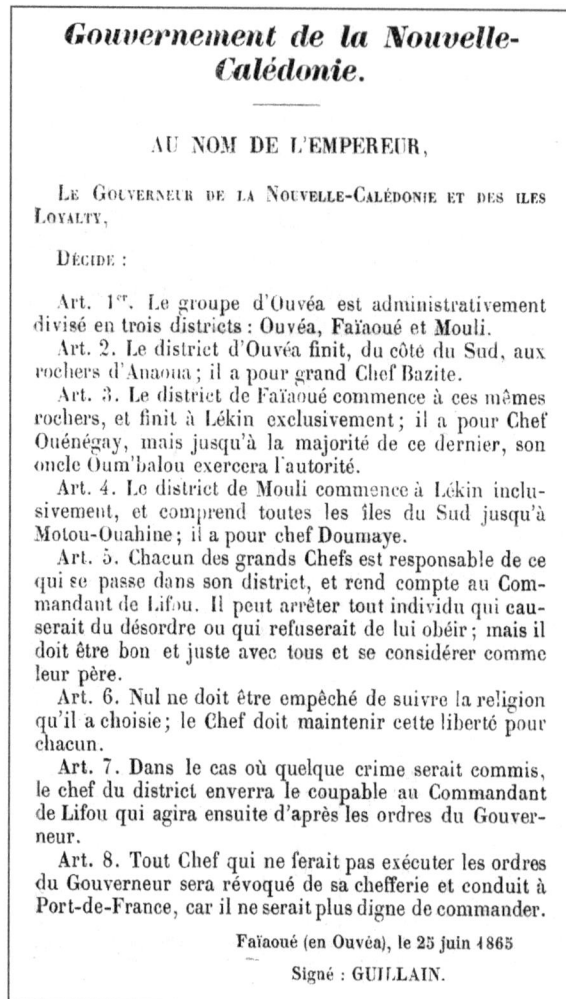

Figure 1 : Gouvernement de la Nouvelle-Calédonie, Gouverneur Guillain. *Décision du 25 juin 1865 du Gouverneur de la Nouvelle-Calédonie et des Îles Loyalty sur le groupe d'Ouvéa.* Moniteur de la Nouvelle-Calédonie : Journal officiel de la colonie, n° 301 (2 Juillet 1865), p. 1

Gouvernement de la Nouvelle-Calédonie.

AU NOM DE L'EMPEREUR,

LE GOUVERNEUR DE LA NOUVELLE-CALÉDONIE ET DES ILES LOYALTY,

DÉCIDE :

Art. 1er. Le groupe d'Ouvéa est administrativement divisé en trois districts : Ouvéa, Faïaoué et Mouli.

Art. 2. Le district d'Ouvéa finit, du côté du Sud, aux rochers d'Anaoua ; il a pour grand Chef Bazite.

Art. 3. Le district de Faïaoué commence à ces mêmes rochers, et finit à Lékin exclusivement ; il a pour Chef Ouénégay, mais jusqu'à la majorité de ce dernier, son oncle Oum'balou exercera l'autorité.

Art. 4. Le district de Mouli commence à Lékin inclusivement, et comprend toutes les îles du Sud jusqu'à Motou-Ouahine ; il a pour chef Doumaye.

Art. 5. Chacun des grands Chefs est responsable de ce qui se passe dans son district, et rend compte au Commandant de Lifou. Il peut arrêter tout individu qui causerait du désordre ou qui refuserait de lui obéir ; mais il doit être bon et juste avec tous et se considérer comme leur père.

Art. 6. Nul ne doit être empêché de suivre la religion qu'il a choisie ; le Chef doit maintenir cette liberté pour chacun.

Art. 7. Dans le cas où quelque crime serait commis, le chef du district enverra le coupable au Commandant de Lifou qui agira ensuite d'après les ordres du Gouverneur.

Art. 8. Tout Chef qui ne ferait pas exécuter les ordres du Gouverneur sera révoqué de sa chefferie et conduit à Port-de-France, car il ne serait plus digne de commander.

Faïaoué (en Ouvéa), le 25 juin 1865

Signé : GUILLAIN.

À partir de 1897, le « régime de l'indigénat »[9], cet ensemble législatif et réglementaire répressif qui s'appliquait aux Kanaks, est mis en place partout en Nouvelle-Calédonie y compris à Ouvéa qui, à l'époque, ne constitue pas encore l'une des « réserves ». Les Kanaks d'Ouvéa se retrouvent néanmoins eux aussi soumis à la privation de liberté de circulation et de travail, mais ils demeurent encore maîtres de leurs terres.

---

9. Le régime de l'indigénat a été « *appliqué en Algérie par une loi en 1881 puis étendu progressivement* _

Division du territoire en trois districts et nomination des trois grands chefs responsables (décision du 25 juin) :

Boula remplace le Régent Oum'balou, dans la chefferie de Faïaoué, en l'absence de celui-ci.

Les gens du village de Ouadilia et des villages voisins qui ont quitté le district d'Ouvéa et que le chef Bazite ne désire pas voir rentrer sur son territoire, sont autorisés à conserver leurs villages actuels ; mais ils ne peuvent former un district à part, et sont placés sous l'autorité du chef de Faïaoué.

L'indigène Daoumé, prétendant à la partie du territoire de Faïaoué, comprise entre le temple et le rocher d'Anaoua et à former un district séparé, a été débouté de sa demande et il reste soumis à Ouénégay (Oum'balou régent).

Le petit chef O'hua, chassé de chez Bazite et réfugié à Faïaoué, reprendra, avec sa tribu, possession de son ancien territoire avec l'autorité du chef d'Ouvéa.

Les chefs ne peuvent déplacer ni chasser les populations. Les migrations volontaires de celles-ci sont interdites.

Figure 2 : Dispositions arrêtées à Ouvéa (Loyalty), les 25 et 26 juin 1865 par le Gouverneur de la Nouvelle-Calédonie et dépendances. In Dauphiné Joël, 1996. *Christianisation et politique en Nouvelle-Calédonie Au XIXᵉ Siècle.* Archives du territoire de NC, Nouméa : Centre territorial de recherche et de documentation pédagogiques (Points d'histoire, nº 11), p. 37.

C'est en 1900 que les administrateurs coloniaux déclarent qu'Ouvéa constitue désormais une « réserve indigène »[10] dans son intégralité.

On sait néanmoins qu'en dépit du fait qu'aucune terre n'ait jamais été réquisitionnée par l'administration française à ce moment-là comme cela avait pu être le cas sur la Grande Terre, la gestion actuelle du foncier à Ouvéa n'est plus la même qu'avant la colonisation (cette gestion n'était par ailleurs pas figée mais dynamique), et force est de constater que certaines réorganisations foncières furent incitées ou à tout le moins fortement suggérées. À titre d'exemple, la subdivision du territoire en districts, qui engendra des délimitations arbitraires (l'historien J. Dauphiné parle d'ailleurs de limites « *autoritairement tracées* » [Dauphiné 1996 : 30]). De plus, il semble que nombre de petites querelles locales actuelles trouvent leurs racines dans ce qu'il est localement convenu d'appeler des « conflits fonciers » qui découlent en partie des dispositions jadis prises par l'administration coloniale pour circonscrire certains districts.

À la différence des Kanaks de la Grande Terre, en 1865, ceux d'Ouvéa ne furent donc ni déplacés ni privés de leurs terres et aujourd'hui à Ouvéa, hormis les parcelles qui ont été cédées (décrites en partie 3), l'intégralité de l'île est constituée de « terres

---

_ à l'ensemble des colonies par décret, en tant que dispositif impérial central de répression et de contrôle » (Merle 2010 : 24). Il a été en vigueur en Nouvelle-Calédonie entre 1887 et 1946 et contraignait notamment les Kanak à rester dans des réserves desquelles ils ne pouvaient sortir sans autorisation du chef, lui-même nommé par l'administration coloniale. À ce sujet voir Merle, 1995 et 2010.

10. Certains textes parlent de « réserve autochtone » mais les décrets stipulent « indigène ».

dites coutumières ». Celles-ci sont par définition et depuis que la signature de l'Accord de Nouméa a réentériné ce principe, collectives, inaliénables, incommutables et insaisissables. Il est donc impossible à quiconque d'en faire l'acquisition. La situation y demeure donc différente de celle de la Grande Terre où il est parfois possible d'acheter et/ou vendre des terrains.

La valeur sociale et symbolique forte que les Kanaks associent à la terre est précisément à l'origine de l'importance que la question foncière a eue dans les revendications politiques kanakes, en particulier à partir des années 1970. A. Saussol écrit ainsi que « toute l'histoire coloniale de la Nouvelle-Calédonie est celle d'une lutte dont la terre fut l'enjeu » (Saussol 1985 : 1612 dans Leblic 1993 : 25).

Par l'intermédiaire d'une série de lieux symboliques [11], la terre constitue pour chaque clan, lignées de filiations patrilinéaires exogames et patrilocales, le support principal de son histoire et de sa généalogie. Ce faisant, ces mêmes lieux fonctionnent comme un support d'identification sociale, interne à chacune des chefferies (voir *infra*) (Demmer 2010 : 377) et c'est ce qui fait dire à A. Bensa que « la généalogie se branche sur une carte » (Bensa 1995 : 27 ; voir aussi Dousset, ce volume).

De manière générale en pays kanak, la terre est constitutive de l'identité et du statut des groupes, dans la mesure où, comme A. Bensa l'a démontré, l'ordre politique repose notamment sur la maîtrise du sol. En ce sens, les clans les plus puissants sont en principe des « propriétaires terriens » [12]. Ce sont ceux qui disposent par exemple de suffisamment d'espace pour pouvoir « accueillir » de nouveaux arrivants sur leurs parcelles, agrandissant ainsi leur groupe et augmentant leur puissance. En dépit de certaines variantes sur la Grande Terre, souvent conséquences des « rétrocessions » des années 1980 [13], en pays kanak la répartition des parcelles de terre est gérée par des groupes segmentaires agnatiques, couramment appelés « clan ». La propriété étant au départ, comme le formule C. Demmer, une « affaire qui concerne des groupes segmentaires agnatiques ayant créé un espace de vie commun » (Demmer 2010 : 386).

En sciences sociales, la question de la « terre » en Nouvelle-Calédonie (ses usages, ses restitutions, sa répartition, les conflits qui y sont liés etc.) a également été saisie de multiples manières par les chercheurs dont les discours ont parfois pu servir

---

11. Les travaux d'A. Bensa à propos de l'organisation foncière en pays kanak ont montré que dans l'aire Paicî (nord de la Grande Terre) ces lieux mythiques sont des « tertres » ou « tertres-lignages », « sites d'habitats qui remontent [...] jusqu'à [...] l'ancêtre de son clan » (Bensa 1995 : 27). Il s'agit en fait du lieu mythique d'origine d'un clan et auquel ce dernier demeure rattaché. Les « tertres » correspondent à des petites buttes de terres souvent encore bien visibles sur la Grande Terre.

12. Le terme de « propriétaire terrien » est le terme français utilisé pour désigner les possesseurs et usagers d'un territoire donné. Toutefois, et comme en Nouvelle-Zélande (Condevaux, ce volume), le système coutumier de tenure foncière ne contient en aucun cas l'équivalent de l'acception courante du mot « propriétaire », qui renvoie quant à elle au code civil napoléonien français.

13. Depuis les années 1980, de nombreuses tentatives de récupérations des terres et /ou de rétrocessions ont été mises en place.

d'arguments à des discours politiques variés. M. Naepels, par exemple, considère que, depuis les années 1960, elle y a été traitée autour de quatre grandes tendances (Naepels, 2010a). La première correspond aux travaux des années 1960-1970 et concerne la « question de la tenure foncière » que posait la densification des réserves en termes de démographie. La seconde est caractérisée par les travaux du géographe A. Saussol[14], qui a minutieusement analysé les différentes politiques foncières et notamment l'instauration des réserves en Nouvelle-Calédonie depuis la prise de possession de ce territoire par la France. La troisième est relative aux spoliations foncières et en particuliers aux « enjeux politiques liés à la terre » (Naepels 2010a : 247) qu'A. Bensa a étudié dans le détail pour la région Paicî sur la Grande Terre, en particulier dans les années 1980[15]. Enfin, la quatrième de ces tendances correspond à une situation plus actuelle, où la question foncière n'est plus analysée uniquement comme un « problème » à résoudre (Naepels 2010a : 247) mais bien comme l'élément d'un tout, celui-ci étant constitué par le contexte social et politique récent de la Nouvelle-Calédonie.

L'auteur nous invite ainsi à nous détacher de la question des revendications foncières et des conflits qu'elle a pu engendrer par le passé, pour traiter de la façon dont elle peut être appréhendée de manière peut-être plus locale et quotidienne. Dans le cas d'Ouvéa, cette démarche se justifie d'autant plus qu'en tant qu'ancienne réserve indigène intégrale jamais spoliée de ses terres, la question foncière ne s'y pose pas en termes de revendications, contrairement à ce qui existe ailleurs en Nouvelle-Calédonie. Ouvéa n'est en effet constituée que de « terres coutumières » et son patrimoine foncier actuel est organisé selon deux grandes catégories de terres. D'une part, les terres qui ont été cédées (et non vendues, bien que certaines aient été dans la pratique, partiellement monnayées) aux différentes institutions, et sur lesquelles ont été construits les bâtiments servant à la collectivité (le dispensaire, l'aérodrome, les bâtiments municipaux etc.) et, d'autre part celles qui sont, de manière générale, gérées selon des règles de la coutume.

3. Des terres gérées selon les règles de « la coutume »

La première grande catégorie de « terres » concerne celles qui sont gérées et organisées selon les règles de la coutume et que l'on appelle, pour cette raison, « terres coutumières ». Ces terres correspondent pour la plupart à d'anciennes terres de réserve et rappelons-le, l'intégralité de l'île d'Ouvéa avait été classée réserve indigène.

Pour les besoins de l'analyse, les terres qui relèvent de cette première catégorie seront ici distinguées en trois sous-catégories que nous décrirons tout au long de cette partie 3. Il s'agit des terres sur lesquelles les familles vivent, « les terres où l'on réside » ; des terres qui sont cultivées et ou travaillées (les champs ou les portions de

---

14. En particulier Saussol 1979.
15. Voir en particulier Bensa 1992.

cocoteraies où broute le bétail) ou encore celles sur lesquelles on poursuit des activités économiques (fonctionnement d'un magasin, d'un gîte ou d'une pompe à essence etc.), « les terres où l'on travaille ou que l'on travaille » ; et enfin les maisons communes et chefferies qui seront désignées ici comme « les espaces collectifs ».

Les terres où l'on habite

Celles qui sont désignées dans le cadre de cette analyse comme « les terres où l'on habite » sont directement liées au nom que l'on porte. « La coutume » veut qu'elles soient transmises comme le nom, c'est-à-dire de père en fils et de génération en génération. Si la transmission du nom se fait en principe à la naissance, ajoutons qu'à Ouvéa, les adoptions sont très nombreuses[16]. Elles concernent plutôt les enfants, mais il arrive que des adultes se fassent aussi adopter, la transmission des terres étant dans ces cas-là l'argument fréquemment invoqué. Un clan, par l'intermédiaire d'un foyer, adoptera par exemple un garçon (qui devient alors un fils) afin de s'assurer que les terres possédées par le clan continuent d'être associées à son nom.

Pendant l'enfance[17] (jusqu'à la puberté), garçons et filles cohabitent généralement avec leurs parents. À l'adolescence, les jeunes gens vont s'installer chacun de leur côté dans une case qui leur sera réservée, les garçons d'un côté et les filles de l'autre. Ces cases sont toujours construites par les jeunes garçons, et se trouvent à proximité de la maison des parents. « La coutume » veut que les adolescents y restent jusqu'à ce qu'ils se marient.

Une fois mariés, les hommes ont la responsabilité de construire la maison qui accueillera leur future famille. Si le terrain du père n'est pas suffisamment grand pour que le fils puisse y construire sa maison, le clan (par l'intermédiaire de son père) pourra donner au fils l'usage d'un autre terrain.

Quand elles se marient, les jeunes filles quittent leur clan paternel (auquel elles étaient rattachées depuis la naissance) pour rejoindre celui de leur mari. Les « épouses » habitent toujours avec leur mari, sur les terres du clan auquel il est rattaché. Il arrive parfois qu'un terrain (qui pourra être cultivé) soit donné en dot à une femme qui se marie. Lorsque cela se produit, il s'agit d'une parcelle qui lui est « personnelle » (la parcelle est en fait une propriété du clan paternel auquel elle appartient jusqu'à ce qu'elle le quitte par son mariage) et qui, à sa mort, reviendra à son fils aîné, la parcelle s'intégrant alors à la lignée du mari. On trouve néanmoins plus fréquemment le cas de terres simplement « prêtées »[18] et qui, après la mort de la femme, reviennent à son clan paternel.

---

16. À propos de l'adoption en pays kanak, voir Leblic, 2004.

17. Le terme français « enfance » ne décrit qu'une partie de la réalité sociale dans la mesure où en pays kanak on ne sort véritablement de l'enfance pour devenir adulte qu'une fois marié. À défaut, une personne sera considérée comme un « non-enfant » toute sa vie. À propos du mariage en pays kanak, voir Nicolas, 2012.

18. En pays kanak, un mariage entre un homme et une femme demeure une alliance de clans et est _

Quand une femme n'est pas mariée, elle est en principe à la charge de l'un de ses frères, et habite sur sa parcelle à lui. Il n'est pas rare de trouver des très grandes parcelles dont chacun des frères gère une portion, délimitée soit par des frontières végétales préexistantes aux maisons (cocotiers etc.), soit par des frontières érigées pour marquer des délimitations (clôtures etc.). Les frontières faisant référence à des éléments du paysage impliquent à Ouvéa comme en Nouvelle-Zélande, des « *inexactitudes et des imprécisions* » (voir Condevaux, ce volume) et sont, dans certains cas, la cause de litiges relatifs à la délimitation d'une parcelle. La figure 3 constitue un exemple de ces deux premiers cas de figure : la parcelle est partagée entre trois frères mariés et une de leur sœur qui ne l'est pas. Il n'existe pas de frontière matérielle entre chacune des « sections » néanmoins les entrées sont distinctes et l'entretien et l'organisation de chacune des « sections » est à la charge de l'un des frères, y compris celle de la sœur.

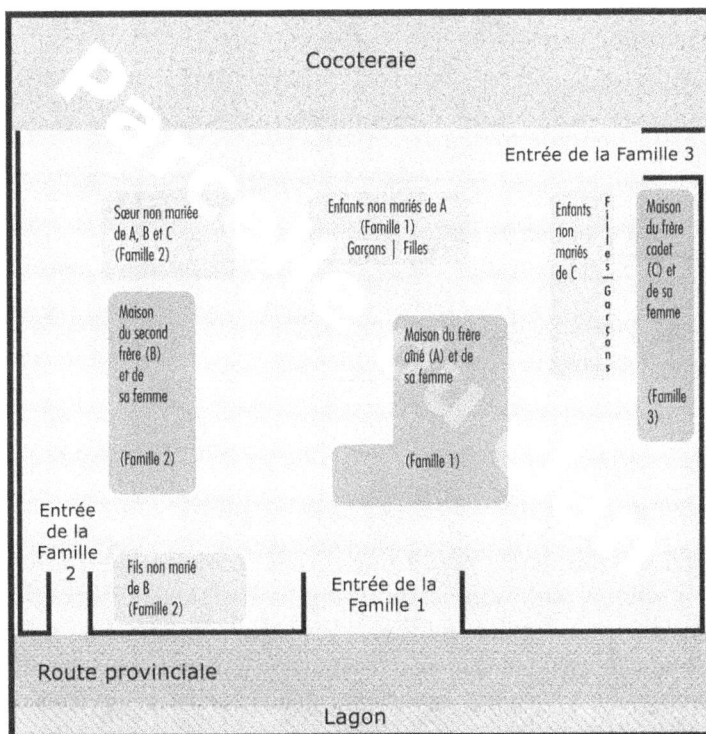

Figure 3 : Parcelle clanique partagée entre trois frères mariés et une des sœurs qui ne l'est pas

_soumise à leur approbation. Des échanges de biens et de discours ponctuent les différentes étapes du mariage (voir Nicolas 2012). En permettant au clan de jouir d'un terrain supplémentaire pendant un certain lapse de temps, via la femme qui en amène un ou plusieurs avec elle dans le clan de son mari, la puissance dudit clan peut s'en trouver ainsi renforcée.

La figure 4 quant à elle illustre un partage plus intergénérationnel, sans aucune frontière, d'une même parcelle.

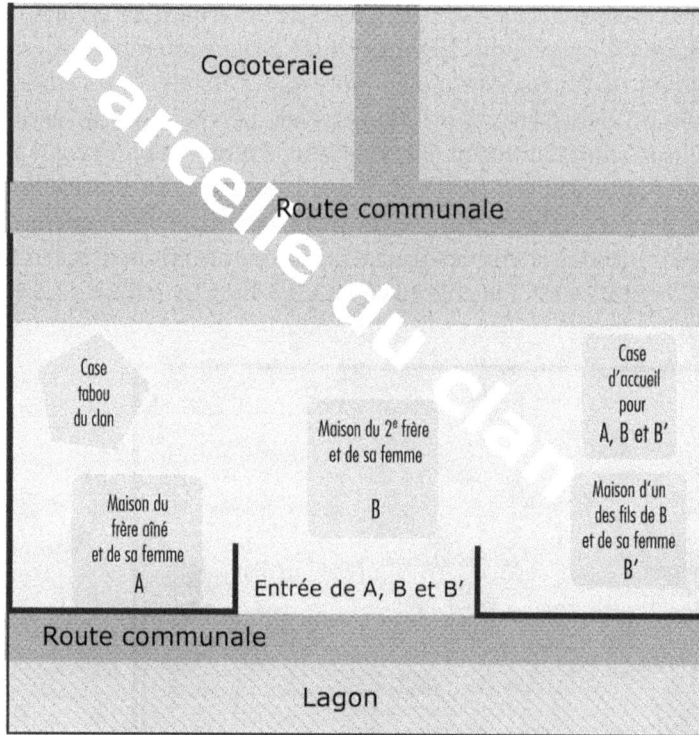

Figure 4 : Parcelle partagée de manière intergénérationnelle

Les terres où l'on travaille / que l'on travaille

Qu'il s'agisse de terres qui servent de support à une activité économique, de type magasin, gîte ou pompe à essence par exemple, ou bien de terres travaillées comme le sont les champs d'ignames ou de taros, la gestion est la même que pour les terres où l'on habite. Un certain nombre de terres est attribué dès la naissance par le clan, puis en fonction des besoins, il est possible de demander au clan le droit d'utiliser une ou des parcelle(s) supplémentaire(s).

Les territoires maritimes que l'on exploite selon certaines règles entrent également dans cette sous-catégorie des terres coutumières. M. Faurie, géographe, détaille les terrains que l'on travaille à Ouvéa :

Dans le nord d'Ouvéa, les champs se situent généralement aux abords directs des cases des tribus côté lagon (et comportent des patates douces, bananiers, agrumes, papayers, oignons…). D'autres sont situés dans la dépression inter-dunaire, inondée régulièrement (avec des taros et des patates douces) mais fertile. Certains champs sont encore conquis sur les terres coralliennes de la côte au vent, Ceu (avec entre autres des ignames, cannes à sucre, bananiers, oignons), notamment dans des petites dolines circulaires où se concentrent les poches de bonne terre. Enfin, des parcelles sont temporairement mises en valeur dans la cocoteraie (et comportent des patates douces et des ignames), ou sont encore aménagées dans des fosses inondées dédiées à la culture des taros d'eau. (Faurie 2011 : 22)

À Ouvéa comme ailleurs en Nouvelle-Calédonie, les terrains travaillés, quelle que soit leur taille, sont appelés « champs » en français (il y pousse patates douces, maniocs, taros etc.) et non « jardins » comme c'est par exemple le cas au Vanuatu. Il s'agit bien, toutefois, de terrains à vocation horticole. Le fagauvea comme le iaai (les deux langues vernaculaires d'Ouvéa) ne marquent pas de différence entre jardin et champ, les désignant tous deux par le terme *manaha* (littéralement champ ou jardin).

À Ouvéa, tout comme « les terres où l'on habite » détaillée ci-dessus, « les terres que l'on travaille » relèvent du clan et sont attribuées ou mises à disposition en fonction des disponibilités et des besoins de chacun. Les attributions se faisaient autrefois lors de longues discussions que concluaient souvent des palabres auxquels se substituent désormais des actes coutumiers. Bien que leur répartition entre les différents clans ou les différentes familles fasse le plus souvent consensus, les désaccords concernant les « vrais » propriétaires, ceux qui sont les plus légitimes pour se réclamer « propriétaire » de terrains, sont très fréquents et font écho à ce qu'E. Fache dit des « *asymétries intrinsèques à tout processus de reconnaissance* » dans son texte sur la propriété foncière dans le Territoire du Nord de l'Australie (voir Fache, ce volume). Ces conflits portant sur la légitimité de celui qui se revendique « propriétaire » d'un terrain concernent particulièrement des zones où peu de terres sont habitées ou cultivées, comme en forêt ou là où la brousse est dense qui sont des endroits moins fréquentés et où la végétation abondante rend difficile l'installation de « frontières ».

Les espaces collectifs

La dernière sous-catégorie de « terres coutumières » est constituée des « espaces collectifs » tels que ce qui est localement désigné comme une « maison commune » et qui existe dans toutes les tribus. Construites « en dur » et propriété commune de tous les habitants de la tribu dans laquelle elles sont construites, elles sont surtout destinées aux diverses associations locales[19] qui s'y réunissent et/ou y conduisent des projets.

---

19. En majorité les associations des femmes, de jeunes ou encore des associations sportives.

En revanche, les modalités de l'utilisation du local (distribution des clés, stock du mobilier etc.) et du terrain sur lequel il est construit varient dans chacune des tribus. Les décisions à ce sujet sont en effet prises au sein de la chefferie concernée. À titre d'exemple, les clés du local peuvent être sous la responsabilité d'un président d'association, dans d'autres du porte-parole de la chefferie.

La chefferie[20] est à Ouvéa, comme ailleurs en pays kanak, un instrument de la vie politique plutôt ancien qui fait partie de « la coutume », laquelle est revendiquée par beaucoup comme étant l'essence de la culture kanake. Dans le cas d'Ouvéa, la chefferie désigne aussi une organisation territoriale dans la mesure où elle circonscrit également un espace au sein duquel sont regroupées les différentes familles et clans. La chefferie est donc à la fois un espace politique, par ailleurs fortement hiérarchisé, ainsi qu'un espace de résidence, qui est d'abord au chef avant d'être collectif. Dans le langage courant, on appelle aussi « chefferie » l'espace du chef (qui comprend notamment la maison où il habite), lequel est très clairement délimité par des grandes barrières de bois à la différence de la Grande Terre.

En tant que lieu et dans certaines circonstances (en particulier lors de travaux coutumiers), la « chefferie » peut toutefois constituer comme un espace collectif où les membres des clans qui la composent ainsi que ceux de clans « invités » pour l'occasion, peuvent être accueillis. Les grandes barrières de bois mentionnées plus haut existent à Heo et à Muli (figure 5) sur la photographie ci-contre (mais aussi à Takedji et à Weneki). Ces grandes barrières de bois, *hak* en iaai et *lokotolo* en fagauvea, matérialisent des frontières qui ne peuvent être franchies que selon certaines modalités (être accompagné du porte-parole de la chefferie, lorsqu'une autorisation doit être demandée etc.). La plupart des chefferies d'Ouvéa n'ont cependant pas de barrières aussi grandes et ce sont souvent des cailloux ou des petites haies qui délimitent l'espace.

4. Des terrains cédés

La deuxième catégorie de terres qui existe à Ouvéa concerne les terrains que les Kanaks présentent aujourd'hui comme ayant été « cédés », aux Églises d'abord et à des collectivités publiques ensuite. Elles seront décrites tout au long de cette partie 4.

Les « terrains cédés » sont des parcelles de terres qui relevaient d'un clan ou d'une chefferie et qui ont fait l'objet d'une demande, de la part des institutions

---

20. En iaai, la chefferie se dit *hnyeule* (chefferie, lieu entouré de barrière, de cailloux – ou champ, c'est le contexte qui donne le sens) ou *hunhamhi*. En fagauvea on dira *mahale efa* (littéralement maison grande) ou *lokotolo* (le même terme que celui utilisé pour désigner les barrières qui entourent les chefferies). La chefferie kanake a fait l'objet de nombreux écrits. Voir notamment Bensa et Rivierre, 1982 ; Bensa, 1995 et 2000 ; Demmer, 2002 ; Douglas, 1979 ; Guiart, 1992 ; Nayral, 2013.

Figure 5 : La grande chefferie de Muli (vue de l'extérieur).

concernées, généralement dans un contexte d'aménagement du territoire. La cession de ces terrains a été longuement discutée avec ceux qui se disaient propriétaires de ces parcelles avant de les céder. « Palabrer », le verbe, ou « palabre » le substantif, termes français, ont depuis été repris localement et sont désormais utilisés pour désigner des négociations foncières ayant lieu au sein du système coutumier et selon ses règles, c'est-à-dire, en principe, à l'abri des regards extérieurs et lors de discussions censées aboutir à un consensus final. Jusqu'à la récente instauration des « actes coutumiers » (en 2007, voir ci-dessous), un « palabre » permettait l'identification des « propriétaires » d'une parcelle X, selon divers critères. Par exemple, telle personne a l'usage d'une parcelle Y qui se trouve à tant de kilomètres de l'église, telle autre personne cultive un champ à telle distance de la parcelle Z etc. Le « palabre » faisait office d'autorisation d'utiliser la parcelle pour un usage défini (habitation, champ, etc.). Jusqu'à la création des actes coutumiers, à Ouvéa, les « palabres » étaient mis par écrit par la gendarmerie et validés par le service juridique de la province des Îles à Lifou. Aujourd'hui, depuis la loi du 15 janvier 2007 relative aux actes coutumiers « [l]e palabre est une discussion organisée selon les usages de la coutume kanak, à l'issue de laquelle une décision coutumière est adoptée » (Art. 1er loi de pays du 15 janvier 2007). Le « palabre » est désormais signé par un OPC, Officier Populaire Coutumier, qui en établi le procès-verbal dans un « acte coutumier ».

Des parcelles pour les Églises

Les terres cédées comptent d'abord celles qui ont été octroyées aux Églises. Il faut savoir que dans les années 1850 à Ouvéa, avant même la prise de possession de la Nouvelle-Calédonie par la France, certaines parcelles leur avaient été accordées. Ces parcelles étaient destinées à accueillir la construction de lieux de culte ainsi que des populations regroupées autour de ces mêmes lieux de culte. Cette pratique a d'ailleurs eu des répercussions linguistiques puisqu'aujourd'hui, en langue Iaai, le mot pour dire tribu est *Hneuhnahmi*, ce qui signifie littéralement « l'endroit où l'on prie ».

Jusque dans les années 1950, les clans de la tribu de Hnimähä dans le centre d'Ouvéa côté lagon étaient partie intégrante de la chefferie de Banutr. Ils occupaient alors des terres en forêt, relativement éloignées de l'endroit où avait été construit le temple protestant. Afin de faciliter leurs déplacements, la chefferie de Banutr avait alors consenti à leur donner des parcelles leur permettant d'avoir un « pied à terre » à proximité du temple où ils finirent par s'établir de manière permanente.

Ainsi, les premiers terrains cédés sont ceux que les chefs avaient décidé d'octroyer aux missionnaires protestants d'abord, catholiques ensuite, durant la deuxième moitié du XIXe siècle. Ces derniers y ont fait construire trois églises et des chapelles, une dizaine de temples, des bâtiments prévus pour accueillir les religieuses et les pasteurs ainsi que des écoles primaires (privées, sous contrat avec l'État). Tous ces bâtiments sont aujourd'hui gérés par les institutions religieuses de la Nouvelle-Calédonie dont ils relèvent, en partenariat avec les associations qui gèrent les écoles privées sur le territoire ainsi que par des fidèles des tribus où ces bâtiments sont implantés.

Des parcelles cédées pour « l'intérêt général »

Les terres cédées comptent également des parcelles cédées à diverses collectivités. En plus de celles déjà mises à disposition des Églises, d'autres parcelles ont en effet été octroyées aux diverses administrations au fil des ans. Par exemple pour la mise en place de la commune d'Ouvéa telle qu'elle existe aujourd'hui (depuis 1969[21]) afin

---

21. On sait que des Commissions municipales ont été créées « en brousse » à partir de 1879, pour les Européens. Lors des élections municipales de 1947, pour la première fois, quatre Commissions municipales incluent un élu mélanésien. En 1953, un long et tumultueux débat se solde par l'ouverture des Commissions municipales aux Mélanésiens (au sein des Commissions municipales existantes) ainsi que par la création de « Commissions Régionales » dans chacune des îles Loyauté. Cette modification sera effective à partir des élections municipales d'octobre 1954 qui eurent lieu dans certains endroits de la Nouvelle-Calédonie et il est fort probable que des élections pour la Commission régionale d'Ouvéa aient eu lieu à Ouvéa à cette même date, en octobre 1954 (une grande partie des archives municipales d'Ouvéa ont été détruites dans un incendie en 1988). En 1961, les Commissions municipales de même que les Commissions régionales deviennent des « municipalités ». Enfin en 1969, les municipalités sont transformées en communes de plein exercice (Trépied 2012, Communication personnelle).

de bâtir la mairie ainsi que la gendarmerie, pour la construction de certains bâtiments « publics » comme les écoles maternelles (à raison d'une par tribu), l'aérodrome (à Hulup) ou encore le dispensaire. D'autres encore ont fait l'objet de nouvelles négociations, en particulier celles sur lesquelles se trouvent désormais la média-thèque d'Ouvéa, le marché communal ainsi qu'une conserverie de poissons établie tout récemment (2010). L'État en a la jouissance mais pas la possession en dépit du fait qu'ils relèvent de l'espace public. Ces parcelles ne relèvent donc pas du droit commun car la commune n'est pas propriétaire du terrain sur lequel reposent ses infrastructures.

Il en est de même pour les parcelles qui ont été cédées à la Province des Îles au fur et à mesure des années, laquelle en assure désormais la gestion. Ainsi, une immense parcelle accueille aujourd'hui le dispensaire central de Fajawe (et ses deux annexes) ainsi que des logements pour les personnels soignants ; une autre héberge le bâtiment des bureaux de la Province à Hwadrilla ; sur d'autres parcelles on trouve le quai où accostent les cargos qui approvisionnent l'île en marchandises et biens de consommation (localement désigné comme « le warf »), et l'aérodrome d'Hulup qui relie quotidiennement Ouvéa à Nouméa. La route principale d'Ouvéa, longue d'une vingtaine de kilomètres est elle aussi gérée et entretenue par la Province, de même que la toute récente école de voile.

Enfin, depuis la création du Sénat coutumier en 1998, l'aire coutumière[22] Iaai est censée disposer d'un local sur place. À Ouvéa, le bâtiment est en construction depuis la fin de l'année 2010 (à Hulup, à proximité du dispensaire). Le premier bâtiment (et les archives qu'il contenait) avait en effet été incendié de manière criminelle[23] et les démarches pour trouver un nouveau terrain d'accueil ont ensuite duré plusieurs années. En attendant que la construction du nouveau bâtiment soit achevée, le personnel de l'aire coutumière est accueilli dans une salle de la mairie (à Hwadrilla).

---

22. La Nouvelle-Calédonie est subdivisée en huit aires dites coutumières. Ouvéa en constitue une, « l'aire iaai », du deuxième nom de cette île et de l'une des deux langues qui y sont parlées. Chaque aire coutumière compte deux représentants qui siègent au Sénat coutumier qui se trouve à Nouméa, les « sénateurs coutumiers ». Le « Sénat coutumier » est composé de tous les administratifs de toutes les aires coutumières ainsi que de tous les sénateurs coutumiers qui sont désignés par les membres de leur aire coutumière de rattachement, pour un mandat de X années, selon des modalités qui varient en fonction des aires. Le « Sénat coutumier » est saisi de tous projets et propositions de loi du pays relatifs aux signes identitaires, au statut civil coutumier et au régime des terres coutumières, aux procès-verbaux de palabres. Il dispose de la faculté de saisir le gouvernement, le congrès ou une province concernant toute proposition relative à l'identité kanak, mais le « Sénat coutumier » n'a aucun pouvoir exécutif et il n'est que consultatif.

23. L'auteur de cet incendie avec lequel j'ai pu travailler justifie cette action par une opposition politique à la signature des Accords de Matignon. Les aires coutumières étant des institutions créées par ces accords, brûler le local de l'aire coutumière d'Ouvéa se voulait être un acte symbolisant cette opposition politique.

Rappelons que même si des compensations financières ont parfois pu être versées (de manière plus ou moins officielle), aucune de ces parcelles n'a été vendue et ne pourra l'être par la suite. Rappelons également que dès lors que des parcelles sont cédées[24], leur gestion ne peut, en principe, plus dépendre des propriétaires initiaux.

Aucune des terres d'Ouvéa ne peut être vendue et toutes les parcelles cédées sont celles qui relèvent du « droit coutumier » ou ancien droit particulier.
Comme le stipule l'article 18 de la loi organique de 1999 :

> Sont régis par la coutume les terres coutumières et les biens qui y sont situés appartenant aux personnes ayant le statut civil coutumier. Les terres coutumières sont constituées des réserves, des terres attribuées aux groupements de droit particulier local et des terres qui ont été ou sont attribuées par les collectivités territoriales ou les établissements publics fonciers, pour répondre aux demandes exprimées au titre du lien à la terre. Elles incluent les immeubles domaniaux cédés aux propriétaires coutumiers. Les terres coutumières sont inaliénables, incessibles, incommutables et insaisissables. (Art. 18 de la Loi organique de 1999).

Quand les « palabres » sont remis en question

Nous l'avons vu, les cessions de parcelles, auparavant conclus par des palabres et aujourd'hui par des actes coutumiers, supposent que l'usufruit de la terre cédée n'appartienne pas à celui avec qui le palabre a été discuté. De la même manière, ils supposent que les héritiers de celui qui ont effectué ce contrat ne sont pas censés pouvoir revenir dessus. Pourtant, ces situations existent :

> M.T.: Ce qu'il faut savoir maintenant. C'est que. Même, quand les coutumiers cèdent le terrain, tôt ou tard, ce terrain est toujours revendiqué. C'est un peu ce qu'on a à certains endroits où il y a eu un palabre, par exemple l'aérodrome : on est en train de refaire un acte coutumier, alors qu'à l'époque les vieux avaient déjà palabré, et aujourd'hui… les enfants ne sont plus d'accord ! Et ils reviennent sur le palabre qui a été signé par les anciens. […] Et pour le refaire ? Il faut qu'on rediscute ! C'est ce que nous faisons aujourd'hui. Nous rediscutons sur le palabre qui a déjà été fait. Pour refaire par-dessus, un nouvel acte coutumier !

> M.N.: Par rapport à ce cas précis de l'aérodrome, on peut « casser » le palabre signé, l'annuler ?

> M.T.: […] C'est-à-dire, l'aérodrome reste, mais c'est plutôt l'agrandissement. […] À l'époque les vieux, ils avaient cédé une partie qu'on nous demande de renégocier aujourd'hui.

---

24. Les terres de réserves ou terres coutumières étant incommutables, inaliénables et insaisissables, la seule forme juridique autorisée pour les « céder » ou les « confier » est le bail de location (qui est assimilé à des baux emphytéotiques).

Mais cette partie, ils l'avaient déjà cédée ! Ils l'avaient cédée en 1959, ils avaient dit, un jour, ça deviendra un grand aéroport, donc il nous faut palabrer aujourd'hui. […] Les vieux ils ont donc donné, ils ont signé, et aujourd'hui les enfants ? Et ben ils sont pas d'accord ! Ils ne sont pas d'accord et ils veulent revenir dessus ! » (Entretien réalisé avec M. Tillewa en novembre 2010 à la mairie d'Ouvéa).

Les problèmes posés par l'agrandissement de l'aérodrome d'Ouvéa présentés ci-dessus imposent de tenter de comprendre cette situation ainsi que l'état de colère du maire, M. Tillewa, qui la décrit.

À Ouvéa l'aérodrome ainsi que le quai où accostent les cargos, « le warf », sont gérés par la Province des Îles. Celle-ci dispose également de la gestion de la route (en gras dans la carte ci-dessous) qui relie tous les lieux dont elle a la compétence (voir *infra*).

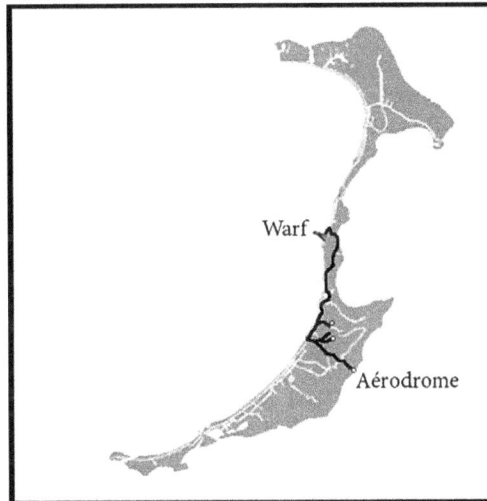

Figure 6 : Carte d'Ouvéa matérialisant les portions de route gérées par la Province des Îles
(Carte réalisée par l'auteure).

En 2010, la Province des Îles décide d'entreprendre un chantier de rénovation de la portion de la route dont elle assure la gestion (en gras sur la carte). Les marchandises et engins de chantier n'étant pas disponibles à Ouvéa, la Province opte pour faire venir sur l'île, au moyen de cargos spécialement affrétés, les engins et matériaux nécessaires.

L'acheminement de rouleaux compresseurs, marteaux-piqueurs, sable etc. étant particulièrement onéreux, la Province décide de profiter du matériel, qui sera alors

Figure 7 : Le warf d'Ouvéa.
Débarquement de marchandises
(©Nayral, novembre 2010).

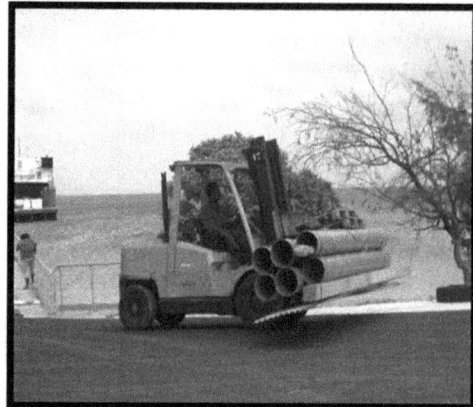

Figure 8 : Débarquement
de marchandises au warf d'Ouvéa
(©Nayral, novembre 2010).

disponible sur place, pour entamer, une fois les travaux sur la route terminés, un chantier d'agrandissement de l'aérodrome de Hulup. Cette extension est prévue dans le palabre de cession de parcelles pour la construction et l'agrandissement (ultérieur) de l'aérodrome d'Ouvéa signé en 1959.

Les parcelles destinées à l'agrandissement appartenant à des clans de Hulup (comme celles sur lesquelles l'aérodrome a été construit), des représentants de la Province des Îles se rendent auprès des représentants de ces clans pour les informer du commencement prochain du chantier. Or, loin de se conformer aux termes du palabre signé par leurs aïeux en 1959, ces derniers ne souhaitent pas céder davantage de terres à la Province des Îles, estimant le projet fort coûteux et inutile. Le maire, en qui la Province des Îles voit un intermédiaire adéquat, est ainsi saisi du dossier. Il est sommé d'aller renégocier, avec l'aide de représentants de l'« aire iaai », ces parcelles de terres auprès des membres des clans de Hulup concernés, afin que le chantier puisse être immédiatement lancé une fois celui de la route achevé. En effet, en tant que collectivité subventionnée par la France, la Province des Îles reçoit un certain nombre d'enveloppes budgétaires qui doivent être dépensées dans un temps imparti sous peine d'être ajournées (rarement) ou annulées (la plupart du temps).

La colère exprimée par le maire dans l'extrait d'entretien ci-dessus, est en fait liée à la crainte de perdre l'enveloppe budgétaire prévue pour l'extension de l'aérodrome, ce qui aurait pour conséquence de ne jamais le voir agrandi. Le maire est dans une position difficile, et particulièrement intéressante à analyser, dans la mesure où en négociant une nouvelle fois des parcelles de terres, il doit en fait jouer d'une part avec « la coutume », et la manière qu'elle a de gérer le foncier ; et d'autre part avec l'État, qui, en se fondant sur des bases totalement différentes, impose que les travaux commencent dans un temps donné sous peine d'annuler les financements.

On sait que d'autres situations de ce type existent partout en pays kanak. Ceci nous conduit à insister sur le fait que la norme de « la coutume » consiste justement à pouvoir être renégociée, comme ailleurs en Océanie où le système de droit est oral et non écrit. Cet exemple doit par ailleurs nous inciter à réfléchir non sur le décalage entre les normes et la pratique de « la coutume », mais sur « la coutume » elle-même en tant qu'objet dynamique d'une part et d'autre part sur le fait qu'elle constitue aussi un système juridique, qui dans le cas présenté ici, apparaît comme plus souple que le système juridique français.

Conclusion

Aujourd'hui en Nouvelle-Calédonie, sur la Grande Terre, l'un des enjeux des revendications indépendantistes demeure lié aux modalités de « récupération » et d'occupation des terres (à l'image de ce que l'on peut par exemple observer par ailleurs dans le Territoire du Nord de l'Australie, voir Fache, ce volume). À Ouvéa, le problème se pose autrement et on y observe un équilibre raisonnable dans la gestion des terres.

D'une part, depuis la colonisation française et dans un but dit d'intérêt général, certaines parcelles ont été cédées à des collectivités. Il semble que ces dernières parviennent à obtenir, lorsque nécessaire, l'usage d'une parcelle de terre appropriée à la réalisation d'un projet collectif (dispensaire, bâtiment communal etc.). D'autre part, Ouvéa, auparavant répertoriée comme une « réserve indigène » n'est aujourd'hui constituée que de terres dites « coutumières » qui, sous tutelle de l'État, sont gérées par les Kanaks selon les règles de la coutume.

Nous l'avons vu avec le cas de l'agrandissement de l'aérodrome de Hulup, cette situation n'exclut toutefois pas complètement l'existence de conflits fonciers. En principe, les termes du contrat ne sont pas renégociables une fois signés, mais ils font néanmoins parfois l'objet de contestations *a posteriori* devenant ainsi un cas de « problème foncier » qui peut être plus ou moins problématique selon les situations. L'autre type de « problème foncier » concerne la légitimité de certains à se revendiquer « propriétaires terriens » d'une (ou plusieurs) parcelle(s), ce qui peut entraîner des querelles. Selon les situations, celles-ci peuvent être rég(u)lées au sein même de la famille, du clan ou de la chefferie concernée en prenant, là aussi, des proportions diverses selon les cas pouvant mener à la scission d'une chefferie comme c'est aujourd'hui le cas dans une chefferie du nord d'Ouvéa.

Toutefois, en dépit de quelques cas de problématiques, la gestion des terres coutumières à Ouvéa ne semble pas poser de problème majeur. Il semblerait cependant qu'il n'en soit pas de même pour son territoire maritime et ses ressources. À Ouvéa (comme ailleurs en pays kanak), hormis les parcelles cédées, la terre est toujours la « propriété » d'un groupe et son usage relève donc d'une autorité définie. Ceci est également valable pour l'espace maritime qui entoure l'île, ce qui soulève directement la question des droits d'usage du territoire en général, et maritime en particulier et ce d'autant plus que l'activité de pêche y est soutenue et que certains coraux ont des noms qui les relient directement à certains clans. Ainsi une typologie complète du système foncier d'Ouvéa nécessite désormais la réalisation d'une étude détaillée de son patrimoine foncier maritime et en particulier de l'usage qui peut en être fait, et pour laquelle le présent chapitre devrait pouvoir constituer une base.

Bibliographie

Agniel, Guy
2008   « Statut coutumier kanak et juridiction de droit commun en Nouvelle-Calédonie ». *Aspects*, 3 : 81-96.

Amselle, Jean-Louis
1992   « Terre kanak : enjeu politique d'hier et d'aujourd'hui. Esquisse d'un modèle comparatif ». *Études rurales*, 127-128 : 107-131.

Bensa, Alban
1992   « Terre kanak : Enjeu politique d'hier et d'aujourd'hui Esquisse d'un modèle comparatif ». *Études rurales* 127/128 : 107-131.
1995   *Chroniques kanak. L'ethnologie en marche.* Paris : Ethnies, Peuples autochtones et développement.
2000   « Le chef kanak. Les modèles et l'histoire ». In A. Bensa et I. Leblic (eds), *En Pays Kanak. Ethnologie, Linguistique, Archéologie, Histoire De La Nouvelle-Calédonie.* Paris : Éditions de la Maison des Sciences de l'Homme, p. 9-48.

Bensa, Alban et Rivierre Jean Claude
1982   *Les chemins de l'alliance. L'organisation sociale et ses représentations en Nouvelle-Calédonie.* Paris : SELAF.

Christnacht, Alain
1987   *La Nouvelle-Calédonie.* Paris : la Documentation française (Notes et études documentaires, N° 4839)

Dauphiné, Joël
1996   « Religion et politique dans l'île d'Ouvéa (1848-1865) ». In *Christianisation et politique en Nouvelle-Calédonie au XIXᵉ siècle.* Archives du territoire de NC, Nouméa : Centre territorial de recherche et de documentation pédagogiques (*Points d'histoire*, N° 11), p. 7-38.
1989   *Les spoliations foncières en Nouvelle-Calédonie (1853-1913).* Paris : L'Harmattan.

Demmer, Christine
2000   Les héritiers d'Éloi Machoro (1941-1985) : une génération nationaliste au pouvoir à Amââ et Kûöö, villages de Xârâcùù (Canala), Nouvelle-Calédonie. Thèse de Doctorat, École des Hautes Études en Sciences Sociales.
2010   « Nouveaux enjeux fonciers et évolution du nationalisme kanak après l'accord de Nouméa, Nouvelle-Calédonie. Un éclairage sur des projets de société successifs ». In J.-P. Jacob et

P.-Y. Le Meur (eds), *Politique de la terre et de l'appartenance. Droits fonciers et citoyenneté locale dans les sociétés du Sud*. Paris : Karthala, p. 375-402.

Douglas, Bronwen
1979   « Rank, power, authority : a reassessment of traditional leadership in South Pacific societies ». *Journal of Pacific History*, (14) : 2-27.

Faurie, Mathias
2011   Ouvéa : le sanctuaire Kanak. Dynamiques patrimoniales et recompositions territoriales en Nouvelle-Calédonie. Thèse de Doctorat, Université Paris IV-Sorbonne, Paris.

Guiart, Jean
1992   *La chefferie en Mélanésie*, Seconde édition remaniée et augmentée. Paris : Institut d'ethnologie, vol. I.

Howe, Kerry Ross
1977   *The Loyalty Islands : a history of culture contacts, 1840-1900*. Canberra : Australian National University Press.

Lafargue, Régis et Nicolau Gilda
2003   *La coutume judiciaire en Nouvelle-Calédonie : aux sources d'un droit commun coutumier*. Aix-en-Provence : Presses universitaires d'Aix-Marseille.

Leblic, Isabelle
1993   *Les Kanak face au développement*. Nouméa-Grenoble : ADCK-Presses universitaires de Grenoble.
2004   *De l'adoption : des pratiques de filiation différentes*. Clermont-Ferrand : Presses universitaires Blaise Pascal, coll. Anthropologie.

Merle, Isabelle
1995   *Expériences coloniales. La Nouvelle-Calédonie (1853-1920)*. Paris : Belin.
1998   « La construction d'un droit foncier colonial. De la propriété collective à la constitution des réserves en Nouvelle-Calédonie ». *Enquête*, 7 : 97-126.
2010   « Du sujet à l'autochtone en passant par le citoyen. Les méandres, enjeux et ambiguïtés de la définition du statut des personnes en situation coloniale et postcoloniale. Pour exemple, la Nouvelle-Calédonie ». In E. Faugère et I. Merle (eds), *La Nouvelle-Calédonie, vers un destin commun ?* Paris : Karthala, p. 19-37.

Mokaddem, Hamid
2005   *Conjoncture politique de la Nouvelle-Calédonie*. Nouméa : Expressions.

Naepels, Michel
1998   *Histoires de terres kanakes : conflits fonciers et rapports sociaux dans la région de Houaïlou (Nouvelle-Calédonie)*. Paris : Belin.
2010a   « Épilogue ». In E. Faugère et I. Merle (eds), *La Nouvelle-Calédonie, vers un destin commun ?* Paris : Karthala, p. 245-258.
2010b   « Le devenir colonial d'une chefferie kanake (Houaïlou, Nouvelle-Calédonie) ». Annales. *Histoire, Sciences Sociales*, 2010/4 : 913-943.

Nayral, Mélissa

2013   Le chantier du politique. Étude anthropologique de la vie politique à Ouvéa (Nouvelle-Calédonie). Thèse de Doctorat, Aix-Marseille Université.

Nicolas, Hélène

2012   La fabrique des époux. Approche anthropologique et historique du mariage, de la conjugalité et du genre (Lifou, Nouvelle-Calédonie). Thèse de Doctorat, Université de Provence Aix-Marseille I.

Saussol, Alain

1985   « La terre et la confrontation des hommes en Nouvelle-Calédonie », *Les Temps modernes*, 41ᵉ année, n° 464, Paris, mars, p. 1612-1622.

1971   « La propriété foncière mélanésienne et le problème des réserves en Grande Terre néo-calédonienne ». *Cahiers du Pacifique*, 15 : 83-125.

1979   *L'héritage. Essai sur le problème foncier mélanésien en Nouvelle-Calédonie.* Paris : Musée de l'Homme.

2011   « Retour à Hienghène : une vallée calédonienne de la colonisation à l'espace post-colonial ». *Journal de la Société des Océanistes*, 132 : 77-92.

Trépied, Benoît

2010   « Deux couleurs, un seul peuple ? Les paradoxes de l'Union Calédonienne pré-indépendantiste dans la commune de Koné ». In E. Faugère et I. Merle (eds). *La Nouvelle-Calédonie, vers un destin commun ?* Paris : Karthala, p. 61-79.

Métissages juridiques aux Samoa américaines : entre fixation légale de la tenure foncière coutumière et manipulation des pratiques autour de la propriété des terres

Marieke Blondet

De manière générale les sociétés du Pacifique, jusqu'à la colonisation, ont connu un système foncier communautaire selon lequel les terres étaient détenues et utilisées par un groupe de parenté en entier et non par des individus isolés. Avec l'arrivée des colons européens, cependant, ces sociétés virent cette organisation se transformer sous l'influence des Occidentaux, qui introduisirent notamment la notion de propriété privée. Les législations qui, aujourd'hui, régissent l'accès aux terres dans les États du Pacifique sont issues de cette histoire coloniale et affectent la manière dont les Océaniens se représentent la terre, l'utilisent et réclament des droits sur ces espaces. Aux Samoa américaines, bien que le sol soit encore largement sous le coup d'une propriété communautaire coutumière, son accès, et le droit de l'acheter, de le vendre et de l'utiliser ont été, au fil du temps, inscrits dans les textes de lois mis en place par l'administration américaine ; aujourd'hui, le système juridique du territoire est un héritage à la fois de la coutume samoane et du droit américain.

Dans cet article, j'expliquerai en premier lieu la manière dont cette forme de métissage juridique s'est historiquement mise en place. Je décrirai ensuite le droit samoan américain contemporain en matière de propriété foncière, en revenant plus particulièrement sur les transformations récentes affectant la société de ces îles et en montrant le rôle joué dans ce processus par le droit et la Haute cour de justice des Samoa américaines. Enfin j'analyserai, à partir du cas précis de la création d'un Parc national, les conséquences de ces changements sur la propriété foncière et la perception contemporaine que les Samoans américains ont de leurs terres.

Les Samoa américaines sont un petit territoire insulaire du Pacifique associé aux États-Unis depuis 1900. Les cinq îles et deux atolls qui les composent faisaient à l'origine partie du même groupe que les Samoa occidentales. En effet, cet archipel a été, au cours de la seconde moitié du XIX siècle, le théâtre d'intenses compétitions entre l'Allemagne, la Grande-Bretagne et les États-Unis, chacun étant à la recherche de ports d'escale amis pour leurs traversées en direction du très convoité marché chinois et des nouveaux territoires australiens et néo-zélandais (Heffer 1995). Entre 1847 et 1861, les trois puissances établirent des comptoirs et des postes diplomatiques dans l'archipel et y développèrent des plantations de coprah (les Allemands principalement). Elles commencèrent aussi à intervenir dans les politiques locales ; des alliances avec certains chefs samoans furent convenues et certains privilèges obtenus, comme celui d'acquérir des terres. À l'époque, de nombreux conflits armés avaient lieu entre chefferies samoanes, menaçant aussi les intérêts respectifs des trois puissances coloniales. Ces dernières en vinrent à intervenir davantage et à signer en 1889 le Traité de Berlin (Gray 1980 : 46). L'objectif était alors de restaurer le calme et l'ordre nécessaire à leurs entreprises en mettant en place un condominium anglais, allemand et américain pour préserver leurs propres droits tout en laissant leur indépendance aux Samoans. Cependant, les conflits entre factions samoanes et les rivalités entre les trois puissances perdurèrent, conduisant à l'échec de l'accord de Berlin. L'Allemagne, le Royaume-Uni et les États-Unis, lors de la Convention tripartite de 1899 à Washington, mirent alors fin au condominium et se répartirent l'administration des îles. Celles situées à l'est du 171ᵉ méridien passèrent sous la juridiction du Département américain de la Navy le 19 février 1900 (US Congres 1988 : 5), devenant les Samoa américaines. Les îles à l'ouest du méridien passèrent sous juridiction exclusive des Allemands avant d'être administrées par la Grande-Bretagne puis la Nouvelle-Zélande après la seconde guerre mondiale — ces îles constituent aujourd'hui un État indépendant (depuis 1962) nommé Samoa occidentales ou Samoa indépendantes. Les Anglais, eux, se virent reconnaître autorité sur Tonga, les îles Salomon et certains territoires disputés d'Afrique de l'ouest.

Le droit foncier aux Samoa américaines : entre coutume et loi étatique

Lorsque les Européens arrivèrent en Polynésie, ils rencontrèrent des systèmes légaux autochtones organisés. En effet, si comme le faisait remarquer Radcliffe-Brown (1968 : 301), ces sociétés orales ne connaissaient pas d'autorité légale comme celles que l'on rencontrait alors dans les sociétés occidentales pour lesquelles la loi était consignée par écrit, elles possédaient néanmoins une forme de pouvoir exécutif qui constituait et représentait la loi. Les Européens, par conséquent, identifièrent des caractéristiques communes au droit européen et aux systèmes coutumiers polynésiens.

Face à ces systèmes coutumiers, les pouvoirs coloniaux trouvèrent souvent plus facile de s'appuyer sur l'autorité légale attribuée aux chefs polynésiens plutôt que de la remplacer par un autre système importé ; l'exemple le plus marquant étant l'*Indirect Rule* des Britanniques[1]. Chaque puissance coloniale négocia donc, au cas par cas,

---

1. Ce régime fut expérimenté par les Britanniques dans ce qui deviendrait le Canada dès 1774 (Bariteau 2000). Il a été particulièrement appliqué dans les colonies britanniques africaines et dans l'Empire britannique des Indes lorsqu'il était trop difficile de déployer, sur les territoires conquis et pacifiés, une administration coloniale d'occupation suffisante. L'administration des territoires sous l'*Indirect Rule* était alors confiée à des chefs autochtones au profit de la nation britannique. Ces leaders traditionnels garantissaient des avantages commerciaux et versaient l'impôt à la Grande-Bretagne qui en échange assurait militairement l'autorité de ces chefs.

la mise en place de systèmes exécutifs et juridiques reflétant à la fois leur héritage légal occidental et les formes d'autorité traditionnelle polynésienne telles qu'elle les comprenait.

Les États du Pacifique contemporain sont donc les héritiers de ces systèmes juridiques originaux et hybrides décrits par Scaglion (1999) comme un « pluralisme légal ». Ce concept a été largement utilisé pour décrire les systèmes juridiques qui virent le jour à l'issue des indépendances des anciennes colonies européennes, notamment dans le Pacifique (Bambridge & Neuffer 2002, Weisbrot 1989). Cette notion de pluralisme légal implique l'existence simultanée, au sein d'un même dispositif juridique, de différents types de systèmes légaux ; soit l'articulation entre les principes de la loi coutumière endogène et ceux du droit introduit par les autorités coloniales, donc exogène (Scaglion 1999). Les premiers sont flexibles et mouvants lorsque les seconds sont fixes et rigides (Deckker & Kuntz 1998 : 113). Si aux Samoa américaines il n'y a pas de mélange au sens strict, on peut cependant y parler de métissage car la Loi représente aujourd'hui la rencontre de deux traditions qui sont à son fondement. Ce métissage juridique ou « pluralisme légal » est donc le résultat de l'histoire coloniale des îles du Pacifique, et les institutions légales contemporaines reflètent les négociations et la conciliation au cours du temps de modèles de droit, d'autorité et de morale en compétition (Scaglion 1999 : 221). De manière générale, les lois coutumières gouvernent l'accès aux terres, la succession, le gouvernement local, les mariages et les divorces. Les lois introduites, elles, s'appliquent typiquement à la criminalité, aux transactions économiques monétaires et aux activités des gouvernements centraux s'appliquant sur ces territoires (ici le Congrès américain). Néanmoins, ces modèles se superposent et s'entrecroisent souvent, laissant une place suffisante aux manipulations légales (*Ibid.* : 227). Avant de développer ce point davantage, revenons sur l'organisation sociale samoane dont la compréhension est nécessaire à l'analyse qui va suivre.

Organisation sociale traditionnelle

L'organisation sociale des Samoa américaines est largement communautaire. L'unité centrale en est la famille étendue ou *aiga*, avec à sa tête un chef, le *senior matai* ou *sa'o* (Mead 1930, O'Meara 1990). Cet homme, rarement une femme, est chargé de gérer les affaires de sa famille, par exemple en cas de conflits ou d'échanges cérémoniels entre groupes apparentés — les *fa'alavelave*. Il représente aussi les intérêts de son *aiga* au conseil du village (Grattan 1985). À chaque *aiga* est donc associé un nom qui est aussi le nom-titre de son *matai*, ainsi qu'un certain nombre de terres dont la propriété est commune à l'ensemble du groupe familial *(communal land)* (O'Meara 1990, Schoeffel 1979, Tcherkézoff 2003).

On dit aux Samoa que le *senior matai* a le *pule* (l'autorité) sur les terres de son *aiga* (Tcherkézoff 2003 : 117), soit l'autorité pour protéger et préserver les biens de la famille et pour assigner à ses proches l'usage de certaines parcelles (et éventuellement leur retirer s'il n'est pas satisfait de la gestion faite de ces espaces) (Fox & Cumberland 1962, Sahlins 1958) ; autorité dont il est investi par les membres de sa famille étendue [2]. Si le *senior matai* possède une telle autorité, il n'est pourtant pas le seul détenteur des terrains *aiga*. Ces derniers sont la propriété de l'ensemble du groupe familial, soit tout à la fois les ancêtres, les vivants et les générations à venir (Gilson 1963, O'Meara 1990). Du moment qu'une personne est liée par le sang à une famille étendue, elle détient des droits d'usage sur les terres du groupe et sur les bénéfices qui en sont tirés. Pour activer ces droits, il faut, premièrement, vivre au sein du groupe familial et sur ses terres et, deuxièmement, faire le *tautua*, c'est-à-dire servir son *matai* et sa famille, participer physiquement et/ou matériellement par exemple à chaque fois que l'*aiga* doit prendre part à un *fa'alavelave*. Le *tautua* est une pratique centrale à l'organisation familiale et à la cohésion du groupe. Dans des cas extrêmes, un membre qui refuserait de donner le *tautua* à son *aiga* pourrait même être exclu de sa parenté. Plus et mieux vous servirez, plus vous avez de chances de vous voir attribuer une parcelle de terre pour l'usage de votre famille nucléaire [3] ; le service à la famille et à son chef renforçant les droits de naissance. Puisque chaque membre de l'*aiga* a en théorie les mêmes droits sur les terres communautaires, ces sols, dont on partage tout à la fois la propriété, l'usage et le produit de leur exploitation, incarnent le lien qui unit le groupe familial (Blondet 2010).

Pour revenir au *pule* du *senior matai*, cela signifie aussi que cet homme est le seul ayant l'autorité administrative sur les terres de sa famille. Il est le seul habilité à prendre les décisions qui concernent ces espaces, notamment pour l'époque contemporaine celle de signer un contrat de vente ou de location de certaines parcelles ; et ce, même si, en principe, la décision doit avoir été prise avec l'accord de l'ensemble des membres de l'*aiga*. Je reviendrai sur cette question.

L'autorité politique et légale aux Samoa américaines d'avant le contact — telle qu'identifiée par Radcliffe-Brown —, était concentrée dans le *fa'amatai*, ou système des chefs *matai* fondé sur une hiérarchie extrêmement précise [4] et sur le *fa'asamoa*, terme qui recouvre à la fois la façon de faire et la coutume samoane. Les États-Unis,

---

2. En effet, un *senior matai* est choisi pour occuper ce poste par ses proches qui en consensus l'ont sélectionné parmi plusieurs candidats selon ses aptitudes personnelles. À l'origine, les qualités recherchées pour être un bon *senior matai* étaient d'avoir une très grande connaissance de la coutume samoane, des histoires des *aiga*, de leur relation d'allégeance et d'alliance et de leur hiérarchie (*fa'alupega*) (McCormick 1993, O'Meara 1990). On recherchait aussi quelqu'un qui soit un bon travailleur, un agriculteur et un gestionnaire des hommes et des terres à cultiver. Aujourd'hui, on demande que le futur *senior matai* soit éduqué, si possible aux États-Unis, qu'il ait un bon revenu.

3. Le terme famille nucléaire est ici employé pour distinguer ce groupe familial de la famille étendue. Une famille nucléaire peut ainsi être composée de deux parents, de leurs enfants, de grands-parents et de cousins éventuellement, sans pour autant atteindre la taille d'une *aiga*. On pourrait aussi y faire référence en parlant d'un foyer.

4. Aux îles Samoa, chaque famille et son senior *matai* occupait une place précise dans un système de _

tout au long de leur gestion du territoire, semblent avoir pris soin d'intégrer cette autorité coutumière. Notamment, ils ont reconnu le pouvoir des chefs samoans en signant avec eux les deux Actes de cession (*Deeds of Cession*), à l'origine du statut actuel des îles de « territoire associé » aux États-Unis (actes signés respectivement en 1900 pour Tutuila et Aunu'u, et en 1904 pour les îles Manua). Ces actes, s'ils donnèrent aux États-Unis la souveraineté sur les îles, inscrivirent également dans la loi la protection statutaire des terres communautaires, ce qui obligea par la suite les États-Unis à respecter et préserver les droits des Samoans sur leurs terres (Tagupa 1994 ; Mc Cormick 1993).

Une telle attitude pourrait paraître étonnante, mais elle a permis aux premiers administrateurs américains de simplifier l'administration du territoire. En 1900, le principal intérêt des États-Unis était de continuer à pouvoir utiliser le port de Pago Pago, le maintien du *statu quo* et la poursuite de la gestion par l'intermédiaire de la chefferie samoane en place leur a permis de faire (Holmes 1971 : 100). Les États-Unis (conformément aux deux *Deeds of Cession*) choisirent donc de constituer un pouvoir exécutif et législatif reposant sur l'organisation politique existante. Ils acceptèrent entre autres que les chefs traditionnels samoans continuent de gouverner tant qu'ils n'entraient pas en conflit avec la loi américaine, qui conservait l'autorité ultime, ou qu'ils n'agissaient pas « à l'encontre de l'avènement de la civilisation » (Sunia 1998 : 12). Les coutumes samoanes qui n'allaient pas à l'encontre des lois américaines pouvaient ainsi être conservées.

Il existait déjà en 1900, lors de la prise de fonction du Commandant B. F. Tilley, le premier administrateur américain des Samoa américaines, des conseils traditionnels des chefs samoans les plus influents de chaque district, que le Commandant décida de maintenir en place. Ces conseils, néanmoins, n'avaient pas de réelle autorité administrative si ce n'est les affaires locales samoanes ; leur fonction était essentiellement consultative (*ibid.* : 13). En parallèle, un gouvernement naval américain fut mis en place, gérant l'ensemble des affaires du territoire. À cette époque, la présence

---

_ hiérarchie des groupes familiaux. Cette classification hiérarchique, ou *fa'alupega* reposait sur la profondeur généalogique de chaque *aiga*. En d'autres termes, plus une famille étendue et le nom-titre de son *senior matai* étaient anciens, plus ce groupe était haut placé dans la pyramide sociale. De plus les titres et familles les plus récents provenaient en général de la création d'un titre de *matai* par un *senior matai* plus ancien qui par ce moyen remerciait un homme et son groupe pour services rendus ou faits de guerre par exemple. C'est toujours le cas aujourd'hui. L'organisation politique interne aux îles reposait sur différents conseils à chaque niveau de l'échiquier politique : le village, le comté, le district, le territoire. Le conseil du village regroupait l'ensemble des senior *matai* et *matai* de rang inférieur du bourg, les autres conseils réunissaient les senior *matai* les plus haut placés dans la hiérarchie de chaque sous division (comté, district). Au niveau du territoire, ce conseil comprenait les chefs des familles les plus anciennes et les plus influentes des Samoa américaines, celles qui étaient les plus nobles et dont l'histoire des origines racontait aussi l'origine du territoire. Ce sont ces différents conseils qui géraient, chacun à leur niveau, la vie politique des îles.

américaine était relativement réduite : le gouverneur, quelques officiers de marine et expatriés américains (commerçants, planteurs ou missionnaires). Par conséquent, les Samoans continuèrent à gérer leurs affaires internes sans grandes interférences de la part des États-Unis. Cette situation perdura jusqu'à la seconde guerre mondiale, au cours de laquelle l'influence américaine se fit davantage sentir. Les États-Unis installèrent une base militaire dans la plaine de Tafuna et que pendant quelques années le nombre de soldats américains présents sur le territoire surpassa celui des autochtones. Enfin, en 1948, le tout premier parlement samoan ayant un véritable pouvoir exécutif et législatif fut mis en place. Cette initiative fut portée par un groupe de jeunes chefs Samoans éduqués aux États-Unis et soutenue par l'administration américaine qui souhaitait donner plus d'autonomie au territoire.

Ce qui est intéressant dans le cas présent, c'est qu'à l'inverse de nombreuses îles du Pacifique qui sont aujourd'hui des États indépendants, les Samoa américaines restent un territoire américain *non incorporé* et *non organisé*, pour lequel la question de l'autorité de la Constitution des États-Unis a toujours été centrale (non-organisé car l'administration du territoire n'est pas organisée par l'adoption d'un *Organic act* et non-incorporé puisque les Samoa américaines ne sont pas un État des États-Unis). Si les États-Unis reconnurent officiellement l'autorité des chefs traditionnels et les intégrèrent au gouvernement des îles, ils essayèrent aussi plusieurs fois de faire adopter un *Organic Act* par le territoire pour qu'il change de statut et devienne un État américain à part entière. Ce fut le cas en 1951, quand l'administration du territoire passa des mains de la *Navy* à celles du Département de l'Intérieur, ou encore lors de la révision de la Constitution des Samoa américaines en 1967 (initialement édictée en 1960). Une telle loi, cependant, a toujours été rejetée par les leaders samoans, car elle aurait signifié l'adoption totale des dispositions de la Constitution des États-Unis, en particulier en ce qui concerne les droits de propriété et les questions de discrimination raciale. La Constitution américaine promeut la propriété privée et interdit toutes formes de discrimination raciale, alors que la Constitution des Samoa américaines préserve la propriété communautaire et favorise les personnes d'origine samoane. Les leaders samoans craignaient de connaître le même sort qu'à Hawaii où les autochtones avaient perdu leurs terres à la suite de l'adoption d'une telle loi (Gray 1980 : 260 ; Sunia 1998 : 145). Cette inquiétude conduisit à inscrire dans l'Article 1 de la Constitution de 1967 l'obligation pour le gouvernement des Samoa américaines de protéger les personnes d'ascendance samoane contre l'aliénation de leur terre et la destruction de leur mode de vie traditionnel et de leur langue (*Revised Constitution of AS, Article I, section 3, 1967*. In Tagupa 1994 : 185). En outre, la section 3 de cette Constitution déclare que l'État est responsable de la protection du *fa'asamoa*. Ce texte est donc le gardien des traditions samoanes. La section 1.0202 laisse aussi entendre que « la coutume peut être source de loi » (McCormick 1993 : 435-6).

La Haute Cour des Samoa américaines (créée dès 1901 par le premier gouverneur américain du territoire) a, elle aussi, joué un rôle très important dans ce processus de protection des principes coutumiers. Elle a en effet rendu, en vertu de la Constitution des Samoa américaines, différents jugements en faveur du maintien du statut des terres samoanes. Par exemple, en 1987, la Cour rappelait :

> D'une part, les Instruments de Cession en vertu desquels ces îles promirent allégeance aux États-Unis stipulent que ces derniers « respecteront et protégeront les droits individuels de tout Samoan… sur ses terres » et reconnaîtront de tels droits « en accord avec la coutume ». D'autre part, la Constitution samoane stipule expressément qu'il est « de l'autorité du gouvernement des Samoa américaines de protéger toute personne de descendance samoane contre l'aliénation de ses terres… » Un tel transfert annoncerait inévitablement la fin du Fa'asamoa [*Corporation of the Presiding President V. Hodel*, 830 F.2d 374, 386, D.C. Cir. 1987] (Tagupa 1994 : 186)[5].

Droit commun étatique et loi coutumière autour des terres aux Samoa américaines

Le Traité de Berlin de 1889, en plus d'organiser la gestion politique des îles, interdit aussi à tout non-Samoan d'acquérir des terres détenues par les autochtones. Par ailleurs, ce traité conduisit à la création, à Apia (Samoa occidentales), d'une Cour de justice spéciale, la *Land Commission*, chargée de régler les conflits existants autour de la propriété des sols entre les Samoans et les colons européens et américains. Ces derniers furent sommés d'enregistrer leurs possessions auprès de la Cour. Lorsque la Commission commença son travail en 1893, la totalité des terres dont les colons déclaraient être les propriétaires équivalait à plus de deux fois la superficie des îles. Finalement, après deux ans d'investigation, la majorité des réclamations des Occidentaux fut rejetées. Seuls huit pour cent d'entre elles furent validées et leurs propriétaires furent les seuls légalement enregistrés (Holmes 1971 ; Stover 1990).

À la suite de la partition des îles, les États-Unis poursuivirent le travail de la *Land Commission* sur le territoire qui leur était depuis associé. Dès 1901, le commandant Tilley établit une Haute Cour de justice ayant juridiction exclusive sur les affaires de propriété foncière (Holmes 1971 : 98). En effet, dès leur arrivée dans les îles, certains colons américains et autres avaient réussi à négocier avec les chefs samoans des droits de propriété privée sur certains espaces des îles dont ils avaient le plus souvent fait

---

5. Toutes les citations en langue anglaises ont été traduites par l'auteure.
« First, the Instruments of Cession by which these islands undertook allegiance to the United States provided that the United States would 'respect and protect the individual rights of all people… to their land', and would recognise such rights 'according to their customs'. Second, the Samoan Constitution expressly provides that 'it shall be the policy of the Government of American Samoa to protect person of Samoans ancestry against alienation of their lands…' Such a transfer would inevitably spell the end of the Fa'a Samoa [*Corporation of the Presiding President V. Hodel*, 830 F.2d 374, 386, D.C. Cir. 1987] (Tagupa 1994 : 186) ».

des plantations (copra, canne à sucre, etc.). En 1901 donc, la Haute Cour exigea des propriétaires terriens non samoans américains qu'ils enregistrent leurs droits de propriété sur les terrains qu'ils occupaient. Cette première vague d'enregistrement légal donna naissance aux *freehold land*. Ce qualificatif fait référence aux terres qui en 1901 étaient détenues par des étrangers et qui pendant plusieurs décennies furent les seuls terrains à pouvoir faire l'objet de transactions. À l'issue du travail de la Haute Cour des Samoa américaines, trois pour cent du territoire furent ainsi reconnu comme la propriété de colons occidentaux, le reste demeurant majoritairement aux mains des autochtones, hormis quelques terrains occupés par la Navy américaine.

En réalité, les États-Unis n'étaient pas intéressés par la conquête des terres communautaires des Samoa américaines. Leur seul véritable objectif au début du XXᵉ siècle était de bâtir, puis de maintenir, une station de ravitaillement en charbon, destinée à leur flotte. Pour assurer la sécurité de ce site, il n'était pas nécessaire pour les administrateurs de remettre en question le système social samoan et sa tenure foncière (Stover 1990 : 40). Les premières décisions légales de l'administrateur américain régissant la propriété des terres datent de cette période, avec notamment la loi la plus emblématique : la *Native Land Ordinance*.

La Native Land Ordinance

La *Native Land Ordinance*, entrée en vigueur le 30 avril 1900, est la toute première loi à avoir légiféré sur la question de l'aliénation des terres samoanes. Le titre de la loi était on ne peut plus clair : *Regulation to Prohibit the Alienation of Native Land in Tutuila and Manu'a*. Cette ordonnance déclare que l'aliénation des terres autochtones ou *native land* sous juridiction des États-Unis était interdite par toute personne ne possédant pas « cent pour cent de sang samoan » (Stover 1990 : 117).

Plus tard, cette loi fut assouplie pour permettre aux métisses possédant « un minimum de cinquante pour cent de sang samoan » d'acquérir des terres. La *Native Land Ordinance* régulait aussi la location des terres, s'assurant que celle-ci ne soit pas utilisée pour camoufler le transfert de terrains à des non Samoans. Elle limita ainsi la durée des baux à quarante ans (cinquante aujourd'hui) et exigea que les espaces loués soient utilisés pour les raisons inscrites dans le contrat de location dans les deux ans suivant la signature sous peine de rupture du bail et d'expulsion.

Selon certains historiens, l'objectif du Commandant Tilley aurait été de s'assurer que le contrôle des terres reste aux mains des Samoans et ne passe pas à de riches planteurs, comme ce fut le cas aux Samoa occidentales — tout en s'assurant qu'une partie du foncier reste sous le contrôle de l'administration américaine. En cela, la loi mettait en pratique ce qui sera inscrit dans les deux *Deeds of Cession* qui seront signés entre les représentants des États-Unis et les chefs samoans en 1901 et 1904 :

la protection des Samoans et de leur propriété[6]. En outre, cela permettait sans doute aussi au Gouvernement américain de s'assurer que les colons américains ne risquaient pas de devenir trop puissants et de faire pression sur l'administration américaine par le biais de l'acquisition d'un très grand nombre de terres des îles comme cela a pu être le cas à Hawaii (Sunia 1998).

La *Native Land Ordinance* est aujourd'hui encore un des fondements du système légal aux Samoa américaines et représente même pour certains l'un des deux piliers du développement politique du territoire (*American Samoa. A Forty Years History of the Legislation of AS* 1988, Sunia 1998), l'autre étant la protection du système des chefs *matai*. La loi a tout de même été modifiée et assouplie depuis 1901. Le Code samoan américain actuel (*American Samoa Code Annotated*) stipule que les chefs *matai* d'une famille samoane ne peuvent aliéner les terres communautaires de leurs familles sans l'accord écrit du Gouverneur des Samoa américaines. Il est également interdit à toute personne ne pouvant faire preuve qu'elle est à moitié de « sang samoan » (*native blood*) d'aliéner toute terre, à l'exception des *freehold land*. Une personne qui ne peut démontrer qu'elle possède « cinquante pour cent de sang samoan », ne peut acquérir de terre que si elle est née aux Samoa américaines, descend d'une famille samoane, vit avec des Samoans comme un Samoan, a résidé aux Samoa américaines plus de cinq années consécutives et a officiellement rendu publique son intention de faire des Samoa américaines son unique résidence à vie (American Samoa Legislative Reference Bureau 2005, Chapter II, section 37.024 (b))[7].

Position de la Haute Cour et transition vers la propriété individuelle des terres

Depuis que le Commandant Tilley a donné à la Haute Cour la juridiction exclusive sur les questions foncières, ce corps a quasiment toujours soutenu le système autochtone de propriété coutumière face à la montée de la propriété individuelle. La Cour s'est très souvent montrée conservatrice et, lorsqu'il est question de décisions relatives au *fa'asamoa*, a le plus possible essayé de rendre des jugements sur la base des pratiques traditionnelles en favorisant la coutume. Par exemple, malgré le caractère coutumier de l'organisation familiale, son autorité a été reconnue par l'administration américaine

---

6. Comme beaucoup de traités signés dans le Pacifique ou ailleurs entre les autochtones et les Occidentaux, les termes des actes de cession n'ont pas été compris de la même manière par les deux parties. Notamment, la question de qui des États-Unis ou des Samoans américains sont souverains sur les terres des îles est encore aujourd'hui régulièrement discutée. On peut néanmoins reconnaître que la protection de la propriété autochtone des terres figure au cœur de ces documents.

7. Ces conditions ne sont pas des alternatives, mais sont des exigences cumulatives. Si un acheteur n'a pas forcément besoin de satisfaire à tous les critères, il doit néanmoins répondre à plusieurs d'entre eux.

et elle a été intégrée aux textes de lois du territoire. La Cour reconnaît aussi l'autorité (le *pule*) des *senior matai* sur les terres de leur famille étendue, et renforce ces personnes dans leur position d'administrateur légal de ces terrains, en fait détenus par la famille tout entière. Des exemples de jugements récents de la Haute Cour de justice montrent la préférence donnée à ces pratiques coutumières. Dans l'*American Samoa Digest* (Coletti & Weaver 2007) on peut lire :

> Selon la coutume samoane, les terres familiales communautaires sont détenues par l'ensemble de la famille et chaque membre a le droit d'en utiliser une portion (Ref. Tuanaitau v. Paogofie 4 A.S.R. 375).

> Le *Matai* n'est pas le détenteur absolu des terres de sa famille mais les gère tel un administrateur pour le bénéfice de la famille (Ref. American Samoa v. Iose, 2 A.S.R. – 638).

Ou encore :

> Les droits d'un membre d'une famille à utiliser les terres communautaires sont conditionnels ; ce membre doit rendre le *tautua* au *matai* en accord avec la coutume et doit utiliser et occuper les terres (Ref. Toleafoa v. Tiapula 7 A.S.R. 2d. 117).

À propos du *tautua* — le service rendu à son *aiga* et à son *senior matai* —, la Cour a plusieurs fois statué en faveur du droit de tout chef *matai* d'expulser des terres de la famille toute personne qui refuserait de rendre ce service (Stover 1999 : 127)[8]. Le Code répertorie également très clairement les critères requis pour pouvoir prétendre au titre de *matai*[9].

En outre, la préférence est souvent donnée à la propriété communautaire traditionnelle des terres contre la propriété individuelle. Pourtant, et malgré cela, la propriété individuelle progresse. Cette tendance est aussi ancienne que l'arrivée des Européens, qui ont introduit l'idée que la terre puisse être vendue, achetée et louée. Ce basculement idéologique s'est, cependant, accéléré depuis les années 1970, porté par les Samoans américains eux-mêmes, et par leur système juridique. La Haute Cour des Samoa américaines, en effet, a joué un rôle important dans ce processus puisqu'elle

---

8. « As head of a family, a *matai* has the right to evict from the family land not only a married man, but even a blood member if such blood member refuses to render services to the *matai* in accordance with Samoan custom (Leapaga v. Masalosalo, American Samoa 23 – 1962) (Stover 1990 : 127). »

9. De forts droits héréditaires, l'accord unanime ou majoritaire des différents clans coutumiers, la détermination, le caractère et la personnalité du candidat, sa grande connaissance de la coutume, la valeur ajoutée apportée par cette personne à sa famille, son village, son comté (Mc Cormick 1993 : 454). L'aspirant à un tel titre doit aussi être de « sang samoan » à au moins cinquante pour cent, être né sur le sol américain, avoir été choisi par sa famille pour porter le titre, et vivre aux Samoa américaines à la manière des Samoans (1 A.S.C. Sec. 751 in Tapuga 1983 : 25).

a aussi légalement reconnu l'individualisation des terres et de leur propriété dans plusieurs de ses jugements (Stover 1990 : 41).

En l'absence d'informations précises concernant les Samoa américaines, nous pouvons — compte tenu de l'origine commune de ces deux sociétés — considérer que la transformation de la propriété foncière a sans doute suivi une évolution similaire à celle des Samoa indépendantes voisines. Dans ces îles, la propriété foncière aurait commencé à évoluer dès les années 1930, du fait de l'accroissement de la demande accompagnant l'arrivée des Européens et, avec eux, l'idée que la terre était une marchandise, donc valorisée matériellement (Keesing 1934 : in Stover 1990 : 103-104). Selon Keesing, l'ensemble du processus de vente et de location des terres a impliqué une définition précise de la propriété qui, dès 1870, a aiguisé le sens des droits fonciers des Samoans. Dès lors, ces derniers acquirent une nouvelle conscience des terres. Les délimitations des parcelles revêtirent une nouvelle signification ; les titres de propriété devinrent plus définis du fait de l'extension des activités agricoles ; les utilisateurs des sols affirmèrent un désir croissant de monopoliser le fruit de leur travail. Enfin, avec la fin de la seconde guerre mondiale, l'influence des Blancs et les stimuli de la *Land Commission* et des récentes poursuites judiciaires, un sens nouveau de la valeur de la propriété émergea progressivement.

La situation a sans doute été très similaire aux Samoa américaines, où, pour répondre à ces transformations et les prendre en compte légalement, l'*American Samoa Code Annotated* (American Samoa Legislative Reference Bureau 2005, section 37.0201), en 2005, distinguait trois catégories de terres :

• Les *Freehold land*, qui sont les terrains privés des tout premiers colons européens sur lesquels la Haute Cour de justice a statué avant 1901.
• Les *Native land*, ou « communal land » qui sont les terres communautaires sous le contrôle des familles étendues samoanes et de leur *senior matai*.
• Les *Individually owned land*, ou terres individuelles qui désignent l'ensemble des terres n'étant ni communautaires, ni *freehold land* mais étant la propriété d'une personne en particulier.

Plus précisément, le dernier type regroupe des espaces qui, communautaires à l'origine, devinrent propriété privée, soit en conformité avec la loi régissant l'aliénation de ces terrains communautaires, c'est-à-dire suite à une transaction entre personnes de sang samoan ayant obtenu l'accord du Gouverneur du territoire et de la *Land Commision* ; soit par le recours à la notion juridique d'*Adverse possession*. Ce concept juridique utilisé dès la création de la Haute Cour des Samoa américaines est une disposition issue du droit américain et sert à déterminer si une personne et sa famille ont occupé des terrains depuis assez longtemps et possèdent donc suffisamment de droits sur ces espaces pour en être déclarés propriétaires (McCormick 1994 : 453). Je reviendrai plus longuement sur cette notion dans les pages qui suivent, mais à ce stade, il est important de souligner qu'aux Samoa américaines la propriété individuelle de terres samoanes a également été ratifiée par décision de justice.

Il y a donc bien eu, au fil des années, une volonté claire de la part des États-Unis de reconnaître la coutume samoane comme source de loi en l'inscrivant dans les textes juridiques du territoire. De fait, les dispositions les plus centrales à l'organisation sociale traditionnelle aux Samoa américaines ont été fortement institutionnalisées. Cependant, si cet enregistrement officiel vise à préserver cette organisation, cela participe aussi à la fixation de ces dispositions. En effet, des coutumes qui jusque-là procédaient du savoir oral commun et du tacite, avec toute la malléabilité, et les possibilités que cela offrait de les contourner du fait de leur souplesse d'application, se trouvent aujourd'hui inscrites et en quelque sorte figées par écrit dans le droit. Cette situation pourrait poser un certain nombre de problèmes dans le futur. Par exemple, la judiciarisation de la tenure foncière coutumière est une question sensible pour les Samoans américains et leurs leaders et son impact sur la perception que les gens ont de leurs terres communautaires est indéniable.

Mes observations en 2006 et 2007 m'ont permis d'identifier une très forte tendance structurelle à la compétition chez beaucoup de Samoans américains autour, d'une part, des positions de *senior matai* et, d'autre part et surtout, autour de l'accès et de l'usage d'une terre communautaire. Dans cette société particulière et compte tenu du contexte contemporain caractérisé par des concurrences internes, la loi des Samoa américaines, telle qu'elle existe aujourd'hui, conduit à deux attitudes possibles de la part de la population ; soit on contourne la coutume telle qu'elle est inscrite dans les textes de loi en se servant par exemple d'autres articles juridiques, à l'image de l'*Adverse Possession* ; soit on instrumentalise ces dispositions légales à d'autres fins que celles justement prévues par la loi — pour individualiser de terres par exemple. Après être revenue sur le concept d'*Adverse possession* et la question de l'individualisation des terres, je montrerai en quoi la création du Parc national des Samoa américaines participe à et accentue ces tendances autour de la manipulation des lois.

Adverse possession et individualisation des terres

L'*Adverse possession* est un principe du droit américain qui a été inscrit dans la Loi des Samoa américaines et y est aujourd'hui central en cas de litige autour des terres. Ce principe permet l'acquisition d'un titre de propriété individuelle sur une terre au nom de l'usage et de l'occupation de celle-ci sur une période suffisamment longue (Stovers 1990 : 124). Selon la loi, cet usage doit répondre à des critères précis, soit une « occupation actuelle, ouverte, de notoriété publique, exclusive et continue d'un espace sur une période d'au moins 30 ans » (American Samoa Legislative Reference Bureau 2005, sec. 37.0120). Pour se voir investi d'un titre de propriété privée sur un espace, il ne faut pas nécessairement habiter les lieux ; leur utilisation longue et continue au cours des trente dernières années est suffisante. Il faut par exemple les avoir défrichés (comme pour une plantation) de sa propre initiative et non à la demande de son *aiga* ou de son *matai*, et les utiliser continuellement depuis (Coletti & Weaver 2007 : 289).

Ce concept d'*Adverse possession* était déjà utilisé par les premiers juges américains en poste dans le territoire et continua de l'être depuis. En faisant référence à ce principe, ils cherchaient à déterminer quand une famille avait exercé suffisamment de droits sur un terrain ayant été précédemment défriché par un autre groupe familial[10], pour que la Cour puisse justifier de la reconnaissance d'un titre de propriété au groupe occupant actuellement cet espace.

Si à l'origine cette disposition juridique n'était faite pour s'appliquer qu'aux *freehold land* — c'est-à-dire les terres privées détenues par des étrangers — elle pourrait être mobilisée dans d'autres cas, par exemple lorsqu'une terre communautaire a été louée par un *matai* à un membre de son *aiga*. Un tel cas ne s'était pas encore produit en 2007, mais un avocat samoan interrogé reconnaissait que cela pourrait tout à fait se produire à l'avenir.

En effet, aux Samoa américaines il est possible, pour un *senior matai*, de signer un bail de location avec l'un de ses proches. Ce cas de figure est de plus en plus fréquent. Les banques présentes aux Samoa américaines furent à l'initiative de ces contrats de location internes à une *aiga*. En effet, suivant les méthodes en place aux États-Unis, les organismes bancaires demandent, pour accorder un prêt à la construction, que le signataire fournisse comme garantie de sa bonne foi une preuve qu'il a l'accord de son *aiga* pour bâtir sur la parcelle concernée, en l'occurrence ici un contrat de location signé avec son *matai*. En général le loyer est de l'ordre du dollar symbolique. Cependant, ce contrat officialise et institutionnalise l'usage et l'occupation longue — en moyenne trente ans — d'un espace communautaire par une famille nucléaire. On peut donc aisément imaginer, dès lors, que cette dernière puisse un jour faire appel au principe juridique d'*Adverse possession* pour se voir investie par le tribunal d'un titre de propriété individuelle sur l'espace qu'elle occupe.

Il faut rappeler qu'aux Samoa américaines, très peu de titres de propriété sont légalement enregistrés, pas plus que les limites de ces propriétés. De plus, la tradition veut que ce soit l'occupation et l'utilisation continues d'un terrain qui donnent à l'individu des droits légitimes sur cet espace et permettent la reconnaissance de ces droits par la communauté[11]. Attention il est ici question du droit d'y vivre et de l'utiliser mais pas

---

10. Ces terrains peuvent par exemple être situés sur le territoire d'un village éloigné et avoir été progressivement abandonnés par le groupe familial qui les détenait à l'origine. Autre possibilité, le groupe familial qui détenait ces terres est parti vivre sur une autre île du territoire ou a immigré à Hawaii ou ailleurs aux États-Unis. Les terres restent donc inexploitées et peuvent ainsi être investies par d'autres personnes.

11. C'est en grande partie en raison de cette tradition que, dans le contexte de fortes migrations des Samoans américains vers les États-Unis, une *aiga* s'arrangera toujours pour que quelques membres restent sur le territoire et continuent d'occuper les terres familiales pour éviter qu'un autre groupe ne puisse s'y installer en leur absence et revendiquer plus tard des droits sur ces espaces.

de propriété privative exclusive au sens occidental et qui exclurait le droit d'accès et d'usage de tous les autres membres de la famille étendue.

Comme on l'a vu, les législateurs ont souhaité inscrire cette disposition coutumière dans le Code samoan (American Samoa Legislative Reference Bureau 2005 & 1992, Code, Title 37, Chapt 4 and 15). L'*Adverse possession* est, en fait, la traduction dans des termes connus par le droit américain d'un aspect particulier de la coutume samoane. On retrouve là un phénomène décrit dans le contexte aborigène australien par Dousset et Glaskin (2011). Ces auteurs, reprenant la notion de reconnaissance développée par Ricœur expliquent que les pouvoirs en place — ici le Congrès américain — reconnaîtront d'autant mieux l'existence d'une société autochtone et de ses coutumes qu'ils identifieront chez cette dernière des signes leur rappelant leurs propres structures.

Le concept d'*Adverse possession* est aussi directement associé et participe au phénomène d'individualisation des terres. Fairbairn-Dunlop (2001) déclarait pour les Samoa indépendantes — mais c'est aussi vrai des Samoa américaines — que même si le système foncier coutumier est encore relativement intact, ce que tout Samoan souhaite aujourd'hui c'est détenir 1 000 m² en propre ; soit un espace détaché des obligations vis-à-vis du *senior matai* et de l'*aiga* et qui sera transmis à ses enfants.

Si le phénomène d'individualisation des terres s'observe sur l'ensemble des îles, c'est dans la plaine de Tafuna, sur l'île de Tutuila, que cette forme de propriété est la plus présente. Cette zone est la plus développée en termes d'infrastructures, de commerces et de service de l'île. Le cas de Tafuna est aussi assez unique puisque l'organisation sociale et familiale traditionnelle ne s'y applique pas. À l'inverse du reste de l'île, les sols sont rarement détenus de manière communautaire et les limites des propriétés sont enregistrées et clairement marquées. Cette situation originale a, cependant, largement participé à l'accentuation du phénomène d'individualisation des terres qui depuis s'étend au reste des îles bien que dans une proportion moindre.

Cette plaine étant l'un des seuls espaces relativement plats de Tutuila, c'est le lieu que l'armée américaine choisit en 1943 pour construire un aéroport et une base militaire. Pour ce faire, les villages s'y trouvant furent déplacés à l'intérieur des terres. À la fin de la seconde guerre mondiale, et suite au départ de l'armée, ces terrains n'appartenant plus à personne commencèrent à être occupés par de nouveaux habitants. La Haute Cour de justice, là encore, joua un rôle important dans ce processus puisqu'elle statua sur cette région en donnant des droits à ceux qui pouvaient démontrer qu'ils avaient défriché et cultivé une terre. Cette décision encouragea les Samoans américains à nettoyer et à travailler ces sols, parfois même au-delà de leurs besoins immédiats. Des titres de propriété individuelle furent ainsi donnés aux habitants qui en faisaient la demande à la Cour (Stover 1990). Ce phénomène, bien que localisé géographiquement a contribué au développement de l'individualisation des terres à l'ensemble du territoire. De plus il existe aujourd'hui, entre les décisions du tribunal concernant la plaine de Tafuna et celles faisant appel à l'*Adverse Possession*, des jugements qui peuvent faire jurisprudence dans le futur.

Toutefois, il est intéressant de remarquer que ces *Individually owned land* sont toujours juridiquement qualifiées de *Native land* car c'est ce qu'elles étaient à l'origine et que, compte tenu de la législation concernant la vente des sols samoans, seules les personnes possédant au minimum cinquante pour cent de sang samoan peuvent se porter acquéreurs de ces espaces.

Dans les villages du reste du territoire, ce phénomène n'a pas la même ampleur. Bien sûr il arrive qu'une terre soit vendue et passe du domaine communautaire à celui du privé, mais cela reste relativement exceptionnel. On constate en revanche une autre forme d'individualisation, celles des foyers. Les jeunes générations sont de moins en moins enclines à vivre à la manière communautaire de leurs parents et grands-parents, à dix ou douze personnes dans la même maison. Les jeunes couples souhaitent avoir leur propre logement dont ils seront les seuls usagés, même si cette habitation est construite sur les terres *aiga*, à proximité de leur famille. Néanmoins, étant donné les dispositions légales et les jugements déjà rendus par la Haute Cour, ainsi que les transformations récentes du mode de vie des jeunes générations tendant vers plus d'intimité, il semble fort probable que le phénomène d'individualisation des terres se développe progressivement dans les villages au-delà de la plaine de Tafuna.

Au fond, l'objectif des Samoans qui préfèrent la propriété individuelle des sols est de contrôler les incertitudes du futur et de s'assurer que leurs droits d'occupation d'un terrain passeront à leurs descendants (Blondet 2010 : 326). En effet, lors d'un changement de *senior matai*, le nouvel élu peut éventuellement revenir sur les décisions prises par son prédécesseur et demander à certains de quitter les terres qu'ils occupaient jusque-là [12]. Stover (1990) fait la même remarque à propos de la plaine de Tafuna, en montrant qu'une des principales motivations des Samoans américains pour contrôler la terre en acquérant une parcelle individuelle est leur volonté de pouvoir la léguer à leurs enfants. Si la situation dans les villages n'est pas la même que celle de la plaine de Tafuna, l'exemple en est pourtant donné. Les tensions autour des terres, les compétitions autour de leur usage, et au-delà de la possibilité de s'en emparer en propre, ne cessent de s'accroître.

Plusieurs stratagèmes peuvent être mis en place par les villageois pour renforcer et garantir leurs droits sur des espaces familiaux et s'approprier ces lieux, au risque à terme de remettre en question l'organisation familiale actuelle et l'autorité du

---

12. Ces personnes ne sont pas pour autant exclues de l'*aiga*, mais on leur retire l'usage qu'ils avaient jusque-là d'un espace. De telles situations sont évidemment source de conflits internes à la famille étendue et résultent souvent de luttes d'influence entre différents sous-groupes de l'*aiga*. Se voir confier l'usage d'une terre est un privilège. Si tous les membres d'une *aiga* ont les mêmes droits sur les terres communautaires, tous ne se voient pas confier l'usage d'une parcelle. Si dans les faits un tel risque est faible, cette crainte m'a cependant été très souvent rapportée par mes interlocuteurs et semble être encore largement partagée.

matai. L'une des tactiques traditionnelles les plus communes est d'intensifier sa participation aux affaires de l'*aiga* et son service — *tautua* — au *senior matai*. En principe, cette contribution renforcée, voire excessive, devrait permettre à une personne et à sa famille nucléaire de voir leur demande à utiliser tel ou tel lopin plus facilement satisfaite. Si l'on obtient ainsi le droit à occuper et à utiliser une terre familiale et que l'on y reste pendant de nombreuses années — peut-être même qu'un contrat de location de trente ans sera signé avec son *matai* pour obtenir un prêt de la banque — le droit légitime sur cet espace sera encore renforcé. Il semble alors justifié de penser qu'une personne pourrait en référer à la Haute Cour de justice et lui demander de lui attribuer un droit de propriété individuelle en faisant appel au principe de l'*Adverse possession*[13].

La possible instrumentalisation des dispositions de la loi, issues de son pluralisme légal, rendrait ainsi possible le transformation d'une terre communautaire en terre privée. Ce serait l'une des conséquences de la transposition de règles coutumières non écrites en un texte de loi rigide qui au final donnerait la possibilité légale de contourner la coutume en ce qui concerne la propriété foncière. C'est aussi la porte ouverte à de nombreux détournements, qui apparaissent encore plus clairement autour de la mise en place du Parc national des Samoa américaines.

Le Parc national des Samoa américaines

En 1988, le Congrès américain autorisa la création d'une réserve naturelle protégée qui ouvrit ses portes en 1994. À l'inverse de la majorité des parcs nationaux américains pour lesquels le Congrès est propriétaire des sols et dans lesquels les populations humaines, hormis les visiteurs de passage, ne sont pas autorisées, le Parc national des Samoa américaines a choisi de conserver des villages en son sein. Qui plus est, les familles étendues habitant ces villages sont les propriétaires des terres sous statut de protection. L'objectif, au-delà de la préservation de la forêt tropicale et du récif corallien, était de promouvoir les îles auprès des visiteurs et ainsi participer au développement de l'activité touristique et de l'économie du territoire. Néanmoins, la création de cette réserve naturelle a nécessité le recours à deux stratégies. D'une part, il a fallu établir un nouveau statut juridique, celui de « terre de village ». D'autre part, un contrat de location a dû être mis en place entre le *National Park Service* américain et les sept villages situés au sein du parc.

---

13. Je pense notamment à un cas où dans un des villages du Parc national, une famille, pour une raison que j'ignore, a été mise au ban par le conseil du village. Son *matai* a été expulsé de ce conseil. Le groupe familial aurait dû quitter le village. Au lieu de cela, elle est allée devant la Cour qui a reconnu les droits de propriété de cette famille sur des terrains du village. Je n'ai pas eu connaissance de la totalité du jugement, mais je suppose qu'il a été rendu en vertu de l'*Adverse Possession*.

Village lands

On l'a vu, jusqu'à l'établissement du Parc national, seule l'autorité des *senior matai* sur les terres communautaires était juridiquement reconnue. Avec la réserve naturelle, il devint nécessaire de faire évoluer le droit foncier en donnant une définition juridique à la notion de « terres de village ». Traditionnellement, le rôle administratif des conseils de village était relatif, bien qu'on considère communément qu'ils détiennent juridiction sur toutes les terres, cultivées ou non, entourant le village. Cependant, le Code des Samoa américaines ne mentionnait nulle part la catégorie « terres de village », ni une quelconque définition légale d'une telle entité [14]. Poutant, le contrat de location du parc stipule que ce sont des terrains de ce type qui sont loués et non ceux de familles particulières.

Il semblerait néanmoins qu'un tel concept existait déjà aux Samoa. En 1934, Keesing (cité par Holmes 1971 : 94-95) identifiait cinq catégories différentes de terres à Samoa dont les *Village lands*, des espaces localisés à l'intérieur des frontières du village et qui n'appartenaient à aucune famille spécifique. Ces espaces englobaient également le rivage qui avait de la valeur pour l'ensemble de la communauté [15]. Eaton (1985 : 115), de son côté, expliquait que les droits d'utilisation des sols, généralement très définis pour les terres les plus proches du village, étaient beaucoup plus vagues pour les parcelles les plus éloignées qui étaient alors considérées comme appartenant à l'ensemble de la communauté. Ces deux commentaires montrent que les Samoans considéraient bien qu'une partie des terres entourant leur campement était sous l'autorité vague du groupe villageois. Le concept de « terre de village » semble donc bien préexister dans la tradition samoane, même s'il n'avait jusque-là aucune reconnaissance juridique. Cette absence de reconnaissance pourrait s'expliquer par le caractère mouvant, même pour les Samoans, de cette entité territoriale ; les « terres de village » étant définies selon le contexte. Par exemple, deux villages ne s'accorderont probablement pas sur les limites exactes de leurs terres respectives. La notion étant

---

14. Dans l'*American Samoa Code Annotated*, on trouve même le jugement suivant : « Land can only be registered by its owner and not a village because the concept of village ownership of land is ordinarily contrary to Samoan custom and tradition » (Lualemana v. Atualevao 16.ASR.21 34 (1990) In *American Samoa Legislative Reference Bureau* 1992 section 37.0101)

15. Les autres catégories étant les *village house lots*, soit les terrains d'habitation divisés en plusieurs parcelles, une par foyer. Venaient ensuite les terres de plantation ou *plantation lots* situées autour du village, puis les « réserves familiales » ou *families' reserve sections*, des espaces annexes associés à chaque groupe familial et situés haut dans la montagne. La dernière subdivision, après les *village lands* était les « terres de district » (*district land*) qui appartenaient au conseil traditionnel des districts samoans. De plus il est à noter qu'aux Samoa américaines, chaque village possède des droits sur un territoire précis qui s'étend depuis le rivage jusqu'au centre de l'île à travers la forêt et les montagnes situées à l'arrière du campement. Cet espace comprend plusieurs sortes d'environnements naturels, tous ayant leur importance pour la communauté. Une telle délimitation des sols associés à un village est attestée chez de nombreuses sociétés du Pacifique (Hawaii, Yap, Fiji, îles Salomon) (Berkes 1999).

trop vague, elle n'aurait pas été prise en considération par l'administration américaine pour établir le système légal du territoire [16]. Le Code civil samoan reconnaît donc la propriété communautaire pour une famille étendue mais pas pour une communauté villageoise ; à une exception près, celle du Parc national des Samoa américaines (NPAS).

Pour créer la réserve naturelle, le *National Park Service* américain dut faire face à la question de la définition des terres qui allaient être protégées et pour lesquelles un loyer allait être versé. Certains des espaces sélectionnés étaient publiquement connus pour être la propriété d'une *aiga* particulière, d'autres toutefois étaient si éloignés des villages que plus personne ne savait à qui ils appartenaient et qu'aucune famille étendue ne pouvait réclamer de droits indiscutables dessus. Ces terres, selon la tradition, restaient néanmoins sous la juridiction des villages. Par conséquent en 1991, dans le cadre de la création du Parc national, la Cour dut ajuster la loi et donner à ces espaces une définition légale, reconnaissant ainsi une forme de droits de propriété à une communauté entière [17]. Il était aussi plus commode d'englober les différents types de terre sous le concept juridique de « terres de village » plutôt que d'avoir à faire face à des réclamations contradictoires de droits de propriété en provenance de différentes familles.

L'autre argument qui poussa la Cour de justice à combler ce vide juridique fut que le *National Park Service* choisit de négocier le bail de location avec les conseils des villages concernés plutôt qu'avec les *senior matai* de chaque famille étendue individuellement. Cette dernière option aurait sans doute rendu la situation impossible à gérer puisque chaque *aiga* aurait alors négocié le contrat de son côté et avec ses propres exigences, ce qui aurait forcément provoqué des inégalités de traitement. En outre, aux yeux de la population locale et compte tenu de la tradition, les conseils de village, ou *fono*, étaient la seule autorité légitime pour traiter à la fois des terres *aiga* et de celles du village [18]. La complexité de la discussion pour établir le Parc national et le contrat de location, a donc rendu nécessaire l'amendement de la loi et la reconnaissance légale du statut des conseils de village en tant qu'autorité

---

16. L'inspiration à l'origine du Code civil des Samoa américaines provenait du droit états-unien qui ne reconnaît pas la propriété communautaire en général et encore moins celle d'un village entier.

17. La Haute Cour des Samoa américaines édicta un amendement à la loi, (le *Supplemental Rules for Determination of Rental Compensation under the National Park Lease Agreement* [High Court of American Samoa 1991 : 218-232]) qui stipule : « La loi déclare que le payement des loyers sera uniquement fait pour des terres détenues par un village, ou 'terres de village' [...] en tant qu'une sous-catégorie de terres de district. Pour le seul cas du contrat de location, les terres de village sont définies comme étant des terrains non communément reconnus par les villageois comme étant les terres communautaires d'une famille ou des terres dont la propriété est individuelle. Le contrat doit nommer le village comme entité destinataire du montant de la compensation des loyers [...]. ».

18. Non seulement les conseils de village rassemblent les *senior matai* de toutes les *aiga* du village, _

officielle avec laquelle négocier le bail[19]. Toutefois, cette reconnaissance juridique ne fonctionne que dans le cas précis du Parc national et de son contrat de location des sols samoans. Dans ce contexte particulier, il existe donc deux formes de propriété communautaire coutumière reconnues par la loi, celle des *aiga* et celle des villages. Ceci renforce la confusion des Samoans américains vivant au sein du Parc national concernant les questions de propriété de la terre — est-ce la propriété de l'*aiga* ou celle du village ? — et celles relatives à la valeur du sol. La création de la réserve naturelle a donc conduit la loi à institutionnaliser dans le texte une autre disposition de la coutume samoane.

Contrat de location

La deuxième stratégie utilisée dans le cadre de l'établissement du Parc national (rendu nécessaire du fait que les propriétaires des espaces considérés sont les *aiga* samoanes) a été de mettre en place un contrat de location de ciquante ans — durée maximale autorisée par la loi — signé entre le Service des parcs nationaux et les *senior matai* des *aiga* des sept villages concernés. En fait, si le Parc national a négocié le contrat de location au sein des conseils de village, les baux et la rémunération correspondante, eux, ont été calculés *aiga* par *aiga*[20]. Chacune des familles étendues possédant des sols à l'intérieur de l'aire protégée perçoit donc, une fois par an, un loyer qui a été estimé en vertu de critères marchands, tels que la taille, l'accessibilité et le type d'utilisation (terres agricoles, constructibles, forêt, etc.)[21]. Cette somme est gérée,

_ ce qui en-soi leur donne la légitimité de parler au nom de ce groupe, mais les conseils ont également l'autorité sur les terres n'appartenant à aucune famille étendue tout en étant situées sur le territoire du village. Ce que le *National Park Service* cherchait en négociant avec les conseils de village et non famille étendue par famille étendue, c'était à atteindre un consensus entre tous les chefs et non l'accord de quelques *aiga* disparates. L'objectif était sans doute aussi de rechercher la continuité et la cohérence entre les espaces loués – si une famille refusait de louer ses terres, cela aurait pu créer un trou dans les contours de la réserve.

19. La Haute Cour des Samoa américaines statua également sur les modalités de paiement des loyers à chaque *aiga* mais au nom des villages récipiendaires.

20. Le document du contrat de location stipule le nom du village et répertorie le nom de tous les *senior matai* dont l'*aiga* possède des terres au sein de la réserve naturelle. Chacun de ces chefs a apposé sa signature au contrat. Cependant, c'est famille par famille que les loyers sont versés. Ce ne sont donc pas les conseils de village qui perçoivent le montant des loyers, mais chaque *aiga* individuellement. Finalement, ce sont donc bien les *senior matai* qui louent les terres de leur famille étendue au Parc national, mais ils le font par le biais du conseil de village.

21. En fonction des critères de taille, usage et accessibilité retenus, il a été calculé pour chaque *aiga* le montant du loyer annuel. Le *National Park Service* verse tous les ans en février la totalité de la somme des loyers à redistribuer aux *aiga*, sur un compte en banque dont les fonds ne peuvent être débloqués que par le gouverneur des Samoa américaines. Chaque loyer est alors versé au *senior matai* des *aiga* concernées. Ce *matai* est alors responsable de la gestion et de la redistribution de cet argent au sein de l'*aiga*.

comme tout bien issu du travail d'une *aiga* ou tout revenu tiré de l'exploitation de ses terres familiales, par le *senior matai* qui est censé la redistribuer en fonction de la position et du *tautua* de chacun au sein de la famille[22]. Il arrive pourtant régulièrement que le *matai* ne redistribue pas cet argent, ou seulement en partie, gardant l'ensemble ou la plus grande part pour son usage personnel; ce qui provoque de vives tensions au sein de la famille.

Les compétitions entre proches pour s'attirer les faveurs du *senior matai* et ainsi obtenir une part plus importante de ce revenu s'en trouvent intensifiées. Les concurrences, voire les conflits pour l'accès à une terre familiale et à son usage sont aussi de plus en plus fréquents — la volonté des villageois d'accéder à un terrain de leur *aiga* étant encore renforcée par l'arrivée des loyers. Dans l'esprit des gens, s'ils possédaient un sol en propre, ils toucheraient directement l'argent des loyers, sans l'intermédiaire de leur *senior matai* et seraient certains que la totalité de la somme leur parviendrait.

Cette situation soulève néanmoins un problème important. Malgré les efforts avoués du service des Parcs nationaux américains pour respecter l'organisation sociale traditionnelle, particulièrement en ce qui concerne la position centrale des *senior matai* dans les négociations et la signature du contrat de location — comme il est inscrit dans les nombreux documents officiels du parc — le fait de verser de l'argent à ces hommes et à leur famille n'a pas été envisagé comme pouvant avoir de fortes répercussions sur cette dite organisation.

Dans le contexte du Parc national et de ses loyers, on pourrait imaginer dans le futur une intensification du nombre de revendications devant la Cour de justice pour l'obtention de titres de propriété individuelle. Par exemple, les villageois pourraient obtenir de leur *matai* un droit d'usage d'un terrain, l'occuper de longues années, puis aller devant la Cour pour obtenir un titre de propriété privée sur cet espace au nom de l'*Adverse possession*. Plusieurs de mes interlocuteurs, s'ils n'ont pas l'intention pour l'instant de faire un procès à leur *aiga*, m'ont souvent répété qu'ils souhaiteraient être propriétaire en propre d'une terre pour ainsi la gérer comme bon leur semble et ne plus être sous la coupe de leur *aiga* et senior *matai*, ni avoir à leur rendre de compte ou de service (*tautua*)[23]. À ce jour, de tels conflits restent encore exceptionnels mais les quelques cas de procès passés ou en cours pourraient servir de précédent devant la Haute Cour de justice et ainsi faciliter de futures démarches juridiques.

---

22. Aux yeux de beaucoup de villageois, d'ailleurs, les chefs *matai*, en signant le contrat de location, ont agi pour le mieux en vertu de leur qualité de gestionnaire des terres *aiga*.

23. Ces dernières décennies, la pression sur les foyers de chaque *aiga* pour qu'ils contribuent au *fa'alavelave* – les échanges ritualisés entre familles apparentées en cas de baptême, mariage, décès – et donnent de leur temps, de l'argent et des biens s'est largement accentuée. Les attentes des Samoans américains en termes de don à faire et à rendre ont augmenté. Il est de coutume d'estimer pour chaque famille étendue et fonction de sa position dans la hiérarchie sociale, le montant approximatif de ce qu'elle doit donner. Il en va de la réputation du groupe de répondre à ces attentes. Il arrive donc de _

Le contrat de location signé entre le NPAS et les *aiga*, bien qu'étant un document officiel, n'empêcherait pas le transfert du droit de propriété d'un groupe familial à un individu isolé. En outre, la population de ces villages souffre d'un réel manque d'information à propos de la réserve naturelle et notamment de ses limites. Très souvent, les personnes confondent, d'une part, les terres du village et celles des *aiga* situées dans le parc et louées par ce dernier et, d'autre part, les terres *aiga* se trouvant dans les frontières du village mais qui ne sont pas incluses dans la réserve. En effet, les limites de l'aire naturelle protégée sont placées à 200 mètres au-dessus du niveau de la mer, ce qui fait que le cœur des villages par exemple n'est pas situé au sein de parc. Du fait de cette confusion, les gens s'imaginent souvent qu'en acquérant en propre une terre dans le village ils seront dans le Parc national et recevront un loyer. En même temps, quelqu'un pourrait très bien investir des terres réellement situées dans les limites du parc — en demandant la permission à son *sao* — pour y créer une plantation par exemple. Ce qui pourrait suffire, puisque le critère central pour justifier de l'*Adverse Possession* est l'utilisation longue et continue d'un espace et non le type d'usage qu'on en fait. Cela nourrirait là aussi un processus d'individualisation des terres. En outre, même si les villageois, en obtenant une parcelle de terre de leur *aiga* située dans le village mais hors Parc national, ne touchent pas de loyer comme ils l'espèrent, cela ne change pas la manière dont le phénomène est interprété localement. Ce qui est important c'est que la description donnée illustre la manière dont les villageois perçoivent la réserve naturelle et les loyers qu'elle verse, et explique ce qui les pousse à agir et à tendre vers plus d'individualisation. Tout ceci concourt également à la transformation de la perception que les Samoans américains ont de leurs terres coutumières.

Si cette tendance à l'individualisation de la propriété des terres se poursuit, le mode de vie en communauté pourrait en être affecté, ainsi que l'autorité du *senior matai* sur son groupe familial. En effet, lorsqu'une terre sort du cercle des propriétés communautaires d'une *aiga* et devient la propriété individuelle d'une personne, cette parcelle et cette personne sortent aussi de la sphère d'autorité du *matai* et du cercle de droits et d'obligations de la famille étendue. Ce phénomène, n'est évidemment pas la conséquence de la seule création du Parc national. Cependant, celle-ci s'est avérée être un révélateur et un amplificateur de dynamiques déjà à l'œuvre depuis longtemps aux Samoa américaines ; dynamiques ayant trait à l'individualisation des modes de vie et de pensée et à un consumérisme grandissant des Samoans américains. Les logiques à l'œuvre au sein de la réserve naturelle pourraient encore intensifier l'individualisation des terres communautaires et le délitement de l'autorité des *senior matai*.

_ plus en plus souvent que les *senior matai* et le groupe familial en entier fassent pression sur les différents foyers pour qu'ils donnent toujours plus lors de ces *fa'alavelave*. La famille avec laquelle j'ai vécu par exemple a dû faire face à trois de ces événements en un mois, il leur a alors fallu donner près de 500 dollars américains, sans compter les mètres de tissu, les nattes fines de pandanus etc. ; ceci pour une famille dont le père et la mère sont des instituteurs avec un salaire mensuel de 600 dollars environ.

Pour conclure, la situation observée montre à quel point des projets louables comme celui de préserver la coutume samoane en l'inscrivant dans la loi et celui de protéger les richesses de la biodiversité de ces îles pourraient potentiellement, à l'avenir, poser un certain nombre de problèmes à cette société.

Le fait d'inscrire des principes coutumiers flexibles et tacites dans des textes de loi plus rigides les a institutionnalisés, ce qui n'est pas sans conséquences. Les gens dès lors pourraient s'en servir devant la Cour pour faire reconnaître leurs droits. Un système coutumier plus souple et malléable qui, en lui même, offre des moyens de contourner les règles aurait davantage permis la discussion et la conciliation entre parties, donc une autre forme, plus informelle, de résolution de conflits. Cette rigidification accompagne et participe aux transformations touchant la société des Samoa américaines.

De son côté, l'arrivé du Parc national et les modifications que cela a nécessité en termes de droit foncier semblent accentuer aussi le délitement de l'autorité des *matai* sur les espaces protégés. En outre, le versement de loyers accompagnant la réserve naturelle, associé à la montée constante de l'individualisme, encourage les Samoans américains à davantage souhaiter devenir des propriétaires individuels. Ce qui pose enfin de sérieux problèmes du point de vue l'organisation sociale encore en place. D'un autre côté, nous pourrions aussi voir ces transformations comme l'opportunité pour certains membres subalternes de ces *aiga* de prendre leur indépendance vis-à-vis de celles-ci et de leur *matai*.

Bibliographie

American Samoa : A Forty Years History of the Legislature of American Samoa.
1988   Pago Pago, American Samoa.

American Samoa Legislative Reference Bureau (éd.)
1992   *American Samoa Code Annotated*. Pago Pago, American Samoa.
2005   *American Samoa Code Annotated*. Pago Pago, American Samoa.

Bambridge, Tamatoa et Phillipe Neuffer
2002   « Pluralisme culturel et juridique en Polynésie française : la question foncière »,
        HERMES, N° 32-33. http://hdl.handle.net/2042/14389

Bariteau, Claude
2000   « L'Acte de Québec (1774), assise de l'Indirect Rule toujours d'actualité », *L'Action
        nationale*, 90 (4) : 65-75.

Berkes, Fikret
1999   *Sacred Ecology. Traditional Ecological Knowledge and Resource Management*.
        Philadelphia : Taylor and Francis Ed.

Blondet, Marieke
2010   « National Park of American Samoa, Polynesia. A Case study of virtualizing environ-
        mentalism and development », *Reconsidering Development*, Vol. 1, N° 1 (Fall 2010),

Electronically published December 8, 2010 by the Interdisciplinary Perspectives on International Development, University of Minnesota. http://journal.ipid-umn.org/node/79

Coletti, Sean and Michael Weaver (eds)
2007   *American Samoa Digest*. High Court of American Samoa : Pago Pago, American Samoa.

Deckker, Paul de et Laurence Kuntz
1998   *La Bataille de la Coutume et ses Enjeux pour le Pacifique Sud*. Paris : L'Harmattan.

Dousset, Laurent and Glaskin, Katie
2011   « The asymmetry of recognition : law, society, and customary land tenure in Australia », *Pacific Studies*, 34(2-3): 142-156

Eaton, Peter
1985   « Tenure and Taboos : Customary rights and Conservation in the South Pacific ». In South Pacific Commission. *Third South Pacific National Parks and Reserves Conference* (Report of.), 24 June- 3 July, Apia, Western Samoa. Suva, Fiji : Edition South Pacific Commission.

Fairbairn-Dunlop, Peggy
2001   « What Samoans want today is 'a quarter acre section of freehold' ». In Bedford, Richard, Roby Longhurst & Yvonne Underhill-Sem (eds). *Flowers, Fale, Fanau and fa'a Polynesia*. APMRN Secretariat, Centre for Asia Pacific Social Transformation Studies, Wollongon (Aus) : University of Wollongon, p. 34-49.

Fox, James W. and Kenneth B. Cumberland (eds)
1962   *Western Samoa, Land, Life, and Agriculture in Tropical Polynesia*. Christchurch (NZ) : Whitcombe & Tombs LTD.

Gilson, Richard P.
1963   « Samoan Descent Groups : A Structural Outline », *The Journal of the Polynesian Society*, 72. Wellington : The Polynesian Society : 372-377.

Grattan, F.J.H.
1985 [1948]. *An Introduction to Samoan Custom*. Mc Millan Publisher : New Zealand.

Gray, J.A.C.
1980   *Amerika Samoa*. New York : Arno Press.

Heffer, Jean
1995   *Les États-Unis et le Pacifique : Histoire d'une frontière*. Paris : Albin Michel.

High Court of American Samoa
1991   *Rules of Court of the Judiciary of American Samoa*. Pago Pago, American Samoa : High Court Publication.

Holmes, Lowell D.
1971   « Samoa : Custom versus Productivity ». In Crocombe, Ron (ed). *Land Tenure in the Pacific*. Melbourne : Oxford University Press, p. 91-105.

McCormick, Mary
1993   « American Samoa ». In Ntumy, Michael A. (ed). *South Pacific Islands Legal Systems*. Honolulu : University of Hawaii Press, p. 433-461.

Mead, Margaret
1930   *Social Organization of Manua*. Bernice P. Bishop Museum, Bulletin 76 : Honolulu.

O'Meara, J. Tim
1990   *Samoan Planters : Tradition and Economic Development in Polynesia*. Fort Woth (USA) :
        Holt, Rinehart and Winston Inc.

Schoeffel, Penelope
1979   *Daughters of Sina : A Study of Gender, Status and Power in Western Samoa*. Doctor of
        Philosophy Thesis, Canberra : Australian National University.

Stover, Mary Liana
1990   Individualization of Land in American Samoa. PhD Thesis. Honolulu : University of Hawaii.

Sunia, Fofo I.F.
1998   *The History of the Legislature of American Samoa*. Pago Pago, American Samoa : The
        Legislature of American Samoa Publisher.

Tagupa, William E.H.
1994   « The High Court of American Samoa and Traditional Land Tenure Disputes in the Context
        of Modern Economic Development ». In Crocombe, Ron & Malama Meleisea (eds), *Land
        Issues in the Pacific*. Christchurch (New Zealand) & Suva (Fiji) : University of Canterbury
        & University of the South Pacific.

Tcherkézoff, Serge
2003   *FaaSamoa, une identité polynésienne*. Paris : L'Harmattan.

Radcliffe-Brown, Alfred R.
1968   « Le droit primitif. » In Radcliffe-Brown, A. *Structure et Fonction dans la Société Primitive*
        (Original title : Structure and Function in Primitive Society. 1952). Paris : Les Éditions de
        Minuit.

Sahlins, Marshall
1958   *Social Stratification in Polynesia*. Seattle : University of Washington Press.

Scaglion, Richard
1999   « Law ». In Rapaport Moshe (ed). *The Pacific Islands : Environment and Society*. Honolulu :
        The BESS Press, p. 221-233.

United States Congress
1988   *Establishing the National Park of Samoa*. House of Representatives, Washington D.C. :
        Congress Session Report 100-916 : 1-12.

Weisbrot, David
1989   « Custom, Pluralism, and Realism in Vanuatu : Legal development and the Role of
        Customary Law », *Pacific Studies*, Vol. 13, n° 1. November 1989.

Le foncier communautaire, quelles perspectives dans l'Afrique du Sud postapartheid?

Exemple de l'ex-bantoustan du Transkei

Julien Dellier et Sylvain Guyot

Introduction

La question de la terre est aujourd'hui centrale en Afrique du Sud mais n'a jamais été la priorité politique des gouvernements successifs. Les enjeux fonciers font l'objet d'une politique dont le principe fort de justice sociale prend garde à ne pas reproduire les erreurs commises au Zimbabwe — un processus de spoliation violent et arbitraire —, et ce dans un souci de construction d'une unité nationale. Cependant, face à la modestie et à la lenteur de la réforme foncière sud-africaine, des voix de plus en plus nombreuses expriment l'insatisfaction de la communauté noire. À cet égard, l'éviction en avril 2012 de Julius Mamela, jusqu'alors leader de la ligue de jeunesse de l'*African National Congress*, pour ses propos faisant l'apologie du modèle zimbabwéen, témoigne du regain de tensions politiques autour des enjeux fonciers. La question de la terre est critique dans les ex-bantoustans, territoires longtemps laissés à la marge, et aujourd'hui réintégrés tant bien que mal dans la nation arc-en-ciel. Ces territoires sont entrés dans une double transition: un nouveau modèle de gouvernance territoriale, avec l'apparition de nouveaux maillages administratifs, participe à la redistribution des pouvoirs politiques au sein des communautés. S'ajoute à cela une évolution de la structuration foncière, pleinement concernée par les politiques de restitution et de redistribution. L'avenir de ces ex-bantoustans, et notamment l'implication ou la mise à l'écart des communautés citoyennes, est lié à la question de la propriété communautaire des terres. De ce contexte résulte un double questionnement. En premier lieu, quels sont les attendus et les contraintes des bouleversements territoriaux en cours en Afrique du Sud? Et quelles sont alors les implications de ces changements dans l'accès des communautés des ex-bantoustans à de nouveaux droits fonciers?

Il convient dans un premier temps de replacer les enjeux fonciers, liés à la possession de la terre, et territoriaux, liés à l'exercice du pouvoir politique, dans les contextes historiques et contemporains de l'Afrique du Sud. Il s'agit alors de souligner les héritages de la période coloniale et d'apartheid, avant de saisir la pleine mesure des transformations à l'œuvre dans l'Afrique du Sud postapartheid et d'en comprendre le sens. Dans un second temps, le propos se centrera sur les conditions d'accès des communautés à la propriété foncière. Après avoir présenté l'ex-bantoustan du Transkei et les grandes lignes de la reconnaissance d'une forme communautaire de propriété des terres, les décalages entre les objectifs affichés de justice sociale et les réalités de la mise en application des politiques foncières seront évoqués à travers deux exemples issus de l'ex-bantoustan du Transkei.

1. Foncier et territoires en Afrique du Sud, entre héritages et transformations

La thématique du foncier en Afrique du Sud est intimement liée à l'histoire contrastée de ce pays. Les différentes phases de colonisation depuis 1652, néerlandaise et huguenote d'abord, puis britannique au début du XIXᵉ siècle, entraînant la création de l'Union Africaine (1910-1948) puis la mise en place du régime d'apartheid (1948-1994), sont autant de périodes qui ont marqué les structures foncières et territoriales de l'Afrique du Sud. On ne peut pas interpréter les réclamations liées à la terre et les conflits fonciers contemporains sans convoquer largement les héritages du passé. Les transformations territoriales récentes et la réforme foncière, depuis 1994, sont-elles à même de redresser les inégalités et les ségrégations héritées ? Si le nouvel ordre territorial sud-africain postapartheid se cherche encore, la révolution foncière est loin d'être une réalité, et se garde bien d'imiter l'échec de l'occupation des terres par les vétérans de la guerre d'indépendance du Zimbabwe voisin.

Dans un premier temps, il s'agit de s'intéresser aux héritages territoriaux et fonciers coloniaux et d'apartheid. Puis, dans un second temps, il convient d'examiner le nouvel ordre territorial sud-africain et plus particulièrement sa composante foncière.

Les héritages coloniaux et d'apartheid

Notre propos est centré sur les questions foncières non-urbaines, c'est pourquoi nous ne détaillerons pas les héritages ségrégatifs associés au fait urbain sud-africain, très bien décrits par la littérature et largement associés à l'extraction minière et à la mise en place d'un modèle industriel de ségrégation sociale et raciale. La conquête rurale de l'Afrique du Sud par les Blancs s'articule quant à elle autour de deux types de territoires : la mise en place d'espaces de production agricole majoritairement contrôlés par les Afrikaners (descendants des premiers colons hollandais) d'une part, et des zones de chasse finalement remplacées par des espaces naturels protégés largement dominés par les Anglophones (descendants des colons britanniques) d'autre part. Cette conquête territoriale se fait aux dépens des vastes territoires des peuples africains (Khoisan, Xhosa, Zulu etc.), différemment mis en valeur en fonction des usages socio-économiques et des milieux naturels : chasse et cueillette pour les Khoisan, élevage extensif pour les Xhosas, pêche pour les Thonga etc. La motivation principale des colons de se réserver les meilleures terres contraint à déplacer les populations autochtones vers des réserves de petite taille. L'essentiel du partage du territoire entre les populations blanches et africaines a lieu durant la période coloniale avant d'être acté dès 1913 par la première loi foncière sur les populations autochtones.

L'impact de la colonisation sur les structures foncières sud-africaines

Le principe du zonage fonctionnel et la figure spatiale de la séparation sont une marque de fabrique des pratiques britanniques en la matière. Cette ingénierie territoriale implique un vaste dispositif qui comprend les *Native Reserves* et le domaine que se sont appropriés les colons *(Crown Land)*. Ce dispositif, mis en place au fur et à mesure de la conquête des terres africaines, constitue l'un des moyens du contrôle colonial. Théorisé au milieu du XIXe siècle par Theophilus Shepstone (1817-1893) dans la colonie du Natal avec le *location system*, ce système est normalisé et étendu à l'ensemble de l'Afrique du Sud en 1913 avec le *Native Land Act*. Le partage très inégal des terres est créateur d'une fracture territoriale entre les Blancs et les Noirs. Aux colons revient un vaste domaine organisé en provinces et disposant d'institutions municipales, qui intègre la grande majorité de l'espace sud-africain ; aux indigènes, un archipel de réserves densément peuplées organisées en propriétés collectives et dominées par des autorités tribales largement redéfinies par les pouvoirs coloniaux (Giraut & Guyot & Houssay-Holzschuch 2005). La géographie administrative du pays est donc profondément hétérogène, et les différences de statuts juridiques et de modes d'administration correspondent à des vocations irrémédiablement opposées. D'une part, les terres de la Couronne sont vouées à une exploitation économique rationnelle représentative de la modernité. D'autre part, les réserves indigènes représentent le cadre de la reproduction des sociétés africaines « traditionnelles ». À l'image de la situation rencontrée dans les États du Pacifique et de nombreuses colonies, deux systèmes juridiques de gestion foncière coexistent dont l'un relève de l'« *indirect Rule* » (voir Blondet ce volume).

Acter la ségrégation foncière avec les *Native Land Acts* de 1913 et 1936

La ségrégation foncière et territoriale rurale sud-africaine est inscrite dans le marbre lors des promulgations successives (1913 puis 1936) de deux lois concernant les espaces de peuplement autochtone. La première loi de 1913 (*Native Land Act*) attribue 7 % du territoire sud-africain aux populations africaines (carte 1) et leur interdit d'acheter ou de louer de la terre ailleurs que dans les « *scheduled native areas* » (Vircoulon 2003). Cette législation transforme *de facto* tous les indigènes vivant hors de ces zones en paysans sans terre, les expulsant vers des terres de médiocre qualité. Les Africains passent du statut de métayers à celui d'ouvriers agricoles, ce qui induit une crise sociale dans les campagnes sud-africaines (Vircoulon 2003).

La seconde loi, en 1936 (*Native Trust and Land Act*), élève la proportion de territoire réservé aux populations africaines à 13 % en proposant différentes formes de consolidation foncière (carte 1). Selon Thierry Vircoulon (2003, p. 101), « un organisme public, le South African Native Trust, était créé à cet effet [pour gérer les populations africaines] et, sous son impulsion et celle de la politique de consolidation territoriale des bantoustans dans les années 1970-1980, la surface accordée aux Africains finit par atteindre au total 13,6 % du territoire sud-africain. Ces deux législations ségrégationnistes sont complétées en 1951 par le *Prevention of Illegal Squatting Act* qui facilite l'expulsion des Africains ne résidant pas dans les réserves ». Ces réserves sont transformées en bantoustans — ou *homelands* — durant l'apartheid.

Le « Grand Apartheid » ou la territorialisation de la ségrégation foncière

La politique des bantoustans représente la pierre angulaire du régime de l'apartheid. Cette politique consiste à territorialiser la ségrégation foncière héritée des *land acts*.

Carte 1 : *native reserves* créées par les *Native Land Acts* de 1913 et 1936

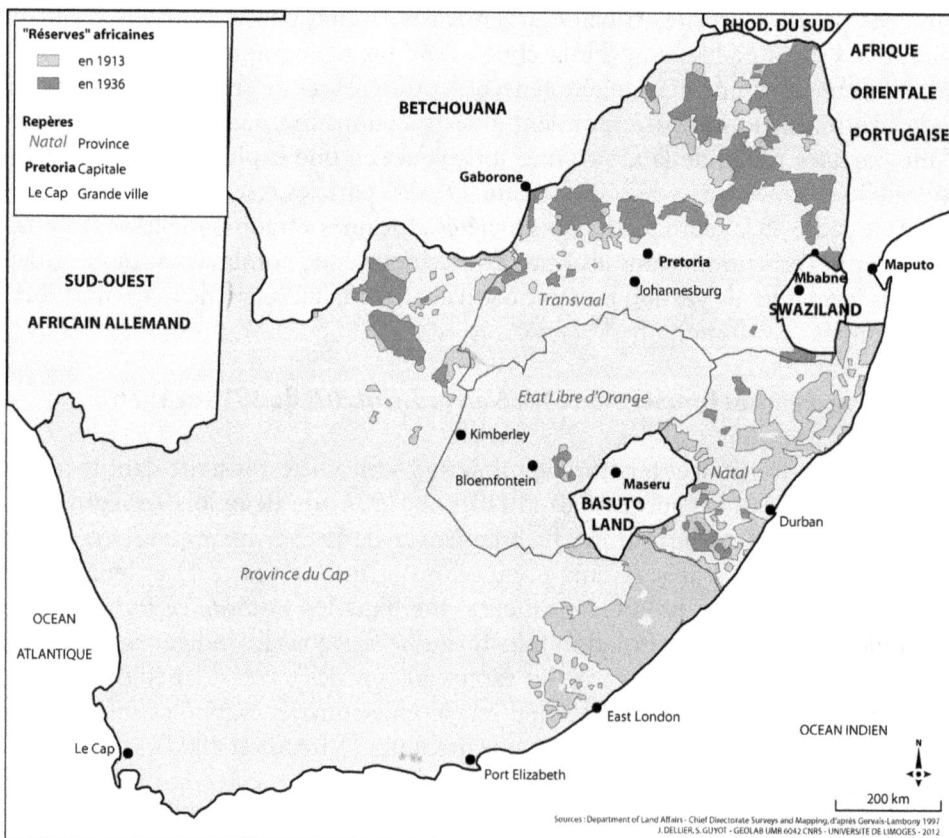

La mise en œuvre du *grand apartheid* par le régime sud-africain correspond à une tentative de catégorisation des populations en ethnies différenciées et d'autonomisation des réserves autochtones (carte 2). Ces bantoustans — terme utilisé par les opposants au régime qui signifie littéralement des pays pour les Bantous, ce qui en montre le caractère racialiste — (ou *homelands*) sont rarement d'un seul tenant, ont des formes archipélagiques et sont opportunément localisés à proximité des grandes villes dont ils servent de réservoirs de main-d'œuvre. Ils regroupent de très fortes densités de population sur des terres soumises à l'érosion et à la dégradation. Les bantoustans sont dirigés par des collaborateurs au régime d'apartheid, émanant souvent des franges les plus conservatrices des chefferies locales. Certains bantoustans, comme le Transkei ou le Ciskei, deviendront indépendants, indépendance reconnue uniquement par la République d'Afrique du Sud, et condamnée par la communauté internationale. Selon Vircoulon (2003, p. 106), cette politique « s'est traduite par des déplacements de « communautés à punir » au profit de « communautés à récompenser » au gré des

Carte 2 : Provinces sud-africaines et bantoustans durant le Grand Apartheid

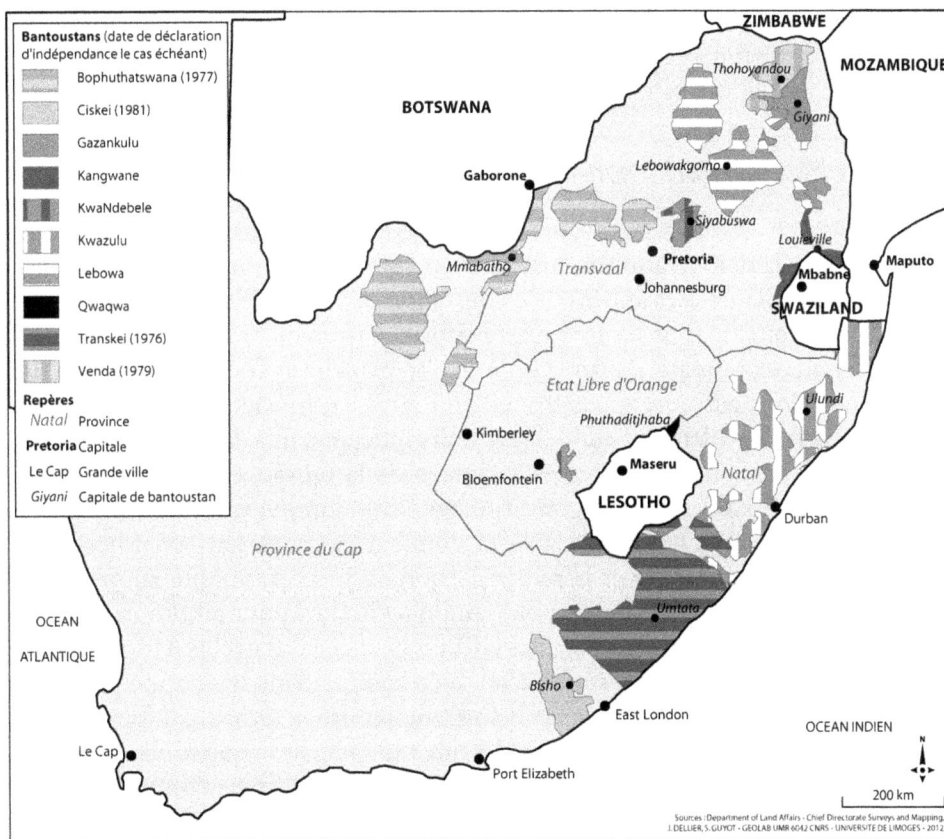

allégeances et des résistances des chefs traditionnels au régime d'apartheid ». Certains bantoustans comme le Transkei (avec la *Mkambati Nature Reserve*) et le KwaZulu (avec la *Kosi Bay Nature Reserve*) vont même jusqu'à expulser des habitants de leurs terres pour créer des réserves naturelles, reproduisant ainsi le modèle colonial dominant en Afrique du Sud (Guyot & Dellier 2008).

Avec l'abrogation de l'apartheid et des bantoustans en 1994, suite à l'élection de Nelson Mandela, l'administration du foncier dans les anciens bantoustans s'est considérablement dégradée lors du démantèlement des structures des *homelands* : les cadastres, les registres et les titres de propriété quand ils existaient ont disparu ; les PTO (*Permission To Occupy*), quand ils ont été conservés, manquent de précision et n'indiquent ni la surface ni la localisation précise des parcelles attribuées. Cette confusion favorise l'émergence de revendications foncières concurrentes sur les mêmes parcelles (Vircoulon 2003). La ségrégation foncière, le fait de séparer les terres en fonction de la race, reste en vigueur jusqu'en 1991, date de la promulgation de *The Abolition of Racially Based Land Measures Act*. Le jour de l'élection de Nelson Mandela le 27 avril 1994, 13 millions de personnes, soit un tiers de la population du pays, vivent encore sur 13,6 % du territoire. Les autres populations africaines sont largement urbanisées, vivant dans les *townships* (quartier planifié par le régime d'apartheid et réservé aux populations de couleur, en général localisé en situation périphérique des villes), espaces encore plus réduits.

Le nouvel ordre territorial sud-africain coïncide-t-il avec un nouvel ordre foncier ?

L'avènement de la démocratie sud-africaine en 1994 coïncide avec la fin du pouvoir sans partage des Blancs. Les années de colonisation et d'apartheid laissent un héritage territorial conséquent. Tous les niveaux territoriaux (province, district, municipalité, arrondissements) sont marqués par la domination blanche et l'héritage (géo)politique des fragmentations passées : zones frontalières fermées, foncier inégalement réparti au profit des fermiers blancs, pseudo-États noirs indépendants. Les paysages et cartes sud-africaines ont donc été façonnés à l'image de la minorité dominante. Un des objectifs principaux du nouveau gouvernement élu, dominé par l'*African National Congress* (ANC), est de transformer en profondeur ce cadre territorial hérité pour promouvoir la déségrégation et la redistribution socio-économique au profit de la majorité noire de la population. Le nouveau pouvoir élu a pour ambition la mise en place d'un véritable nouvel ordre territorial à l'image de la nouvelle Afrique du Sud : un pays libre, démocratique et multiracial, bien intégré dans le continent Africain. Les objectifs initiaux sont ambitieux : il s'agit de rendre la terre aux Noirs (réforme foncière), d'en finir avec la ségrégation à toutes les échelles (nouveaux découpages provinciaux et municipaux), de dynamiser des espaces déprimés (zones frontalières et littorales des anciens bantoustans).

Les nouveaux découpages à l'échelon provincial et municipal

Les transformations territoriales postapartheid ont pour objectif la création de nouveaux maillages administratifs aux échelles provinciale, régionale et locale qui tentent de réunir des territoires « blancs » et développés, et des territoires « noirs », largement sous-développés.

La réforme territoriale à l'échelle provinciale est mise en place en 1994 (carte 3). Elle voit, par exemple, la province blanche du Natal et le bantoustan KwaZulu fusionner pour constituer une province unique, le KwaZulu-Natal. En revanche, l'immense Province du Cap se divise en trois nouvelles provinces : le Northern Cape, le Western Cape et l'Eastern Cape, en intégrant dans cette dernière les anciens bantoustans du Transkei et du Ciskei. Les redécoupages provinciaux donnent lieu à de nombreux arbitrages sur les limites, les dénominations et la question du fédéralisme.

Carte 3 : les nouvelles Provinces sud-africaines depuis 1994

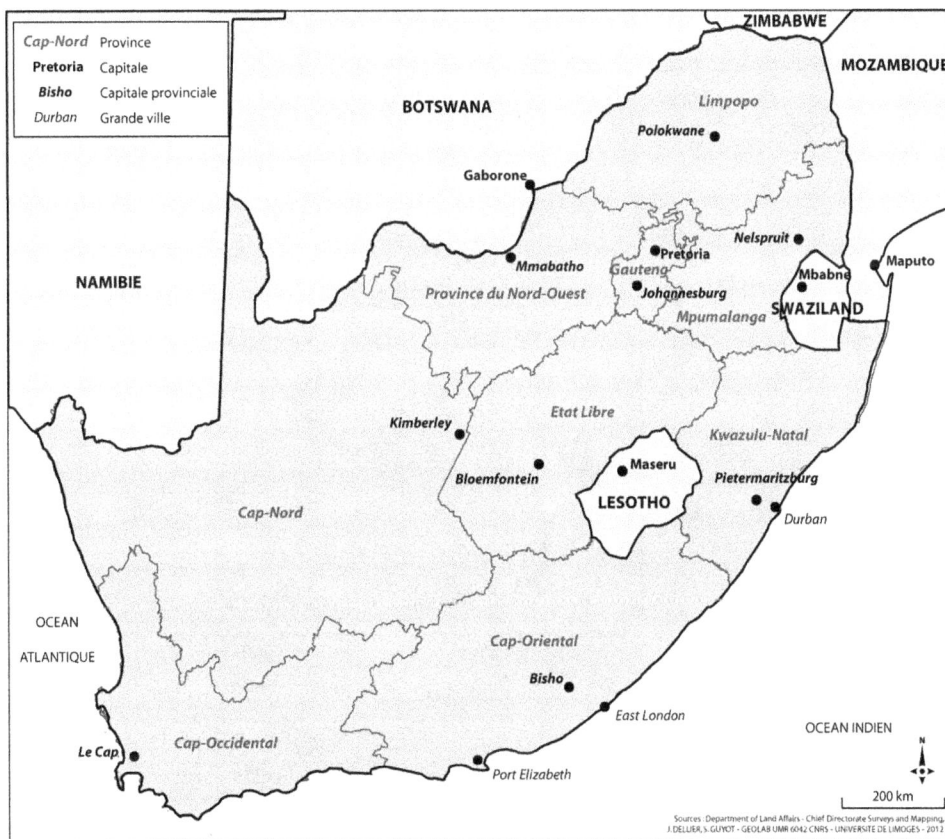

On assiste en 1995 à une première réforme transitoire aux niveaux régional et local, avant le découpage définitif de l'an 2000. L'organisme chargé de la réforme des entités municipales s'appelle le *Demarcation Board*. Il est dirigé entre 1998 et 2003 par un géographe anglophone, Mike Sutcliffe, membre de l'ANC. Cet organisme a défini de grandes municipalités, à l'échelon local, qui juxtaposent des villes blanches, des *townships*, et des zones rurales, blanches et noires. L'objectif officiel des réformes postapartheid est de rationaliser le système politico-administratif, en regroupant les ex-territoires blancs et non-blancs sous une même entité et en fusionnant l'urbain et le rural pour permettre à ce dernier de faire face à la pauvreté (en particulier pour les terres de l'ancien bantoustan KwaZulu et du Transkei). Le nombre des territoires de juridiction locale est donc fortement réduit ainsi que le nombre de chefs-lieux correspondants (Guyot 2006).

Les municipalités de transition de 1995 sont remplacées en 2000 par des *local municipalities*, dites de catégorie B, composant aujourd'hui un pavage complet du territoire en regroupant urbain et rural, y compris les terres tribales, avec de fortes résistances des chefs traditionnels qui n'ont toujours pas de fonction clairement définie dans le nouveau paysage politique local (carte 4). Les *Regional councils* de 1995 sont remplacés

Carte 4 : la découpe territoriale des anciens bantoustans, divisions tribales et administratives, exemple de la municipalité locale de Port St Johns (Cap-Oriental, ex-Transkei)

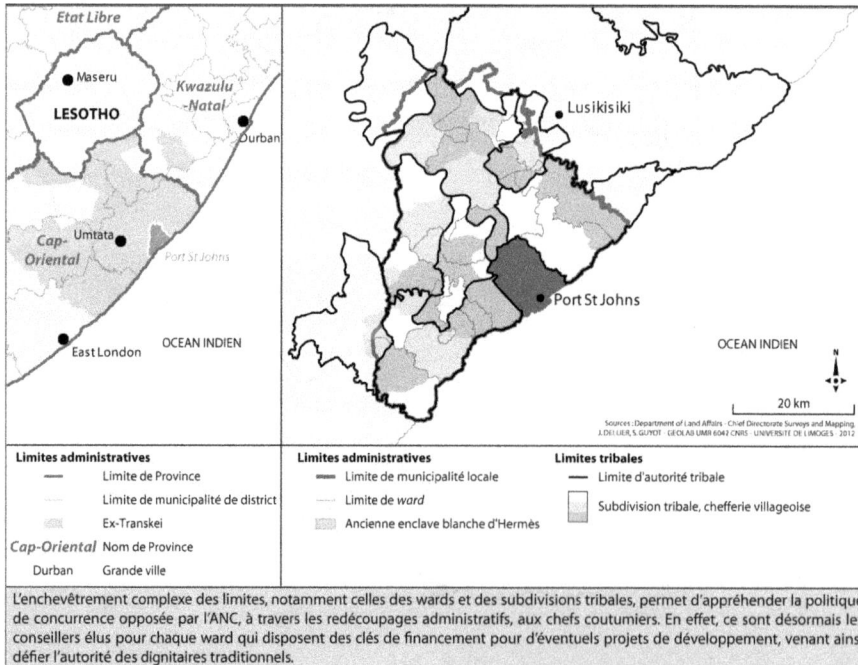

L'enchevêtrement complexe des limites, notamment celles des wards et des subdivisions tribales, permet d'appréhender la politique de concurrence opposée par l'ANC, à travers les redécoupages administratifs, aux chefs coutumiers. En effet, ce sont désormais les conseillers élus pour chaque ward qui disposent des clés de financement pour d'éventuels projets de développement, venant ainsi défier l'autorité des dignitaires traditionnels.

par des *districts municipalities*, dites de catégorie C, qui regroupent plusieurs municipalités. Enfin, les *metropolitan municipalities*, dites de catégorie A, échappent à cet emboîtement et sont dotées d'un conseil unique et puissant. Les parcs naturels et les espaces de faible densité sont gérés soit par des autorités autonomes, soit par la municipalité de district.

Les théories spatiales redistributrices, qui font payer les territoires les plus riches pour financer le développement des territoires les plus pauvres, sous-tendent ces nouveaux découpages provincial et municipal, et sont tout à fait adaptées aux enjeux postapartheid sud-africains. Toutefois, dans les faits, le nouveau découpage tend à renforcer les territoires déjà « gagnants » par le passé (provinces du Gauteng et du Western Cape, municipalités métropolitaines) et à constituer de nouveaux territoires dépourvus de ressources réelles et donc fortement dépendants de l'État central (provinces du Limpopo et de l'Eastern Cape, municipalités dites « rurales »). Parmi les espaces les plus défavorisés par le passé, ce sont donc surtout les *townships* périphériques des grandes villes qui ont le plus bénéficié des péréquations financières mises en œuvre. Ces réformes territoriales ont aussi permis l'émergence d'une classe d'élus noirs à tous les niveaux, impliquant une dynamique de formation d'une nouvelle élite politique.

Au-delà de la redistribution des richesses, la redistribution foncière est ainsi théoriquement une pierre angulaire du nouvel ordre territorial sud-africain, mais pour quels résultats ?

Peut-on parler de nouvel ordre foncier en Afrique du Sud ?

La question foncière est cruciale dans un pays comme l'Afrique du Sud. L'attachement à la terre, terre des ancêtres, terre des conquêtes, est partagé par tous les groupes de populations qui se sont forgé là leur propre histoire. Il s'agit de réparer l'injustice née de la spoliation coloniale, et certains Noirs sud-africains considèrent que l'Afrique du Sud ne pourra pas entrer pleinement dans l'ère postcoloniale tant que la question de la terre et des structures foncières inégalitaires ne seront pas réglées.

Il y a en effet deux problèmes fonciers majeurs en Afrique du Sud. Le premier problème concerne l'inégale distribution des terres entre les Blancs et les Noirs, et le second concerne les terres des anciens bantoustans qui héritent d'une gestion calamiteuse dominée par les chefs traditionnels. La réforme foncière représente l'une des promesses principales de l'ANC lors de son arrivée au pouvoir en 1994. Cette réforme foncière est nécessaire pour redresser les injustices liées aux déplacements forcés et au refus de jouissance des terres, et permet également de trouver une solution à la surpopulation dans certains des anciens bantoustans (ils ont été fondus dans les découpages actuels : municipalités, districts et provinces). Elle constitue la pièce maîtresse de la stratégie de développement, d'emploi et de redistribution du gouvernement (Anseeuw 2004, p. 131.) Dès 1994, l'objectif est de redistribuer 30 % des terres en 5 ans. Il est également décidé en 1996 que la réforme foncière se fera selon les lois de l'offre et de la demande, en excluant toute forme d'expropriation arbitraire « à la zimbabwéenne » : c'est le respect du principe « *willing buyer – willing seller* ». L'accès à la terre est possible mais doit se faire en fonction du prix du marché. Cette réforme foncière est constituée de trois programmes majeurs conduits par l'État et reconnus par la Constitution de 1996 : la restitution foncière, la réforme de la tenure foncière et la redistribution foncière (Anseeuw 2004, p. 133.).

Le premier programme, celui de restitution foncière, est mieux connu sous le nom de « *settlement of land claims* ». En décembre 1998, date butoir de dépôt des réclamations, environ 80 000 demandes de restitution de terres spoliées entre 1913 et 1994 ont été déposées. Si deux tiers des demandes ont été résolues, elles concernent essentiellement les zones urbaines et ne représentent finalement qu'une surface cumulée modeste. Au contraire, la lenteur du processus dans le cas des terres rurales, notamment du fait de la complexité de réclamations le plus souvent collectives, participe à la montée croissante du mécontentement au sein des populations noires rurales. Les réclamations reconnues comme légitimes ouvrent droit pour le plaignant à la restitution des terres en question et/ou à une compensation financière. Dans le cas des réclamations collectives (c'est-à-dire l'essentiel des terres rurales), le droit de propriété délivré revient à un organe de cogestion, le plus souvent sous la forme d'un *Trust* associant les plaignants et des institutions locales.

Le second programme concerne la réforme de la tenure foncière et touche particulièrement les zones rurales dont la gestion relève encore le plus souvent des systèmes coutumiers. Il se heurte à la résistance des chefs traditionnels dans les anciens bantoustans qui refusent les deux modalités énoncées par l'État central, de municipalisation et de privatisation des terres.

Le troisième programme, celui de redistribution foncière, permet aux populations sans terres d'acheter de la terre à l'aide d'une subvention publique. Avant 1999, le gouvernement a privilégié une politique foncière favorisant la création d'une agriculture de subsistance. Après 1999, ses objectifs ont évolué vers la création d'une petite agriculture commerciale. Les résultats sont globalement décevants.

Ainsi, la politique de développement de l'État sud-africain est davantage basée sur une logique territoriale que sur une logique de redistribution foncière. Le nouvel ordre territorial sud-africain n'est pas synonyme d'un nouvel ordre foncier (Anseeuw 2004, p. 144 ; Meunier et Copans 1999, p. 491). Pour autant, il convient de souligner combien l'analyse de réclamations foncières est riche d'enseignements sur les liens entre terres et territoires en Afrique du Sud.

2. Foncier et communautés dans l'ancien bantoustan du Transkei, quel droit à la terre ?

Bien que la question de la terre en Afrique du Sud soit protéiforme, l'accès au foncier des communautés locales concentre une grande partie des enjeux de la réforme foncière sud-africaine. Par sa complexité, tant en amont — dans la définition de ce qu'est la communauté —, qu'en aval — dans la mise en œuvre de nouveaux modes de gestion —, cet aspect de la politique foncière mise en place au lendemain de l'élection de Nelson Mandela représente un véritable défi dans une quête affichée de justice sociale.

À cet égard, la situation de certains anciens bantoustans, dont celui du Transkei, est exemplaire. Leur accès à une indépendance de façade pendant une partie de la période de l'apartheid, puisque dépendante financièrement de l'Afrique du Sud, s'est traduite par un système d'asservissement des chefs tribaux au pouvoir en place. Ce système a vu les autorités coutumières les plus coopératives récompensées par la conservation de droits de gestion du foncier, tandis que les titres de propriété sont pour leur part transférés dans l'escarcelle des autorités du bantoustan du Transkei. Les droits de propriété et de gestion sont ainsi différenciés par l'adoption d'une doctrine régalienne, et tout ce qui n'est pas propriété privée individuelle devient de fait propriété de l'État. Les terres rurales qui relèvent alors du droit coutumier sont particulièrement concernées par cette politique. Le droit coutumier à la terre repose sur des droits collectifs à la terre, en termes de propriété et de gestion, et sur la notion de temps immémorial, en termes d'usage ou d'occupation de la terre par la communauté (sur la distinction entre propriété étatique et collective, voir Narath, ce volume). Il s'oppose à la propriété privée des colons basée sur l'acquisition monétaire du titre de propriété. Cependant, la fin de l'apartheid et l'apparition de la politique de restitution foncière viennent remettre en cause ce système et offrent la possibilité aux communautés locales de revendiquer leurs droits à la propriété foncière.

Nous commencerons par évoquer les fondements de cette politique sur le territoire du Transkei qui est à la fois représentatif de la situation des ex-bantoustans et singulier. Puis nous développerons, à travers deux exemples de réclamation foncière, ceux de Mkambati et du *Wild Coast Sun*, les réalités de cette politique telle qu'elle est aujourd'hui menée en Afrique du Sud.

Le foncier comme enjeu de territoire

L'ex-Transkei, aujourd'hui intégré pour l'essentiel à la province du Cap-Oriental, a connu un développement économique limité. À l'image des autres bantoustans, il se compose essentiellement de territoires ruraux peu mis en valeur et dans lesquels dominent des pratiques agricoles vivrières, notamment l'élevage extensif de bovins. Dès lors, la politique de restitution foncière revêt ici une importance fondamentale, et ce à double titre. Dans une perspective de développement local, il répond à une attente des populations en termes d'essor social et économique. Dans un souci de réorganisation territoriale, il doit favoriser l'insertion de cet ex-bantoustan dans l'Afrique du Sud postapartheid. Il s'agit d'interroger à la fois le cadre conceptuel de cette politique et le contexte géographique dans lequel elle s'inscrit tant le Transkei présente des contraintes structurelles fortes. Il convient dans un premier temps de préciser les enjeux de la politique de restitution foncière dans l'ex-bantoustan du Transkei. Dans un second temps, il apparaît nécessaire d'éclairer non seulement le lien que les autochtones entretiennent avec la terre et de leur conception de la propriété, mais également les contours de la reconnaissance actuelle des droits fonciers communautaires et les modes de gestion qui y sont associés.

Un territoire convoité

L'ex-Transkei a accumulé un important retard économique au regard de l'Afrique du Sud dans son ensemble. Il doit pour partie ce retard à son isolement géographique. La topographie du Transkei, marquée par de hauts plateaux séparés par des vallées encaissées, a pendant longtemps constitué un frein du fait de l'absence de grands aménagements permettant son désenclavement. Il doit également ce retard à son isolement politique du temps de l'apartheid. Ainsi le Transkei est le premier bantoustan à être déclaré indépendant dès 1976. Bien que la dénomination et dans une certaine mesure les frontières aient changé, il est difficile de nier le lourd héritage que portent ces nouveaux territoires.

L'O.R. *Tambo District Municipality*[1], qui sert de toile de fond aux deux exemples que nous développerons dans la partie suivante, comprend la quasi-intégralité de la moitié nord et près des deux tiers de la bande côtière de l'ancien bantoustan du Transkei. Au dernier recensement de 2001, il comptabilise une population de plus de 1,7 million d'habitants. Presque exclusivement rural (93,3 % de sa population réside hors des agglomérations), c'est l'un des districts les plus pauvres d'Afrique du Sud : 88 % des foyers vivent en dessous du seuil de pauvreté et 71,5 % de la population active est sans emploi. Enfin, c'est un district jeune dans lequel près d'un habitant sur deux a moins de 15 ans.

Paradoxalement, l'un des meilleurs atouts de l'ex-Transkei, son littoral, la *Wild Coast*, est une conséquence de ce tableau plutôt sombre. L'absence de développement économique et d'infrastructures d'importance ont en effet contribué au maintien d'un environnement côtier préservé. Cet état de fait, renforcé de longue date par une politique d'expropriation des populations locales, notamment dans une logique de création d'enclaves de préservation des ressources naturelles, offre aujourd'hui un intéressant potentiel touristique, essentiellement centré sur le front côtier, ses plages, ses estuaires et quelques-unes des plus belles forêts littorales d'Afrique du Sud. Les projets touristiques développés mettent en avant la dimension éco-touristique du littoral de l'ex-Transkei, préservant l'image de la *Wild Coast* en même temps qu'ils en tirent parti. Les populations locales sont d'autant plus attentives à cette nouvelle

---

1. Du nom d'Oliver Reginald Tambo (1917-1993), militant de la cause anti-apartheid et président de l'African National Congress jusqu'en 1991, natif de la localité de Mbizana.

manne que certains des sites les plus emblématiques — aires naturelles protégées, espaces côtiers — tombent sous le coup de la politique de restitution foncière. Cependant, ce potentiel touristique et environnemental aiguise dans le même temps les appétits d'acteurs économiques ou écologistes blancs. Ceux-ci, tout en poursuivant des intérêts différents, partagent une même perception du territoire, celle d'un espace naturel vierge de toute appropriation, légitimant les tentatives de conquête par la nécessité de préserver les sites les plus emblématiques. Ainsi, l'environnement préservé de la *Wild Coast* est l'objet d'une littérature touristique rédigée essentiellement, sinon exclusivement, par et pour des blancs (Butchart 1989 ; De Villiers & Costello 2006).

La première question est celle de la capacité des communautés locales à s'organiser pour résister aux appétits de conquête d'acteurs exogènes, pourtant souvent bien mieux structurés. À ce titre, la mobilisation des communautés autour de la question foncière, qui se traduit par l'institutionnalisation des revendications sur le droit à la terre, apparaît comme une forme de résistance face aux tentatives passées et présentes d'appropriations exogènes. Dans un deuxième temps, le poids des retombées attendues d'un développement éco-touristique, par essence limité du fait de facteurs structurels (absence de route goudronnée desservant la majeure partie du littoral, manque de moyens financiers des communautés locales), impose une certaine circonspection quant aux perspectives offertes à l'ensemble des membres des communautés locales. Cependant, les populations locales semblent réellement adhérer à cette stratégie économique axée sur le tourisme. Le rejet d'un projet d'extraction minière dans la zone côtière de Xolobeni illustre ce consensus. Sur ce site, composé de dunes de sable rouge, des prospections récentes ont révélé la présence de minéraux lourds, dont potentiellement l'un des plus importants gisements mondiaux de liménite. Pour autant, suite à l'opposition déterminée d'une coalition hétérogène, rassemblant non seulement une majeure partie des membres des communautés locales, mais aussi des élus locaux, des ONG environnementalistes et des acteurs touristiques, la mise en œuvre du projet d'extraction a été bloquée par le gouvernement sud-africain. La convergence de vues entre les acteurs locaux s'appuie donc sur la nécessité de préserver les ressources environnementales locales. Et l'exploitation de ces dernières est jugée incompatible, du moins à grande échelle comme dans le cas du projet d'extraction minière de Xolobeni, avec le type de développement économique souhaité.

Ainsi, la combinaison d'une situation de grande pauvreté de l'essentiel de la population locale et de potentialités de développement touristique de la zone concernée, surtout concentrées sur son littoral, place la propriété foncière comme le principal enjeu territorial à court et moyen termes.

La reconnaissance de droits fonciers communautaires

La question de la propriété communautaire des terres se pose plus spécifiquement dans les anciens bantoustans. En effet, dans son fonctionnement historique (période d'apartheid), le bantoustan du Transkei a privilégié une continuité, quoique dévoyée, avec les pratiques coutumières de gestion des terres. Les chefs coutumiers, sous réserve de coopération avec le régime en place, se voient libres de continuer à gérer les terres de la communauté comme ils l'entendent. Les principes de l'« *indirect rule* » restent par conséquent de mise sur ces territoires (voir Blondet ce volume). Dans le même temps, la propriété foncière est transférée aux autorités gouvernementales, qui dès lors disposent d'un droit d'expropriation — droit dont elles n'hésiteront pas à faire usage en fonction d'intérêts économiques ou de motifs politiques. Cette politique confiscatoire, qui dissocie titre de propriété et droits d'usage, rompt avec le système antérieur en place sous l'autorité des chefs Pondo[2]. La menace de la perte des droits de gestion des terres ou d'une expropriation permet au gouvernement du Transkei de s'assurer l'allégeance de la majeure partie des chefs coutumiers.

La fin de l'apartheid offre un nouveau contexte politique et territorial. Politiquement, l'accent est mis sur le besoin de justice spatiale et plus particulièrement concernant l'accès au foncier. Sur le plan territorial, le bantoustan du Transkei, malgré l'opposition d'une minorité de sa population, est intégré dans la nouvelle province sud-africaine du Cap-Oriental. En conséquence, les terres relevant auparavant du droit coutumier tombent, par le jeu des redécoupages territoriaux, dans l'escarcelle de l'État sud-africain. Ces terres sont aujourd'hui au cœur de la politique de restitution foncière. Cependant les terres coutumières, dont la propriété et la gestion étaient historiquement considérées comme collectives, représentent un véritable défi. Il s'agit non seulement selon la loi de les redonner aux communautés spoliées, ce qui suppose de définir préalablement ce qu'est une communauté, mais l'enjeu est également de retenir un mode de gouvernance adapté à ces terres et à ces structures sociales. Les solutions adoptées reflètent en partie le souci de ménager la susceptibilité des autorités coutumières dans un contexte politique sensible. En effet, le redécoupage territorial postapartheid aboutit dans le même temps à l'émergence de nouveaux échelons électoraux, vus comme directement concurrentiels par les chefs coutumiers. Mais ces solutions se veulent également pragmatiques face à la complexité de la tâche. Ainsi, la politique de restitution foncière s'appuie, pour les anciennes terres coutumières, sur une conception communautaire de la propriété foncière, ce qui revient à reconnaître la place des communautés, tout en imposant de nouveaux modes de représentativité et de fonctionnement.

Une communauté légitime à demander restitution foncière, pour la loi sud-africaine, correspond à l'ensemble des descendants d'un groupe de personnes spoliées de leurs droits coutumiers sur une ou plusieurs terres. Plus généralement, deux cas de figure

---

2. Les Pondos sont une ethnie ayant donné leur nom au Pondoland qui correspond à l'essentiel de la partie littoral de l'ancien bantoustan du Transkei. Ils sont apparentés au groupe ethnique des Xhosa d'un point de vue linguistique.

permettent de réclamer des droits sur une terre en Afrique du Sud. Le premier est l'expropriation du lieu de résidence sans dédommagement suffisant survenue entre 1913 et 1991. Le second est la perte, toujours sans dédommagement suffisant, de droits d'usages sur des terres durant le même laps de temps. La non prise en compte de la période coloniale pré-1913, durant laquelle s'est pourtant produit l'essentiel des expropriations, s'explique par la difficulté de reconstituer des patrimoines fonciers en l'absence d'archives suffisamment documentées et fiables. Les plaintes déposées par les descendants sont alors instruites par la *Regional Land Claim Commission*, institution régionale de référence pour la politique de restitution foncière.

L'identification des ayants droit nécessite, en l'absence de documents administratifs fiables sur une aussi longue période, la mise en place d'une procédure complexe. Elle consiste pour partie dans la constitution exhaustive par des personnes mandatées par la *Regional Land Claim Commission* d'arbres généalogiques que de nombreux recoupements viennent étayer afin d'établir des listes de bénéficiaires. Pour mesurer l'ampleur de la tâche, précisons que ces listes atteignent fréquemment plusieurs milliers de noms. Il est à noter que ce point d'achoppement, et les lenteurs administratives qu'il engendre, est à la fois un des facteurs explicatifs du retard pris par le processus de réforme foncière en Afrique du Sud, et une des causes de la montée d'un sentiment d'insatisfaction du côté des populations noires. Par ailleurs, une même terre pouvant faire l'objet de plusieurs réclamations de la part de communautés différentes, un arbitrage de la *Regional Land Claim Commission* peut se révéler nécessaire entre les parties, ralentissant d'autant la procédure.

La structuration des communautés passe par l'instauration de nouvelles formes de gouvernance, s'appuyant principalement sur deux types de structures juridiques. La première, le *Trust*, est une structure juridique antérieure à la politique de restitution foncière. Ce terme générique de *Trust* regroupe un grand nombre de structures autour du principe de confiance d'un groupe envers quelques représentants afin d'exercer des droits en leur nom ou de mener à bien une mission donnée. La seconde, dénommée *Communal Property Association*, est nouvelle et créée spécifiquement pour répondre à la question de représentativité des membres des communautés locales, soulevée par la politique de restitution foncière. Le *CPA*, comme le *Trust* dans le cas présent, sont des conseils communautaires dont la mission première est d'être garant des intérêts de la communauté concernant les terres réclamées ou possédées. Cependant, au regard de la loi, si les membres du *CPA* doivent être élus par la communauté dans un souci de représentativité, ceux du *Trust* sont désignés par la communauté sans plus de précisions quant aux modalités de cette désignation.

La politique de restitution foncière prévoit par ailleurs un accompagnement systématique des *CPA* et *Trust* pour la gestion des terres restituées. Ainsi les communautés ne sont pas seules propriétaires des terres. Le titre de propriété est détenu par un *Land Trust*, structure juridique qui regroupe, d'une part, les membres du *CPA* ou du *Trust* et, d'autre part, des émissaires d'institutions locales et gouvernementales (municipalité, services décentralisés de l'État…). Dans les faits, ces émissaires, bien que minoritaires au sein du *Land Trust* en nombre de voix, sont incontournables. En effet, les émissaires des institutions locales et gouvernementales peuvent bloquer, par le recours à des outils réglementaires, certains projets portés par les communautés. Par ailleurs, sans l'accord de ces émissaires, les communautés ne peuvent obtenir de financements publics.

En étant juge et partie, les émissaires des institutions locales et gouvernementales empêchent dans les faits toute gestion autonome par les communautés des terres restituées. La reconnaissance d'une propriété foncière communautaire, telle que proposée dans la réforme foncière sud-africaine, reste limitée.

Deux exemples d'une mise en application contrastée

L'aboutissement d'un certain nombre de réclamations foncières permet aujourd'hui de dresser un premier bilan plutôt sombre. Bien que des investissements relativement importants aient été consentis, notamment pour compenser les injustices financières passées, les signes de développement économique des communautés bénéficiaires tardent à se matérialiser. Pire, on assiste dans certains cas à la sélection de membres choisis par les autorités ou à la confiscation de ces nouvelles structures de gouvernance par une caste dominante issue des communautés. Ces détournements manifestes montrent les limites du système actuel, imposé par les autorités nationales, notamment ses difficultés à remplir sa mission de justice sociale. Ainsi, dans un contexte où l'essentiel des membres des communautés n'a eu qu'un accès limité à l'éducation, l'absence d'un accompagnement indépendant, notamment vis-à-vis des autorités locales, facilite les tentatives d'accaparement de la part des autorités locales ou la mainmise de certains membres influents des communautés sur les terres restituées.

À partir de deux exemples pris au sein de l'O.R. Tambo *District Municipality* (carte 5), nous proposons de livrer quelques clés de compréhension des problématiques soulevées par cette réforme de la propriété foncière communautaire. Le premier concerne le processus de restitution d'un ensemble de terres dans la réserve naturelle provinciale de Mkambati. Le second expose le cas de l'ensemble touristique du *Wild Coast Sun Resort*.

De la restitution à la gestion de la réserve naturelle de Mkambati, un processus sous tension

La réserve naturelle provinciale de Mkambati, qui s'étend sur une superficie de 7 720 hectares, est la plus emblématique des aires de conservation qui se succèdent le long du littoral de la *Wild-Coast* sud-africaine. Essentiellement constituée de pelouses sèches semi-naturelles, elle prend la forme d'une enclave de conservation, marquée par des limites, naturelles avec la rivière Mtentu au nord et Msikaba au sud, et

Carte 5 : l'O.R. Tambo *District Municipality* et les sites de Mkambati
et du *Wild Coast Sun Resort*

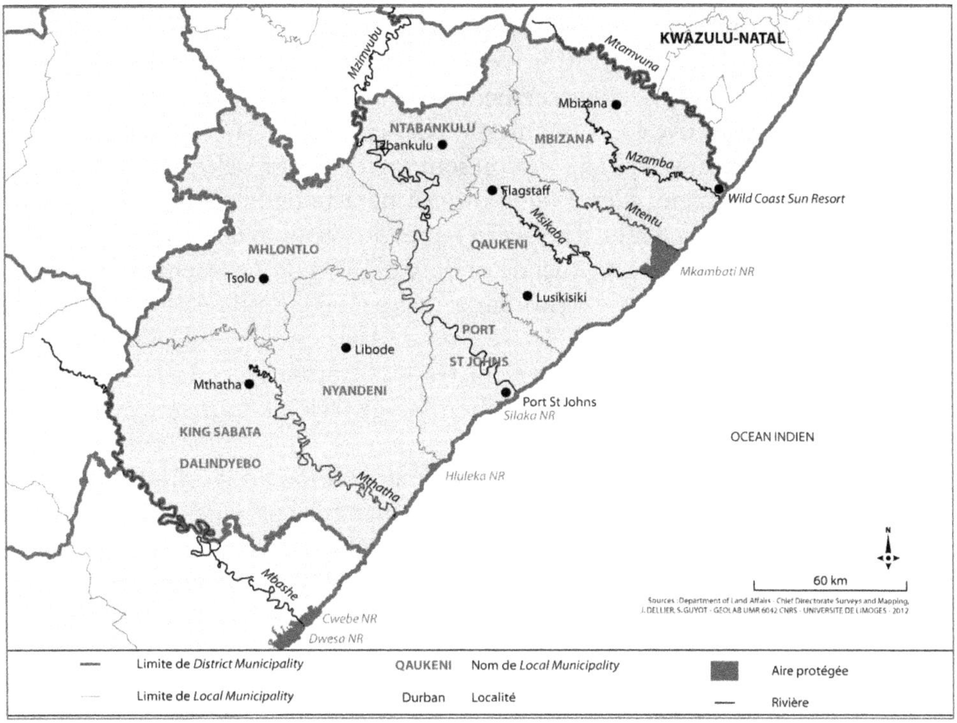

anthropiques avec une clôture courant tout le long de son versant ouest. Espace protégé depuis 1977, il convient cependant de retracer les grandes lignes de son histoire pour appréhender les tensions actuellement observées.

En vertu d'un accord de 1899, signé entre le chef Sigcawu et le représentant local de l'autorité coloniale, plusieurs familles de la communauté Khanyayo sont expropriées en 1920 d'une zone de 17 400 hectares sur laquelle est installée une léproserie en 1922. Très rapidement, des tensions vont apparaître autour de cet espace confisqué aux populations riveraines. La principale source de conflit est l'élevage pratiqué dans l'enceinte de la léproserie. Non stipulée dans l'accord de 1899, cette pratique est vécue comme une transgression par les éleveurs riverains qui voient leur échapper la possibilité de commercer avec la léproserie, et vient ainsi renforcer un sentiment d'amertume face à la perte de terres de parcours du bétail. En 1961, afin de lutter contre les ressentiments de la population locale, 5 400 hectares de prairies sont rendus aux communautés riveraines. L'amélioration des conditions d'acheminement des denrées alimentaires à destination de la léproserie facilite cette transaction, la production de denrées alimentaires *in situ* n'étant plus nécessaire au bon fonctionnement de l'établissement.

En 1976, la léproserie ferme et le site est divisé en deux unités foncières. Tandis que la partie ouest retrouve une vocation agricole, la partie est devient un espace protégé dès l'année 1977. La gestion de cette seconde partie du site est, dans un premier temps, confiée par le gouvernement du Transkei à une société privée dont la vocation première se trouve être l'organisation de séjours de chasse pour des touristes blancs. Les limites de ce système de gestion sont rapidement révélées par des atteintes répétées à l'environnement. Dès 1982, l'impact néfaste de la gestion privée sur la faune décide le gouvernement du Transkei à reprendre en main la gestion de la réserve naturelle de Mkambati dans un souci de préservation environnementale.

Le principe de confiscation territoriale n'a jamais été remis en cause durant la période d'apartheid, même lors de la création de l'aire protégée. Dans un premier temps fondé sur des considérations hygiénistes — la léproserie —, il s'est vu confirmé lors du changement de statut du site, d'abord en enclave de tourisme cynégétique, puis de préservation environnementale.

Avec la fin de l'apartheid, et dans le cadre de la politique de restitution foncière, deux réclamations distinctes portant sur la réserve naturelle provinciale de Mkambati sont déposées. L'existence de deux réclamations résulte d'un conflit entre les ayants droit au sein de l'autorité coutumière Thaweni (Kepe 1998) qui regroupe sept villages. Ainsi, la première réclamation, celle de la communauté villageoise Khanyayo, se fonde sur l'expulsion de familles résidents sur la zone en 1920. La seconde, soumise par les six autres communautés villageoises qui font partie de l'autorité coutumière Thaweni, repose sur la perte des droits d'usage sur les terres confisquées lors de la création de la léproserie. Les terres en question regroupaient de vastes pâturages sur lesquels étaient disséminées quelques habitations. Les éleveurs des différents villages exploitaient ces pâturages de manière extensive en l'absence d'un parcellaire formel. Au regard du *Restitution of Land Rights Act* de 1994 encadrant la restitution foncière, et notamment les conditions de définition des ayants droit, les deux réclamations sont jugées légitimes par la *Regional Land Claim Commission*. Cette résolution apaise les tensions nées de la concurrence des deux procédures et évite de fait un éclatement de la communauté.

En 2004, en échange d'un engagement à pérenniser le statut de la réserve naturelle provinciale de Mkambati, la résolution du processus accorde la propriété du site au Mkambati *Land Trust*. Ce dernier regroupe les sept communautés concernées et un ensemble d'institutions locales et gouvernementales (O.R. *Tambo Disctrict Municipality, Department of Water Affairs and Forestry, Department of Economic Affairs, Environment and Tourism*). Au niveau des communautés, un *CPA* est mis en place afin d'assurer, du moins en apparence, la représentation démocratique des membres de la communauté au sein du Mkambati *Land Trust*. Le *CPA* est constitué de quatorze membres, soit deux représentants élus pour chacun des sept villages. Les membres du *CPA* siègent au Mkambati *Land Trust* avec une double mission, défendre les intérêts de la communauté dans son ensemble et relayer les décisions prises par le Mkambati *Land Trust* auprès de cette même communauté.

À la suite de cette restitution, et conformément aux bonnes pratiques de gouvernance des aires naturelles promues par l'*International Union for Conservation of Nature* (IUCN), la communauté se voit associée à la gestion de la réserve naturelle provinciale de Mkambati. En effet, celle-ci fait partie des terres restituées au Mkambati *Land Trust* par l'État Sud-Africain. À cette fin, un comité de cogestion est constitué. Il regroupe peu ou prou les membres du Mkambati *Land Trust* auxquels viennent s'ajouter des émissaires du *Department of Land Affairs* et de l'*Eastern Cape Parks Board* (ECPB), l'institution provinciale en charge de la gestion des aires protégées. L'objectif affiché par cette cogestion est de renforcer les liens entre la communauté et la réserve naturelle, par une intégration de la communauté dans les organes décisionnaires, et en la faisant bénéficier des retombées économiques générées par l'exploitation touristique du site, qui compte une trentaine de couchages répartis dans plusieurs pavillons.

Dans les faits, malgré la mise en place du comité de cogestion, la confiscation territoriale du site de Mkambati à la communauté est une réalité persistante. En effet, le comité de cogestion, loin de représenter une avancée dans les relations entre les institutions, notamment l'*ECPB*, et la communauté, se révèle incapable de fonctionner en l'état. L'un des principaux points de désaccord au sein de ce comité de cogestion est celui de l'accès aux ressources. L'*ECPB* s'oppose fermement au souhait exprimé par les représentants de la communauté de pouvoir, dans une certaine mesure, accéder aux ressources de la réserve naturelle de Mkambati. Cette fin de non-recevoir s'appuie sur une vision paternaliste des capacités d'autorégulation des membres de la communauté (Cousins & Kepe 2004 ; Kepe *et al.* 2001). Le discours porte plus particulièrement sur la mise en péril des équilibres éco-systémiques. Il occulte dans le même temps le rôle essentiel des pratiques traditionnelles raisonnées de pâturage et d'écobuage dans le maintien de la biodiversité de ces milieux herbacés (Parr & Chown 2003). Au blocage du comité de cogestion, qui résulte de ce désaccord sur la question de l'accès aux ressources, s'ajoute l'incapacité de la communauté à porter des projets de développement, les moyens de financement étant aux mains des institutions auxquelles elle s'oppose. L'impossibilité de s'accorder sur un nouveau plan de gestion conforte la gestion mise en place par l'*ECPB* préalablement à la procédure de restitution. Cependant, si cette stratégie permet à court terme à l'*ECPB* de garder la main sur le site de Mkambati, elle représente un risque à plus long terme : la montée d'un ressentiment à l'égard de ces institutions, qui pourrait conduire à la remise en cause du statut des aires protégées par les communautés. Ce constat est d'autant plus d'actualité que les retombées économiques désirées par les communautés ne sont pas au rendez-vous, tant le déficit structurel du site est important — absence d'accès viabilisé, vétusté des hébergements touristiques proposés — et les capacités d'investissement limitées.

Cette situation menace également l'unité de la communauté. En effet, l'*ECPB* développe une stratégie de délégitimation de ses représentants élus, en les accusant d'incompétence voire de corruption. L'*ECPB* cherche alors à les remplacer par des membres de la communauté sélectionnés et formés pour adhérer aux idées défendues par l'organisme (Dellier 2010). Il en résulte une fragilisation de la communauté, déjà déstabilisée par la transition en cours d'un régime coutumier, fondé sur la désignation des chefs par une élite, vers un régime électif. Au final la communauté devient le jouet d'un jeu de refonte territoriale qui la dépasse. Elle est ainsi considérée par les institutions locales, notamment l'*ECPB*, comme un élément perturbateur d'une préservation environnementale fondée sur l'exclusion. Ce sont bien ici des considérations pragmatiques et conservatrices qui prennent le pas sur un objectif initial de justice spatiale. Pour autant, ce modèle est aussi appliqué aux autres cas de réserves naturelles provinciales concernées par des réclamations foncières.

Justice sociale *versus* développement économique, l'exemple du *Wild-Coast Sun Resort*

Le *Wild-Coast Sun Resort* (*WCSR*) a la particularité d'avoir été l'une des enclaves blanches au sein du Transkei du temps de l'apartheid. Le *WCSR* est un complexe touristique construit par la société *Sun International* entre 1979 et 1981. Il comprend un hôtel, un casino, des boutiques et un golf. Situé à la frontière provinciale avec le Kwazulu-Natal, et donc autrefois à la frontière du Transkei et de la province blanche du Natal, sa localisation témoigne d'un opportunisme territorial certain. En effet, si le *WCSR* était hors des territoires blancs, connus pour leur législation contraignante en matière de jeux d'argent durant l'apartheid, il était à proximité immédiate de ceux-ci. Il suffisait de traverser un pont enjambant la rivière Mtamvuna depuis le Natal pour rejoindre le *WCSR*, sans avoir à transiter par le bantoustan, zone pauvre et rurale redoutée par les blancs. La construction de ce complexe, sur un site de 640 hectares, entraîne l'expulsion de 103 foyers de la communauté villageoise Amadiba, sans qu'aucune compensation réelle ne soit offerte par le gouvernement du Transkei. Les populations déplacées se voient parquées sur des terres difficiles à mettre en valeur, car rocailleuses, et déconnectées des zones de pâtures traditionnelles. À cela s'ajoute la construction d'une clôture, prévenant toute intrusion des riverains sur le complexe touristique. Il s'agit autant de marquer la séparation raciale que la forte inégalité économique entre les touristes, blancs et aisés, et les riverains, noirs et pauvres.

Trente ans plus tard, malgré l'abolition de l'apartheid, et, en principe, de ces enclaves blanches, il y a peu de changements. Le pont sur la rivière Mtamvuna est toujours l'unique voie d'accès au *WCSR*. De hautes clôtures séparent toujours l'enceinte des territoires de l'ancien bantoustan sur ses bordures ouest et sud. Enfin, hormis le casino, l'hôtel et le terrain de golf, l'essentiel du terrain du *WCSR* n'est pas exploité et sert de zone tampon entre le complexe touristique de luxe et les zones rurales pauvres environnantes.

Deux processus, celui de la politique de restitution foncière et celui de la discrimination positive économique, coexistent sur le site du *WCSR*. Sur le plan foncier, une réclamation est déposée en 1996 par le Kimbili *Land Trust*. Celui-ci représente des familles Amadiba, une communauté villageoise de la municipalité de Mbizana, expulsées de leur terre lors de la construction du *WCSR*. Les négociations tripartites entre le Kimbili *Land Trust*, *Sun International* et la *Regional Land Claim Commission* débutent véritablement en 2003. Auparavant, un long travail de vérification a été effectué par la Commission, tant sur le bien-fondé de la réclamation que sur la liste des ayants droit. Le conflit qui se fait alors jour tourne essentiellement autour des terres non construites. *Sun International*, tout en reconnaissant le droit des plaignants à obtenir une compensation financière pour les préjudices subis, se retranche derrière l'accord signé avec les autorités du Transkei, et par conséquent rejette toute prétention sur la propriété des terres de la part du Kimbili *Land Trust*. *A contrario*, les revendications portées par le Kimbili *Land* Trust reposent sur la restitution préalable des terres avant d'entamer des négociations, d'une part, sur la gestion du complexe touristique existant, et, d'autre part, de développer des projets sur les terres aujourd'hui utilisées comme zone tampon.

Cependant, un autre processus vient parasiter ces négociations. Il s'agit du programme national de discrimination positive économique, le *Black Economic Empowerment* (*BEE*), dont la vocation est de redistribuer les actifs économiques à la majorité afin de corriger les inégalités historiques créées par l'apartheid (Genre-Grandpierre 2004). Dans le cas d'un complexe comme le *WCSR*, la loi prévoit un transfert d'une partie des actifs vers les populations riveraines. À cette fin, le Mbizana *Development Trust* a été créé en 2004 et possède aujourd'hui 30 % des parts du *WCSR*. Il regroupe l'ensemble de la population de la municipalité de Mbizana. Ce *Trust* a pour objet de financer des projets de développement bénéficiant à la communauté en s'appuyant sur les revenus issus du casino. Cette nouvelle donne entraîne un regain de tension au sein des communautés locales. En effet, le Mbizana *Development Trust* regroupe un ensemble de communautés, bien au-delà de la seule communauté villageoise Amadiba, touchées par les mesures d'expropriations. De plus, cette dernière ne bénéficie pas d'une prise en compte particulière de la part du Mbizana *Development Trust*. Il en résulte un sentiment d'injustice dans la communauté Amadiba.

La confrontation entre ces différents acteurs apparaît pour le moins déséquilibrée et pose la question de la place accordée à la réparation des injustices passées face aux enjeux de développement. *Sun International*, dans sa stratégie pour préserver son contrôle sur le site, procède à intervalles réguliers à des propositions de compensations financières dont les conditions et les montants restent très éloignés des attentes du Kimbili *Land Trust*. En jouant la montre, le groupe international espère obtenir gain de cause auprès d'une communauté Amadiba en situation de grande pauvreté, les poussant à accepter une compensation strictement financière et un abandon des revendications foncières. Par ailleurs, en faisant planer la menace d'un retrait du groupe en cas d'arbitrage en faveur des demandes du Kimbili *Land Trust*, *Sun International* pousse tant le Mbizana *Development Trust* que la Mbizana *Local Municipality* à prendre parti en sa faveur. En effet, les deux institutions, en réalité très proches, préfèrent miser sur la stabilité d'une situation génératrice de revenus économiques confortables plutôt que de prendre le risque d'une remise en cause de la gestion du complexe touristique. Cette dernière solution présenterait par ailleurs l'inconvénient de placer le Kimbili *Land Trust* au cœur du processus décisionnel, réduisant l'influence du Mbizana *Development Trust*. De son côté, la *Regional Land Claim Commission*, bien qu'ayant reconnu le bien-fondé de la réclamation, se montre extrêmement discrète pour ne pas dire absente du dossier. Ce positionnement ne peut pas être considéré comme neutre et témoigne d'un souci de préserver les acquis du *BEE*.

Face à ces positionnements, les membres du Kimbili *Land Trust* se sentent victimes d'une double injustice. Spoliés de leur terre lors de la construction du *WCSR*, ils sont aujourd'hui mis au ban de la municipalité du fait des tensions nées autour de leurs revendications. Au final, le grand vainqueur de ces divisions communautaires est le groupe *Sun International* dirigé par le magnat Sol Kerzner qui, tout en affichant sa participation au programme économique de discrimination positive, le *BEE*, profite des tensions communautaires pour maintenir sa présence exclusive sur le site.

Conclusion

Les processus observés confirment que le nouvel ordre territorial sud-africain ne coïncide pas avec un nouvel ordre foncier. Sous le vernis de politiques vertueuses affichées — cogestion des réserves naturelles en accord avec les recommandations de bonnes pratiques de l'*IUCN*, redistribution des dividendes économiques du *Wild-Coast Sun Resort* — les pratiques d'exclusion à l'égard des communautés demeurent la règle. Ainsi, même lorsqu'elles sont en possession de titres de propriété, ceux-ci se révèlent d'une valeur très limitée puisque déconnectés des droits d'usages comme le montre l'exemple de la réserve naturelle provinciale de Mkambati. De plus, les communautés constituent des « proies faciles », aisément manipulables par d'autres groupes d'acteurs bien mieux structurés, d'autant plus manipulées que les enjeux économiques et financiers sont importants. Qui plus est, ces mêmes communautés se voient fragilisées par de nouveaux modes de représentation imposés par les autorités. En l'absence d'un accompagnement par des acteurs indépendants, cette transition vers des modes de représentation censés être plus équitables, est régulièrement l'occasion d'une prise de contrôle par une élite ou par des acteurs locaux extérieurs à la communauté.

La propriété foncière communautaire telle qu'elle est promue par la réforme foncière sud-africaine ne peut-être considérée comme une avancée pour les citoyens. À travers les fortes contraintes induites par le système actuel s'exprime toute l'ambivalence des politiques du parti au pouvoir, l'*African National Congress* (*ANC*), vis-à-vis des systèmes coutumiers. Il s'agit de réduire l'influence des chefs coutumiers tout en les ménageant, notamment en continuant de s'appuyer sur le système coutumier préexistant, pour éviter de trop fortes tensions et un rejet des nouvelles mailles territoriales instituées. La coexistence d'un système coutumier et d'un système électif moderne interroge quant à la capacité de cet assemblage territorial complexe à répondre au défi du développement d'un des territoires les plus pauvres d'Afrique du Sud.

Bibliographie

Anseeuw, Ward

2004 « La réforme foncière en Afrique du Sud : des résultats peu convaincants ». In Guillaume P., Péjout N., Wa Kabwe-Segatti (dir.), *L'Afrique du Sud dix ans après : transition accomplie ?* Johannesburg et Paris : IFAS-Karthala, p. 129-148.

Antheaume, Benoît & Giraut Frédéric (eds.)

2005 *Le territoire est mort, Vive les territoires !* Paris : IRD.

Butchart, Duncan

1989 *A guide to the Coast and Nature Reserves of Transkeï.* Johannesburg : The Wildlife Society.

Carruthers, Jane

2007 « 'South Africa: A World in One Country': Land Restitution in National Parks and Protected Areas ». *Conservation and Society*, 5(3): 292-306.

Cousins, Ben & Kepe, Thembela

2004 « Decentralisation when Land and Resource Rights are Deeply Contested: A Case Study of the Mkambati Eco-Tourism Project on the Wild Coast of South Africa ». *European Journal of Development Research*, 16(1): 41-54.

Dellier, Julien

2010 « Les écueils de la Wild Coast, Afrique du Sud – la cogestion des réserves naturelles dans un contexte post-apartheid ». In *Espaces protégés, acceptation sociale et conflits environnementaux*, Collection EDYTEM n° 10, p. 197-208.

Dellier, Julien & Guyot, Sylvain

2009 « The Fight for Land Rights Versus Outsider's 'Appetites': Wild Coast Eco-Frontier Dynamics ». In *Rethinking the Wild Coast, South Africa, Eco-frontiers vs livelihoods in Pondoland*. Saarbrücken : VDM Verlag, p. 59-100.

De Villiers, Div & Costello, John

2006 *Mkambati and the Wild Coast : South Africa and Pondoland's unique heritage.* Singapore: Tien Wah Press.

Genre-Grandpierre, Gilles

2004 « Le Black Economic Empowerment en Afrique du Sud : fondements, contraintes et risques ». *Afrique contemporaine*, 210(2): 95-108.

Gervais-Lambony, Philippe
1997   *L'Afrique du Sud et les États voisins*. Paris : Armand Colin, collection « U ».

Giraut, Frédéric, Sylvain Guyot & Myriam, Houssay-Holzschuch
2005   « La nature, les territoires et le politique en Afrique du Sud ». *Annales HSS*, 60(4): 695-717.

Guillaume, Philippe, Nicolas, Péjout & Aurélia, Wa Kabwe-Segatti (dir.)
2004   *L'Afrique du Sud dix ans après : transition accomplie ?* Johannesburg et Paris : IFAS-Karthala.

Guyot, Sylvain
2006   *Rivages Zoulous : l'environnement au service du politique*. Paris : Karthala – IRD.
2009   « Fronts écologiques et éco-conquérants : définitions et typologies. L'exemple des ONG environnementales en quête de Côte Sauvage (Afrique du Sud) ». *Cybergeo : European Journal of Geography* [Online], Environment, Nature, Landscape, article 471, Online since 05 October 2009, connection on 09 May 2012.
         URL : http://cybergeo.revues.org/22651 ; DOI : 10.4000/cybergeo.22651.

Guyot, Sylvain & Julien, Dellier
2008   « La conquête du littoral 'indien' d'Afrique du Sud », *EchoGéo* [En ligne], Numéro 7 | 2008, mis en ligne le 28 octobre 2008, consulté le 25 avril 2012. URL : http://echogeo.revues.org/78034.

Kepe, Thembela
1998   *The problem of defining « community » : Challenges for the land reform programme in rural South Africa*. Program for Land and Agrarian Studies, School of Government, University of the Western Cape.
2007   « Land Claims and Comanagement of Protected Areas in South Africa: Exploring the Challenges ». *Environmental Management*, 41: 311-321.

Kepe, Thembela, Ben, Cousins & Stephen, Turner
2001   « Resource Tenure and Power Relations in Community Wildlife: The Case of Mkambati Area, South Africa ». *Society and Natural Ressources*, 14: 911-925.

Meunier, Roger & Jean, Copans
1999   « Les ambiguïtés de l'ère Mandela ». *Revue Tiers-Monde*, t.XL, p. 489-598.

Parr, Catherine L. & Steven L., Chown
2003   « Burning issues for conservation: A critique of faunal fire research in Southern Africa ». *Austral Ecology*, 28: 384-395.

Vircoulon, Thierry
2003   « Les questions de la terre dans la nouvelle Afrique du Sud ». *Herodote*, 111: 99-116.

Les enjeux des revendications foncières autochtones : le cas du tourisme à Rotorua (Nouvelle-Zélande)

Aurélie Condevaux [1]

Rotorua — ville de l'Île du Nord de la Nouvelle-Zélande dont le nom désigne également le lac qui la borde — peut donner au visiteur de passage le sentiment d'être un élément essentiel du « *wonder country* », expression parfois utilisée pour parler de la Nouvelle-Zélande (McClure 2004). Les nombreuses résurgences d'eau chaude sont autant d'opportunités pour les visiteurs de se prélasser dans l'un des « spas » de la ville alors que les geysers et autres activités liées au volcanisme offrent un spectacle permanent. Les touristes sont loin d'être les premiers à apprécier les bienfaits de ces richesses naturelles. À l'époque de la colonisation européenne de la Nouvelle-Zélande, les terres autour de l'actuelle ville de Rotorua étaient occupées par plusieurs groupes *māori*. L'histoire orale, écrite depuis par des historiens et ethnologues, affirme qu'ils sont les descendants des occupants de la pirogue Arawa, lesquels, après avoir accosté non loin de Maketu, s'installèrent sur un territoire s'étendant de la côte (Maketu) au volcan emblématique du centre de l'île du Nord : le Tongariro (Stafford 1991). Les descendants de ces *Māori* continuent de se référer aux ancêtres éponymes qui découvrirent la région pour définir leur appartenance sociale. Les groupes sociaux (désignés par les termes génériques de *hapū* ou *iwi*) portent le nom d'un ancêtre réel ou mythique avec lequel ils revendiquent un lien de descendance en filiation matrilinéaire ou patrilinéaire (cela ne signifie pas nécessairement que l'appartenance au groupe soit déterminée par une filiation réelle, voir par exemple à ce sujet Schwimmer [1990]. À propos du lien entre *iwi* et *hapū*, on pourra se référer en particulier aux pages 312-313). Ainsi les Ngāti Whakaue, Ngāti Wahiao et Tūhourangi de la région de Rotorua sont définis par rapport à des ancêtres nommés Whakaue, Wahiao et Tūhourangi, suivant une logique d'appellation que l'on retrouve à plus grande échelle (à noter que *Ngāti* est un pronom personnel pluriel placé avant les noms de groupes de descendance). Aujourd'hui, notamment du fait des importants mouvements de population engendrés par la colonisation et l'urbanisation, les *Māori* revendiquent généralement une appartenance à plusieurs *hapū* ou *iwi*.

1. Je remercie les organisateurs des journées d'étude « Des questions foncières aux problématiques touristiques : discours et pratiques » et le CREDO (UMR7308) pour m'avoir permis de participer à celles-ci.

Arrivés dans la région il y a environ 700 ans, les ancêtres des *Māori* de Rotorua ont depuis cette époque exploité l'énergie générée par l'activité volcanique, notamment pour la cuisson des aliments. Les spécificités de cette terre furent également rapidement intégrées à la cosmologie *māori* qui, pour résumer très schématiquement, fait de la terre une divinité (*Papatūānuku*) et des éléments du paysage des traces laissées par d'autres divinités ou ancêtres. En dépit de la christianisation des *Māori*, cette cosmologie n'en est pas moins toujours invoquée.

Aujourd'hui en effet, les acteurs *māori* du secteur touristique continuent, dans les discours qu'ils adressent à leurs visiteurs à propos de la terre et du paysage, de se référer aux ancêtres et aux divinités. Parler des éléments du paysage volcanique est ainsi l'occasion de rappeler l'histoire de sa création, marquée par l'intervention de deux divinités venues d'Hawaiki (terre ancestrale mythique), Kuiwai et Haungaroa. Cette histoire est par exemple racontée, avec les technologies les plus modernes — notamment des films réalisés avec des images numériques — au centre touristique de Te Puia, qui abrite le New Zealand Arts and Crafts Institute.

On comprend, de par cette référence actuelle et omniprésente aux divinités et aux ancêtres associés aux paysages, l'importance que les rapports à la terre ont eus sur l'organisation sociale et les dynamiques identitaires *māori* depuis leur arrivée à Aotearoa (Nouvelle-Zélande) jusqu'à aujourd'hui, à l'instar de ce qui a pu être observé dans d'autres archipels du Pacifique, comme la Nouvelle-Calédonie (cf. la contribution de M. Nayral dans ce volume). On peut ainsi mieux saisir les conséquences dramatiques que la dépossession foncière[2] eut sur la vie des *Māori* à la fin du XIXe siècle. Et l'on comprend mieux aussi l'importance des réclamations faites depuis quelques années auprès du tribunal de Waitangi. Ce tribunal, comme il sera expliqué plus loin, a été mis en place en 1975 pour examiner les torts subis par les *Māori* durant la colonisation, notamment en matière de dépossession foncière et d'autres infractions commises vis-à-vis du Traité de Waitangi (dont le Tribunal tient son nom). Ce traité, signé en 1840 entre les représentants de la Couronne Britannique et plusieurs centaines de chefs *māori*, établissait, du moins dans sa version anglaise, la Souveraineté britannique sur la Nouvelle-Zélande tout en garantissant aux *Māori* le contrôle sur les ressources naturelles et la terre.

D'ailleurs, notons que certaines de ces réclamations ont rencontré un certain succès. Par exemple, les habitants du village de Whakarewarewa, attenant à la ville de Rotorua, ont obtenu, dès 1993, la reconnaissance du rapport particulier qui les unit à leur terre. Un rapport rendu par le Tribunal de Waitangi en 1993 souligne en effet que les plaignants exercent leur *rangatiratanga* (« autorité » ou « contrôle ») sur les sources et bassins d'eau chaude, ainsi que sur les autres manifestations visibles de

---

2. Pour avoir une idée de l'ampleur de la dépossession foncière dont les *Māori* furent victimes entre 1865 et 1909, on peut se référer aux statistiques données et discutées par D. Williams (1999), au chapitre 3 de son livre *Te Kooti Tango Whenua*.

l'activité géothermique des terres qu'ils possèdent à Whakarewarewa, et que ces dernières constituent pour eux un *taonga* (bien/objet de valeur). Il est également reconnu que les plaignants sont *kaitiaki* (gardiens) de ce *taonga* et que la Couronne est dans l'obligation d'assurer l'accès des *Māori* à ces ressources (Waitangi Tribunal Report 1993 : 21).

Plus récemment, cette reconnaissance du lien historique et spirituel s'est vue doublée d'une reconnaissance plus matérielle : plusieurs lots de la vallée de Whakarewarewa sont devenus en 2008 propriété exclusive d'un *trust*[3] regroupant onze groupes Te Arawa (premiers habitants de la région des lacs). Sur cette terre se trouve un centre touristique au capital conséquent, qui devient légalement locataire du *trust māori*. Pourtant, cette « victoire » semble laisser certains insatisfaits et a ouvert la voie, paradoxalement, à de nouveaux conflits. Ainsi, dès 2009, des voix s'élevèrent parmi les Ngāti Wahiao (sous-groupe de l'ensemble Arawa), l'un des principaux groupes d'habitants de Whakarewarewa, pour faire entendre leur mécontentement : ce dernier venait notamment du fait qu'ils ne se sentaient pas suffisamment représentés dans le *trust* (Te Pūmautanga Trust), ou qu'ils craignaient que les bénéfices de la restitution des terres à ce dernier ne soient pas équitablement redistribués.

L'enjeu principal de ce chapitre sera d'expliquer ce paradoxe : alors qu'ils ont obtenu une « victoire » importante en matière de reconnaissance des torts commis par la Couronne[4] à leur égard — victoire soldée par la restitution de terres à la valeur économique conséquente — les membres de la communauté *māori* locale n'en expriment pas moins, pour certains, une forte insatisfaction. On peut faire l'hypothèse que ces tensions viennent de deux facteurs principaux. Le premier est le fait que les enjeux des revendications n'étaient pas uniquement symboliques et identitaires, mais aussi matériels. L'un des buts de ce chapitre sera de démêler l'importance particulière du tourisme dans les revendications foncières *māori* autour de Whakarewarewa. Le second facteur pouvant expliquer les tensions qui ont fait suite aux processus de reconnaissance et de réparation est que ces derniers se traduisent par un retour à une forme collective de tenure foncière alors que celle-ci avait été mise à mal — si ce n'est totalement détruite — par la colonisation.

---

3. Un « *trust* » est une organisation collective privée — distincte de l'entreprise — qui n'est définie qu'en creux dans la législation néo-zélandaise et laisse ainsi une grande marge d'interprétation, ce qui explique les formes multiples que peuvent prendre les *trusts*. Un *trust* lie des membres (*trustees*) à des bénéficiaires, les premiers ayant la charge de gérer un bien (souvent une terre) pour le bénéfice des seconds (Law Commission 2011).

4. Bien que ce soient les représentants de la Couronne britannique qui signèrent le traité de Waitangi, la souveraineté sur la Nouvelle-Zélande fut transmise de la Couronne Britannique à la Couronne Néo-zélandaise (généralement appelée *Crown in Right of New Zealand*) au moment de l'indépendance du pays en 1947. Le terme « Couronne » renvoie donc à la « Couronne britannique » quand les faits sont antérieurs à 1947 et à la « Couronne néo-zélandaise » lorsqu'ils sont postérieurs.

Afin de démontrer cela, je me focaliserai sur le cas particulier de la vallée de Whakarewarewa déjà mentionné. Cette vallée de faible dénivelé se trouve en bordure de l'actuelle ville de Rotorua et comprend un village (dénommé lui aussi Whakarewarewa) et une zone classée en « réserve » et détenue jusqu'à présent par le gouvernement néo-zélandais, sur laquelle a été construit un complexe touristique important (aujourd'hui appelé Te Puia). Après un aperçu de l'histoire et du fonctionnement du Tribunal de Waitangi, qui sert de cadre général aux revendications foncières *māori* contemporaines, j'aborderai l'histoire du développement du tourisme dans la région de Rotorua et dans la vallée de Whakarewarewa. Puis je m'arrêterai sur la manière dont la Couronne acquit l'essentiel des terres de cette vallée à la fin du XIXe siècle, en montrant le poids qu'eurent les perspectives de développement touristique dans ces décisions. Enfin, j'examinerai les réclamations qui ont été déposées par les *Māori* depuis la naissance du tribunal de Waitangi autour de ces terres et les suites qui leur sont données aujourd'hui. Je me base pour cela principalement sur des travaux d'historiens et sur l'examen des rapports produits par les instances chargées de l'examen des revendications foncières déposées par les habitants de la région des lacs.

Traité et Tribunal de Waitangi : comprendre le contexte des revendications foncières *māori*

Le Traité de Waitangi, qui doit son nom au premier lieu où il fut signé le 6 février 1840, au nord de la Nouvelle-Zélande, entre les représentants de la Couronne britannique et quelques dignitaires *māori*, établissait la souveraineté britannique sur la Nouvelle-Zélande. Cette signature engendra une situation très différente de celle d'autres colonies de l'empire britannique, comme l'Australie, où la question des revendications foncières autochtones se pose aujourd'hui d'une tout autre manière (cf. Virginie Bernard, ce volume). Le traité fut en partie rédigé par James Busby, gouverneur résident en Nouvelle-Zélande, et sa traduction en *māori* fut assurée par un missionnaire de la Church Missionary Society, Henry Williams, avec l'aide de son fils Edward (Belgrave 2005 : 49). Suite à cette signature, la délégation britannique sillonna le pays pour soumettre le document à d'autres chefs. Ils seraient un peu plus de cinq cent à l'avoir signé ou à avoir apposé leur marque (*tohu*), d'autres refusant de le faire ou n'en ayant pas l'opportunité. Malgré cela, l'administration coloniale britannique proclama en mai 1840 que la souveraineté s'étendait à tout le pays. Ce traité a été contesté, notamment du fait qu'il n'a pas été signé par l'ensemble des chefs *māori*, mais surtout parce que certaines clauses du traité n'ont pas été respectées par la Couronne, qui était par exemple supposée assurer aux *Māori* l'accès à leurs terres et leurs ressources.

Le Traité fait l'objet d'interprétations multiples et, comme le souligne M. Belgrave (2005 : 45), il n'en existe pas vraiment de meilleure que les autres, chacune offrant une part de vérité. Toutefois, il est certain que, dans l'esprit de nombreux signataires *māori*, le Traité garantissait leur « *rangatiratanga* », leur autorité sur la terre. Les principaux points de désaccord dans la lecture du Traité viennent des différences entre les versions anglaises et *māori* (Belgrave 2005 : 49), et notamment de la manière dont le terme « souveraineté » a été traduit en *māori*. Alors que dans la version anglaise du premier article du traité, il est établi que la Nouvelle-Zélande passe sous souveraineté de la reine d'Angleterre, ce terme de « souveraineté » fut traduit, dans la version *māori*, par « *kawanatanga* », un néologisme fondé sur le terme « *kawana* » (maorisation du terme « *governor* » ; Kawharu 1977 : 5) et du suffixe *-tanga* qui désigne la « qualité de ». Comme le souligne I. H. Kawharu, il y a peu de chance que les *Māori* aient réellement compris ce que cette nouvelle notion signifiait, alors même que les langues *māori* disposaient de notions relatives à l'exercice du pouvoir, comme *rangatira* (chef) ou *ariki* (chef suprême). Or les *Māori* étaient assurés de conserver ce pouvoir ou cette autorité sur leurs terres dans le second article. Dans ce dernier en effet, comme le souligne I. H. Kawharu, le « *rangatiratanga* » (la « possession ») des terres et des ressources était garanti aux *Māori*. S'ils n'avaient donc à peu près aucune idée de ce qu'ils abandonnaient (leur *kawanatanga*), ils avaient en revanche une idée précise de ce qu'ils conservaient, à savoir leur *rangatiratanga* (*ibid.* 6).

Or la suite révéla que la Couronne, loin de jouer le rôle de garant des droits fonciers *māori* face à l'appétit d'entreprises coloniales privées, servit parfois d'intermédiaire entre les *Māori* et les colons désireux de s'installer, en menant une politique active d'acquisition des terres (Kawharu 1977 : 9). Les *Native Land Acts*, ces « machines de destruction » pour la tenure foncière *māori*, selon l'expression de I. H. Kawharu (*ibid.* 17), jouèrent un rôle fondamental dans ce processus, comme nous le verrons avec l'exemple de Whakarewarewa un peu plus loin. Une lecture un peu différente de l'histoire de la vente des terres, défendue notamment par J. Belich, met en avant que les *Māori* s'engagèrent avec beaucoup d'allant dans les transactions foncières, perçues comme un moyen d'obtenir l'installation d'Européens auprès d'eux, installation convoitée aussi bien pour des raisons commerciales que de prestige (Belich 1996 : 197-201). Comme le souligne M. McClure (2004 : 16), il est difficile de déterminer si les *Māori* furent dupés ou s'ils s'engagèrent volontairement dans ces transactions. Toujours est-il qu'ils n'avaient sans doute pu en imaginer les conséquences, à savoir qu'ils deviendraient, dès les années 1930, un peuple « sans terre ». En effet, comme le souligne A. Babadzan (2009 : 212), les *Māori* ne détenaient plus que 6 % de la superficie totale de la Nouvelle-Zélande à cette date.

Dans les années 1970, des protestations se firent entendre, réclamant que les torts et les abus commis par les colonisateurs, notamment en matière d'aliénation foncière, soient réparés. Le Traité de Waitangi, d'abord considéré par les *Māori* comme la cause de leurs problèmes (il était alors surnommé le « *Cheaty of Waitangi* » [Babadzan 2009 : 223], que l'on pourrait traduire par la « Traîtrise de Waitangi »), fut alors peu à peu ramené sur le devant de la scène : il tend aujourd'hui à être présenté comme l'acte fondateur de la nation néo-zélandaise et est devenu l'instrument clef de la formulation des réclamations portant sur les torts commis par la Couronne à l'encontre des *Māori*. Il sert également de référence dans le travail du Tribunal de Waitangi et dans les décisions judiciaires qui visent à réparer les torts commis par la Couronne.

En 1975, le troisième gouvernement travailliste vota la loi du Traité de Waitangi, qui établit le Tribunal de Waitangi, lequel devait examiner les demandes de réparation. La structure et l'importance du Tribunal évoluèrent considérablement avec le temps. Basé sur le travail de trois personnes à ses débuts, le Tribunal devint, entre 1988 et 1990, une structure composée de dix-sept membres et disposant d'un budget de près de seize millions d'euros pour la recherche (Belgrave 2005 : 9). Mais surtout, son pouvoir a considérablement changé : alors qu'il ne pouvait à ses débuts qu'émettre des recommandations, le Tribunal de Waitangi a acquis au fil du temps la capacité à restituer directement des terres aux plaignants (*ibid.*). Enfin, le nombre de réclamations, qui pouvaient, du moins jusqu'au milieu des années 1990 (van Meijl 2012 : 191), être déposées auprès du Tribunal par tout individu ou groupe de *Māori* — sans qu'ils aient nécessairement l'accord de leur groupe tribal ou familial — a lui aussi augmenté de manière exponentielle, pour atteindre 1 200 en 2005 (*ibid.* 10). L'essentiel des plaintes concernant les spoliations des terres *Māori* sont passées par le Tribunal de Waitangi, y compris celles qui se rapportent à Whakarewarewa.

Tourisme et spoliation foncière dans la région de Rotorua

Les premiers Européens à visiter la région autour de l'actuelle ville de Rotorua — principalement à partir des années 1840 — n'ont eu de cesse de louer la beauté de ses paysages. Leur attention était particulièrement retenue par les fameuses *Pink and White Terraces* (Otukapuarangi et Te Tarata). Ces formations de calcaires étagées, qui s'élevaient sur les rives du lac Rotomahana et dont certaines étaient suffisamment profondes pour former des bassins d'eau chaude, faisaient l'objet de descriptions éblouies de la part des premiers voyageurs et guides touristiques du XIXe siècle (McClure 2004 : 8). Le développement d'une forme de tourisme dans cette zone fut extrêmement précoce. Les voyageurs de passage pouvaient, dès l'année 1840 — qui est aussi celle de la signature du traité de Waitangi — être logés chez le Révérend Spencer, au village de Kariri. Mais ce n'est qu'à partir des années 1870, le développement des lignes de transport et la « pacification » de la région aidants, que le nombre de touristes qui se rendaient à Ohinemutu (village qui fait aujourd'hui partie de Rotorua) et aux terrasses rose et blanche augmenta sensiblement (Andrews 1995 : 15-16).

Les *Māori*, en particulier les Tūhourangi, qui occupaient les alentours du lac Rotomahana lors de l'arrivée des Européens, jouèrent un rôle pionnier et très actif dans l'accueil de ces premiers touristes. Ils emmenaient les visiteurs à la découverte des terrasses de calcaire, leur proposaient des divertissements de musique et de danses ou encore leur offraient, suite au révérend Spencer, le gîte et le couvert, tout cela moyennant quelques shillings. Dès 1866, un *Māori* nommé Waretini avait ainsi construit un hôtel au village de Te Wairoa (Andrews 1995 : 17). Les Tūhourangi connurent un succès économique légendaire qui fut, selon certains, la cause de leurs malheurs. Une histoire encore largement racontée aujourd'hui autour de Rotorua — notamment à travers des pièces de théâtre ou des expositions destinées aux touristes — veut que cette réussite fût telle qu'elle les rendit cupides et attira contre eux la colère des dieux. En 1886 en effet, l'âge d'or du tourisme autour des lacs Rotomahana et Tarawera prit fin sous une pluie de cendres : les volcans entrèrent en éruption le 10 juin, tuant près de 150 personnes (Andrews 1995 : 4), dévastant tout sur des kilomètres alentours et recouvrant irrémédiablement les terrasses roses et blanches tant appréciées. Certains Tūhourangi prirent alors refuge à une vingtaine de kilomètres de là, dans le village de Whakarewarewa, habité par leurs « cousins » Ngāti Wahiao.

Les activités touristiques ne s'arrêtèrent pas pour autant. Avant l'éruption volcanique et le déplacement des Tūhourangi, le village de Whakarewarewa et l'actuelle ville de Rotorua, riches d'activités liées au volcanisme, avaient également connu les prémices d'un développement touristique. En haut de la vallée de Whakarewarewa se trouve notamment l'un des plus hauts geysers de Nouvelle-Zélande, le geyser Pohutu. Au village, les résurgences d'eau chaude étaient utilisées de longue date par les habitants pour se laver ou, là où l'eau atteint ses plus hautes températures, pour cuire les aliments. À la fin du XIXᵉ siècle, les habitants du village de Whakarewarewa s'étaient donc, au même titre que les Tūhourangi, transformés en entrepreneurs touristiques. L'accueil des voyageurs y était bien organisé : dès 1881 les habitants de Whakarewarewa faisaient payer l'entrée à ceux qui désiraient visiter les lieux, séjourner dans le village, ou simplement prendre un bain (Stafford 1995 : 3-4).

Ces multiples ressources et l'entrepreneuriat touristique *māori* naissant ne laissaient pas le gouvernement néo-zélandais indifférent. Un parlementaire en particulier, William Fox, qui visita la région dans les années 1870, était déterminé à faire de Rotorua une ville touristique de première importance en développant une cité thermale pour les Néo-zélandais comme les Européens. Mais pour mener à bien cette entreprise et en tirer des bénéfices, il était nécessaire que les colons et la Couronne puissent s'établir de manière permanente dans la région et même, si possible, devenir propriétaires des terres sur lesquelles se trouvaient les ressources les plus prometteuses. C'est au cours de la décennie qui suivit l'éruption du volcan Tarawera que la plus grosse partie des appropriations ou spoliations foncières eut lieu. Ces dernières suivirent des processus longs et complexes, qu'il ne s'agit pas de décrire ici de manière exhaustive. Je me concentrerai sur le cas de Whakarewarewa.

L'acquisition des terres de la vallée de Whakarewarewa par la Couronne

Dans les années 1870, peu de colons étaient installés dans la région, qui sortait tout juste d'une période de violents heurts entre les armées du *Māori* Te Kooti et le pouvoir colonial (des conflits similaires eurent lieu à la même époque dans plusieurs régions de l'Île du Nord, conflits généralement désignés par le terme de *Land Wars* puisqu'ils étaient liés à des acquisitions litigieuses — et en violation du Traité de Waitangi — des terres *māori*). Les colons « privés » ou la Couronne développèrent alors des accords avec les *Māori* pour louer des terres à long terme (McClure 2004 : 14). Mais cette solution se révéla rapidement insuffisante à leurs yeux, l'acquisition des terres devenant l'une des priorités pour le gouvernement de l'époque. Les instructions données par les agents de la Couronne semblent avoir été claires à ce sujet, et l'on se souciait alors peu de savoir si les clauses du Traité de Waitangi, par lequel la Couronne s'engageait à veiller à ce que les droits des *Māori* sur leurs terres soient maintenus, étaient respectées ou non. Au contraire, les agents de la Couronne chargés de l'achat de terres avaient comme consigne d'en acheter autant qu'ils le pouvaient (Williams 1999 : 13).

L'aliénation des terres, dans la région de Rotorua en particulier, était entourée d'un discours idéologique justificateur visant à en masquer les aspects les plus pragmatiques : le passage des richesses naturelles « rares » sous le contrôle de l'État était présenté, notamment par le gouvernement et des parlementaires comme W. Fox, comme une nécessité pour leur protection, face à la menace que pouvaient faire courir le « laisser-aller » des *Māori* ou l'ambition économique démesurée d'entrepreneurs européens privés (McClure 2004 : 14). Le gouvernement néo-zélandais affirmait sa capacité et sa vocation à valoriser ces richesses pour le bénéfice de la nation et même du monde entier, alors que les *Māori* auraient risqué de les mener à leur perte. Néanmoins, il semble clair que derrière ce discours de façade, des enjeux moins philanthropiques aient été à l'œuvre : l'achat était vu comme la seule manière adéquate de donner aux colons un accès à la terre et par là d'assurer le « développement » de la nouvelle colonie, en particulier à travers les activités touristiques (McClure 2004 : 15).

L'un des instruments les plus puissants de la spoliation foncière fut l'usage d'un arsenal législatif complexe. Les lois qui eurent l'impact le plus direct sur la vente des terres *māori* — étant en partie pensées et votées par les parlementaires dans le but de rendre ces ventes possibles — sont les différents *Native Land Acts* et leurs formes amendées. Le premier d'entre eux, qui date de 1862, eut peu d'effets ; en revanche, le *Native Land Act* 1865 établit la possibilité de mettre en place des *Native Land Courts* à une échelle nationale. Ces tribunaux avaient pour vocation d'établir une sorte de « cadastre » des terres *māori*, d'en identifier les « propriétaires » et de décerner à ces derniers un titre de propriété. Plusieurs propriétaires pouvaient être désignés pour une même parcelle, mais ce nombre était limité à dix : si plus de dix personnes revendiquaient des droits sur une terre, certains devaient renoncer à demander un titre de propriété (Williams 1999 : 161), ce qui, on l'imagine n'allait pas sans poser problème. Le « cadastre » ainsi mis en place rendait du même coup la vente de ces terres possible.

Il est crucial de souligner ici que cette loi eut un impact profond et irréversible sur le système de tenure foncière « coutumier », dans lequel la notion de « propriété foncière » européenne n'avait pas d'équivalent. Bien que les explications formulées aujourd'hui à l'égard du type de rapport que les *Māori* entretenaient avec la terre au moment de la colonisation soient orientées par des enjeux politiques contemporains, il est possible d'en cerner les grands principes et de voir ainsi que le passage du système foncier « traditionnel » à une tenure foncière réglementée par un code législatif d'origine britannique — et donc basé sur l'idée de propriété individuelle — constitue une rupture radicale (voir à ce sujet T. van Meijl [2012]).

Trois concepts principaux sont généralement utilisés pour expliquer la tenure foncière *māori* « coutumière » : ceux de *rangatiratanga*, de *kaitiakitanga* et de *taonga* (à ces trois concepts peut aussi venir s'ajouter celui de « *mana* ») (Tutua-Nathan 1992). Le premier exprime un rapport de contrôle et d'autorité sur la terre, et non un droit de « propriété » au sens de possession ; le second exprime le fait que les habitants d'une terre sont les « gardiens » de cette dernière, et en particulier de ses ressources les plus précieuses (*taonga*). Les chefs de famille et les aînés avaient l'autorité nécessaire pour décider de l'allocation des différentes terres du village aux membres de la parenté étendue (Kawharu 1977 : 58). Les individus qui se voyaient ainsi décerner un « titre » sur une partie de la terre commune devaient, s'ils voulaient maintenir leurs droits et donc ceux de leurs familles sur plusieurs générations, occuper et utiliser cette terre de manière effective (Kawharu 1977 : 41). Les terres concernées par ces droits d'usage et ces « titres » (selon l'expression de Kawharu) pouvaient être délimitées ou marquées par des éléments visibles, appelés *rahui* (*ibid.* 59-60), qui indiquaient quel(s) type(s) de ressources précisément étaient concernés par ces droits d'usage. Mais le plus souvent, la connaissance des délimitations des terres, qui était transmise d'une génération à une autre, reposait sur la référence à des éléments du paysage, ce qui ne permettait pas toujours de prévenir les disputes (*ibid.* 60).

Les rapports de *rangatiratanga* et *kaitiakitanga* portaient donc sur des terres aux limites souvent floues, et savoir qui exerçait l'autorité et qui veillait au bon état de ces terres pouvait changer rapidement en fonction des aléas politiques. Comme le dit M. Belgrave (2005 : 20), on avait sans doute moins affaire à des territoires aux limites clairement définies, sur lesquelles des « tribus » aux contours eux aussi bien définis auraient exercé leurs droits de manière constante, qu'à des usages et des revendications foncières très fluctuants, qui requéraient l'activation toujours contextualisée de réseaux de parenté et de généalogies réelles ou mythiques, et répondaient aux besoins militaires d'un moment donné. On peut attribuer à l'action européenne, et en particulier à celle du *Native Land Court*, d'avoir figé dans le marbre des délimitations territoriales et « tribales » jusque-là sans cesse en évolution, et d'avoir transformé un rapport à la terre essentiellement fondé sur le collectif en un système de droits de propriété individuels qui impliquait, chose nouvelle également, le droit de vendre la terre.

Pour comprendre la manière dont les terres de la vallée de Whakarewarewa furent acquises par la Couronne, il faut saisir les circonstances particulières de l'installation du *Native Land Court* dans la région de Rotorua. Cette juridiction n'y commença l'examen des titres de propriété que dans les années 1880, après la signature du *Fenton agreement* en 1880 (Waitangi Tribunal Report 2008 : 283). Cet accord, passé entre certains *Māori* et le juge F. D. Fenton, prévoyait non seulement l'installation du *Native Land Court*, mais aussi la création de la commune de Rotorua. L'accord résultait de négociations entre le juge et le *Komiti Nui*, qui est l'un de ces comités *māori* qui s'étaient constitués, dans les années 1860-1870, pour déterminer les titres de propriété et gérer les relations avec le gouvernement. Or le *Komiti Nui*, loin d'être un comité représentant tous les *iwi arawa* (groupes sociaux définis par la référence — qu'il y ait descendance réelle ou non — à des ancêtres qui seraient arrivés en Nouvelle-Zélande sur la pirogue *arawa*), était largement constitué par des membres du sous-groupe des Ngāti Whakaue. D'après Andrew Te Amo, cité dans le rapport du tribunal de Waitangi, les quarante-sept signataires du *Fenton agreement*, principaux représentants du *Komiti Nui*, se répartissaient comme suit : trente-trois étaient des Ngāti Whakaue, huit des Ngāti Rangiwewehi et trois des Ngāti Uenukukopako (*ibid.* : 293). Cette représentativité déséquilibrée peut s'expliquer par le choix d'une politique de « diviser pour mieux régner » (cf. ci-dessous) mais aussi par le fait que les Ngāti Whakaue étaient considérés par certains — et se considéraient sans doute eux-mêmes — comme ayant légitimement autorité sur les terres de Rotorua et des alentours. N. Te Awekōtuku (1976 : 5) affirme par exemple que les terres sur lesquelles les Tūhourangi s'installèrent à Whakarewarewa suite à l'explosion du volcan Tarawera furent données par les Ngāti Whakaue et elle ne parle au sujet des Ngāti Wahiao que d'une « grande affinité traditionnelle » avec ces terres (un point de vue contesté par ces derniers). Ce sont donc essentiellement des Ngāti Whakaue qui prirent la décision de signer le *Fenton Agreement*, décision aux conséquences que l'on peut juger dramatiques *a posteriori*, puisqu'elle ouvrait la voie à l'installation définitive de colons sur les terres de la commune de Rotorua.

Pour comprendre une telle décision, il faut avoir à l'esprit, d'une part, que certains *Māori* aspiraient probablement à cette installation (du moment qu'ils gardaient le contrôle de leurs terres) afin de pouvoir bénéficier du développement économique croissant (Waitangi Tribunal report 2008 : 299 ; voir également Belich 1996), et d'autre part, que l'accord fut marqué par de profondes incompréhensions. Les représentants du *Komiti Nui* pensaient que, puisqu'ils avaient prouvé leur légitimité et leur capacité à déterminer eux-mêmes qui étaient les « propriétaires » terriens *māori*, le tribunal n'aurait pour fonction que de valider ce qu'ils lui transmettraient (Waitangi Tribunal Report 2008 : 291-293). Cette croyance se fondait sur le fait que F. D. Fenton aurait donné une assurance orale sur ce point au moment des négociations (*ibid.* : 287). Or les choses ne se passèrent pas ainsi, tant s'en faut, puisque les *Māori* furent immédiatement relégués à un rôle marginal dans les décisions du tribunal (*ibid.* : 291). De plus, la perspective d'avoir à vendre les terres n'était vraisemblablement pas envisagée au moment de la signature du *Fenton agreement* : celui-ci semblait en apparence pouvoir garantir aux *Māori* le contrôle sur leurs terres, en privilégiant des locations à long terme. Ce n'est que plus tard, en 1888, que les ventes devinrent possibles, une fois que les *Māori*, acculés par les locations impayées, choisirent cette option en dernier recours.

Un an après la signature de l'accord de Fenton, celui-ci fut traduit par une loi (le « Thermal Springs District Act ») qui précisait les modalités de la création de la commune de Rotorua. Celle-ci était établie sur des terres qui, appartenant à des *Māori*, devaient être louées à ceux qui en seraient définis comme propriétaires par le *Native Land Court*. Dans la détermination des titres de propriété, du fait peut-être de leur rôle de premier plan dans les accords cités précédemment mais aussi parce qu'ils exerçaient sur ces terres une autorité coutumière, la propriété de ces dernières fut attribuée exclusivement aux Ngāti Whakaue. Les protestations des Tūhourangi — à travers le Putaiki (le « *komiti* » Tūhourangi) — et des Rangiwewehi, qui affirmaient eux aussi des intérêts sur les terres concernées par la création de la commune, n'y changèrent rien (Waitangi Tribunal Report 2008 : 295).

De même, la position particulière des Ngāti Whakaue semble avoir eu un impact dans la détermination des titres de propriété de la vallée de Whakarewarewa, cas qui nous intéresse plus particulièrement. L'examen des terres de Whakarewarewa par le *Native Land Court* eut lieu en 1893. Le tribunal attribua des titres de propriété à plusieurs *iwi* ou *hapū* : les Ngāti Whakaue, les Ngāti Wahiao et les Tūhourangi. Mais la répartition entre ces derniers était très inégale : il fut établi que les cinq sixièmes des terres de la vallée appartenaient aux Ngāti Whakaue (McClure 2004 : 19). Cette décision fut encore une fois contestée, notamment par les Tūhourangi et Ngāti Wahiao, qui sont les autres (et pour beaucoup les principaux) habitants du village. M. McClure (2004 : 19) fait l'hypothèse que la Couronne aurait consciemment avantagé les Ngāti Whakaue afin de s'assurer de leur soutien et de rendre ensuite la négociation et l'achat des terres plus faciles. Deux ans après la décision du *Native Land Court* à leur avantage, les Ngāti Whakaue acceptèrent en effet de vendre une partie de leur propriété, qui représentait environ les trois-quarts de la totalité (Stafford 1995 : 4). Ainsi, alors que l'essentiel des terres de Whakarewarewa fut acquis par la Couronne qui en fit une réserve naturelle, les Ngāti Wahiao se trouvaient cantonnés dans le village et sur quelques terres environnantes. On retrouve, dans les discours entourant la création de cette « réserve » l'idée que l'État était le mieux à même de protéger les richesses de ces terres (*ibid.*). En réalité, comme le souligne M. McClure, c'est plus vraisemblablement l'appât du gain généré par l'économie touristique qui guida les achats. Ceux-ci permirent au gouvernement d'avoir le contrôle des droits d'entrée du village, qui était déjà une attraction touristique à succès à l'époque. Si, comme le dit M. McClure, il est difficile de savoir si les Arawa furent « dupés » ou bien s'ils étaient des « partenaires volontaires » dans cette « aventure », en revanche la volonté du gouvernement de contrôler les tarifs des visites et de l'entrée à Whakarewarewa ne fait pas de doute et témoigne d'une volonté plus générale pour contrôler — plus qu'encourager — l'entrepreneuriat *māori* (McClure 2004 : 15-16).

Historiquement, l'aliénation des terres de la vallée de Whakarewarewa par la Couronne est donc indissociablement liée au développement du tourisme dans la région. Derrière un discours légitimateur, qui mettait en avant que la Couronne avait pour devoir d'assurer la protection des richesses naturelles de cette zone et de les valoriser pour le public, on voit en réalité surgir clairement des intérêts économiques, notamment liés au développement touristique. De même, pour mieux appuyer leur cause auprès du tribunal de Waitangi (qui gère l'essentiel des revendications foncières depuis 1975), les *Māori* affirment aujourd'hui qu'ils avaient, dès cette époque, une vision économique et entrepreneuriale forte. En disant par exemple qu'au moment de la signature du *Fenton agreement*, les « *Affiliate Te Arawa Iwi/Hapu* » pensaient qu'ils tireraient des bénéfices conséquents du futur développement de l'industrie touristique à Rotorua (Affiliate Te Arawa Iwi/hapu *et. al.* 2008 : 34), l'enjeu est d'insister sur l'ampleur des pertes subies : il s'agit de montrer que celles-ci ne concernent pas seulement des biens fonciers, mais aussi un outil de développement économique.

Tourisme et revendications foncières actuelles

Suite à l'acquisition de la plus grande partie des terres de Whakarewarewa par la Couronne, les activités touristiques ont continué à se développer. La vallée est aujourd'hui séparée en deux : le bas est occupé par le village, encore habité et dont l'entrée est payante pour les visiteurs (à moins d'être « invité » par un habitant ou de s'y rendre pour des raisons professionnelles), alors que le haut, inhabité à la fin du XIXᵉ siècle, a vu son importance touristique grandir, jusqu'à la décision d'y installer le Māori Arts And Crafts Institute dans les années 1960. Pour comprendre cette décision, il faut remonter au développement progressif dont la « réserve » fut l'objet à partir de son achat par le ministère du tourisme, lequel entreprit au tout début du XXᵉ siècle d'y reconstruire un village traditionnel « modèle ». Ce dernier fût érigé — entre 1901 et 1909 — sur le site qu'avait occupé un ancien *pā* (village fortifié) (McClure 2004 : 47).

L'installation du Māori Arts and Crafts Institute n'eut lieu que des années plus tard. Cette institution, pensée et voulue notamment par Sir Apirana Ngāta (figure politique *māori* de renom), fut d'abord établie en 1926 (Stafford 1995 : 21) à Rotorua même, mais dut fermer en 1937 suite à la mort de son premier directeur, Harold Hamilton (Stafford 1995 : 22). La récession puis la seconde guerre mondiale empêchèrent la poursuite de l'entreprise. Ce n'est qu'en 1962 qu'il fut question d'une réouverture et que l'on imagina alors installer l'Institut dans les bâtiments construits au début du siècle dans le haut de la réserve de Whakarewarewa. Le 27 septembre 1963 le Rotorua Māori Arts and Crafts Institute Act fut promulgué (*ibid.* 22) : cette loi prévoyait de louer environ 61 hectares au Māori Arts and Crafts Institute, c'est-à-dire des terres incluant le village modèle, le fameux geyser Pohutu et d'autres attractions liées au volcanisme (*ibid.* 218-219). Elle prévoyait la possibilité de clore cet espace et d'en faire payer l'entrée, qui donnait accès à la fois à une prestation de

Figure 1 : Des visiteurs attendent d'entrer dans la maison ancestrale qui s'élève au centre du complexe touristique Te Puia.

kapa haka (musiques et danses de groupe), des démonstrations de sculpture, une visite guidée du *pā* et de la réserve thermale (McClure 2004 : 219). Toujours sous la tutelle du ministère du tourisme et employant principalement des *Māori* de Rotorua, le New Zealand Māori Arts and Crafts Institute (comme il a été renommé en 1967 [McClure 2004 : 228]) fait aujourd'hui partie d'un complexe touristique plus large nommé Te Puia qui continue de proposer cet ensemble d'activités à des centaines de visiteurs quotidiens (figure 1). Le centre et tout le site de Te Puia se trouvent aujourd'hui pris au cœur des revendications portées par certains *Māori* auprès du Tribunal de Waitangi puis directement auprès des représentants de la Couronne.

Le Tribunal de Waitangi et les revendications foncières à Rotorua

Comme évoqué précédemment, le Tribunal de Waitangi fut, suite à sa création, rapidement confronté à une croissance exponentielle de réclamations soumises. En ce qui concerne les *Arawa*, les plaintes déposées auprès du Tribunal furent très nombreuses (le *Deed of settlement* signé en 2008 en recense environ 73 — déposées par les membres de 11 *hapū* ou *iwi* différents). Parmi celles qui concernent la vallée de Whakarewarewa, on peut noter le « Wai 268 », déposé par les Ngāti Whakaue avec d'autres *hapū* (groupes sociaux définis par la descendance d'un ancêtre commun et/ou une résidence commune et/ou la participation à des activités communes [Schwimmer 1990 ; van Meijl 2012 : 190]), qui contestent les méthodes d'acquisition de terres de la Whakarewarewa

Geothermal Valley, qui recouvre environ 463 hectares, et qui inclut les terres sur lesquelles se trouve le New Zealand Maori Arts and Craft Institute (Waitangi Tribunal Report 1993 : 9). Une autre réclamation, connue sous le nom « Wai 204 », déposée par des *Māori* d'ascendance Tūhourangi-Ngāti Wahiao, visait plus à réaffirmer un lien spirituel et coutumier à la terre qu'à en contester la propriété par la Couronne (qui est reconnue par les plaignants ; Waitangi Tribunal Report, 1993 : 8). De plus, les éléments sur lesquels portent les revendications ne sont pas simplement des parcelles de terre, mais surtout des éléments liés à l'activité volcanique des environs (par exemple les résurgences d'eau bouillante utilisées pour la cuisine et les bains), lesquels sont considérés comme des « *taonga* » (biens de valeur).

Le prérapport rendu par le tribunal de Waitangi en 1993, qui répond notamment à cette réclamation, a déjà été évoqué en introduction. Le rapport souligne que les ressources liées au volcanisme, sur lesquelles les Tūhourangi et Ngāti Wahiao de Whakarewarewa ont autorité ou contrôle (*rangatiratanga*) demeurent, même aujourd'hui, très importantes pour leur mode de vie et leur identité (Waitangi Tribunal Report 1993 : 8). Outre la reconnaissance des usages « traditionnels » de ces ressources (par exemple pour se baigner, pour se soigner et pour cuisiner), le rapport mentionne le fait qu'elles sont depuis longtemps une attraction touristique de première importance, qui a permis aux *Māori* locaux de connaître une amélioration sensible de leur qualité de vie (Waitangi Tribunal Report 1993 : 23). Il faut attendre plusieurs années suite à ce rapport pour que les réclamations concernant la vallée de Whakarewarewa soient à nouveau sur le devant de la scène.

Pour faire face à la multiplication des plaintes déposées auprès du tribunal de Waitangi, et selon une procédure suivie dans d'autres régions de Nouvelle-Zélande (Belgrave 2005 : 11), les réclamations émanant de différents groupes *arawa*, qui concernaient notamment les processus de spoliation, le tourisme et l'accord que F. D. Fenton passa avec les Ngāti Whakaue en 1880 (*ibid.*), furent rassemblées pour être traitées simultanément, dans le « Treaty Claims of Central North Island ». Ce « bloc » fut traité en dehors du Tribunal de Waitangi à proprement parler, les *iwi* et *hapū arawa* ayant choisi d'entrer en négociation directe avec la Couronne (The Affiliate Te Arawa Iwi/Hapu *et al.* 2008 : 3). Le rôle du Tribunal n'en fut pas moins important en amont puisqu'il examina les réclamations et rendit des rapports historiques exhaustifs permettant de comprendre ce qui s'était passé. Les négociations furent menées par le Kaihautu o Te Arawa Executive Council (KEC), créé en 2003 pour représenter les *iwi* et *hapū arawa* associés (*ibid.* 3). Les négociations entre le KEC et la Couronne aboutirent à la signature, en 2006, d'un premier *Deed of Settlement* (accord réglant les réclamations portées par les *Māori* auprès de la Couronne) puis, en 2008, du *Deed of Settlement of the Historical Claims of the Te Arawa Iwi/Hapu*. Les négociations ne se firent pas sans heurt, puisque les représentants de certains *iwi* ou *hapū arawa*, au rang desquels les Ngāti Whakaue, se retirèrent des discussions en 2005. Ces derniers ne figurent donc pas parmi les onze groupes *arawa* qui ratifièrent le *Deed of Settlement*. En revanche, on trouve les « *Tuhourangi Ngati Wahiao* », qui sont ici réunis en un seul groupe, alors que certains des *Māori* s'identifiant à l'un de ces groupes revendiquent la nécessité de maintenir une distinction, notamment parce que les Ngāti Wahiao auraient été les premiers habitants de la vallée de Whakarewarewa. Trois mois après la signature du premier *Deed of Settlement*, en décembre 2006, *Te Pūmautanga Trust* — qui regroupe les onze « groupes collectifs » signataires — fut créé afin de permettre l'exécution des décisions prises lors des négociations.

Les réparations (*redress*) prévues dans le *Deed of Settlement* sont de plusieurs ordres : le document distingue les « reconnaissances » (*acknowledgment*) et excuses, les *cultural redress*, et enfin les *financial and commercial redress*. Les « reconnaissances et excuses » forment une sorte de « mea culpa » assez général : la Couronne reconnaît que la question des réclamations et plaintes autour des terres a été négligée, que des lois sur les terres (notamment les *Native Land Acts*) ont été votées sans consulter les *Māori* et que ces lois, en créant une forme individualisée de propriété foncière, ont favorisé l'aliénation et la vente. La Couronne reconnaît avoir failli à ses devoirs, tels qu'ils étaient définis par le Traité de Waitangi, et notamment à celui de faire en sorte que les *Māori* gardent le contrôle de leurs terres (The Affiliate Te Arawa Iwi/Hapu *et al.* 2008 : 43). Des excuses sont présentées quant aux effets de la politique coloniale de la Couronne sur les structures sociales *māori*, la tenure foncière et le développement des *iwi* et *hapū arawa*. Les représentants de la Couronne affirment vouloir agir de manière à réparer les torts commis (*ibid.* 45).

Les *financial and commercial redress* inclus dans l'accord passé en 2008 entre les *Affiliate te Arawa Iwi/Hapū* et la Couronne ne peuvent être évoqués sans faire référence à un autre accord, passé celui-là entre la Couronne et un ensemble plus large de groupes *Māori*, dont les *Affiliate te Arawa Iwi/Hapū* font partie, aux côtés des Ngāi Tūhoe, Ngāti Manawa, Ngāti Tūwharetoa, Ngāti Whare, Raukawa et Ngāti Whakaue. Cet accord, conclu au même moment que le précédent (juin 2008), prévoyait de restituer à ce « collectif » *māori* des terres utilisées pour l'industrie sylvicole. La surface considérable de ces terres et la valeur monétaire estimée de cette réparation financière — 195,6 millions de dollars néo-zélandais (CNI Iwi Forests Iwi Collective *et al.* 2008 : 27) — font de cet accord, selon ses bénéficiaires, l'un des plus importants de l'histoire du Tribunal de Waitangi. Les membres du *Te Pūmautanga Trust*, en tant que partie prenante de l'accord, devraient recevoir une partie des locations des terres forestières.

Quant aux *cultural redress*, qui concernent Whakarewarewa en particulier, ils présentent des conséquences économiques lourdes : il est prévu que trois zones importantes de la vallée, à savoir Whakarewarewa Thermal Springs Reserve, la partie sud de Arikikapakapa Reserve et Roto-a-Tamaheke reserve deviennent une « propriété » exclusive du *trust Te Pūmautanga*. À proprement parler, l'article 10. 1. 82 du *Deed of Settlement* prévoit que le *fee simple estate* de la Whakarewarewa Thermal Springs Reserve soit transmis aux administrateurs du *trust* (The Affiliate te Arawa Iwi/Hapu *et al.* 2008 : 59), le *fee simple estate* étant, dans la législation britannique et néo-zélandaise, la forme de propriété la plus forte qui puisse exister, donnant au propriétaire à la fois la possession de la terre, le droit de l'utiliser et d'en disposer comme il le souhaite et d'en recueillir les fruits. Ce transfert de propriété est soumis à la condition que le *trust* accorde au New Zealand Māori Arts and Crafts Institute une location des terres concernées. Les deux premiers blocs mentionnés sont en effet les terres appartenant au gouvernement et sur lesquelles a été édifié le village modèle puis installé l'Institut. Financièrement, la conséquence la plus importante de cette réparation « culturelle » est donc que le New Zealand Māori Arts and Crafts Institute devient locataire du *trust Te Pumautanga*, au lieu d'être locataire du gouvernement.

Les conséquences de ce transfert de propriété se faisaient déjà sentir à travers des tensions au sein de la communauté *māori* locale en 2009. Des personnes, principalement d'ascendance Ngāti Wahiao, contestent la représentativité du *trust* et craignent de ne bénéficier d'aucune retombée suite aux décisions qui ont été prises. Ces dernières leur paraissent d'autant plus injustes que, comme ils le mettent en avant, ils sont les premiers habitants de la vallée. Les protestataires, qui se sont notamment exprimés dans la presse en 2009 (Taipari, 2009), affirment en effet que les Tūhourangi, qui peuvent bénéficier de cette restitution au même titre que les Ngāti Wahiao puisqu'ils font partie des *Affiliate Te Arawa Iwi/Hapu*, n'avaient aucun droit spécifique sur la vallée de Whakarewarewa puisqu'ils ne s'y sont installés qu'après l'éruption du Tarawera en 1886.

Conclusion

Les perspectives de développement de l'activité touristique ont historiquement joué un rôle fondamental dans la manière dont les représentants de la Couronne et du gouvernement menèrent les stratégies d'acquisition des terres à Rotorua et dans les alentours. Aujourd'hui, les dimensions économiques, en particulier celles liées à l'industrie touristique, ne pèsent pas moins sur les réclamations faites par les *Māori* pour obtenir des réparations quant aux torts causés par la colonisation. Ce qui est en jeu n'est pas seulement la reconnaissance de la spécificité du lien qui unit les *Māori* à leur terre (rapports de *rangatirantanga* et *kaitiakitanga*) et aux éléments du paysage qui font partie de la cosmologie. Il s'agit aussi de reconnaître que les *Māori* furent dépossédés de ressources qui jouèrent un rôle essentiel à partir de la fin du XIXe siècle — à travers les activités touristiques — dans le développement économique local. Les réclamations, on l'a vu, mettent ainsi en avant que les *Māori* avaient dès la fin du XIXe siècle une vue entrepreneuriale forte liée à ce développement touristique.

Cela induit un type de réparation particulier : il ne s'agit pas seulement pour la Couronne de reconnaître les torts commis et la nature particulière du rapport des *Māori* à leur terre, mais bien de les dédommager des pertes qu'ils ont subies, en restituant des terres s'il le faut (les restitutions sont évaluées en valeur monétaire, ce qui donne une idée chiffrée du montant de la compensation ainsi accordée). On voit surgir, derrière les enjeux politiques et identitaires des processus de réparation engagés depuis les années 1970, des enjeux économiques considérables, qui amènent à une certaine lecture de l'histoire (Belgrave 2005 : 5). Celle-ci n'est pas sans conséquence puisque les rapports et les décisions des tribunaux peuvent attribuer des terres ou des quotas de pêche aux *Māori*, avantageant parfois un groupe par rapport à d'autres (Belgrave 2005 : 5). Des antagonismes émergent alors, lorsque les inégalités créées sont trop criantes ou lorsque, comme dans le cas de Whakarewarewa, les outils utilisés pour la réparation (comme la restitution de terres à un *trust*) risquent de laisser certaines personnes de côté dans la répartition des bénéfices.

On retrouve ici des logiques similaires à celles rencontrées dans d'autres situations de développement touristique : comme dans les conflits observés au Mexique par C. Marie dit Chirot (ce volume), les antagonismes traduisent des contradictions sociales qui sont liées aux questions de propriété de terres qui ont fait l'objet d'une mise en valeur touristique. Si l'on veut poursuivre cette comparaison, on note également que les conflits décrits précédemment — qui trouvent racine dans la dimension spatiale des rapports sociaux — contribuent, tout comme dans les deux situations décrites par C. Marie dit Chirot, à la (re)définition des groupes sociaux et des hiérarchies sociales. Dans le cas de Whakarewarewa, on voit ainsi les groupes *Māori* locaux se référer tantôt à leur identité Arawa, tantôt à une identité Tūhourangi-Ngāti Wahiao, tantôt à une identité seulement Tūhourangi ou seulement Ngāti Wahiao, en fonction des situations et des enjeux matériels. Les propos de cette habitante de Whakarewarewa, tenus dans un courrier adressé au parlement en février 2009 à propos de la loi devant faire appliquer les décisions prises dans le *Deed of settlement* illustrent parfaitement cela : « quand nous traversons le cours d'eau Puarenga, pour entrer au village de Whakarewarewa, nous sommes seulement Ngati Wahiao, les mana whenua [ceux qui ont autorité sur la terre], quand nous quittons le village et traversons le pont, nous sommes du hapu Ngati Wahiao et de l'iwi Tūhourangi » (Hoet et Kereopa 2009 : 1)[5]. Contestant, par cette présentation nuancée, l'appellation « *Tuhourangi-Ngati Wahiao* » utilisée dans le *Deed of Settlement*, la plaignante fait valoir que les Ngāti Wahiao sont les seuls à pouvoir revendiquer des intérêts sur la terre de la vallée de Whakarewaerwa car, comme elle le dit par ailleurs, ils en étaient les seuls occupants avant l'arrivée des Européens au milieu du XIXe siècle, les Tūhourangi n'y ayant été « invités » qu'à la suite de l'éruption du Tarawera. Derrière cette définition identitaire se joue la négociation des retombées économiques de la restitution.

Pour finir, soulignons que moins que la reconnaissance des droits fonciers *māori* elle-même, ce sont les formes prises par les réparations qui peuvent poser problème. La terre de Whakarewarewa aujourd'hui restituée devient propriété d'un *trust* qui

---

5. *When we cross the Puarenga Stream to enter Whakarewarewa Village we are only Ngati Wahiao the mana whenua, when we leave the Village and cross the bridge we are Ngati Wahiao hapu and Tuhourangi iwi.* (Hoet et Kereopa 2009 : 1). Cette citation est traduite de l'anglais par l'auteur.

représente différents *iwi* et *hapū* (groupes sociaux) *māori*, marquant le retour à une forme de tenure foncière collective. Or les différentes lois sur la terre (*Native Land Acts*) ont, depuis longtemps, transformé fondamentalement le système « traditionnel » de tenure foncière *māori*, si bien qu'il ne reste aujourd'hui quasiment aucune terre sur laquelle celui-ci reste en vigueur. Cette transformation brutale s'est notamment traduite par une segmentation et une individualisation de la propriété. Attribuer la terre restituée à un groupe marque donc le retour à une gestion collective, ce qui peut expliquer que certains craignent d'être laissés pour compte. Le cas étudié ici illustre donc pleinement ce que T. van Meijl (2012) a récemment pointé du doigt, à savoir que le règlement des réclamations *māori* crée des tensions pour deux raisons principales : d'une part parce qu'il s'appuie sur une conception biaisée de la structure sociale *māori*, qui donne une importance souvent exagérée aux *iwi* au détriment d'autres unités sociales effectives (comme le *hapū*) et, d'autre part, parce qu'il fait coexister plusieurs régimes de propriété.

Bibliographie

The Affiliate Te Arawa Iwi/Hapu, The Trustees of the Te Pumautanga o Te Arawa Trust et the Sovereign in Right of New Zealand
2008   *Deed of Settlement of the Historical Claims of the Affiliate Te Arawa Iwi/Hapu.* [en ligne, consulté le 22 mars 2012] URL :
http://nz01.terabyte.co.nz/ots/DocumentLibrary%5CTePumautangaTrust-DeedofSettlement.pdf.

Andrews, Philips
1995   *Tarawera and the terraces.* Rotorua : Bibliophil and the Buried village.

Babadzan, Alain
2009   *Le spectacle de la culture : globalisation et traditionalismes en Océanie.* Paris : L'Harmattan.

Belgrave, Michael
2005   *Historical Frictions. Maori Claims and reinvented histories.* Auckland : Auckland University Press.

Belich, James
1996   *Making Peoples : A History of New Zealand.* Auckland : Penguin Books.

CNI (Central North Island) Forests Iwi Collective and Her Majesty the Queen in right of New Zealand
2008   Deed of Settlement of the Historical Claims of CNI (Central North Island) Forests Iwi Collective to the Central North Island Forests Land.
[en ligne, consulté le 12 novembre 2012] URL :
http://www.cniiwiholdingsltd.co.nz/files/cniforests/Deed%20of%20Settelement%20Kaingaroa.pdf

Hoet, Grace et Tuhipo Maria Rapido Kereopa
2009   « Submmission. On Whakarewarewa and Roto-a-Tamaheke vesting bill », lettre soumise au Maori Affairs Select Committe le 4 février 2009, [en ligne, consulté le 16 novembre 2012].

URL : http://www.parliament.nz/NR/rdonlyres/E622BA20-1BA0-4B08-9E16-7D81BA7970D2/152092/49SCMA_EVI_00DBHOH_BILL8755_1_A52242_GraceHoetandT.pdf

Kawharu, I. Hugh

1977   *Maori Land Tenure : Studies of a Changing Institution*. Oxford : Oxford University Press.

Law Commission-Te Aka Matua o Te Ture

2010   « Review of Trust Law in New Zealand : Introductory Issues Paper », Law Commission issues papers, 19, [en ligne, consulté le 6 novembre 2012]. URL : http://www.lawcom.govt.nz/sites/default/files/publications/2010/11/ip19_review_of_trust_law_in_new_zealand.pdf.

McClure, Margaret

2004   *The Wonder Country : Making New Zealand Tourism*. Auckland : Auckland University Press.

Stafford, Don M.

1991   *Te Arawa : a History of the Arawa People*. Auckland : Reed.

1995   *Te Whakarewarewa, A brief guide to the place and its people*. New Zealand Maori Arts and Crafts Institute.

Schwimmer, Eric

1990   « The Maori *hapu* : a Generative Model ». *The Journal of the Polynesian Society*, 99(3): 297-317.

Te Awekōtuku, Ngāhuia

1976   The City of Rotorua and its meanings to Ngati Whakaue.
        [en ligne, consulté le 16 novembre 2012]. URL : http://researchcommons.waikato.ac.nz/bitstream/handle/10289/803/TeAwekotuku_76_rotorua.pdf?sequence=1.

Taipari, Greg

2009   « Hapu and iwi in dispute over claim involving Whakarewarewa settlement ». *Daily Post*, lundi 12 octobre 2009.

Tutua-Nathan, Tikitu

1992   « Maori tribal rights to ownership and control : the geothermal resource in New Zealand ». *Applied Geography*, 12 : 192-198.

van Meijl, Toon

2012   « Chaging Property Regimes in Maori Society : A Critical Assesment of the Settlement Porcess in New Zealand ». *Journal of the Polynesian Society*, 121 (2) : 181-207.

Waitangi Tribunal Report

1993   *Preliminary report on the Te Arawa representative geothermal resource claim*. Wellington : Brooker and Friend Ltd., [en ligne, consulté le 30 avril 2012]. URL : http://www.waitangi-tribunal.govt.nz/scripts/reports/reports/153/314153AD-CC5E-435E-85C0-F35AA74606F1.pdf.

2008   *He Maunga Rongo : the report on the central north Island Claims, stage 1*. [en ligne, consulté le 30 avril 2012]. URL : http://www.waitangi-tribunal.govt.nz/reports/downloadpdf.asp?reportid={F093A91B-6F97-408C-BBB7-C38873281702}.pdf.

Williams, David V.

1999   *Te Kooti Tango Whenua. The native land court 1864-1909*. Wellington : Huia.

Rapports de propriété et conflits pour l'espace : approche comparative à partir de l'exemple de deux villes touristiques mexicaines

Clément Marie dit Chirot

Introduction

Avec environ 20 millions de touristes internationaux chaque année, le Mexique est aujourd'hui la principale destination touristique d'Amérique latine. Cette situation reflète notamment le choix fait par les gouvernements successifs d'investir massivement dans ce secteur d'activité durant la seconde moitié du XXe siècle. Si l'histoire touristique du Mexique est certes plus ancienne, des travaux très détaillés faisant remonter l'émergence d'une activité touristique aux années 1920, (Wilson 2008 ; Berger 2006 ; Hiernaux 2006 ; Clancy 2001 ; Jiménez 1992), on peut néanmoins situer au début des années 1960 le moment où le tourisme devient réellement un « *big business* » (Wilson 2008 : 120), sous l'action du gouvernement fédéral. L'activité touristique devient alors un axe prioritaire des politiques de développement économique et d'aménagement du territoire dans le cadre de ce que le géographe D. Hiernaux qualifie de « fordisme périphérique d'État » (Hiernaux 2006), avant d'accompagner, à partir des années 1980, la conversion du Mexique au modèle néo-libéral dans un mouvement faisant passer l'économie nationale « de l'étatisme au marché » (*op. cit.*).

Localement, la « mise en tourisme » du pays est souvent accompagnée de recompositions profondes sur le plan économique, politique et social. Des espaces de marge font soudainement l'objet d'une valorisation économique et symbolique exacerbée. Dans une société marquée par des inégalités sociales fortes, mais aussi par la violence avec laquelle s'exercent les rapports de pouvoir et de domination, ce phénomène est traduit par la multiplication des controverses, des conflits sociaux et des luttes locales pour l'appropriation d'espaces touristiques, lesquelles occupent désormais une place significative dans le débat public.

Cette réflexion est construite autour du récit et de l'analyse comparative d'épisodes conflictuels ayant profondément marqué l'émergence de deux localités touristiques mexicaines : le centre touristique de Huatulco, créé *ex nihilo* par l'État au milieu des années 1980, et la ville de Playa del Carmen, cœur économique de l'une des principales régions touristique du pays, la Riviera Maya [1]. Au-delà des différences significatives entre ces deux processus, l'importance de la question foncière dans les conflits sociaux semble révélatrice des enjeux économiques, politiques et sociaux de la valorisation de l'espace induite par le développement du tourisme. Dans les deux cas, la position des individus et des groupes par rapport à la propriété du sol a joué un rôle déterminant dans la formation d'antagonismes ou d'alliances, au point de devenir l'une des principales lignes de clivage agitant la société locale. Après avoir décrit succinctement la dynamique du conflit dans les deux localités, la réflexion proposera des éléments de généralisation en questionnant la façon dont l'activité touristique mobilise l'espace et dont la valorisation foncière contribue, dans les lieux touristiques, à reproduire ou à modifier les hiérarchies sociales et les rapports de force politiques à l'échelle locale.

I. La planification touristique à l'épreuve des conflits locaux : le CIP de Huatulco

Situé sur la côte Pacifique de l'État d'Oaxaca, dans le sud-ouest du pays, le centre touristique de Huatulco est le plus récent des Centres touristiques Intégralement Planifiés (CIP) créés par le gouvernement mexicain entre 1974 et 1984. L'objectif de cette politique est alors de diversifier l'économie nationale, jusque-là largement dépendante de ses revenus pétroliers, mais aussi d'impulser un développement économique dans des régions pauvres et enclavées du pays grâce à la création de centres touristiques majeurs. Cette mission est confiée à un organisme public créé à cet effet en 1974, le Fonds National pour le Tourisme (FONATUR). En dix ans, cinq centres touristiques sont ainsi créés *ex nihilo* par la puissance publique. Le plus ancien, mais également le plus connu d'entre eux, celui de Cancún, est aujourd'hui une destination touristique de rang international et accueille près de trois millions de visiteurs par an [2].

La création du CIP de Huatulco, à partir de 1984, intervient dans un contexte économique particulièrement rude à l'échelle nationale. Elle fait suite à la terrible crise

---

1. L'analyse s'appuie sur plusieurs enquêtes de terrain réalisées entre 2007 et 2011 dans le cadre d'un master puis d'une thèse de géographie. Ces séjours — d'une durée de trois ans au total — ont permis de rencontrer de nombreux acteurs impliqués dans des conflits locaux liés au tourisme dans trois localités mexicaines : habitants, représentants d'organisations sociales, autorités locales aux différentes échelles de décisions (communautés agraires, municipalités, États fédérés, gouvernement fédéral), fonctionnaires de différentes institutions gouvernementales, entrepreneurs touristiques, propriétaires fonciers, etc. Les récits recueillis sous la forme d'entretiens qualitatifs (91 au total) ont permis d'appréhender la diversité des expériences et des points de vue sur les processus de développement touristique pour tenter de saisir au mieux la complexité des processus.

2. Les cinq CIP créés entre 1974 et 1984 sont, dans l'ordre, Cancún (1974), Ixtapa (1974), Los Cabos (1976), Loreto (1978) et Huatulco (1984).

économique de 1982 et précède de quelques années la mise en œuvre des politiques d'ajustement structurel (Chesnais 2011)[3]. Dans ce contexte, le projet est financé par un prêt de la Banque Interaméricaine de Développement (BID), lequel doit permettre au gouvernement fédéral de financer la construction d'infrastructures pour favoriser l'arrivée d'investisseurs privés. Par la suite, la mise en vente d'importantes quantités de terres doit permettre à l'État mexicain de solder une partie de sa dette auprès de créanciers internationaux dans le cadre de la restructuration de la dette nationale.

I.1. La maîtrise foncière au cœur de l'action publique

Localement, la mise en œuvre du CIP implique la création d'une importante réserve foncière moyennant l'acquisition par l'État de grandes quantités de terres. Dans cette perspective, le gouvernement fédéral entreprend dans un premier temps de régulariser la propriété du sol dans la municipalité de Santa Maria Huatulco, où le projet doit être mis en œuvre. Cette démarche intervient dans un espace où prédomine alors un système coutumier et où la terre fait historiquement l'objet de conflits entre les populations de localités voisines. Le 28 mai 1984, un décret du président Miguel de la Madrid constitue donc légalement la communauté agraire de Santa Maria Huatulco et inscrit au régime des terres communales les 50 000 hectares que compte la municipalité du même nom. Ce statut recouvre alors la totalité du territoire municipal.

Selon la législation agraire mexicaine, le régime communal instaure un système de propriété collective de la terre. La réforme agraire mise en œuvre par l'État mexicain après 1917 à travers la redistribution de grandes extensions de terres aux populations paysannes représentait en effet l'un des principaux héritages de la Révolution de 1910. Cette répartition a été opérée sous deux formes de propriété collective du sol différentes de la propriété privée : le régime des terres communales et celui de l'*ejido*, beaucoup plus répandu. À la différence du régime *ejidal*, le régime communal ne correspond pas à une dotation foncière nouvelle mais à la restitution, à des communautés rurales, de terres qu'elles ont possédées depuis l'époque coloniale et dont elles avaient été spoliées au XIXe siècle, après l'indépendance, lors du démantèlement des formes de tenure collective de la terre par des communautés rurales. Comme l'*ejido*, la communauté agraire instituée par le régime communal est « une entité collective dotée d'une personnalité juridique et d'un patrimoine propre. Il est constitué à partir d'une dotation foncière attribuée collectivement et gratuitement par l'État à un groupe de paysans qui en fait la demande » (Bouquet et Colin, 2009 : 302). Les terres sont gérées collectivement par une assemblée agraire formée par l'ensemble des *comuneros*, c'est-à-dire

---

3. La crise économique qui frappe le Mexique en 1982 est déclenchée par la baisse brutale des cours du pétrole. Elle marque le début de la « décennie perdue », période durant laquelle l'économie mexicaine est convertie au modèle néolibéral. Cette époque correspond à la liquidation d'un grand nombre d'entreprises publiques au cours de vagues successives de privatisations.

des personnes reconnues comme membres de la communauté agraire et dont l'appartenance à celle-ci est matérialisée par l'obtention d'un titre agraire. Si l'usage des parcelles appartenant au régime des terres communales est individuel ou familial, et se transmet de père en fils, leur gestion communautaire garantit en théorie le caractère inaliénable des terres. En outre, jusqu'à la réforme de l'article 27 de la Constitution mexicaine, en 1992, en vue de la ratification par le Mexique de l'ALENA, ces terres ne peuvent en théorie pas faire l'objet de transactions marchandes.

Le 29 mai 1984, un jour seulement après la constitution de la communauté agraire, la publication d'un second décret stipule l'expropriation, pour cause d'utilité publique, de toute la partie littorale du territoire municipal, soit 21 000 hectares, au profit du FONATUR. Si la partie intérieure de la municipalité appartient toujours au régime des terres communales, sa partie littorale est donc désormais une zone fédérale, ses neuf baies devant faire l'objet d'un développement touristique. Le décret prévoit également le déplacement des populations implantées dans la partie littorale et leur relocalisation, à deux kilomètres à l'intérieur des terres, dans une ville nouvelle planifiée par le FONATUR, la Crucecita, destinée à accueillir les populations permanentes du centre touristique.

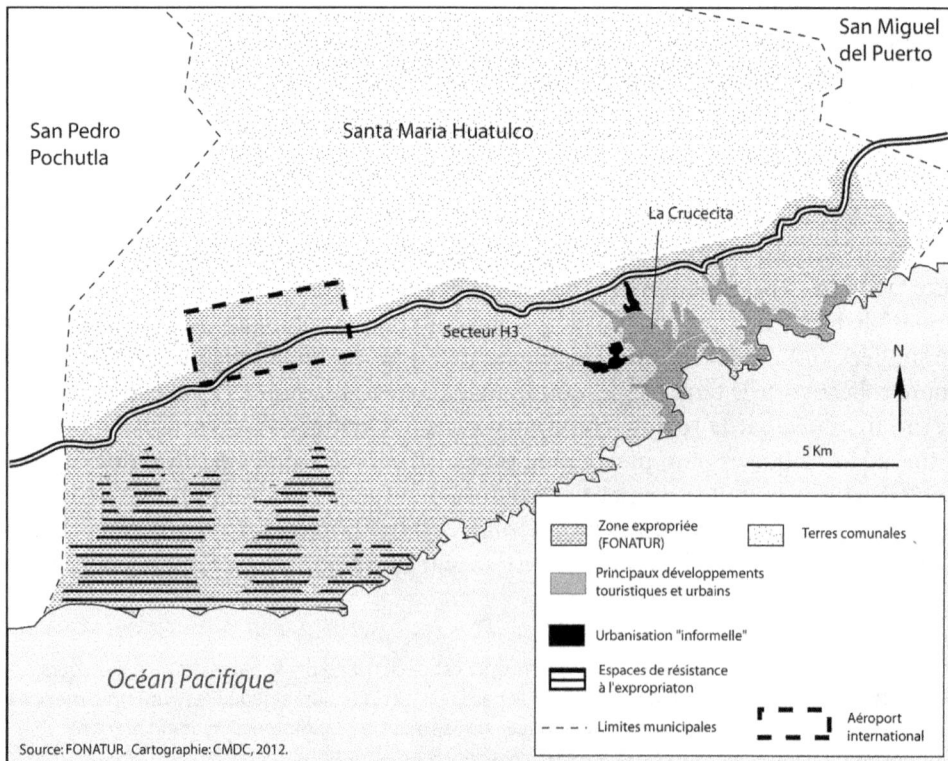

Source: FONATUR. Cartographie: CMDC, 2012.

Dans les semaines qui précèdent l'expropriation, des négociations ont lieu entre le FONATUR, le ministère du tourisme (SECTUR) ainsi que celui de la réforme agraire (SRA), le gouverneur de l'État d'Oaxaca, le maire de Santa Maria Huatulco et le commissaire aux terres communales, leader agraire élu par les *comuneros*. Elles aboutissent à la mise en place d'un accord sur le processus d'indemnisation de la communauté pour compenser la perte des terres expropriées. Selon cet accord, chaque *comunero* recevra du FONATUR deux terrains et un logement situés à la Crucecita. Pour les *comuneros* expropriés, c'est donc une compensation en nature qui sera perçue, tandis qu'une seule et unique indemnisation financière sera versée à la communauté par l'intermédiaire du commissariat aux terres communales [4]. En revanche, chaque *comunero* doit recevoir une compensation financière individuelle pour les améliorations diverses apportées à la parcelle dont il avait jusque-là l'usage : arbres, puits, bétail, clôtures, etc. Il est important d'insister sur le fait que cet accord entre le gouvernement et la communauté a été établi en comité restreint et ne semble pas exprimer un véritable consensus au sein de la communauté. Des divergences apparaissent en effet rapidement, reflétant une série de contradictions liées à l'arrivée de nouveaux acteurs, mais également au sein des populations locales.

I.2. Les résistances locales à l'expropriation

L'expropriation suscite rapidement des divisions au sein de la communauté. La signature de l'accord par le commissaire aux terres communales et le maire est vécue comme une trahison par un certain nombre de *comuneros* tandis que des soupçons de corruptions alimentent le ressentiment à l'égard des autorités locales. Dans les semaines qui suivent l'expropriation et sous la pression d'une partie de la population, le leader agraire est contraint de démissionner.

Par ailleurs, les *comuneros* de Huatulco déposent, en 1986, un recours en justice dans lequel ils dénoncent des irrégularités apparues lors de l'acquisition des terres par le gouvernement. La communauté revendique ainsi le caractère inaliénable des terres communales et met en cause l'argument avancé par le gouvernement et invoquant une cause d'utilité publique. En outre, le montant de l'indemnisation perçue par les autorités agraires est contesté, cette somme ne reflétant pas, selon les *comuneros*, la valeur réelle des terres. Autre aspect important, le changement de régime foncier induit par l'expropriation est pour les *comuneros* un enjeu majeur en termes de reproduction sociale. Le régime des terres communales encadrait en effet la transmission intergénérationnelle des terres. À l'âge adulte, les enfants de *comuneros* avaient généralement la possibilité de recevoir un terrain, pour y vivre ou y

---

4. Le régime foncier antérieur à l'expropriation ne permet en effet qu'une indemnisation collective pour les terres expropriées.

pratiquer l'agriculture. Or, l'accord prévoit que seuls les *comuneros* reçoivent une parcelle et exclut de ce fait leurs enfants qui devront faire l'acquisition d'un terrain sur le marché de l'immobilier.

Parallèlement à la judiciarisation du conflit, on assiste à une augmentation des tensions entre la communauté agraire de Huatulco et le gouvernement fédéral à l'échelle locale. Les *comuneros* opposés à l'expropriation mettent en œuvre une résistance physique sur les chantiers, perturbant la réalisation des travaux d'infrastructures. Des locaux et plusieurs véhicules appartenant au FONATUR sont incendiés, leurs occupants chassés par les habitants. À partir de 1986, l'élection d'un nouveau gouverneur dans l'État d'Oaxaca modifie les équilibres politiques locaux et permet aux *comuneros* de bénéficier d'appuis au sein de la classe politique locale. Le conflit entre les *comuneros* de Huatulco et le FONATUR est alors doublé d'un conflit interinstitutionnel entre les différentes échelles de décision composant la nomenclature politique et administrative mexicaine : le gouvernement fédéral, initiateur du projet de CIP, et le gouverneur de l'Oaxaca, Heladio Ramirez Lopez (1986-1992), allié de l'opposition locale au projet.

À la même époque, la mobilisation des *comuneros* trouve un second relai politique en s'alliant avec un mouvement social puissant présent dans cette partie de l'Oaxaca, la Coalition Ouvrière, Paysanne et Étudiante de l'Isthme de Tehuantepec (COCEI). Cependant, l'évolution des rapports de force politiques locaux après 1989, qui se traduit notamment par l'institutionnalisation et le retrait de la COCEI (Bautista Martinez, 2010, p. 116) vis-à-vis de la mobilisation contre le CIP, se caractérise par un déclin de la résistance au projet. La même année, le conflit se solde par l'assassinat de l'un des principaux leaders de la communauté. Sa mort violente marque un coup d'arrêt à la résistance des *comuneros* au projet de CIP. Les habitants de la première des neuf baies concernées par le développement touristique sont progressivement déplacés et relogés à la Crucecita. Dans la partie nord de la municipalité, la dernière à devoir être « mise en tourisme » selon le schéma d'aménagement du CIP, le blocage perdure toujours près de trente ans après l'expropriation[5]. Dans ces localités, les *comuneros* continuent aujourd'hui de vivre sur des terrains dont ils ont été expropriés en 1984, et la non-résolution du conflit avec le FONATUR se traduit par une forte précarité matérielle : insécurité juridique, précarité de l'habitat, impossibilité d'accéder aux services de base comme l'eau courante ou le tout-à-l'égout.

---

5. Le développement du CIP était initialement prévu en plusieurs étapes, échelonnées sur une trentaine d'années. C'est au rythme de ce calendrier établi par le FONATUR que les populations de Huatulco ont été confrontées à la perte des terres à différents moments, ce qui explique sans doute en partie la diversité des réactions au sein des *comuneros* habitant les différentes localités du municipio.

I.3. Les « avecindados »

Cependant, si le conflit lié à l'expropriation a clairement contribué à définir un certain nombre d'antagonismes structurant les jeux politiques et sociaux à l'échelle locale, le clivage opposant les *comuneros* au FONATUR n'épuise pas, à lui seul, la complexité des rapports sociaux et des contradictions sociales qui agitent actuellement la société locale *huatulqueña*. Les *comuneros* sont en effet aujourd'hui minoritaires au sein de la population de Huatulco et le développement du centre touristique a entraîné une forte croissance démographique alimentée par des flux migratoires en provenance d'autres localités de l'Oaxaca, mais aussi d'autres régions du pays. L'accroissement de la population locale, inférieur à 2 % par an durant les années 1970, connaît ainsi une accélération importante après le début du développement touristique et atteint une moyenne annuelle de 6,6 % durant les années 1980, et de 8,7 % pendant les années 1990. Composée de 6 000 habitants en 1980, la population municipale atteint aujourd'hui environ 38 000 habitants (INEGI, 2010).

La majeure partie de la population actuelle du centre touristique est donc composée par les nombreux migrants venus s'établir à Huatulco après le développement du CIP, attirés par les perspectives économiques offertes par l'essor du tourisme, souvent à la recherche d'un emploi dans les secteurs du tourisme ou du bâtiment. Du point de vue juridique, ces populations ont le statut d'*avecindados*[6], lequel peut être sollicité auprès des autorités municipales après avoir résidé un certain temps à Huatulco. Arrivés après l'expropriation, les *avecindados* ne possèdent pas les droits dont jouissent les *comuneros* vis-à-vis des terres communales et ne bénéficient pas des termes de l'accord passé entre le FONATUR et les *comuneros*. Contrairement à ces derniers, ils n'ont pas été expropriés ni indemnisés et n'ont donc pas reçu de logement dans la ville planifiée, la Crucecita. Ces nouvelles populations sont donc particulièrement concernées par la difficulté d'accéder à un logement dans un contexte de forte pression foncière. Souvent issus des catégories sociales les plus modestes, la plupart des *avecindados* doivent composer avec des revenus irréguliers, soumis aux rythmes saisonniers de l'industrie touristique. Par ailleurs, le projet défini par le FONATUR prévoit pour chaque secteur du centre touristique un usage précis (résidentiel, commercial, touristique, etc.), laissant peu de place au logement des classes populaires.

---

6. Le terme d'*avecindado* possède la même racine étymologique que celui de *vecino* (« voisin », en espagnol). Littéralement, les *avecindados* sont donc les populations « avoisinées » qui, si elles ne sont souvent pas originaires du lieu, y résident. Il est important de noter que ce statut n'offre pas les mêmes droits par rapport aux terres communales — ou aux terres *ejidales* — que ceux dont jouissent les *comuneros* (ou les *ejidatarios* dans le cas des terres *ejidales*) formant la communauté agraire. Dans de nombreux cas, cette dichotomie institue une forme de citoyenneté « à deux vitesses » et des relations inégales entre les membres de la communauté agraire et les *avecindados*, ces derniers étant parfois assimilés à des citoyens de « seconde zone ».

Malgré des adaptations ponctuelles face à l'urgence de certaines situations, cette rigidité dans la planification ne permet pas d'ajuster l'offre de terres disponibles à une demande croissante liée à l'afflux de travailleurs migrants.

Dans ce contexte, la question de l'accès au logement est un problème central pour un grand nombre d'*avecindados*. À plusieurs reprises, elle a constitué la base d'importantes mobilisations sociales et politiques, auxquelles prennent également part des enfants de *comuneros*, confrontés aux mêmes difficultés. La revendication d'un droit au logement prend ainsi la forme d'une confrontation avec le FONATUR de la part d'habitants regroupés sous la bannière d'organisations politiques ou syndicales. Au début des années 1990, ces mobilisations aboutissent à différentes reprises à des occupations des locaux du FONATUR, puis à l'invasion de terrains fédéraux situés en périphérie du centre urbain où les *avecindados* développent des quartiers d'habitat précaires, à l'image du secteur H3 [7]. Cette ville auto-construite, située en périphérie de la ville « légale » représente l'une des figures dominante du phénomène d'urbanisation au Mexique (Duhau et Giglia 2008 : 343 ; Olivera 2002 : 173). Au fil du temps, et au rythme de l'agenda politique local, des tractations avec les autorités locales ont permis aux habitants d'obtenir, souvent en échange d'un soutien politique en période électorale, la régularisation de la propriété foncière, mais aussi l'accès aux services urbains (eau courante, électricité, tout-à-l'égout, etc.). Près de trois décennies après le début du développement touristique, le centre touristique est aujourd'hui un espace fragmenté, reflet et conséquence des conflits sociaux.

II. La mise en tourisme de Playa del Carmen

Les modalités du développement touristique et urbain de Playa del Carmen diffèrent profondément de celles observées à Huatulco. À partir de 1974, la création du CIP de Cancún et le désenclavement de la région par le biais d'importants travaux d'infrastructure (aéroport international de Cancún, amélioration du réseau routier) ont joué un rôle important dans l'urbanisation accélérée de la côte Caraïbe de l'État du Quintana Roo, vers le sud. D'abord concentré autour de la ville de Cancún, ce développement touristique et urbain se poursuit, à partir des années 1990, le long d'un axe Cancún-Tulum devenu aujourd'hui l'une des principales régions touristiques mexicaines, la Riviera Maya.

Le premier investissement important réalisé à Playa del Carmen remonte aux années 1980. Il s'agit d'un ambitieux projet de complexe touristique et résidentiel de

---

7. Dans la ville planifiée où résident les populations permanentes du centre touristique (La Crucecita), chaque secteur est désigné par une lettre : H, I, J, K, etc. Cette toponymie aux forts accents techno-cratiques contraste clairement avec celle observée dans les zones touristiques du CIP où le FONATUR a opté pour des noms d'origine zapotèque, la principale langue indigène de la région.

standing, appelé Playacar, dont l'initiative revient à un entrepreneur local. Ce projet marque le début d'un « boom » immobilier attirant à Playa del Carmen d'importants flux de capitaux, de main-d'œuvre et de touristes. Les constructeurs de cette enclave touristique haut de gamme ont en effet recours à d'importants contingents d'ouvriers du bâtiment en provenance d'états pauvres et ruraux du sud du Mexique, Chiapas et Tabasco en tête. Dès 1984, près de 300 hectares sont ainsi mis en chantier ; une zone hôtelière est développée sur les parcelles du front de mer tandis qu'un terrain de golf et des lotissements résidentiels sont construits à l'intérieur des terres. En quelques années, une dizaine d'hôtels internationaux voit le jour. La croissance démographique alimentée par l'afflux de travailleurs migrants se traduit par l'apparition de campements de fortune. La population de Playa del Carmen, qui comptait 1 500 habitants en 1987, atteint 4 500 habitants en 1988. Sept ans plus tard, lors du recensement de 1995, la ville comptait déjà 17 621 habitants et affichait l'un des taux de croissance les plus élevés du pays (INEGI 1995).

Les projets immobiliers portés par des opérateurs locaux reçoivent rapidement le soutien des autorités locales à travers une stratégie de marketing territorial, soutien matérialisé par la création, en 1997, de la « marque » *Riviera Maya* ainsi que d'un organisme public chargé d'assurer sa promotion au Mexique et à l'étranger. Mais cette volonté d'attirer investisseurs et capitaux et de faire de la Riviera Maya une destination touristique de rang international repose avant tout sur la vente par les pouvoirs publics, notamment durant le mandat du gouverneur M. Villanueva Madrid (1993-1999), de terrains côtiers appartenant au gouvernement du Quintana Roo, à des prix ouvertement dérisoires, souvent inférieurs à cinq dollars/m². Ce *dumping* pratiqué sur les prix du foncier touristique dans les années 1990, dans le cadre d'une « politique de l'offre » menée par les autorités locales, donne lieu à l'un des phéno-mènes spéculatifs les plus importants au Mexique[8]. En quelques années, la spéculation foncière et immobilière atteint rapidement des niveaux risquant de compromettre les possibilités d'accès au logement pour les classes populaires et, plus largement, pour les populations permanentes de Playa del Carmen.

II.1. Un parcellaire caractérisé par l'importance du foncier public

Un bref détour par les structures de la propriété foncière permet d'éclairer les enjeux économiques, politiques et sociaux du développement touristique et urbain de Playa del Carmen, mais aussi le rôle central de l'action publique dans ce processus. En effet, celui-ci intervient dans une région ayant longtemps constitué un espace de marge à l'échelle nationale. Durant toute la seconde moitié du XIXᵉ siècle, la partie orientale de la péninsule du Yucatán, territoire correspondant à l'actuel État du Quintana Roo,

---

8. F. Ortega Pizarro, « Especulación de tierras en México », *CNN Expansión*, 5 novembre 2008.

échappe en partie au contrôle de l'État mexicain. La région est alors en proie à un conflit armé opposant des populations mayas insurgées au gouvernement fédéral : la Guerre des Castes (1847-1901).

Vers 1902, peu après la victoire militaire de l'armée mexicaine, un groupe de familles mayas, fuyant les violences qui touchent le sud de la péninsule, s'établit sur la côte encore inhabitée de Playa del Carmen. Sur le plan économique, la communauté vit alors principalement de la pêche et de l'agriculture. Dans les années 1930, la mise en œuvre de la réforme agraire par l'État mexicain se traduit localement par des dotations de terres à des communautés rurales, principalement sous la figure de l'*ejido*. En 1937, la communauté se voit donc reconnaître par l'État la possession légale d'un total de 22 680 hectares de terres grâce à la création de l'*ejido* Playa del Carmen. La communauté agraire est ainsi constituée à environ un kilomètre à l'intérieur des terres dans une localité appelée à devenir, en quelques décennies, le cœur économique de l'une des principales régions touristique à l'échelle régionale. Les cinquante-quatre bénéficiaires de cette dotation — souvent les chefs de famille — reçoivent ainsi le statut d'*ejidatarios* qui fonde leur appartenance à la communauté. Playa del Carmen ne compte à cette époque que quelques dizaines d'habitants (90 lors du recensement de 1960).

Jusqu'en 1974, année de la création du CIP de Cancún, le Territoire Fédéral du Quintana Roo est une entité administrative placée sous la tutelle du gouvernement fédéral [9] qui y dispose notamment d'importantes réserves foncières. La mise en œuvre du projet de centre touristique coïncide donc avec un changement de statut juridique : c'est également en 1974 que le Quintana Roo reçoit le statut d'État fédéré. Ce transfert de pouvoirs, du niveau fédéral vers les autorités locales, est accompagné d'une dotation foncière visant à permettre aux autorités locales de faire face aux besoins engendrés par l'urbanisation. Si le foncier à vocation résidentielle est géré par l'Institut pour le Logement de l'État de Quintana Roo (INVIQROO), un autre fonds public est créé en 1993, le FIDECARIBE, chargé d'administrer et de commercialiser les terrains à fort potentiel touristique.

Si d'importantes propriétés privées existent déjà à cette époque, comme dans le cas de Playacar, la propriété du sol à Playa del Carmen relève donc principalement du régime *ejidal* et de la propriété publique appartenant au gouvernement de l'État du Quintana Roo lorsque débute le phénomène d'urbanisation. Dans la mesure où, à cette époque, le statut des terres *ejidales* interdit leur commercialisation, l'urbanisation se concentre dans un premier temps sur les terres appartenant au gouvernement local qui peut ainsi faire face aux premières vagues de peuplement induites par l'essor du tourisme. À plusieurs reprises, les autorités locales procèdent donc à des distributions de terres ou à leur vente à très bas prix pour répondre aux besoins de logements

---

9. Cette situation est un héritage de la Guerre des Castes.

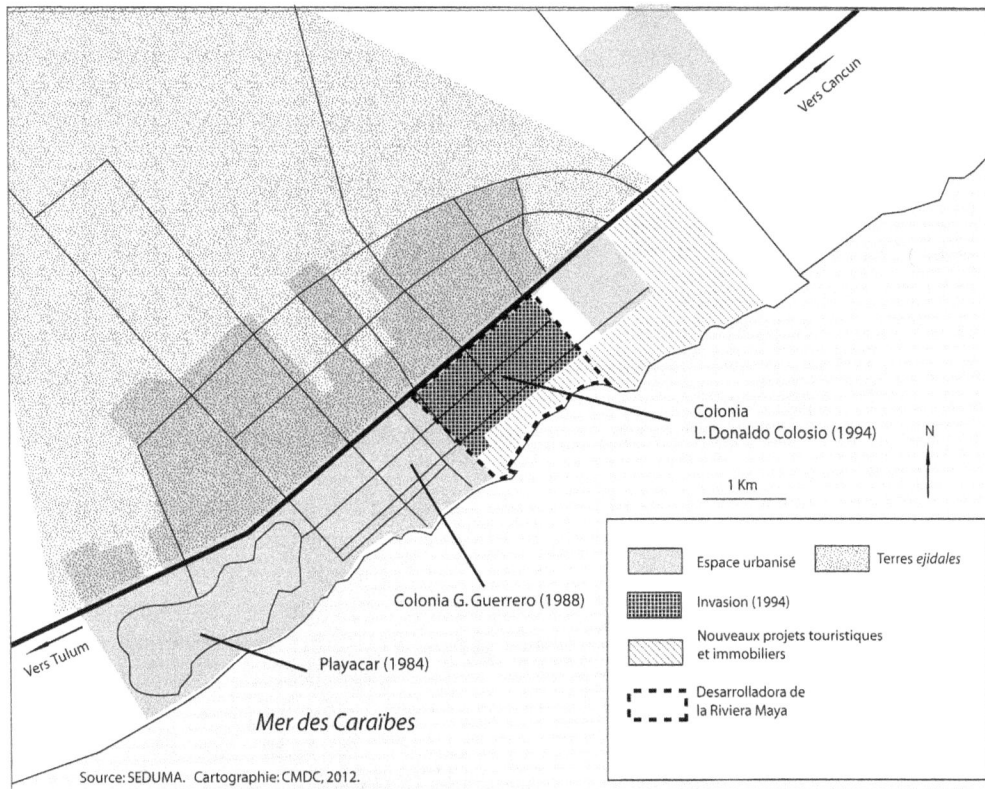

Colonia
L. Donaldo Colosio (1994)

N

1 Km

Colonia G. Guerrero (1988)

Playacar (1984)

Vers Cancun

Vers Tulum

Mer des Caraïbes

	Espace urbanisé		Terres *ejidales*
	Invasion (1994)		
	Nouveaux projets touristiques et immobiliers		
	Desarrolladora de la Riviera Maya		

Source: SEDUMA. Cartographie: CMDC, 2012.

exprimés par la population, comme c'est le cas en 1988, avec la création d'un premier quartier adjacent au centre-ville, la *colonia* Gonzalo Guerrero.

II.2. Pression foncière et concurrence pour l'espace

Mais face à l'augmentation rapide de la population, la réserve foncière du gouvernement locale se révèle vite insuffisante. Simple village de pêcheurs au début des années 1980, la ville affiche en effet aujourd'hui le taux de croissance démographique le plus élevé du pays (14 % par an au milieu des années 2000) et a vu sa population passer de 1 500 habitants en 1987 à près de 150 000 lors du dernier recensement (INEGI 2010). Dès le début des années 1990, la saturation du centre-ville se traduit par une hausse des prix des loyers et par une succession de mobilisations sociales autour de la question du logement. Par ailleurs, alors qu'après 1992 la réforme du statut des terres *ejidales* autorise en principe leur commercialisation, les habitants du centre-ville, désormais mobilisés dans le cadre d'une organisation sociale appelée Unión de Colonos, se heurtent à cette époque au refus des *ejidatarios* de mettre en vente des

263

terrains appartenant à l'*ejido*. Si les *ejidatarios* pratiquent aujourd'hui sans réserve le commerce très lucratif des terres *ejidales*, leur attitude à ce stade du développement urbain semble être guidée par des stratégies spéculatives, préférant geler provisoirement l'urbanisation de l'*ejido* dans l'attente des perspectives prometteuses que laissait entrevoir le développement touristique de la partie littorale de la ville. Cette situation contraignante sur le plan foncier a des répercussions directes sur la suite de l'urbanisation de Playa del Carmen. Limitée au sud par l'enclave touristique et résidentielle de Playacar, à l'est par la mer des Caraïbes, la ville ne peut s'étendre vers l'ouest où la présence de l'*ejido* limite à cette époque les possibilités d'urbanisation. C'est donc vers le nord, parallèlement à la côte, que se poursuit le développement urbain dans un premier temps, au début des années 1990. Mais l'ouverture par les pouvoirs publics de nouveaux espaces à urbaniser est alors entravée par un conflit juridique portant sur la propriété d'une importante parcelle située sur le front de mer, à l'extrémité nord du centre urbain.

Le terrain en question est une parcelle de 274 hectares dont la propriété est revendiquée par le gouvernement du Quintana Roo. Propriété de la Nation jusqu'en 1973, cette surface avait en effet fait l'objet d'une expropriation pour cause d'utilité publique en 1973 pour être attribuée aux autorités locales au moment de la création de l'État du Quintana Roo. Mais cette propriété est contestée par un important propriétaire terrien : celui-ci affirme en avoir fait l'acquisition quelques années plus tard, en 1986, en achetant le terrain au gouvernement fédéral. Une « négligence » survenue lors de l'enregistrement du changement de statut légal des terres par l'administration agraire serait à l'origine d'un vide juridique lui permettant de contester la propriété du terrain revendiqué par la puissance publique. Dans l'attente, ce flou cadastral a entraîné une sorte de *statu quo* ayant pour effet de bloquer l'urbanisation. Le dialogue entre les pouvoirs publics et le propriétaire terrien est alors rompu et le litige prend des allures de conflit personnel entre ce dernier et le gouverneur de l'État, M. Villanueva Madrid. Rapidement, la pénurie de terrains liée, d'une part, au conflit entre les autorités locales et le propriétaire terrien et, d'autre part, au refus des *ejidatarios* de vendre des terrains appartenant à l'*ejido*, devient une source de tensions sociales et politiques à l'échelle locale.

Face à cette impasse, les habitants regroupés dans le cadre de l'Unión de Colonos envisagent, au cours de l'année 1993, la possibilité d'envahir le terrain disputé. Des tractations ont lieux entre les leaders de l'organisation et le gouverneur, facilitées par l'appartenance des principaux meneurs du mouvement à la Confédération des Travailleurs Mexicains (CTM), une organisation syndicale proche du Parti Révolutionnaire Institutionnel (PRI) auquel appartient M. Villanueva. Ne pouvant appuyer publiquement l'invasion, celui-ci donne néanmoins son accord tacite : aucune intervention policière ne s'opposera à la prise de possession du terrain par les habitants, des mesures de sécurité étant prises par ailleurs pour assurer le « bon déroulement » de l'invasion (installation de citernes d'eau pour limiter les risques d'incendie). En contrepartie, le gouverneur négocie avec le groupe la frange littorale du terrain disputé, soit 93 hectares. Cette zone doit être épargnée par l'invasion et accueillir, dans un second temps, un projet de zone hôtelière. Cette manœuvre politique permet au gouvernement local de résoudre *de facto* le conflit l'opposant au propriétaire terrien en reprenant le contrôle de la parcelle en litige, tandis que l'alliance avec l'Unión de Colonos permet à M. Villanueva de consolider son assise politique locale.

L'invasion a finalement lieu le 4 avril 1994 et marque la création du plus important quartier populaire de Playa del Carmen, baptisé *colonia* Luis Donaldo Colosio, en hommage au candidat potentiel à l'élection présidentielle de 1994 assassiné quelques semaines plus tôt. Différents groupes formés pour l'occasion et réunissant plusieurs milliers de familles prennent alors possession du terrain. Celui-ci est délimité, défriché. Les occupants y construisent aussitôt, à la hâte, des cabanes avec les matériaux trouvés sur place. Avec le temps, et au rythme de l'agenda politique, le gouvernement doit ensuite mettre en œuvre la régularisation de la propriété du sol à travers l'Institut pour le logement de l'État du Quintana Roo (INVIQROO), qui délivre aux habitants les documents leur reconnaissant la possession des terrains occupés. Par ailleurs, l'achat des terrains à l'organisme public et à un prix plafonné doit leur permettre, à terme, d'accéder à la propriété. Le mandat du gouverneur s'achève néanmoins en 1999, sans que n'aboutisse le processus de régularisation.

II.3. Un ancrage spatial fondé sur des alliances instables

La présence d'un quartier d'habitat populaire sur l'une des côtes les plus convoitées du Mexique repose sur des équilibres politiques fragiles, une connivence entre des habitants organisés et le pouvoir politique local à laquelle les élections de 1999 viennent mettre un terme. L'élection de J. Hendrix Diaz, successeur de M. Villanueva au poste de gouverneur du Quintana Roo marque en effet une rupture dans les relations entre les habitants de la *colonia* L. Donaldo Colosio et les pouvoirs publics. Tandis que son prédécesseur avait adopté une politique conciliante vis-à-vis de l'Unión de Colonos, permettant l'invasion du terrain au détriment du propriétaire terrien, J. Hendrix décide de résoudre le litige qui opposait jusque-là les pouvoirs publics à F. Rangel Castelazo par la création d'une société immobilière mixte : la Desarrolladora de la Riviera Maya. Celle-ci devient légalement propriétaire de l'ensemble des terrains disputés. Selon les termes de l'accord signé fin 1999, 51 % du patrimoine ainsi constitué reviennent au gouvernement de l'État, l'entrepreneur se voyant reconnaître la propriété de 49 % des parts de la société.

Cet accord public-privé doit permettre de régulariser la situation foncière de la Colosio. Mais pour passer du simple droit d'usufruit, reconnu aux habitants dé-tenteurs d'un titre de possession, à la propriété formelle de leurs terrains, ceux-ci devront désormais en faire l'acquisition auprès de la société. La frange littorale épargnée par l'invasion en 1994 doit, quant à elle, faire l'objet d'un développement hôtelier, la commercialisation de ces terrains côtiers auprès d'investisseurs privés relevant également de la société [10]. Par ailleurs, la Desarrolladora de la Riviera Maya procède à une nouvelle évaluation du prix des terrains du quartier dont la valeur est indexée, cette fois, sur les prix du marché. Si leur régularisation prévoyait initialement des prix plafonnés dans le cadre d'une politique de logement social, la société fixe le montant des mensualités en se fondant sur les prix du marché, à la date de la régularisation et non à celle de l'invasion. Au fur et à mesure que l'urbanisation et le développement touristique de la côte se poursuivent vers le nord de la ville, le phénomène de spéculation entraîne à la hausse les prix des terrains dans le quartier. Depuis 1994, année de l'invasion, la valeur des terrains a souvent été multipliée par dix.

Face à cette situation, une partie de la population refuse de procéder au paiement des terrains. Mais le contexte politique est alors moins favorable à une large mobilisation : privés de leurs soutiens au sein de la classe politique locale, les habitants doivent désormais composer avec un affaiblissement de l'Unión de Colonos, traversée par de nombreux conflits internes. L'évaluation individuelle, au cas par cas, de la valeur des terrains en fonction de critères liés aux caractéristiques ou à l'emplacement des lots occupés, mais aussi au profil de leurs occupants (ancienneté dans le quartier, possession ou non d'un document matérialisant le droit d'usage, etc.) a engendré une grande diversité des situations et des intérêts et rend difficile la formation d'un large mouvement de résistance. Parallèlement, on constate un durcissement du cadre légal relatif aux invasions de terres. La bienveillance qui caractérisait le mandat de M. Villanueva a cédé la place à une politique répressive, la réforme du code pénal de l'État du Quintana Roo, en 2008, constituant le délit d'invasion en infraction pénale passible d'emprisonnement. En outre, les nouvelles orientations en matière de politiques urbaines prévoient la prolongation, vers le nord, de la Quinta Avenida, fameuse promenade bordant le front de mer. Pour autant, aucune mesure ne semble avoir été prise pour réguler d'éventuels phénomènes spéculatifs, alors même que ce nouveau tronçon traversera la *colonia* Colosio et que des acteurs économiques en position de domination se sont d'ors et déjà positionnés dans cet espace en devenir en achetant la quasi-totalité des terrains situés dans la frange littorale jouxtant le quartier, à l'image du groupe espagnol Sol Melía et de l'entreprise canadienne Cantex. À terme, la politique de valorisation économique menée conjointement par les pouvoirs publics et l'initiative privée pourrait bien remettre en cause l'ancrage des habitants du quartier dans cette partie de la ville, conduisant à l'éviction des populations les plus vulnérables ne pouvant acheter leur terrain dans les conditions imposées par la société immobilière.

---

10. H. Martoccia, « Remató Hendricks predios de Quintana Roo a empresa española », *La Jornada*, 28 décembre 2005.

III. L'économie très politique de l'espace touristique

III.1. L'importance des rapports de propriété

Au-delà des différences notables entre les modalités du développement touristique à Huatulco et Playa del Carmen, les conflits sociaux qui ont traversé ces deux processus mettent en évidence un certain nombre de récurrences susceptibles de constituer des points d'appui en vue de réflexions plus générales. Dans les deux cas, les antagonismes révélés par les conflits renvoient à des contradictions sociales liées à la propriété d'une portion d'espace ayant fait l'objet d'une mise en valeur touristique. Ils expriment, en ce sens, des rapports de propriété.

À Huatulco, le découpage de l'espace institué par le gouvernement fédéral dans le cadre de la création de la communauté agraire, puis de son expropriation postérieure, a également délimité un groupe social dont l'existence a un lien direct avec la propriété du sol, les *comuneros*. Ce statut juridique contribue à définir des rapports individuels et collectifs avec l'espace mis en tourisme. Il renvoie à une expérience collective douloureuse, la perte des terres communales ayant souvent été vécue par les *comuneros* comme une spoliation, mais représente également un enjeu matériel direct : la possibilité de percevoir des compensations liées à l'expropriation et de recevoir du gouvernement un logement en dur dans le centre touristique. Les formes de présentation de soi révélées au cours des entretiens réalisés avec des *comuneros* ont mis en évidence l'importance accordée à ce statut. Le sempiternel « *soy comunero/a* » (« je suis *comunero/a* ») ponctuant les récits de vie recueillis représente l'affichage d'une identité sociale forte, notamment construite autour d'une présence ancienne et d'un lien affectif avec une terre, mais il représente aussi un élément de distinction vis-à-vis des « autres », ces travailleurs migrants arrivés plus tardivement et dont la légitimité à être là est parfois questionnée dans le discours des *comuneros*. Au fil du temps, les *comuneros* déplacés et relogés à la Crucecita ont souvent transformé et amélioré la maison reçue du FONATUR avec l'argent reçu pour compenser la perte de leurs biens ou grâce à la vente de l'un des deux terrains reçus du gouvernement. Cet investissement leur a généralement permis d'accéder à une plus grande aisance matérielle en développant, par exemple, une activité économique à travers la construction de chambres à louer aux touristes, ou de petits appartements meublés pour les travailleurs migrants. Dans d'autres cas, les *comuneros* ont développé un commerce adjacent à leur logement : restaurants, épiceries, cybercafés, laveries, etc. Ces situations matérielles, souvent plus favorables que celles des *avecindados*, contrastent parfois avec la tonalité des discours recueillis, presque systématiquement portés sur le traumatisme qu'a représenté l'expropriation : « on nous a tout pris ! Le gouvernement nous a spoliés ! Ils ne nous ont rien laissés ! ». À l'inverse, pour les *comuneros* ayant refusé l'expropriation, le fait de vivre aujourd'hui de manière « illégale » sur des terrains du FONATUR a une incidence directe sur leurs conditions d'existence. Si la mission d'aménager ces espaces revient en principe à l'organisme fédéral, celui n'y exerce, *de facto*, aucune autorité en raison du conflit et n'entend pas fournir à leurs habitants l'accès aux services de base.

Les *comuneros* qui ont reçu un logement à la Crucecita font donc souvent figure de privilégiés aux yeux des *avecindados*. Beaucoup de ces travailleurs immigrés revendiquent le fait d'avoir contribué au développement touristique tandis que « *les comuneros y étaient plutôt hostiles du fait de l'expropriation et ne voulaient pas alors prêter leurs services* » (entretien avec un *avecindado*). Cette situation est souvent d'autant plus mal vécue que les trajectoires résidentielles des *avecindados*, parfois avant de pouvoir participer à une invasion de terre, contiennent généralement une étape plus ou moins longue dans le secteur locatif en centre-ville. Dans un contexte de pénurie de logements, ils ont connu des logements précaires aux loyers élevés et dont les propriétaires, souvent des *comuneros*, sont parfois assimilés à des marchands de sommeil. À l'opposé, une partie des *comuneros*, généralement ceux ayant le moins bénéficié des retombées du tourisme, considère les *avecindados* comme des envahisseurs. Ils perçoivent d'autant plus mal les invasions de terrains pratiquées par ces derniers que certains d'entre eux vivent toujours dans l'espoir d'une victoire juridique contre le FONATUR leur permettant de récupérer la totalité des terres expropriées.

Les positions sociales évoquées ici sont tissées d'appartenances multiples et ne sauraient être réduites à leur rapport à la propriété du sol. Néanmoins, la valorisation foncière provoquée par le développement du tourisme semble exacerber cette dimension en définissant des conditions de vie profondément inégales, des intérêts hautement contradictoires en rapport avec une portion d'espace. On ne vit pas le développement du tourisme de la même façon selon que l'on a été exproprié ou non, selon que l'on est propriétaire ou locataire de son logement, selon que l'on bénéficie d'une sorte de « rente de situation » ou que l'on vit dans un quartier précaire et auto-construit situé aux marges de la ville touristique. Qu'il s'agisse de groupes sociaux ou d'acteurs institutionnels, le phénomène de valorisation économique de l'espace favorise les catégories sociales détentrices de la ressource foncière, au détriment des groupes plus vulnérables sur ce plan. À Playa del Carmen, le gouvernement local et les *ejidatarios* ont ainsi largement bénéficié du phénomène de spéculation foncière qui a accompagné le développement touristique et immobilier de la Riviera Maya, phénomène auquel ils ont par ailleurs contribué activement. Ce phénomène de valorisation de l'espace a également été au centre des préoccupations des habitants de la *colonia* Colosio, en particulier pour les moins solvables d'entre eux, pour qui l'absence d'un droit de propriété reconnu légalement signifie le risque d'être expulsé de son logement et relégué en périphérie de la ville touristique. À Huatulco comme à Playa del Carmen, l'urbanisation engendrée par le développement du tourisme a suscité de nouvelles contradictions socio-économiques dans lesquelles les structures de la propriété foncière figurent au premier plan.

Cette problématique rejoint une réflexion actuelle, en géographie, sur les notions d'« appropriation » et de « valorisation » de l'espace (Gravari-Barbas et Ripoll 2010). Elle pose la question de la dimension spatiale des rapports de classes qui concourent, dans le cas présent, à la production d'un lieu touristique. Plus précisément elle requiert d'interroger, au regard des enjeux fonciers de la mise en tourisme, la nature des médiations existant entre les processus sociaux et les dynamiques spatiales. Ce même questionnement traverse depuis plusieurs décennies les travaux d'inspiration marxiste sur l'espace et sur la ville. Dans l'ouvrage *Social Justice and the City*, D. Harvey (1977 : 169) propose ainsi d'envisager les stratégies et les intérêts des différents acteurs de la vie urbaine du point de vue de leur rapport au couple valeur d'usage/valeur d'échange appliqué à l'espace. L'importance des logiques foncières est également pointée par le sociologue H. Molotch, pour qui le sol constitue l'élément crucial de tout système urbain : « We need to see each geographical map [...] as a mosaic of competing land interests capable of strategic coalition and action » (1976 : 311). En France, la dimension spatiale de ces contradictions sociales a notamment été théorisée par H. Lefebvre dans *La production de l'espace*, pour qui l'opposition entre l'usage et l'échange, articulée au rapport entre l'abondance et la rareté de l'espace, fonde notamment les relations centre/périphérie. En se spatialisant, les rapports sociaux engendrent de nouvelles contradictions liées aux propriétés de l'espace lui-même, les contradictions *de* l'espace, lesquelles alimentent et accentuent, en retour, les contradictions socio-économiques auxquelles l'espace sert de cadre, les contradictions *dans* l'espace (Lefebvre 1974 : 385).

Largement mobilisé par la recherche urbaine, ce cadre conceptuel peut permettre d'interroger à nouveaux frais les dimensions spatiales du fait touristique. En d'autres termes, il s'agit de pendre au sérieux l'intuition d'H. Lefebvre lorsque celui-ci affirmait que « l'espace des loisirs *est* l'espace contradictoire par excellence » (1974 : 443). Car la production d'un lieu touristique implique souvent l'apparition de nouvelles formes de rareté dans lesquelles l'espace tient une place centrale, tant sur le plan symbolique qu'au niveau matériel. L'affichage des singularités réelles ou supposées du lieu est en effet souvent un moyen de susciter le désir et d'alimenter l'imaginaire touristique dans un contexte de forte concurrence entre les territoires, notamment à travers la production de ce que S. Cousin qualifie d'« images identifiantes »[11], comme en témoigne la pratique aujourd'hui généralisée du marketing territorial. Par ailleurs, ces singularités en ce qui concerne les représentations de l'espace sont reproduites au niveau de l'espace physique qui en constitue le support ou le réceptacle, et dont l'utilisation par le tourisme est susceptible d'enclencher un phénomène de valorisation foncière.

---

11. La production de signes et d'images est d'ailleurs identifiée par D. Harvey comme un élément fondamental de la « condition postmoderne » (1989) : une manière de dominer la volatilité du capital en le fixant spatialement dans un monde ouvert à la circulation des capitaux.

III.2. La mise en tourisme, entre reproduction et redéfinition des jeux politiques locaux

L'intensité des luttes politiques locales est une autre dimension importante des deux processus de mise en tourisme ici décrits. Dans les deux cas, la genèse des groupes, la formation d'antagonismes ou d'alliances, la mise en œuvre de stratégies, ont un lien fort avec l'espace. C'est dans la pratique des lieux, dans l'expérience commune de problématiques matérielles étroitement liées aux rapports juridiques et politiques à l'espace, que se construisent des collectifs fondés sur une communauté d'intérêts et d'affects et que se forgent des identités sociales s'exprimant par la pratique politique. Ces « constellations d'intérêts » (Hibou 2010 : 16) trouvent ainsi leur source dans les réalités économiques quotidiennes : une expropriation, la difficulté d'accéder à un logement ou d'obtenir la régularisation de la propriété d'un terrain, la précarité liée à l'absence des services les plus élémentaires ou encore, à l'autre extrémité de l'échelle sociale, la perspective d'importants profits liés à la valorisation foncière. Ces enjeux matériels, et l'espace dans lequel ils s'inscrivent, sont autant d'éléments susceptibles d'être mobilisées à des fins politiques, comme en témoignent les trajectoires politiques de certains acteurs locaux.

À Huatulco, la précarité matérielle engendrée par le conflit entre le FONATUR et les *comuneros* ayant refusé l'expropriation permet par exemple à certains élus locaux de réaliser des manœuvres politiques à visée clientélistes. C'est dans cette logique que l'électricité a été installée en 2002 dans des localités situées dans la zone fédérale par les autorités municipales, dont les prérogatives se limitent en théorie à la partie interne de la municipalité. Ces pratiques visent, en période d'élections, à s'attribuer les votes de communautés exclues du développement touristique en assumant le rôle auquel le FONATUR a dû renoncer à cause du conflit foncier. Il est fréquent qu'un parti politique propose à une communauté de la doter d'équipements en échange de son soutien lors des élections. Lors d'une enquête de terrain réalisée début 2007, des modules sanitaires collectifs avaient été construits par les autorités municipales pour remplacer les latrines rudimentaires utilisées jusque-là par les habitants de la baie de San Agustin, dans le nord du municipio. Quelques mois plus tard, le raccordement de ces modules à des fosses septiques, indispensable à leur utilisation, a été reporté après les élections municipales. Avant de pouvoir bénéficier des nouveaux sanitaires, la communauté doit alors donner ses voix au parti politique en place. Une habitante décrit, en entretien, cette situation qu'elle ne connaît que trop bien : « c'est à chaque fois la même chose, en période d'élections ils promettent des choses mais ne tiennent jamais parole. Les deux principaux problèmes, ici, sont l'eau et la route. Un parti promet de nous installer l'eau courante, tandis que l'autre nous promet de goudronner la route ». Pour la population, le choix d'un parti est alors un choix pragmatique en fonction des promesses des différents candidats : l'eau courante ou le goudronnage de la route, le PRI (Parti Révolutionnaire Institutionnel) ou le PRD (Parti de la Révolution Démocratique).

Lorsque des controverses locales liées aux enjeux fonciers du tourisme sont introduites dans le débat public, elles peuvent devenir de véritables bannières politiques pour les partis et les organisations qui s'en saisissent. Dans cette optique, l'opposition entre les *comuneros* de Huatulco et le gouvernement fédéral dans le cadre du conflit foncier lié aux terres communales, ou encore les mobilisations de groupes d'*avecindados* autour de l'accès à la terre et au logement représentent des moments fondateurs pour la constitution d'une opposition politique locale. Le soutien apporté par la COCEI à ces revendications sociales et politiques mais aussi à des invasions de terres dans le centre touristique a même été l'un des principaux moyens d'implantation locale du mouvement et, ultérieurement, de la principale force politique d'opposition : le Parti de la Révolution Démocratique (PRD). Cette stratégie d'implantation locale, dans laquelle l'appropriation de l'espace apparaît comme un levier pour l'action politique, illustre de manière plus globale la manière dont s'est construite la structure partisane du PRD sur la base d'ancrages locaux et régionaux, selon le modèle de « pénétration territoriale » mis en évidence par H. Combes (2011 : 144). Quand la COCEI rejoint le PRD en 1989, celui-ci hérite alors d'une implantation locale solide et devient, jusqu'à l'heure actuelle, la principale force politique d'opposition. Dans une perspective similaire, à Playa del Carmen, l'instrumentalisation politique des revendications foncières exprimées par l'Unión de Colonos a permis au gouvernement local d'affirmer une position de domination dans le cadre du conflit foncier l'opposant au propriétaire terrien.

Les dynamiques conflictuelles qui ont traversé le développement touristique de Huatulco et Playa del Carmen font apparaître des enjeux fonciers au cœur de logiques de différents types, à l'interface entre les sphères économique et politique. Les contours de ces différents registres sont bien entendu fluctuants et dépendent souvent davantage du regard porté sur les faits que sur la nature des faits eux-mêmes. Car comme le signale B. Hibou : « un phénomène ne garde un caractère économique qu'en tant que et aussi longtemps que notre intérêt porte exclusivement sur l'importance qu'il peut avoir dans la lutte matérielle pour l'existence » (Hibou 2011 : 17). Aussi partial soit-il, le recours à ces catégories d'analyse permet néanmoins de dégager deux champs d'interrogation susceptibles d'alimenter une réflexion autour des problématiques touristiques et des enjeux fonciers du tourisme. Le premier suggère une attention particulière aux contradictions sociales développées en rapport à la propriété du sol dans les lieux touristiques. Il s'agit notamment de voir dans quelle mesure la « valo-risation » de l'espace inhérente à sa mise en tourisme peut contribuer à accentuer le poids des rapports de propriété dans la construction des hiérarchies sociales. Cette question prend une acuité particulière face à la multiplication des luttes locales pour l'appropriation de l'espace touristique observées au Mexique et, plus largement, en Amérique latine, mais aussi dans d'autres contextes historiques et géographiques comme le montre notamment A. Condevaux à partir du cas néozélandais et de la mobilisation des populations *māori* pour la reconnaissance de leurs droits fonciers dans certaines localités touristiques (Condevaux, ce volume). Un deuxième niveau de lecture peut être adopté, davantage porté sur la dimension politique du phénomène touristique : sur la manière dont les différents groupes sociaux s'approprient l'espace touristique, sur les enjeux de ces luttes et sur la façon dont certains pouvoirs en ressortent affaiblis ou, au contraire, renforcés. La compréhension des conflits touristiques relève, plus généralement, de celle des dimensions spatiales du tourisme et de la façon particulière dont l'activité touristique mobilise l'espace.

Bibliographie

Bautista Martinez, Eduardo
2010   *Los nudos del régimen autoritario. Ajustes y continuidades de la dominacion en dos ciudades de Oaxaca.* Oaxaca : Miguel Angel Porrua/UABJO.

Berger, Dina
2006   *The Development of Mexico's Tourism Industry : Pyramids by Day, Martinis by Night.* New York : Palgrave Macmillan.

Bouquet, Emmanuelle et Jean-Philippe, Colin
2009   « L'État, l'*ejido*, et les droits fonciers. Ruptures et continuités du cadre institutionnel formel au Mexique ». In J.-P. Colin, P.-Y. Le Meur, E. Léonard (eds), *Les politiques d'enregistrement des droits fonciers. Du cadre légal aux pratiques locales.* Paris : Karthala, p. 299-332.

Chesnais, François
2011   *Les dettes illégitimes. Quand les banques font main basse sur les politiques publiques.* Paris : Raisons d'Agir.

Clancy, Michael
2001   *Exporting Paridise : Tourism and Development in Mexico.* New York : Pergamon.

Combes, Hélène
2011   *Faire parti. Trajectoires de gauche au Mexique.* Paris : Karthala.

Cousin, Saskia
2002   L'identité au miroir du tourisme. Usages et enjeux des politiques du tourisme culturel. Thèse de doctorat en anthropologie. Paris : EHESS.

Duhau, Emilio et Angela, Giglia
2008   *Las reglas del desorden : habitar la metrópoli.* Mexico : Siglo XXI.

Gravari-Barbas, Maria et Fabrice, Ripoll
2010   « De l'appropriation à la valorisation, et retour ». *Norois*, 217 : 7-12.

Harvey, David
1977   *Urbanismo y desigualdad social.* Madrid : Siglo XXI.
1998   *La condicion de la posmodernidad.* Buenos Aires : Amorrortu.

Hibou, Béatrice
2011   *Anatomie politique de la domination.* Paris : La Découverte.

Hiernaux, Daniel
2006   « Tourisme au Mexique, de l'étatisme au marché ». *Alternatives Sud*, 13 (3).

INEGI
1995   *Censo de Población y Vivienda*. Mexico : Instituto Nacional de Estadísticas Geografía e Informático.
2010   *Censo de Población y Vivienda*. Mexico : Instituto Nacional de Estadísticas Geografía e Informático.

Jiménez, Alfonso
1992   *Turismo, estructura y desarrollo*. Mexico : McGraw Hill.

Lefebvre, Henri
2000 (1974). *La production de l'espace*. Paris : Anthropos

Molotch, Harvey
1976   « The City as a Growth Machine : Toward a Political Economy of Place ». *The American Journal of Sociology*, 82(2): 309-332.

Olivera, G.
2002   « La gestión del suelo para el desarrollo urbano en México », *Revista Mexicana de Sociología*, 64(4): 170-197.

Redclift, Michael
2010   « Frontier Spaces of Production and Consumption : Surfaces, Appearances and Representations on the Mayan Riviera ». In Michael K. Goodman, D. Goodman and M. Redclift (eds), *Consuming Space. Placing Consumption in Perspective*. Ashgate : Farnham.

Wilson, Tamar Diana
2008   « Economic and Social Impacts of Tourism in Mexico ». *Latin American Perspectives*, 35 (3) : 37-52.

Au-delà des revendications foncières aborigènes : le tourisme, nouvelle voie de reconnaissance ou cul-de-sac ?

Céline Travési

Introduction :

Les Bardi et les Jawi représentent deux groupes linguistiques aborigènes occupant la pointe nord de la péninsule Dampier, dans le sud-ouest des Kimberley (Australie occidentale) et partageant un système de parenté, une organisation sociale, une économie maritime et des rituels communs (Robinson 1973 : 106). Occupant des « territoires » voisins, ils se sont progressivement fondus en un seul groupe, se reconnaissent une appartenance commune même s'ils précisent parfois leurs origines, et ils sont aujourd'hui considérés d'un point de vue juridique comme formant un seul et même groupe réunissant un millier d'individus, les Bardi-Jawi [1].

Lorsque le phare situé sur leurs terres fut automatisé et que le gouvernement accepta de leur restituer une partie de ces terres, les Bardi-Jawi décidèrent d'aménager le périmètre (dix hectares) en site touristique. Kooljaman, « camp » touristique bardi-jawi, est visité par trente mille touristes par an en moyenne, un grand nombre d'entre eux séjournant par ailleurs sur place pour une ou plusieurs nuits sous la tente, en bungalows ou en tente montée (structures semi-permanentes et meublées). Le site offre différentes activités encadrées par des guides aborigènes locaux qui initient les visiteurs à la pêche « traditionnelle », aux usages culinaires et médicinaux des plantes locales, ou à la pêche au crabe, et parlent aussi de leurs modes de vie et de leurs pratiques culturelles. Le même type d'activité est également proposé dans un certain nombre d'*outstations*, ou hameaux périphériques.

---

1. Les Jawi occupaient originellement une partie des îles de l'archipel Bucaneer, au nord du territoire continental bardi, avant l'installation de la mission sur la principale d'entre elles : Sunday Island (*Iwany*), où de nombreux Bardi s'installèrent. En 1953 le bardi était la langue la plus parlée sur l'île (Gibson, 1953 : 38). À la fermeture de la mission, l'ensemble des Aborigènes présents sur Sunday Island furent déplacés sur le continent et finirent par s'installer dans les différentes communautés bardi. Aujourd'hui les Bardi et les Jawi forment donc un même groupe réunissant un millier d'individus, dont très peu parlent encore le Jawi. Un certain nombre d'individus parlent le bardi qui est d'ailleurs enseigné à l'école, mais la majorité de la population s'exprime toutefois plus couramment en anglais ou anglais aborigène, dont la phrase suivante – couramment citée comme illustration par les Rangers aux visiteurs – est un exemple :
« *Us mob bin plant em alba tree* », traduit par « *We planted a tree* » (« Nous avons planté un arbre »).

En 2005 puis 2010, les Bardi-Jawi ont obtenu une reconnaissance de leurs revendications foncières à travers celle de leur *native title*, forme de titre foncier autochtone créé et mis en place par la législation australienne pour reconnaître des droits fonciers aux Aborigènes. Cette législation fédérale (*Native Title Act 1993* [Cth] suivi du *Native Title Amendment Act 1998* [Cth]) définit les droits fonciers spécifiques auxquels les Aborigènes peuvent prétendre, ainsi que les conditions de reconnaissance de ces droits par un tribunal, le *National Native Title Tribunal*. Ces droits doivent être individuellement démontrés et les Aborigènes doivent fournir la preuve de la continuité de l'exercice de leurs « lois et coutumes traditionnelles » dans le temps depuis l'acquisition de la souveraineté par la Couronne britannique.

On verra cependant quelles réactions cette reconnaissance suscite parmi les Aborigènes bardi-jawi mais aussi comment et pourquoi elle peut dans un certain sens être considérée comme incomplète. Aujourd'hui, leurs revendications foncières ayant abouti, les Bardi-Jawi semblent pourtant perpétuer cette recherche de reconnaissance qui s'avère en fait dépasser celle de leurs droits fonciers, dans le cadre du développement de leurs activités touristiques. Un élément important de ces revendications foncières occupe aussi une place centrale dans les discours qui accompagnent les activités touristiques aborigènes développées localement : il s'agit de la question de la protection de certains sites et du respect de pratiques dites d'évitement de ces sites. C'est notamment cet élément, qui a été l'un des principaux enjeux des revendications foncières pour les Bardi-Jawi et qui réapparaît — associé aux demandes d'effort de compréhension et de respect — dans les discours qu'ils tiennent aux touristes. Cela permet d'observer un lien entre ces deux contextes et d'avancer l'idée d'une continuité dans leur recherche de reconnaissance.

À travers la description du rapport à la terre des Aborigènes bardi-jawi, puis du titre juridique qui leur a été accordé et des droits qu'il leur concède en les inscrivant légalement, on verra comment cette reconnaissance ne correspond pas complètement à celle que les Aborigènes demandaient en réalité. D'abord parce que ce titre juridique propose une traduction du rapport local à la terre comme un ensemble de droits distinctifs, détachables, objectivables et indépendants les uns des autres (ce que traduit la notion de *bundle of rights*[2]). Il ne permet donc pas la reconnaissance complète de ce que les Bardi-Jawi demandaient en fait à travers leurs revendications foncières, c'est-à-dire la compréhension et le respect du rapport qu'ils entretiennent avec leur environnement, dans ses aspects tout à la fois économiques, sociaux, religieux, matériels et immatériels, qui ne peuvent pas être pensés séparément. Ensuite parce que l'idée et la notion même de reconnaissance au sens entendu par

---

2. Notion qui suppose qu'il est possible d'identifier à partir d'un système foncier coutumier des « lois et coutumes » ou droits détachables les uns des autres et détachables d'autres aspects de la vie sociale et culturelle, pour pouvoir ensuite choisir d'en reconnaître certains et pas d'autres (voir Glaskin, 2003).

le cadre juridique du *Native Title* sont problématiques. Enfin, on s'intéressera à la mise en tourisme locale et à ses usages stratégiques et discursifs. On verra comment, dans ce contexte, la poursuite de cette reconnaissance s'avère être un processus sans cesse renouvelé, qui, s'il reste toujours problématique, trouve peut-être une expression plus dynamique et moins contraignante dans le cadre des activités touristiques aborigènes locales.

Les rapports entretenus par les Bardi-Jawi avec la terre

Un mode d'affiliation

Le rapport à la terre des Bardi-Jawi se définit sans doute mieux comme un mode d'affiliation (voir Dousset ce volume), que comme un « rapport de propriété », quel que soit le sens qu'on donne à cette notion. Il est difficile de parler de possession, même si depuis les revendications foncières les Aborigènes s'expriment de plus en plus dans des termes tels que : « nous sommes propriétaires de cette terre » (« *We own this land* »). Tels qu'ils conçoivent leurs rapports avec elle, ce sont les individus qui appartiennent à la terre et non l'inverse. Cette relation est même considérée comme consubstantielle (Bagshaw 1999) et participe de la définition de l'identité des individus. Le lien entretenu avec la terre est conçu comme un lien de filiation. Ce lien ne concerne pas seulement l'environnement et les ressources naturelles terrestres, mais aussi le littoral, les criques, les récifs, les bancs de sable et les îles ou îlots plus ou moins proches de la côte.

Les terres (mais aussi la mer) ont été créées et léguées via des générations d'ancêtres humains par des êtres surnaturels qui ont occupé et/ou traversé un jour la région de la péninsule Dampier et de l'archipel Buccaneer. Ces êtres surnaturels modelèrent les aspects de l'environnement naturel et les remplirent de leur essence. Ils nommèrent les sites, établirent les frontières entre les espaces et introduisirent les chants, les danses, les mythes et les rituels à travers lesquels leurs activités continuent d'être célébrées et réaffirmées. Ils instituèrent les règles basiques de régulation de l'ordre social. Les Bardi-Jawi désignent la totalité de ces ressources, règles et coutumes en anglais aborigène par le terme « *Law* » (« Loi »)[3]. Ce même terme désigne aussi tout ce qui a trait aux cérémonies d'initiation masculines et aux sites cérémoniels. Le paysage est aussi peuplé d'esprits, appelés *rai*, qui peuvent apparaître en rêve aux Aborigènes sous la forme de petits enfants. Aussi appelés esprits-enfants par les anthropologues australianistes, ces êtres sont rattachés à des sites précis dont ils incarnent l'essence (et donc aussi celle des ancêtres surnaturels). Ils jouent un rôle

---

3. Pour des détails sur la notion de « Loi » chez les Aborigènes, voir par exemple Glowczewski, 1991 ou Keen, 1994.

important dans la conception des jeunes enfants, les liant à ces mêmes sites et leur en faisant partager l'essence [4].

Le « territoire » bardi-jawi se décompose en quatre à six « régions » ou « unités géographiques » (Bowern 2009 [5]), que la plupart des Bardi-Jawi appellent *clan groups*, empruntant ainsi à une certaine terminologie anthropologique (largement discutée depuis). Ces « clans » sont exogames et se divisent en *buru* (prononcé « booroo » ou « boorr ») [6], des « parcelles » de plus petite taille qui correspondent à ce que les Aborigènes appellent localement *country*. Chaque *buru* regroupe différents sites précis, dont les noms renvoient aux criques, rochers, récifs ou dunes de sable sur lesquels ils se trouvent, et qui abritent les *rai* ou esprits-enfants qui interviennent dans la naissance des individus. Chaque individu se trouve ainsi rattaché principalement à un site, puis plus largement à un *buru*, et enfin à un clan.

Le *rai* d'un individu est originaire d'un site situé à l'intérieur de son *buru* paternel (Bagshaw 1999 : 36-37). C'est ce qui explique le lien spirituel et consubstantiel qui l'unit à son *country*. Mais un même individu se trouve en réalité affilié à différents *buru* : celui de son père, qui définit son affiliation principale, mais aussi celui de sa mère, ceux de ses grands-parents, celui de son *jawul* (sorte de parrain qui accompagne un homme dans son apprentissage de la vie d'adulte et supervise son initiation), et ceux de parents plus éloignés. Le rapport entretenu par les Aborigènes bardi-jawi à la terre est ainsi conçu comme un lien de filiation et d'attachement spirituel. Les membres du groupe linguistique se reconnaissent ainsi une appartenance commune, à travers les relations qu'ils entretiennent avec différents lieux reliés entre eux par les actions des ancêtres surnaturels, et les récits qui relatent ces actions et qui sont connus de tous.

Des récits mythologiques sont en effet plus particulièrement attachés aux différents *buru* et les affiliés en sont les dépositaires privilégiés. Un individu sera ainsi le « gardien » principal des récits (ou *dreamtime stories*) liés au *country* de son père, mais il sera aussi l'un des dépositaires principaux des récits attachés au *buru* de sa mère, ou à celui de sa grand-mère maternelle ou paternelle [7]. Comme l'explique Dousset (dans cet ouvrage) pour les rapports de « propriété » en général, les rapports que les Aborigènes entretiennent avec la terre sont aussi et d'abord des relations intersubjectives et sociales entre individus. L'affiliation avec un *buru* et un site particulier va aussi de pair avec des rapports de parenté et organise les rapports sociaux en général.

---

4. La plupart des chercheurs ayant travaillé avec les Bardi et les Jawi affirment que ces derniers considèrent qu'ils viennent au monde en tant qu'incarnations de ces esprits préexistants (Glaskin, 2002 : 161 ; Smith, 1984/5 : 444 ; Sharp, 2002). Mes interlocuteurs Bardi et Jawi ne m'ont pas parlé des esprits-enfants en ces termes, mais m'ont confirmé qu'ils avaient un rôle central dans la conception des nouveaux nés, en les rattachant à un site particulier par un lien spirituel et consubstantiel.

5. Voir aussi Smith 1984/85 ; Robinson, 1973 et Glaskin, 2002 : 44.

6. Voir Robinson, 1973 ; Glaskin, 2002 ; Bagshaw, 1999 ; Buchanan *et al.*, 2009.

7. Les *buru* de ses grands-pères paternels et maternels étant les mêmes respectivement que ceux de son père et de sa mère, puisque l'affiliation (principale) se transmet en ligne patrilinéaire.

Des rapports à la terre difficilement pensables en termes de droits

Si l'on voulait penser les rapports à la terre des Bardi-Jawi en termes de droits, on pourrait sans doute formuler les choses de la manière suivante : un individu possède des droits et des responsabilités prépondérantes par rapport au *buru* ou *country* de son père et il possède des droits et des responsabilités secondaires (Sutton, 2003) par rapport à ceux de sa mère, et de ses grands-mères maternelle et paternelle. Les individus exerceraient aussi des droits collectifs sur les récits communs au groupe, et des droits plus exclusifs sur les récits attachés à leurs différents *buru* respectifs, droits définis selon différents niveaux de priorité liés aux rapports de parenté.

Mais ce n'est pas en ces termes que les Bardi et les Jawi expriment leurs rapports à la terre. On l'a dit, il est plus question d'affiliation que de possession ou de propriété chez les Bardi-Jawi. Et surtout, ils ne les expriment pas en termes de droits ou de devoirs. Ce qui semble aujourd'hui définir d'abord le rapport à la terre chez les Bardi-Jawi, c'est l'autorité conférée à chacun par sa position dans le système de parenté à parler en son nom, c'est-à-dire de pouvoir d'une part prendre les décisions qui la concernent, mais aussi le fait d'être dépositaire des récits ou *dreamtime stories* (mythes) qui lui sont associés (et éventuellement d'être le garant de leur transmission). Cette même autorité consiste aussi à pouvoir décider d'autoriser ou non la diffusion ou le partage de ces récits. Certaines de ces versions sont associées à des rites qui doivent rester secrets et sont accessibles seulement à certaines catégories de personnes. Les femmes en sont notamment tenues à l'écart[8], ainsi que les hommes non initiés[9]. L'accès à certains sites associés à la Loi, et plus précisément aux initiations masculines est par ailleurs aussi prohibé pour les femmes et pour les hommes non initiés[10]. Si les Bardi-Jawi ne parlent pas de droits, ils parlent en revanche de responsabilités. Cette notion va de pair avec les termes « *respect* » et « *looking after country* ».

Être affilié à un *buru*, c'est aussi avoir la responsabilité d'en prendre soin, en s'assurant qu'aucune offense spirituelle ne lui soit causée, en avertissant les individus

---

8. Dans certains groupes aborigènes il existe des initiations et/ou des activités réservées aux femmes. Chez les Aborigènes bardi-jawi les initiations sont exclusivement masculines, participant de la reproduction des relations de genre. Elles sont conduites, dirigées et encadrées par les hommes, de même que l'essentiel de l'activité rituelle. Les récits ou mythes, ainsi que les sites qui leur sont associés ne sont accessibles qu'aux initiés, et les femmes en sont donc tenues à l'écart.

9. Pour pouvoir parler d'un *country*, et/ou éventuellement pouvoir retranscrire et surtout publier une histoire, l'anthropologue doit par ailleurs obtenir l'accord des principaux affiliés et doit mentionner que cette histoire est la « leur », qu'elle lui a été racontée par eux et qu'ils l'ont autorisé à la partager.

10. Les étrangers ne sont pas indésirables, du moment qu'ils se montrent respectueux en s'annonçant, en demandant la permission de visiter les sites où ils souhaitent se rendre et se renseignent sur les sites à éviter. Même un homme d'un autre groupe linguistique, d'une autre région, ayant grandi là, demandera toujours l'autorisation. Cette autorisation représente l'expression d'un respect pour le groupe local et pour la terre à laquelle il est lié.

qui n'y sont pas autorisés du danger qui existe à se rendre sur certains sites associés aux rituels masculins et animés d'un pouvoir puissant. Les conséquences telles que la maladie ou la mort, auxquelles s'exposent les personnes non autorisées à s'aventurer sur les *Law grounds*, c'est-à-dire les sites cérémoniels, ou même les hommes initiés visitant ces lieux en dehors des seules occasions prescrites (les cérémonies rituelles), suscitent la crainte chez les Bardi-Jawi eux-mêmes. À partir du moment où certains sites sont « chantés » (c'est ainsi que le formulent les Aborigènes), où certaines cérémonies y sont exécutées, ils sont « ouverts » et les pouvoirs des êtres et des esprits ancestraux qui les ont créés et les habitent sont libérés. Mais c'est l'environnement dans sa globalité qui est animé, vivant. Les pouvoirs dont il est investi ne se limitent pas aux sites sacrés mais s'étendent partout, jusque sur et dans la mer. Cette responsabilité est cependant aujourd'hui largement assumée de manière collective, par l'ensemble des Bardi-Jawi, et pas nécessairement par les affiliés d'un *buru* particulier.

Les rapports à la mer

Les rapports à la terre des Bardi-Jawi ne se limitent pas à l'environnement et aux ressources naturelles terrestres, mais s'étendent aussi sur le littoral, les criques, les récifs, les bancs de sable et les îles ou îlots plus ou moins proches de la côte. Non seulement les différents *buru* sont principalement situés sur la côte où se trouvent les principales sources d'eau douce (*umban*) qui remontent à la surface à marée basse, mais surtout, ils ne s'arrêtent pas aux limites mouvantes de la marée[11]. La surface liquide d'un *buru* est par ailleurs souvent plus étendue que sa partie terrestre (Bagshaw 1999 : 49).

Les Bardi-Jawi se considèrent comme des « gens de la mer » (*saltwater people*), et leur environnement maritime occupe en effet une place centrale et un rôle prépondérant dans nombre d'aspects de la vie quotidienne locale, de la culture matérielle (jusqu'à peu les déplacements entre le continent et les îles se faisaient encore au moyen du radeau *galwa* en bois de mangrove) aux rapports sociaux (la redistribution des prises de pêche participe de l'organisation sociale), en passant par les savoirs locaux (connaissance détaillée des écosystèmes aquatiques, des marées et des courants, particulièrement dangereux dans la région), l'économie (les coquillages gravés s'échangent jusque dans le Désert de l'Ouest), et la cosmogonie (l'immense majorité des récits mythologiques font intervenir des mammifères marins). Les Bardi-Jawi ont consacré près de quarante ans à la demande de reconnaissance par la loi australienne de leur tenure marine coutumière, ce qu'ils appellent « *sea country* » (Buchanan *et al.* 2009 : 17). En Australie, un grand nombre de groupes aborigènes se définissent

---

11. Il est cependant difficile de déterminer leur étendue liquide, dont les limites, à en croire Smith (1984/85 : 444), se résumèrent longtemps aux distances qu'il était possible de parcourir à la nage pour les individus.

comme « *saltwater people* » et connaissent une vie sociale, économique et rituelle tournée vers la mer. L'importance du « *sea country* » pour ces groupes est aujourd'hui bien documentée (Cordell, 1989 ; Meyers *et al.*, 1996 ; Peterson et Rigsby, 1988).

Le développement de l'activité touristique par les Bardi-Jawi

En 1986 le gouvernement restitua aux Bardi-Jawi, sous forme de « *freehold land* » (titre formel de propriété privée grevé d'un droit de réméré en faveur de l'État qui peut choisir de récupérer la terre), un périmètre dont il n'avait plus l'utilité. Ces derniers décidèrent d'aménager la zone en site touristique. La terre appartient depuis à la *Kooljaman Land Aboriginal Corporation* représentée par les deux communautés (villages) voisines : *Ardyaloon* (One Arm Point) et *Djarindjin*. L'État ne peut imposer aucune condition d'usage aux possesseurs de ce titre qui leur octroie un droit de possession exclusif pour une durée illimitée, ainsi que le droit de vendre, de louer ou encore d'hypothéquer la terre concernée. L'État se réserve cependant le droit de racheter la terre dans le cas d'un projet de développement d'intérêt public. L'entreprise touristique, *Kooljaman at Cape Leveque*, est dirigée par un comité de direction composé de trois membres de chacune de ces communautés [12]. Les directeurs aborigènes de Kooljaman emploient des gérants non aborigènes qualifiés pour assurer le fonctionnement de la structure. Eux-mêmes ne s'estiment pas suffisamment compétents, ni suffisamment formés pour assumer encore cette tâche. Parallèlement au développement de cette structure, les Bardi-Jawi qui participèrent au « mouvement des *outstations* » (voir Glaskin 2002, 2007b ; Muir 1999 ; Poirier et Sachel 1992) développèrent à leur tour des activités ou des formes d'hébergement pour les touristes. Les touristes sont toutefois largement plus nombreux à Kooljaman.

Parmi les activités proposées aux touristes, on compte par exemple des marches commentées à la découverte de la végétation locale et des savoirs autochtones associés ; une initiation aux pratiques locales de pêche ou de pêche au crabe ; une découverte du littoral et baignade ; une collecte et une dégustation d'huîtres sauvages. On constate que ces activités sont toutes tournées vers la découverte de l'environnement local, et de la mer en particulier. Et elles proposent presque toutes de découvrir les pratiques locales, elles aussi pour une large part tournées vers l'environnement maritime. En outre, le rapport à la mer des Bardi-Jawi infuse aussi les discours qui accompagnent ces activités. La plupart des guides aborigènes locaux tiennent à expliquer quelles relations ils entretiennent avec leur environnement, maritime en particulier, et comment c'est à travers lui qu'ils définissent leur « identité ». Ils proposent d'enseigner aux visiteurs certains de

---

12. Une partie des revenus touchés par les communautés est reçue par le conseil d'administration de chaque communauté qui utilise cette somme pour financer les aménagements et les besoins du village.

leurs savoirs écologiques. Enfin et surtout ils insistent sur l'importance de comprendre et de respecter la « terre » et les pratiques d'évitement de certains sites prescrites par leurs ancêtres, en soulignant que ces prescriptions s'appliquent aussi aux visiteurs.

En respectant ces règles d'évitement et plus généralement les limitations d'accès imposées par les Bardi-Jawi sur leurs terres, les touristes manifesteraient selon ces derniers leur compréhension et leur respect pour la « culture » locale. Or l'importance du respect de ces pratiques d'évitement de certains sites fut aussi l'un des enjeux principaux des revendications foncières bardi-jawi qui comportaient la demande de reconnaissance du droit de faire respecter ces pratiques, à la fois sur la terre et sur la mer, les Bardi-Jawi ne dissociant pas ces deux composantes dans leur rapport à la « terre ».

2. Termes et problèmes d'une demi-reconnaissance

Les conclusions d'un jugement

La préparation de la demande de reconnaissance de leur titre coutumier (*native title*) par les Aborigènes bardi-jawi débuta en 1994 avec l'aide du Conseil des Terres de la région des Kimberley (organisme chargé de défendre les droits fonciers aborigènes au niveau de la région), le *Kimberley Land Council* (KLC), et la demande fut finalement déposée en 1999 auprès du Tribunal fédéral du *Native Title*, sous l'intitulé « *Land and Sea Native Title Claim* ». Cette demande de reconnaissance devait être formulée en termes de droits revendiqués. Les Bardi-Jawi demandèrent ainsi la reconnaissance de droits d'usage et de possession exclusifs sur la terre et mais aussi sur les eaux et récifs situés au-delà de la limite marquée par la marée basse (dans une limite de trois miles nautiques). Ils demandèrent aussi le droit de prendre soin de et de protéger les lieux d'importance spirituelle ou culturelle (*Sampi on behalf of the Bardi and Jawi People v State of Western Australia FCAFC 26, 2010*).

Mais les Aborigènes bardi-jawi cherchaient sans doute à obtenir plus que des droits fonciers. À travers leurs revendications foncières, c'est la compréhension et le respect de leur rapport à la terre (et à la mer) pensé comme un tout qu'ils réclamaient, et à travers ce rapport, l'autorité à parler de et à « parler pour » leur terre, c'est-à-dire de pouvoir notamment prendre les décisions qui la concernent. Au centre de leurs revendications, la demande de reconnaissance d'un droit de « prendre soin et de protéger » leur « terre » fut un enjeu important. Ce droit impliquait pour les Bardi-Jawi la possibilité de faire respecter des pratiques d'évitement de certains sites. Or la reconnaissance de ce droit par le tribunal du *Native Title* supposait la compréhension et le respect du rapport à la terre des Bardi-Jawi sous tous ses aspects et dans toute sa complexité. À la demande des instances juridiques, les Bardi et les Jawi durent fournir des preuves de leurs liens culturels avec la terre et la mer, cette dernière posant problème. Ils évoquèrent par exemple leurs techniques de navigation, leurs connaissances maritimes, la redistribution des ressources maritimes qui organise leurs rapports sociaux et leur dépendance économique et spirituelle vis-à-vis de la mer (Strehlein 2005 : 8). Ils expliquèrent devant les juges comment leur cosmologie intègre des sites maritimes et surtout comment leur Loi leur impose d'observer des pratiques d'évitement vis-à-vis de ces sites, pratiques qui doivent être respectées de tous, y compris des non Aborigènes (Glaskin 2007a : 61).

Le jugement rendu en 2005 reconnut des « droits de possession et d'occupation exclusifs » aux Aborigènes bardi-jawi sur une portion délimitée de leur « territoire » terrestre, ce qui impliquait notamment le droit d'autoriser ou refuser l'accès et l'usage de la terre à d'autres acteurs (*Sampi v State of Western Australia [2005] FCA 777*).

En ce qui concerne la mer, toutefois, les droits reconnus furent limités à des droits non-exclusifs d'accès aux — et d'usage des — ressources sur la zone intertidale (ou zone d'oscillation des marées). Ces droits incluent le droit de chasser et de pêcher pour se nourrir, mais aussi à des fins religieuses, spirituelles, culturelles et cérémonielles. Le droit de prendre soin, d'entretenir et de protéger la mer, et notamment les sites maritimes dotés d'une importance culturelle et spirituelle particulière ne fut pas reconnu aux Bardi-Jawi, parce qu'il impliquait celui de faire respecter des pratiques d'évitement de certains sites (récifs, îlots ou bancs de sable), or la justice considéra qu'elle ne pouvait réserver l'accès à l'espace maritime ou à certaines zones de ce dernier à une minorité d'individus. Et au-delà de cette zone intertidale, le *native title* ne fut pas reconnu du tout. Le juge justifia sa décision en affirmant que les Bardi-Jawi n'avaient pas démontré que l'usage de la mer était commandé par les « lois et coutumes traditionnelles ».

Ces derniers firent appel et le jugement de la Cour d'Appel rendu en mars 2010 (*Sampi on behalf of the Bardi and Jawi people v State of Western Australia [2010] FCAFC 26*) établit que la détermination du *native title* local incluait aussi les îles dont sont originaires les Jawi, et étendait la reconnaissance des droits non-exclusifs sur la mer jusqu'à la limite des trois miles nautiques (environ 5,5 kilomètres), revendiquée par les Bardi-Jawi. Ce jugement attribua aussi des droits de possession exclusive sur les îlots situés au-dessus du niveau de la mer dans la zone intertidale.

Enfin, concernant le droit de prendre soin, d'entretenir et de protéger certains sites maritimes dotés d'une importance culturelle et spirituelle surtout sujets à des pratiques d'évitement, il fut reconnu par la Cour d'Appel sur deux sites précis, à condition de n'être pas entendu comme un droit d'exclure des tiers de leur l'accès et de leur usage. Mais il peut être compris comme le droit d'exprimer un sentiment défavorable vis-à-vis de la construction d'une plateforme pétrolière à proximité de ces sites par exemple.

D'autres cas de revendication de reconnaissance de tenure maritime par des groupes aborigènes ont en fait abouti à des jugements similaires. Le cas le plus célèbre (parce que c'est aussi la première fois qu'un *native title* était reconnu sur la mer) est celui de *Crocker Island (Mary Yarmirr and Others versus the Northern Territory of Australia and Others [1998] FCA 771)* au large des côtes de la Terre d'Arnhem, dans le nord de l'Australie. Une première décision fut rendue en 1998, puis le cas fut porté deux fois en appel et jugé par la Haute Cour en 2001. La Cour reconnut finalement un *native title* sur la mer qui permettait aux Aborigènes concernés de visiter et de protéger les sites d'importance culturelle et spirituelle ainsi que les connaissances qui leur étaient associées, ceci sans représenter pour autant un droit de possession exclusif ni un droit de pêche qui puisse être exercé à des fins commerciales. (Peterson, 2005). Pour Katie Glaskin (2000 : 2), reconnaître une possession exclusive sur la mer représenterait un dilemme dans le contexte légal australien et international qui défend le principe de libre passage dans les eaux territoriales et l'idée que la mer « appartient » à tous. Contrairement aux Aborigènes, la législation australienne s'inspire par ailleurs d'une conception de la mer comme espace différent de l'espace terrestre (Glaskin, 2000 ; Sharp, 1988).

Si on voulait proposer une analyse en termes de « régimes de propriété » et que l'on s'inspirait des contributions proposées dans cet ouvrage par Van Griethuysen et Steppacher ou Aubin et Nahrath, il serait possible de conclure que ce que la Cour d'Appel fédérale australienne a finalement reconnu aux Aborigènes bardi-jawi sur la partie terrestre de leur « territoire », ce sont des droits communs exclusifs d'usage qui leur permettent aussi de priver l'accès à des tiers. Ceci évoque le modèle de « propriété-jouissance » caractérisant le régime féodal européen de *plura dominia* présenté par Aubin et Nahrath, ou dans le régime de « possession communautaire » telle qu'il est défini par Van Griethuysen et Steppacher. Le régime du *Native Title Act 1993 (Cth)* ne reconnaît en tout cas aucune propriété formelle et ne délivre donc aucun titre de propriété au sens décrit par Van Griethuysen et Steppacher ou Knoepfel et Schweizer (dans cet ouvrage). Sur la mer, en revanche, on ne peut pas parler de possession mais seulement de droits d'usage et de jouissance. Cette forme de reconnaissance proposée par le cadre juridique australien pose pourtant certains problèmes.

Questions de traduction

Le cadre juridique du *Native Title*, tel qu'il est défini par le *Native Title Act 1993 (Cth)*, propose donc de traduire un « système foncier » radicalement autre dans des termes juridiques influencés par les conceptions occidentales de la possession et de la propriété. Ce « système » complexe composé d'aspects culturels, sociaux et religieux interdépendants [13] est alors traduit en un ensemble de droits distincts, que le tribunal peut choisir de reconnaître ou non indépendamment les uns des autres. Le cadre juridique australien s'inspire de la notion de *bundle of rights* qui suppose qu'il est possible

---

13. Weiner (2006) rappelle aussi que la « Loi » aborigène, que le cadre juridique australien est censé reconnaître, n'est pas une institution distincte, clairement identifiable et compartimentée comme peut l'être la « Loi » australienne.

d'identifier, à partir d'un système de rapports à la terre, des droits détachables les uns des autres et détachables d'autres aspects de la vie sociale et culturelle, pour pouvoir ensuite choisir d'en reconnaître certains et pas d'autres (Glaskin 2003). C'est ainsi que les Bardi-Jawi n'ont par exemple pas obtenu la reconnaissance de leur droit à faire respecter les pratiques d'évitement sur la mer de manière aussi formelle que sur la terre, alors que d'autres de leurs droits leur étaient reconnus. C'est ce qui peut pousser à considérer la reconnaissance qu'ils ont obtenue comme incomplète : elle ne concerne que certains droits et pas le rapport local à la « terre » conçu comme un tout complexe.

Certains chercheurs dénoncent aussi l'incapacité de ce cadre légal à prendre en compte le changement culturel, en s'appuyant sur des conceptions problématiques de « tradition » et de « coutume », le maintien d'une « identité » figée (Weiner et Glaskin 2006 ; Merlan 2006 ; Barcham 2007) et une codification, voire une réification, qui fige des relations (entre les individus et leur environnement mais aussi entre les individus eux-mêmes) pourtant dynamiques sous la forme de catégories et de règles (Glaskin 2007a). Ils mentionnent aussi que le processus de reconnaissance (*recognition*) transforme, remodèle la réalité qu'il exprime, et évoquent des problèmes inhérents au principe de traduction (Smith et Morphy 2007 ; Weiner 2003). Mais ce qui paraît central surtout, c'est que cette reconnaissance ne correspond sans doute pas non plus tout à fait à celle que les Aborigènes demandaient dans le cadre de leurs revendications foncières et qui impliquait d'abord celle de leur capacité à penser par eux-mêmes. Car la conception que les Aborigènes avaient du *Native Title* au départ était basée sur un désir d'autonomie et d'« auto-détermination » (Smith et Morphy 2007). Ce que demandaient les Aborigènes, c'était la reconnaissance de leur autorité de parole et de décision concernant leur « terre » (et sa partie maritime). C'est ce qu'implique leur demande du droit d'en « prendre soin » (donc de faire respecter des pratiques d'évitement de certains sites). Seulement les acteurs de cette reconnaissance n'étaient sans doute pas prêts à accorder aux Aborigènes ce qu'ils demandaient, parce que cela aurait pu contrarier certains intérêts économiques ou politiques de l'État qui aurait par exemple dû demander l'accord des Aborigènes avant de pouvoir autoriser le développement d'une exploitation minière, voire de ne pas l'envisager du tout, privant l'état d'Australie occidentale des revenus économiques générés par un tel projet. Reconnaître l'autorité des Bardi-Jawi en matière de prise de décision concernant le foncier leur accorderait par ailleurs davantage d'autonomie politique. Et elle supposerait l'invention et la création d'un cadre juridique alternatif et original, différent de celui du *Native Title*.

Réactions des Aborigènes bardi-jawi

Les Aborigènes bardi-jawi non seulement regrettent que des droits identiques ne leur aient pas été accordés sur la mer au même titre que sur la terre, mais ils considèrent aussi que les droits qui leur sont maintenant reconnus sur la partie terrestre ne sont pas entièrement satisfaisants, dans le sens où ils seraient plus « symboliques » qu'effectifs. Comme l'a formulé l'un d'eux, pour eux, « le *native title*, ce n'est qu'une tentative pour que le gouvernement et les Aborigènes se comprennent mieux et puissent négocier pour parvenir à des accords. C'est symbolique ». Ce dernier terme traduit le sentiment d'avoir obtenu quelque chose qui n'est certes pas insignifiant mais dont la portée pratique reste cependant négligeable. Ce sentiment tel qu'il est exprimé par les Bardi-Jawi, renforce l'idée d'une incomplétude de la reconnaissance qui leur a été accordée.

La plupart des réactions que j'ai pu recueillir exprimaient le regret que certains droits n'aient pas été reconnus. Mais surtout, le sentiment dominant était que le gouvernement refusait de comprendre et de respecter le rapport local à l'environnement en reconnaissant la légitimité de l'autorité des Aborigènes à parler au nom de leurs terres et à prendre leurs propres décisions la concernant. En cas de projet de développement d'exploitation industrielle des ressources naturelles sur leurs terres par exemple, les Bardi-Jawi pourront manifester leur opposition, mais le gouvernement pourra toujours choisir de passer outre et de procéder à une « acquisition forcée » (« *compulsory acquisition* »), conformément au droit de réméré, forme d'expropriation spécifique qui s'applique sur les terres du *native title* comme sur les *freehold lands* (dont on a parlé plus haut). Tout ce que le *native title* leur permet c'est de négocier avec le gouvernement et les compagnies minières ou pétrolières le montant des compensations financières que (seuls les individus reconnus comme) les « Propriétaires Traditionnels » (notion juridique définissant les bénéficiaires formels des droits fonciers conférés par la reconnaissance de leur *native title*) pourraient toucher. Les Aborigènes perçoivent cela comme un refus de leur accorder le pouvoir de protéger leurs terres et comme un déni de leur autorité à parler au nom de celles-ci. Or si les Bardi-Jawi expriment leur satisfaction d'avoir obtenu, ou même gagné quelque chose (« on s'est battus pendant dix ans et on a gagné »), certains d'entre eux pensent aussi que cette « victoire » n'a rien changé. Ils n'ont pas le sentiment que leur liberté d'action ou de décision ait été étendue : « Je suis allé témoigner devant le tribunal pour le *native title*. Ça n'a rien changé » (un homme bardi-jawi, 2012, communication personnelle).

Par ailleurs, le sentiment de déception de certains Bardi-Jawi est accentué par le fait que même s'il a été reconnu, le *native title* ne pourra entrer en vigueur sur l'ensemble des terres reconnues avant plusieurs années. C'est ce qui fait encore dire à certains qu'il s'agit d'une reconnaissance symbolique, non pleine et entière. En effet, le native title est un titre qui, symbolique ou non, ne peut pas encore entrer en application partout sur le périmètre bardi-jawi auquel il s'applique, loin de là. Ce périmètre fait l'objet d'un découpage administratif et juridique qui a été défini par les autorités australiennes au fur et à mesure de l'attribution de terres aux différentes exploitations non aborigènes, perlières notamment, présentes dans la région, aux missions, puis aux communautés aborigènes. Sans rentrer ici dans les détails, le « territoire » bardi-jawi est ainsi découpé en différentes zones qui sont concernées par des régimes de propriété respectifs différents dont certains empêchent l'application du régime du *Native Title* tant qu'ils seront eux-mêmes en vigueur[14]. La reconnaissance du *native title* bardi-jawi présente donc aussi le problème de son délai d'application à l'ensemble du périmètre concerné.

On a vu qu'il est possible de considérer que les revendications foncières bardi-jawi dépassaient la demande de reconnaissance de droits fonciers. Ce que les Aborigènes recherchaient c'était, au-delà d'aspirations économiques qu'il n'est pas question de nier, la compréhension et le respect de leur rapport à la terre (et à la mer) qui fonde leur « identité », et par là de leur autorité à prendre leurs propres décisions concernant cette « terre », autorité incarnée dans la garantie de pouvoir notamment faire respecter les pratiques d'évitement de certains sites « sacrés ». Plus précisément, ce qui était demandé c'était la reconnaissance de leur rapport à la « terre » pensé comme un tout, ce qui ne veut pas dire dans son ensemble ou sa totalité, car cela laisserait entendre que les Bardi-Jawi pourraient en définir eux-mêmes précisément les contours (Trigger 1997). Or ce rapport à la terre est composé de pratiques et de valeurs qui ne sont pas toutes nécessairement explicitées et conceptualisées en tant que telles. Ce qui comptait c'était l'acceptation de l'existence de ce rapport qui, par certains de ses aspects, légitime une autorité aborigène, sans avoir besoin nécessairement de le décomposer, encore moins sous la forme de droits distincts. Car ce n'est pas tant des droits d'usage ou de propriété que réclamaient les Bardi-Jawi. La possibilité d'hypothéquer ou de vendre leurs terres par exemple ne les intéresse pas *a priori*. On a vu dans les relations qui les unissent à elles, relations conçues comme constitutives de leur « identité » même, comment privés de leurs terres ils ne « seraient plus rien ». Partant de là, il est possible de ne considérer la reconnaissance du *native title* bardi-jawi que comme une « demi-reconnaissance ». D'abord parce qu'elle ne *reconnaît* que *certains droits* par ailleurs considérés comme indépendants lorsque les rapports aborigènes à la terre sont beaucoup plus complexes et que les Bardi-Jawi demandaient la reconnaissance de l'ensemble de ces relations et surtout de leur autorité à parler au nom de leur « terre ». Cela s'observe bien dans le cas des pratiques d'évitement qu'il n'est pas possible de faire respecter sur la mer, puisque cela supposerait d'interdire l'accès aux sites concernés par des tiers, ce qu'a refusé d'accorder le tribunal. Ensuite parce que le *native title* ne peut pas être appliqué sur l'ensemble du périmètre bardi-jawi concerné déjà légalement enregistré sous d'autres régimes fonciers. Enfin parce qu'il s'agit d'un titre que les Aborigènes eux-mêmes considèrent comme symbolique et qui ne leur assure aucun recours en cas de réquisition de leurs terres par le gouvernement pour un projet de développement industriel. Mais il existait aussi et peut-être d'abord des enjeux économiques et juridiques du côté des législateurs du *Native Title Act 1993* et des

---

14. Il s'agit de titres qui ont été attribués pour une période limitée dans le temps.

magistrats australiens pour qui il ne va pas de soi de faire coexister ce qu'ils conçoivent comme des régimes de propriété différents.

Nous allons voir que cette recherche de reconnaissance (reconnaissance d'un rapport à la terre original et complexe et reconnaissance de l'autorité des Bardi-Jawi à parler au nom de cette « terre ») représente finalement pour les Aborigènes un processus sans fin qui s'impose aujourd'hui — au-delà des revendications foncières — comme l'un des enjeux structurés et structurant de la mise en tourisme locale qu'ils opèrent. Cette recherche trouve dans les revendications du *native title*, l'un des rares moyens officiels fournis par l'État de s'exprimer mais elle est aussi fortement encadrée et contrainte : les revendications doivent être exprimées dans les termes imposés par le cadre juridique. Or dans le cadre de leurs activités touristiques, cette demande de reconnaissance de la part des Aborigènes semble être soumise à moins de contraintes. Elle peut trouver là une voie d'expression, certes plus informelle et indirecte, mais qui à défaut d'être stratégique (il ne s'agit pas de dire que les Aborigènes s'impliquent dans l'industrie touristique à des fins explicitement et systématiquement politiques), n'en est peut-être pas moins politique.

3. Le tourisme : nouvelle voie de reconnaissance ou voie sans issue ?

À travers le tourisme, les Aborigènes se réapproprient un discours sur eux-mêmes, discours longtemps confisqué par d'autres (les autorités australiennes ou les anthropologues), puis fortement contraint par le cadre juridique dans lequel devaient s'exprimer leurs revendications foncières. La dimension foncière n'est cependant pas absente des discours formulés à l'attention des touristes. Il leur est demandé de respecter certains interdits d'accès et certaines procédures dans le cadre de leur visite sur les terres bardi-jawi. Mais ce n'est pas tant un droit de propriété qu'il leur est demandé de respecter que les pratiques et les valeurs locales dans leur ensemble, le rapport local à la terre et l'autorité que ce dernier confère aux Bardi-Jawi pour parler en son nom.

Les guides aborigènes bardi-jawi signalent aux visiteurs l'existence de pratiques d'évitement de certains sites et en expliquent les raisons. Ils insistent sur différents aspects spirituels mais aussi écologiques, sociaux et culturels. Ils demandent aux touristes de comprendre ces pratiques et leur importance « culturelle » locale et de les respecter. Ils expliquent aussi qu'il est nécessaire de respecter tout à la fois « la terre, les gens et la culture », ces trois éléments étant intrinsèquement liés. C'est finalement une recherche de reconnaissance similaire à celle demandée dans le cadre des revendications foncières qui est aussi présente dans l'activité touristique bardi-jawi. En effet, il est à mon sens possible de considérer cette activité comme une autre forme d'action politique similaire aux revendications foncières, bien que de moindre ampleur et moins formelle. Or c'est justement son caractère moins contraignant, la diversité des formes possibles d'expression et de reformulation des discours au sein d'une interaction dynamique, qui font du tourisme un mode d'action politique intéressant.

Cette dernière section pose donc la question du tourisme comme nouvelle voie de reconnaissance non pas des droits fonciers mais plus largement de leur rapport à la terre et de l'ensemble des pratiques et des valeurs des Bardi-Jawi, de ce qui fonde leur existence sociale et culturelle et leur autorité à parler au nom de leur terre et en leur nom propre. Cette notion de reconnaissance dans le cadre du tourisme est exprimée par les Aborigènes dans les termes de « compréhension » et de « respect ». Nouvelle voie, parce que dans le cadre du tourisme, les Aborigènes semblent pouvoir exprimer leurs rapports avec leur environnement de manière plus souple et dynamique, sans être forcés de s'exprimer dans des termes figés imposés de l'extérieur. Mais aussi « cul-de-sac » peut-être, parce que dans le tourisme comme dans les revendications foncières, la poursuite d'une reconnaissance déclinée sous la forme à la fois d'une compréhension et d'un respect de leurs manières de faire et de penser, exige toujours la traduction mais surtout l'acceptation d'un système social et culturel par un autre, ce qui n'est pas sans poser problème.

Les usages stratégiques et discursifs du tourisme

On l'a dit plus haut, pour les Bardi-Jawi, mais aussi pour de nombreux autres groupes aborigènes, le paysage est animé de forces surnaturelles et certains sites sont imprégnés d'un pouvoir potentiellement dangereux. C'est la responsabilité de chacun de s'assurer qu'aucun étranger au groupe ne s'aventure sur ses terres sans être informé des interdits à respecter et de la nécessité d'être accompagné d'un Propriétaire Traditionnel, c'est-à-dire une personne affiliée au *buru* concerné.

Les Aborigènes demandent alors aux touristes de respecter les interdits d'accès, demander l'autorisation et de se faire accompagner par un Propriétaire Traditionnel pour pouvoir s'écarter des voies de circulation principales. Et ils leur en expliquent les raisons spirituelles, écologiques, sociales et culturelles en leur parlant des relations privilégiées mais aussi contraignantes qu'ils entretiennent avec leur environnement. Sur le site d'hébergement touristique de Kooljaman, les touristes peuvent se déplacer et profiter librement des plages et des sites de pêche dans les limites du périmètre de la propriété. Ce site représente ainsi une sorte d'enclave au sein d'une région considérée comme « terre aborigène » sur laquelle les mouvements des visiteurs doivent être nécessairement limités et encadrés. Les directeurs aborigènes insistent auprès des gérants et du personnel pour informer les touristes sur les conditions d'accès à leurs terres et les sensibiliser aux fondements culturels de ces prescriptions. Le personnel se contente en général d'indiquer les limites du périmètre du site à ne pas dépasser et la présence de lieux aborigènes culturellement et spirituellement signifiants autour de la zone. Les Rangers bardi-jawi formulent un certain nombre de recommandations à l'attention des touristes. Tout le monde est le bienvenu sur leurs terres disent-ils, mais il y a quelques règles à respecter : il existe des sites qu'eux-mêmes ne fréquentent pas et qu'ils demandent aux touristes de ne pas visiter ; il faut respecter les panneaux qui indiquent à certains moments de l'année que des cérémonies sont en cours et éviter la zone concernée; il faut se rendre directement au bureau administratif lorsque l'on entre dans une communauté; il faut éviter de faire tout le tour de la communauté pour respecter l'intimité des gens qui y vivent. Et ils terminent en riant par cette conclusion: « à part ça, sentez-vous libres de faire ce que vous voulez. Mais demandez d'abord! »

À travers les tours qu'ils encadrent et animent, les guides bardi-jawi investis dans le tourisme expliquent aux visiteurs la présence et la signification de sites cérémoniels qu'eux-mêmes doivent souvent éviter, ainsi que le pouvoir dont ils considèrent que ces sites sont investis. Ils disent se sentir concernés par la sécurité des visiteurs, non seulement moralement mais aussi physiquement. Il en va de leur responsabilité, sous peine d'être eux-mêmes sévèrement punis par des forces surnaturelles et de tomber malade. Les Aborigènes racontent d'ailleurs volontiers l'histoire de cette infirmière de la communauté d'Ardyaloon qui devint folle et finit par mourir après avoir ignoré les mises en garde des Bardi en se promenant sur des sites cérémoniels interdits. Mais ils utilisent aussi un argument peut-être plus facilement convaincant pour les touristes parce que « reconnaissable », car il fait écho à quelque chose qui appelle le respect dans leurs propres cultures: la présence non indiquée de sites funéraires qu'ils risqueraient de profaner.

La caractéristique de ces discours c'est d'allier éducation et partage (« *teaching* » et « *sharing* »). Car les guides ne se contentent pas de parler, ils font aussi visiter une partie de la région aux touristes, leur donnant accès à des lieux qui leur seraient sinon restés inconnus parce qu'uniquement accessibles avec un guide aborigène. Devant ce que de nombreux touristes considèrent alors comme un privilège, impression renforcée par celle du caractère précieux des informations et des savoirs autochtones qui leur sont transmis, la plupart de ceux qui m'ont confié leurs impressions étaient prêts à respecter plus facilement les interdits d'accès:

> « On se sent tellement privilégiés d'être ici. On comprend qu'ils veulent protéger ces endroits. On est tout à fait prêts à payer pour venir ici, ça en vaut la peine! Ils partagent tant de leur terre et de leurs connaissances. Si on était venus ici seuls on n'aurait rien su des significations, des histoires de ce lieu. On aurait apprécié le paysage, mais on serait passé à côté du principal. On comprend que cette terre ait un caractère sacré, c'est tellement magnifique, magique. C'est important de respecter ça » (Maggie, touriste de Melbourne, 2012, communication personnelle).

À travers les activités touristiques, les guides bardi-jawi tentent de faire appliquer le droit de contrôler l'accès et l'usage de leur terre, conféré sur la partie terrestre de leur « territoire » par la reconnaissance de leur *native title*. Mais en demandant aux touristes de comprendre et de respecter les limites d'accès, ils poursuivent aussi une demande de reconnaissance, à la fois symbolique, pas au sens de fictif ou négligeable mais productrice de symboles et de sens, et plus concrète que celle obtenue dans le cadre des revendications foncières. À travers le respect des limites d'accès, les touristes offrent en effet la preuve visible et concrète d'une reconnaissance par ailleurs immédiate aux Aborigènes, de leurs droits et de ce qu'ils sont. Pour de nombreux Aborigènes, l'intérêt dont un touriste fait preuve et les précautions qu'il prend pour se conformer aux prescriptions locales représentent une manifestation bien plus concrète de compréhension et de respect des manières d'être et de penser locales que la possession du *native title*.

À travers les activités touristiques, les Bardi-Jawi peuvent aussi exprimer leurs rapports à la terre de manière plus souple, sans être tenus de s'exprimer dans des cadres juridiques, exogènes et rigides, même s'il leur faut utiliser des termes compréhensibles des touristes.

Mais le tourisme représente aussi pour les guides bardi-jawi l'occasion de sensibiliser les touristes aux droits qu'ils revendiquent aussi sur la mer et que leur *native title* ne leur reconnaît pas de manière aussi formelle que sur la terre. Les guides ne cherchent pas directement à faire respecter des limites d'usage de ou d'accès à la mer, mais ils expliquent aux touristes pourquoi et en quoi la partie maritime de leur « *country* » est aussi importante pour eux que la portion terrestre et comment le gouvernement ne leur reconnaît pourtant pas les mêmes droits sur cette zone que sur la terre. Les guides bardi-jawi disent vouloir que les touristes comprennent leur « culture » qu'ils présentent comme entièrement tournée vers la mer. Ils expliquent alors qu'ils se définissent à travers les rapports qu'ils entretiennent avec l'environnement terrestre et maritime. Et c'est notamment ce rapport qu'ils tentent de faire découvrir à leurs visiteurs, à travers le partage de certaines de leurs activités et de leurs savoirs écologiques. Les guides bardi-jawi se réapproprient volontiers les discours globalisés sur la protection de l'environnement et se présentent comme des acteurs privilégiés de cette préservation, de par leurs connaissances fines et leurs relations privilégiées avec la nature. Celles-ci fondent et légitiment leur autorité à parler au nom de leur environnement, à savoir et décider de ce qui est mieux pour lui. C'est par ailleurs leur responsabilité. Il ne faut donc pas seulement respecter la « terre », il faut aussi respecter les individus dont les connaissances et les pratiques sont respectueuses de l'environnement.

Ce qui est alors mobilisé renvoie plutôt à une stratégie d'extraversion ou de sensibilisation qui peut elle aussi être considérée comme une demande de reconnaissance, cependant moins concrète.

Les limites du tourisme

Dans les faits, il arrive pourtant régulièrement que des touristes s'aventurent voire, c'est arrivé, s'installent plusieurs jours au-delà des limites qu'ils sont normalement tenus de respecter lorsqu'ils ne sont pas accompagnés d'un guide aborigène. Des traces de pas, voire de pneus, sont parfois relevées sur les dunes de Kooljaman, dont l'interdiction d'accès est pourtant signalée par des panneaux, et doit en principe être également annoncée à la réception du camp. J'ai aussi été à plusieurs reprises témoin de la présence de touristes en des lieux considérablement éloignés des zones où ils peuvent normalement se déplacer sans guide. Il arrive donc que les visiteurs choisissent d'ignorer ces règles et ces pratiques d'évitement, dont ils ne comprennent pas le fondement ou avec lesquelles ils ne sont pas d'accord. Il est possible d'observer le même phénomène dans le centre de l'Australie, sur le site très touristique d'*Uluru* (Ayers Rock), où, bien que les Aborigènes pitjantjatjara s'y opposent pour des raisons culturelles et spirituelles reconnues par les autorités gouvernementales, les touristes continuent d'escalader la roche sans être inquiétés. Cette situation suscite toujours de vifs débats dans la littérature académique et dans les médias[15]. La poursuite d'une reconnaissance, au sens de compréhension et de respect des pratiques et des valeurs aborigènes, dans bien des cas encore n'aboutit pas.

On peut d'ailleurs observer la même tendance chez certains individus travaillant sur le site de Kooljaman, des Australiens non-aborigènes pour la plupart, qui disent ne pas comprendre qu'il ne leur soit pas possible de se déplacer comme ils l'entendent dans une région censée être touristique, en particulier si rien n'indique qu'il s'agit d'une propriété privée. Pourquoi n'auraient-ils pas le droit d'aller pêcher dans la crique d'une *outstation* lorsqu'aucun panneau ne l'interdit ? Surtout s'il s'agit d'une *outstation* censée accueillir les touristes. Le seul panneau présent indique « camping », pas « propriété privée ». Donc si les tenanciers de l'*outstation* ne sont pas là, les jeunes Australiens ne voient aucune raison de faire demi-tour pour autant. Or cette vision contraste fortement avec la manière dont certains guides formulent les choses pour les touristes. Selon eux, lorsqu'on se promène à Melbourne et que l'on passe devant une maison, on n'entre pas dans le jardin pour faire un tour ou se baigner dans la piscine sous prétexte qu'il n'est pas précisé à l'entrée qu'il s'agit d'une propriété privée. Ils ne voient pas pourquoi eux auraient besoin de planter des panneaux partout sur leurs terres, surtout lorsque leur *native title* a été reconnu.

On voit bien ici comment la question de la traduction reste posée. Cela dit, plus que la compréhension, c'est aussi l'acceptation qui fait défaut : celle d'un rapport à la terre différent, mais surtout celle d'une autorité aborigène, dans le contexte plus large d'un pays en constante redéfinition et d'une population australienne animée de sentiments ambivalents à l'égard des Aborigènes[16]. C'est le deuxième terme de la

---

15. http://travel.cnn.com/sydney/visit/uluru-should-you-climb-world-heritage-sacred-monolith-486495.
16. Le contexte australien se caractérise par une redéfinition constante de la nation en relation à sa population autochtone et une redéfinition constante des politiques élaborées spécifiquement à destination de cette population : hier politique de reconnaissance plus connue sous le nom de politique d'« auto-détermination », avant cela politique de « Protection » puis d'« Assimilation », aujourd'hui politique d'« Intervention » sous couvert de l'appellation « Closing the Gap » (Beckett, 1988 ; Povinelli, 2002 ; Altman et Hinkson, 2012). Ce contexte est aussi celui d'un traitement spécifique de la « différence » aborigène, dont la politique de reconnaissance des droits fonciers fut l'une des modalités. Ce traitement particulier a octroyé des droits, mais aussi l'allocation de ressources spécifiques aux populations aborigènes et représenté des dépenses publiques considérables, faisant l'objet d'un débat_

reconnaissance recherchée par les Bardi-Jawi qui n'est pas atteint, celui de respect : certains individus comprennent ce que les Aborigènes leur expliquent et leur demandent mais ils décident de passer outre, comme c'est aussi le cas à Uluru où les touristes disposent pourtant de toutes les informations nécessaires, que ce soit sous la forme de panneaux didactiques, de guides (voire même de traducteurs), ou d'expositions au centre culturel qu'héberge le site. L'objectif de compréhension et de respect des valeurs et des pratiques aborigènes dans leur ensemble et de la forme d'autorité qu'ils revendiquent n'est donc pas toujours atteint, loin s'en faut. Par ailleurs, les touristes, lorsqu'ils ne respectent pas les interdits d'accès, non seulement ne cherchent pas à respecter les manières de faire et de penser des Aborigènes, mais ils ne respectent pas non plus la seule reconnaissance que les Bardi-Jawi aient obtenue, celle de leurs droits fonciers. Si cela déçoit ces derniers, cela ne les décourage pas et ils préfèrent se concentrer sur l'effet qu'ils peuvent avoir sur d'autres touristes. Comme l'exprime une femme aborigène de la communauté, le tourisme reste « un moyen d'aider les gens à comprendre qu'il faut respecter le *country* », donc le groupe local et sa « culture ».

Conclusion

Les revendications foncières et le tourisme peuvent être considérés dans le cas bardi-jawi comme deux formes d'action politique qui visent un même type de reconnaissance dépassant celle de leurs droits fonciers. Il s'agit en fait de la reconnaissance du rapport complexe que les Aborigènes bardi-jawi entretiennent avec leur environnement non seulement terrestre mais aussi maritime. Ce rapport fonde à la fois leur existence en tant que groupe et leurs identités individuelles et peut difficilement être exprimé, contrairement à ce que présuppose le concept de « *bundle of rights* », en termes de droits identifiables, distincts les uns des autres et indépendants d'autres dimensions sociales et conceptions ontologiques locales. Mais aussi et peut-être surtout, ce rapport fonde l'autorité de parole et de décision revendiquée par les Bardi-Jawi au nom de leur « terre ». Par reconnaissance il faut par ailleurs entendre une acception qui intègre les termes utilisés par les Aborigènes quand ils expliquent ce qu'ils recherchent dans le cadre touristique, c'est-à-dire la *compréhension* et le *respect* de leur « culture ». En cela la reconnaissance obtenue dans le cadre des revendications foncières a été décevante pour un certain nombre d'Aborigènes qui la qualifient

_ public grandissant (exacerbé par la récente politique d'« Intervention » de 2007). Le contexte australien se caractérise aussi par une idéologie multiculturaliste mettant en tension un principe à la fois de différenciation (ou de reconnaissance de la différence) et d'inclusion, et travaillée par la manière d'accommoder la différence. C'est enfin un contexte historique dans lequel la nation et la population non-aborigène se trouvent constamment tiraillées entre la nécessité et la tentation d'oublier et de se souvenir à la fois, d'admettre et de négocier la présence des Aborigènes et de leurs revendications (Healy, 2008).

parfois de symbolique, c'est-à-dire abstraite et d'une portée pratique négligeable. Le terme de « demi-reconnaissance » a été ici proposé, parce qu'elle ne s'applique qu'à certains droits par ailleurs considérés comme distincts et qu'elle ne tient pas compte de l'autorité revendiquée par les Aborigènes. Au-delà de la dimension économique, l'objectif pour les Bardi-Jawi était de garantir leur capacité à prendre soin de et à protéger leurs terres et leurs sites « sacrés » (en se prémunissant notamment contre leur « profanation » et contre leur confiscation), et sans doute de faire comprendre et respecter qui ils sont.

Derrière ces problèmes de reconnaissance : des choix de traduction d'un système social et culturel dans le cadre juridique *ad hoc* imaginé par un autre et influencé par ses propres conceptions et régimes de propriété. L'imposition de termes exogènes contraignants limitant les formes possibles d'expression des conceptions endogènes n'a pas permis la compréhension souhaitée par les Aborigènes. Les législateurs australiens ont dû composer avec des intentions somme toute louables, mais aussi avec la nécessité de préserver les intérêts économiques et politiques de l'État.

Dans le cadre du tourisme comme dans celui des revendications territoriales, les Aborigènes recherchent une reconnaissance qui dépasse celle de leurs droits fonciers. Mais c'est un processus sans cesse renouvelé que rejouent aujourd'hui les Aborigènes dans le cadre de leurs activités touristiques et qui, s'il trouve là l'occasion de s'exprimer différemment et de manière peut-être plus souple et dynamique, reste problématique. Il pose en effet toujours la question de la traduction, et surtout de l'acceptation d'un système social et culturel par un autre.

Si les tentatives d'explication de leurs manières d'être et de penser fournies par les Bardi-Jawi trouvent dans le tourisme un cadre d'expression plus souple et dynamique que dans les revendications foncières, ce dernier ne les épuise pas. Elles n'ont donc pas fini d'être reformulées et d'investir de nouvelles formes d'expression. À travers le tourisme les Aborigènes estiment qu'ils parviennent parfois à susciter la compréhension et le respect de leur « culture ». Si elle n'est pas sans issue, la voie du tourisme n'est pas non plus une voie sans embûches et elle doit être sans cesse ré-imaginée.

Bibliographie

Altman, Jon et Melinda Hinkson (eds)

2012   *Culture Crisis. Anthropology and Politics in Aboriginal Australia*. Sydney : University of New South Wales Press.

Bagshaw, Geoffrey

1999   Native title claim WAG 49/98 (Bardi and Jawi) anthropologist's report. À report prepared for the Kimberley Land Council on behalf of the native title claimants, february 1999.

Barcham, Manuhuia

2007   « The limits of recognition ». In B. Smith et F. Morphy (eds), *The Social Effects of Native*

Title : Recognition, Translation, Coexistence, Research Monograph 27. Canberra : Australian National University Press, p. 203-214.

Beckett, Jeremy (éd.)
1988   *Past and Present. The Construction of Aboriginality*. Canberra : Aboriginal Studies Press.

Bowern, Claire
2009   « Naming Bardi places ». In H. Koch et L. Hercus. *Aboriginal Placenames: Naming and Re-Naming the Australian Landscape*. Canberra : Australia University Press, p. 327-346.

Buchanan, Geoff., Jon, Altman, Bill, Arthur, Daniel, Oades, et les Bardi Rangers
2009   « Always part of us ». *The socioeconomics of Indigenous customary use and management of dugong and marine turtles – a view from Bardi and Jawi sea country, Western Australia (research report)*, North Australian Indigenous Land and Sea Management Alliance. Darwin : Charles Darwin University.

Cordell, John (éd.)
1989   *A sea of small boats*. Cambridge, Massachusetts : Cultural survival, 1989.

Dousset, Laurent et Katie Glaskin
2011   « The asymmetry of recognition: law, society, and customary land tenure in Australia ». *Pacific Studies*, 34 (2-3) : 142-156.

Gibson, Edward Gordon
1953   Culture contact on Sunday Island (mémoire de maîtrise non publié). Sydney : University of Sydney.

Glaskin, Katie
2000   « Limitations to the recognition and protection of native title offshore : The current 'accident of history' ». *Land Rights Laws : Issues on Native Title*, 2 (5).
2002   Claiming Country : a Case Study of Historical Legacy and Transition in the Native Title Context (thèse de doctorat non publiée). Canberra : Australia National University
2003   « Native title and the 'bundle of rights' model : Implications for the recognition of Aboriginal relations to country ». *Anthropological forum*, 13 (1) : 67-88.
2007a   « Claim, culture and effect : property relations and the native title process ». In B. Smith et F. Morphy (eds), *The Social Effects of Native Title : Recognition, Translation, Coexistence, Research Monograph 27*. Canberra : Australian National University Press, p. 59-78.
2007b   « Outstation incorporation as Precursor to a Prescribed Body Corporate ». In J. Weiner et K. Glaskin (eds), *Customary Land Tenure and Registration in Australia and Papua New Guinea : Anthropological Perspectives*, Asia-Pacific Environment Monograph 3. Canberra : Australia University Press, p. 199-222.

Glowczewski, Barbara
1991   *Du rêve à la loi chez les Aborigènes : mythes, rites et organisation sociale en Australie*. Paris : Presses Universitaires de France.

Green, Nicolas
1988   « Aboriginal affiliations with the sea in Western Australia ». In F. Gray et L. Zann (eds), *Traditional knowledge of the marine environment in northern Australia*, Workshop Series 8. Townsville : Great Barrier Reef Marine Park Authority, p. 19-29

Healy, Chris
2008   *Forgetting Aborigines*. Sydney : University of New South Wales Press.

Keen, Ian
1994   *Knowledge and secrecy in an aboriginal religion*. Oxford, New-York : Clarendon Press.

Merlan, Francesca
2006   « Beyond tradition ». *The Asia Pacific Journal of Anthropology*, 7 (1) : 85-104.

Meyers, Gary D, Malcolm O'Dell, Guy Wright et Simone C. Muller
1996   *A sea change in land rights law : The extension of native title to Australia's offshore areas*.
         Canberra : Native Title Research Unit, AIATSIS.

Muir, Kado
1999   « Back home to stoke the fires : the Outstations Movement in Western Australia ».
         Indigenous Law Bulletin, 4 (19) : 11-14.

Peterson, Nicolas
2005   « On the Visibility of Indigenous Australian Systems of Marine Tenure ». In N. Kishigami
         et J. M. Savelle (eds), *Indigenous Use and Management of Marine Resources*. Senri
         Ethnological Studies 67 : 427-444.

Peterson, Nicolas et Bruce Rigsby (eds)
1988   *Customary marine tenure in Australia*, Oceania Monograph 48. Sydney : University of
         Sydney.

Poirier, Sylvie et Alain Sachel
1992   « Le mouvement des *outstations* australiennes ». *Anthropologie et sociétés*, 16 (3) : 119-126.

Povinelli, Elizabeth
2002   *The Cunning for Recognition. Indigenous Alterities and the Making of Australian
         Multiculturalism*. Durham and London : Duke University Press.

Robinson, Mickael
1973   Change and adjustment among the Bardi of Sunday Island (mémoire de maîtrise
         non publié). Perth : University of Western Australia.

Sharp, Nonie
1988   « Reimagining sea space : from Grotius to Mabo ». In N. Peterson et B. Rigsby (eds),
         Customary marine tenure in Australia, Oceania Monograph 48. Sydney : University of
         Sydney : 47-65.

Smith, Benjamin et Frances Morphy
2007   « The social effects of native title : recognition, translation, coexistence ». In B. Smith et
         F. Morphy (eds), *The Social Effects of Native Title : Recognition, Translation, Coexistence*,
         Research Monograph 27. Canberra : Australian National University Press, p. 1-29.

Smith, Moya
1984/85. « Bardi relationships with the sea ». *Anthropological Forum*, 5 (3) : 443-447.

Strehlein, Lisa
2005   « Native title-holding groups and native title societies: Sampi V State of Western
         Australia ». *Land, Rights, Laws : Issues of Native Title* 3 (4) : 1-10.

Sutton, Peter
200   *Native title in Australia : an ethnographic perspective*. Cambridge : Cambridge University
         Press

Trigger, David
1997   « Land rights and the reproduction of Aboriginal culture in Australia's Gulf country ».
         Social Analysis, 41 (3) : 84-106.

Weiner, James
2003   « The Law of the Land : a review article ». *The Australian Journal of Anthropology*,
         14 (1) : 97-110.
2006   « Eliciting Customary Law », *The Asia Pacific Journal of Anthropology*, 7 (1) : 15-25.

Weiner, James et Katie Glaskin
2006   « Introduction : The (re)invention of Indigenous Laws and Customs ». *The Asia Pacific
         Journal of Anthropology*, 7 (1) : 1-13.

Autres références (législation australienne) :

Sampi v State of Western Australia [2005] FCA 777.

Sampi on behalf of the Bardi and Jawi people v State of Western Australia [2010] FCAFC 26.

Native Title Act 1993 (Commonwealth).

Native Title Amendment Act 1998 (Commonwealth).

Mary Yarmirr and Others versus the Northern Territory of Australia and Others [1998] FCA 771.

Les auteurs

David AUBIN est professeur de science politique à l'Université catholique de Louvain où il coordonne le master en administration publique et dirige le Centre Montesquieu d'études de l'action publique. Il enseigne l'analyse et l'évaluation des politiques publiques, ainsi que les politiques publiques comparées et la durabilité. Ses recherches font l'objet de publications dans divers ouvrages (par ex. *L'eau en partage*, PIE Peter Lang 2007 et *Multilevel regulation in the telecoms sectors*, Palgrave MacMillan, 2013) et revues (par ex. *Policy Sciences, Environment and Planning Part C, Environmental Politics, Journal of Public Policy*). Elles s'orientent actuellement vers le travail politique des fonctionnaires d'une part, et vers la transition écologique d'autre part.

Virginie BERNARD est doctorante en anthropologie et histoire australianistes à l'École des hautes études en sciences sociales (EHESS) et au Centre de recherche et de documentation sur l'Océanie à Marseille (CREDO). Ses recherches doctorales portent sur les revendications foncières des Aborigènes Noongar dans le sud-ouest de l'Australie Occidentale. Elle s'intéresse aux processus de construction identitaire, politique, économique, sociale et historique des Noongar, face aux exigences de la « tradition » et de la « modernité » auxquelles ils se trouvent confrontés. Elle a publié plusieurs articles sur ces questions, notamment dans *Cultures of the Commonwealth* et dans *E-rea*.

Marieke BLONDET est anthropologue sociale diplômée de l'École des hautes études en sciences sociales de Paris et de l'Université d'Otago en Nouvelle-Zélande. Sa thèse de doctorat, intitulée *Samoa américaines et Parc national. Les Impacts sociaux de la protection de la nature aux îles Samoa*, a porté sur la création d'un parc national par les États-Unis dans un de leurs territoires associés du Pacifique, les Samoa américaines. Marieke Blondet a étudié les impacts sociaux de la création d'une telle aire naturelle protégée sur des populations villageoises vivant à l'intérieur du parc. Depuis, en parallèle à ses recherches sur les sociétés polynésiennes contemporaines, elle développe une anthropologie de la conservation portant sur la mise en œuvre de politiques environnementales européennes, notamment Natura 2000, dans les forêts françaises. Les dynamiques et stratégies des différents acteurs du monde forestier face à ces politiques publiques, ainsi que la reconfiguration des territoires ruraux sous l'influence des programmes de conservation et gestion durable des ressources, sont au cœur de ses thématiques de recherche. Marieke Blondet est aujourd'hui ATER au Muséum National d'Histoire Naturelle, Département Hommes, Natures, Société et Chargée de recherche INRA au LEF AgroParisTech Nancy. Elle est l'auteur de nombreux articles dans des revues spécialisées telles que *Biodiversity and Conservation, Environmental Science and Policy* ou le *Journal de la Société des Océanistes*.

Aurélie Condevaux est actuellement chargée de cours à l'Université François Rabelais de Tours, membre de l'EIREST (EA 7337) et associée (B2) au CREDO (UMR 7308). Elle a soutenu en 2011 une thèse de doctorat en anthropologie à l'Université d'Aix-Marseille et au CREDO, intitulée *Performances polynésiennes: adaptations locales d'une « formule culturelle-touristique » globale en Nouvelle-Zélande et à Tonga*. Dans le cadre d'un postdoctorat au sein du Labex Création Arts et Patrimoines/Musée du Quai Branly (2012-2013) et de deux contrats d'ATER (2011-2012, 2013-2014), elle a débuté une recherche sur la patrimonialisation du *lakalaka* tongien (forme de discours poétique chanté et dansé). Ces travaux ont fait l'objet de publications dans des revues à comité de lecture (*Anthropological Forum, Journal of the Polynesian Society, Ethnology, Teoros, Culture et Musées*) et dans des ouvrages collectifs.

Julien Dellier est maître de conférences en géographie à l'Université de Limoges et rattaché à l'UMR 6042 CNRS GEOLAB. Ses travaux portent sur la relation société/environnement et plus particulièrement sur les recompositions sociales des territoires en lien avec l'environnement et les stratégies d'instrumentalisation de l'environnement. Après avoir mobilisé cette approche sur différentes aires naturelles protégées en Afrique du Sud et en France, Julien Dellier est actuellement engagé dans des projets de recherche sur la ville comestible, les circuits de proximité et la gentrification rurale.

Laurent Dousset est maître de conférences à l'École des hautes études en sciences sociales (EHESS) et membre du Centre de recherche et de documentation sur l'Océanie à Marseille (CREDO). Ses recherches en Australie, entamées il y a plus de 20 ans, portent sur divers aspects de la vie sociale des Aborigènes du bloc culturel du Désert de l'Ouest. Laurent Dousset s'est intéressé à la parenté et à l'organisation sociale, aux contacts culturels, aux transformations sociales, à la propriété foncière et à la diffusion de traits culturels entre groupes. Depuis 2008, il travaille également au Vanuatu sur les conflits politiques et fonciers et sur les réappropriations de l'« histoire » par les habitants de l'île de Malekula. Il a publié de nombreux articles et ouvrages, dont *Assimilating identities* (Oceania Publications, 2005) ou *Mythes, missiles et cannibales* (Société des Océanistes 2011), et codirigé des volumes, dont *The scope of anthropology* (avec S. Tcherkézoff, Berghahn 2012) et *Les sciences humaines et sociales dans le Pacifique Sud* (avec M. Salaün et B. Glowczewski, pcp 2014).

Élodie Fache est anthropologue et membre associée du Centre de recherche et de documentation sur l'Océanie à Marseille (CREDO). Elle effectue depuis 2007 des recherches dans le nord de l'Australie sur des initiatives combinant des objectifs de conservation environnementale, de développement économique et d'*empowerment* autochtone. Sa thèse de doctorat offre une analyse critique des activités dites de « gestion communautaire des ressources naturelles » mises en œuvre dans cette région à partir d'une enquête ethnographique menée dans une « communauté » aborigène du Territoire du Nord associée à une étude du contexte régional, national et international (« Impérialisme économique ou développement ? Les acteurs de la gestion des ressources naturelles à Ngukurr en Australie », 2013). Ses publications récentes rendent compte de son analyse des processus complémentaires de médiation et de bureaucratisation qu'impliquent ces activités.

Sylvain Guyot est maître de conférences en géographie à l'Université de Limoges et rattaché à l'UMR 6042 CNRS GEOLAB. Ses travaux en géographie politique de l'environnement portent sur les terrains sud-africains, chiliens, argentins et français. Sylvain Guyot s'intéresse actuellement à la mise en art comme nouveau processus d'instrumentalisation de la nature. Il termine actuellement la rédaction d'une thèse d'habilitation à diriger les recherches *Lignes de fronts : l'art et la manière de protéger la nature*. Il a également publié plusieurs articles dans des revues de recherche telles *Norois*, la *Revue de géographie alpine*, *Justice spatiale*, ainsi que dans des volumes collectifs.

Peter Knoepfel est, entre autres fonctions, professeur honoraire en Droit à l'Université Taras Shevchenko de Kiev et professeur honoraire à la Faculté de Droit, des sciences criminelles et d'administration publique à l'Université de Lausanne. Il est l'auteur et l'éditeur de plus de soixante-dix ouvrages académiques et de plus de deux cent soixante-dix articles et contributions collectives sur la théorie et la pratique de l'analyse des politiques publiques. Ces travaux lui confèrent aujourd'hui une reconnaissance internationale dans le domaine des politiques de l'environnement et du développement durable, des politiques culturelles et des politiques des ressources naturelles. Peter Knoepfel a également enseigné, et il continue à enseigner à temps partiel en tant que professeur invité dans plusieurs universités aussi bien en Suisse qu'à l'étranger (Université autonome de Barcelone, Université de Grenoble, Université Taras Shevchenko à Kiev, Universités de Berne et de Lausanne, ETHZ et EPFL).

Clément Marie dit Chirot est docteur en géographie. Après une thèse en codirection à l'Université de Caen et à l'Université Autonome de Puebla (Mexique), il est actuellement ATER à l'Université d'Angers (ESTHUA) et membre associé de l'UMR ESO. Ses travaux s'inscrivent dans le champ de la géographie sociale et portent sur les conflits locaux pour l'appropriation de l'espace dans plusieurs localités touristiques au Mexique. Ses recherches ont notamment fait l'objet de publications dans des revues scientifiques comme *Géocarrefour*, *Espacestemps.net* ou *Carnets de géographes*.

Stéphane Nahrath est professeur de science politique à l'Institut de Hautes études en administration publique (IDHEAP) de l'Université de Lausanne, où il enseigne l'analyse des politiques publiques. Ses recherches et publications portent sur l'analyse comparée des politiques environnementales et foncières, d'aménagement du territoire , sur la gouvernance urbaine, ainsi que sur la gestion durable des ressources naturelles (eau, air, sols, paysage, biodiversité) et infrastructurelles (réseaux de transport aérien et ferroviaire). Ses travaux ont été publiés notamment dans les revues suivantes : *Revue de la régulation, International Journal of the Commons, Études Rurales, Ecological Economics, Environment and Planning A, Nature, Science, Société (NSS), Swiss Political Science Review, Politische Vierteljahresschrift (PVS), Policy Sciences, Environmental Science and Policy.*

Mélissa Nayral est anthropologue, actuellement postdoctorante à l'antenne de Nouvelle-Calédonie de l'Institut de recherche pour le développement (IRD). Membre de l'UMR Gouvernance, Risque et Développement (basée à Montpellier) elle travaille actuellement en anthropologie politique sur les enjeux de gouvernance d'une réserve naturelle du Grand Nord de la Nouvelle-Calédonie. Cette recherche s'inscrit dans le prolongement de ses travaux antérieurs sur la vie politique en Nouvelle-Calédonie et plus particulièrement sur l'île d'Ouvéa, qui a fait l'objet de sa thèse de doctorat (CREDO, 2013). Les recherches de Mélissa Nayral ont été l'occasion de plusieurs publications, notamment « Des femmes à la mairie : la loi sur la parité au conseil municipal d'Ouvéa » et « La mémoire des 'événements d'Ouvéa' : parler ou se taire », à paraître en 2015 dans la revue *Ethnies* ou encore « *L'Ordre et la morale* : quand le cinéma s'égare dans la coutume » (*Journal de la Société des Océanistes*).

Maïa Ponsonnet est ethno-linguiste, spécialiste des langues dalabon et Barunga kriol (Australie, Territoire du Nord). Après une thèse à l'Australian National University, elle est actuellement en post-doctorat au laboratoire Dynamique du Langage (CNRS, Lyon). Son thème de recherche privilégié est l'encodage linguistique des émotions (*The language of emotions : The case of Dalabon*, John Benjamins 2014). Dans ce cadre, elle a travaillé sur les descriptions du corps et notamment les notions de possession, d'aliénabilité et d'inaliénabilité (voir l'article « Nominal subclasses in Dalabon », paru dans l'*Australian Journal of Linguistics*).

Rémi Schweizer est chercheur post-doctorant à l'Institut d'études politiques, historiques et internationales (IEPHI) de l'Université de Lausanne. Diplômé en droit et en politiques et management publics, il a soutenu sa thèse en juin 2014 à l'Institut de hautes études en administration publique (IDHEAP). Spécialiste des politiques de l'environnement, il a développé ses recherches dans le cadre de deux projets financés par le Fonds national suisse de la recherche scientifique au sein des PNR 61 (*Gestion durable de l'eau*) et 69 (*Alimentation saine et production alimentaire durable*). Ses recherches et publications portent sur les processus de mise en œuvre des politiques environnementales (stratégies des acteurs face aux règles), ainsi que sur la gestion durable des ressources (gouvernance en bien commun notamment). Ses travaux ont été publiés dans différents ouvrages (*Stratégies d'activation du droit dans les politiques environnementales* [Rüegger Verlag, sous presse], Rodewald R., K. Liechti & P. Knoepfel eds. *Des systèmes d'irrigation alpins entre gouvernance communautaire et étatique — Alpine Bewässerungssysteme zwischen Genossenschaft und Staat* [Rüegger Verlag, 2014]) et dans des revues (ex. *Journal of Alpine Research*).

Rolf Steppacher a obtenu un doctorat d'économie à l'Université de Bâle en 1972, puis a mené une carrière d'enseignement à l'Institut universitaire d'étude du développement (IUED, aujourd'hui Institut de hautes études internationales et de développement) de 1976 jusqu'à sa retraite en 2011. Ses domaines de recherche, d'enseignement et de publication portent sur l'économie du développement, le développement dans l'histoire de la pensée économique, les théories économiques institutionnelles et écologiques, l'écodéveloppement, l'écologie globale et le développement soutenable, ainsi que sur les questions agraires et forestières. Rolf Steppacher a mené des recherches de long cours en Inde (1972-1973) et à Bali (1988). Parallèlement à l'IUED, il a enseigné dans plusieurs départements (ethnologie, géographie, sociologie) des universités de Zürich, Berne, Bâle et Fort Hare. Il a coordonné un groupe de recherche à l'IUED sur les questions de propriété et possession, et publié plusieurs volumes et articles sur ces questions notamment dans des volumes collectifs, dans les *Nouveaux cahiers de l'IUED* ou encore dans la revue *World Futures*.

Céline Travési est anthropologue, doctorante au Laboratoire d'anthropologie culturelle et sociale (LACS) de l'Université de Lausanne (Suisse) et membre associée du Centre de recherche et de documentation sur l'Océanie à Marseille (CREDO). Elle mène des recherches en Australie auprès de groupes aborigènes du sud-ouest des Kimberley et termine actuellement une thèse sur les rapports de savoir et les rapports de pouvoir autour desquels les Australiens, selon qu'ils se définissent ou non comme Aborigènes, organisent leurs relations, renégocient et expérimentent de nouvelles manières d'interagir et de se (re)définir mutuellement. Céline Travési observe ces phénomènes sociaux dans le contexte particulier du développement du tourisme par les autochtones et dans celui, plus large des politiques sociales australiennes. Ses recherches portent sur les cadres et les modalités d'expression de la conscience politique aborigène contemporaine, le statut du récit en relation avec les notions de savoir, d'autorité, de pouvoir et de reconnaissance, les processus de définition de soi et des autres et la production du social et du politique.

Pascal van Griethuysen est docteur en Économie politique (Université de Genève). Depuis septembre 2014, il coordonne le Programme Développement Durable de l'Institut de Recherche des Nations Unies pour le Développement Social.

Avant d'occuper cette fonction, il a officié pendant quinze ans auprès de l'Institut des Hautes Études et du Développement à Genève, où il dirigeait les programmes de recherche et d'enseignement sur le développement durable. Dans ce cadre, il a mené à bien des projets de recherche en collaboration avec des agences des Nations Unies, ainsi qu'avec des organisations publiques et des sociétés privées. Ses travaux de recherche traitent notamment du développement durable, de la solidarité sociale et économique, de la dépendance à la croissance économique, de la gouvernance environnementale et du principe de précaution. Il publie dans des revues internationales majeures telles que *Ecological Economics, Journal of Cleaner Production,* et *Sustainable Development.*